Jan Wulf-Schnabel

Reorganisation und Subjektivierungen von Sozialer Arbeit

AF157201

Perspektiven kritischer Sozialer Arbeit
Band 10

Herausgegeben von:

Roland Anhorn
Frank Bettinger
Henning Schmidt-Semisch
Johannes Stehr

In der Reihe erscheinen Beiträge, deren Anliegen es ist, eine Perspektive kritischer Sozialer Arbeit zu entwickeln bzw. einzunehmen. „Kritische Soziale Arbeit" ist als ein Projekt zu verstehen, in dem es darum geht, den Gegenstand und die Aufgaben Sozialer Arbeit eigenständig zu benennen und Soziale Arbeit in den gesellschaftspolitischen Kontext von sozialer Ungleichheit und sozialer Ausschließung zu stellen. In der theoretischen Ausrichtung wie auch im praktischen Handeln steht eine kritische Soziale Arbeit vor der Aufgabe, sich selbst in diesem Kontext zu begreifen und die eigenen Macht-, Herrschafts- und Ausschließungsanteile zu reflektieren. Die Beiträge in dieser Reihe orientieren sich an der Analyse und Kritik ordnungstheoretischer Entwürfe und ordnungspolitischer Problemlösungen – mit der Zielsetzung, unterdrückende, ausschließende und verdinglichende Diskurse und Praktiken gegen eine reflexive Soziale Arbeit auszutauschen, die sich der Widersprüche ihrer Praxis bewusst ist, diese benennt und nach Wegen sucht, innerhalb dieser Widersprüche das eigene Handeln auf die Ermöglichung einer autonomen Lebenspraxis der Subjekte zu orientieren.

Jan Wulf-Schnabel

Reorganisation und Subjektivierungen von Sozialer Arbeit

VS VERLAG

Bibliografische Information der Deutschen Nationalbibliothek
Die Deutsche Nationalbibliothek verzeichnet diese Publikation in der
Deutschen Nationalbibliografie; detaillierte bibliografische Daten sind im Internet über
<http://dnb.d-nb.de> abrufbar.

Dissertation an der Leuphana Universität Lüneburg, Fakultät I für Bildungs-, Kultur- und
Sozialwissenschaften, unterstützt durch ein Promotionsstipendium der Hans-Böckler-Stiftung.

1. Auflage 2011

Alle Rechte vorbehalten
© VS Verlag für Sozialwissenschaften | Springer Fachmedien Wiesbaden GmbH 2011

Lektorat: Stefanie Laux

VS Verlag für Sozialwissenschaften ist eine Marke von Springer Fachmedien.
Springer Fachmedien ist Teil der Fachverlagsgruppe Springer Science+Business Media.
www.vs-verlag.de

Umschlaggestaltung: KünkelLopka Medienentwicklung, Heidelberg
Gedruckt auf säurefreiem und chlorfrei gebleichtem Papier
Printed in Germany

ISBN 978-3-531-17775-5

In Erinnerung an
Jürgen Hoffmann († 29. September 2009)

Inhalt

Abkürzungsverzeichnis

AT	Außertariflich
AWO	Arbeiterwohlfahrt
AWO Bundesverband	Arbeiterwohlfahrt Bundesverband
AWOcado	Zeitung für Mitarbeiter/innen der AWO Schleswig-Holstein
AWO Landesverband SH	Landesverband der Arbeiterwohlfahrt Schleswig-Holstein e.V.
AWO Service 24	Arbeiterwohlfahrt Service 24 Schleswig-Holstein GmbH
AWO SH	Arbeiterwohlfahrt Schleswig-Holstein
AWO Stormarn	Arbeiterwohlfahrt Kreisverband Stormarn
BAG FW	Bundesarbeitsgemeinschaft der Freien Wohlfahrtspflege
BAT	Bundesangestellten Tarifvertrag
BJK	Bundesjugendkuratorium
BMFSFJ	Bundesministeriums für Familie, Senioren, Frauen und Jugend
BMT AW II	Bundesmanteltarifvertrag der Arbeiterwohlfahrt
FSJ	Freiwilliges Soziales Jahr (Heute: JFD)
IAB	Institut für Arbeitsmarkt- und Berufsforschung
IAT	Institut Arbeit und Technik
ISA	Informationssystem Studienwahl & Arbeitsmarkt
IW	Institut der Deutschen Wirtschaft
JFD	Jugendfreiwilligendienste
JFDG	Jugendfreiwilligendienstegesetz
KAV	Kommunaler Arbeitgeberverband Schleswig-Holstein
KGSt	Kommunale Gemeinschaftsstelle für Verwaltungsvereinfachung seit 1949, ab 2005: Kommunale Gemeinschaftsstelle für Verwaltungsmanagement
LAGFW Bayern	Landesarbeitsgemeinschaft der Freien Wohlfahrtsverbände in Bayern
MDK	Medizinischer Dienst der Kranken- und Pflegekassen
MDS	Medizinischer Dienst des Spitzenverbandes Bund der Krankenkassen
OECD	Organisation für wirtschaftliche Zusammenarbeit

	und Entwicklung
SGB	Sozialgesetzbuch
TVöD	Tarifvertrag des öffentlichen Dienstes
VBE	Vollbeschäftigteneinheit
ver.di	Vereinigte Dienstleistungsgewerkschaft
VOL	Verdingungsverordnung für Leistungen
ZAV	Zentralstelle für Arbeitsvermittlung der Bundesagentur für Arbeit

1 Vorwort und Danksagung

Obwohl der Begriff nur selten fällt, geht es bei Sozialer Arbeit oft auch ums Geld. In seinem Roman *Der Idiot'* beschreibt Dostojewski (1998: 239ff.), wie der Mensch durch Geld korrumpiert und vernichtet werden kann. Im Zentrum einer Schlüsselszene steht die junge Nastassja Filippowna. Sie wird gegen Geld geschändet und nimmt das Geld an, aber sie verachtet sich jeden Tag dafür. Nun soll sie mit Gawrila Ardalionowitsch Iwolgin (Ganja) verheiratet werden. Nastassja hat irgendwann einmal gesagt, sie sei für hunderttausend Rubel zu haben. Rogoshin, der Kaufmann, hat diesen Ausspruch nicht als Absage verstanden, sondern als Ansporn und präsentiert eines Abends einem Kreis von Leuten im Beisein von Nastassja und Ganja das gut verpackt Geld. Nastassja hat sich ihm versprochen, wenn sie sich das Geld nimmt. Aber wenn sie das Geld nicht an sich nimmt, gehört sie ihm nicht.

> „,Dein Geld habe ich noch nicht genommen, dort liegt es. Gib es doch mal her, das ganze Paket. Da drin sind also hunderttausend Rubel? Pfui, wie ekelhaft!' (...) Nastassja Filippowna nahm das Geldpaket zur Hand. ,Ganja, mir ist eingefallen, dir etwas zukommen zu lassen, denn warum sollst du alles verlieren? Rogoshin, du meinst er kriecht für drei Rubel bis zur Wassili-Insel?' ,Ja, das tut er.' ,Nun denn, so höre, Ganja: Ich möchte dir ein letztes Mal in die Seele sehen. Du hast mich drei Monate lang gepeinigt, jetzt ist die Reihe an mir. Dieses Päckchen hier enthält hunderttausend Rubel. Ich werfe es in den Kamin, vor aller Augen, alle sind Zeugen. Wenn die Flammen es erfasst haben, darfst du es dir rausholen, aber ohne Handschuhe, mit bloßen Händen und aufgestreiften [sic!] Ärmeln. Gelingt dir das, dann gehört es dir, und die hunderttausend sind dein! Du wirst Dir ein bißchen [sic!] die Finger verbrennen, aber es geht um hunderttausend Rubel, überleg es dir! Es ist ja in einem Augenblick getan. Und ich weide mich indessen an deiner Seele, während du nach meinem Geld ins Feuer kriechst. Alle hier sind Zeugen: Das ganze Geld wird dir gehören! Holst du es dir nicht, dann verbrennt es, ich lasse niemanden außer dir heran. Zurück, macht alle Platz! Es ist mein Geld! Ich habe es von Rogoshin für diese Nacht bekommen.'"

Dostojewski behandelt die Frage, wie ein Mensch seinen Stolz bewahren kann, wenn er käuflich ist. Seine Antwort lautet, dass der käufliche Mensch den Kaufpreis selbst ins Feuer werfen muss. Die Geldgier führt Nastassja ansonsten in die Hölle der Abhängigkeit und Knechtschaft. Doch was ist, wenn das Geld Not lindern soll? Ist es da nicht etwas anderes? In dem Moment, in dem Nastassja die hunderttausend Rubel den Flammen übergeben will, schickt Dostojewski den armen alten Lebedew auf die Bühne.

> „,Mütterchen! Königin! Du Allgewaltige!' jammerte Lebedew auf Knien zu Nastassja Filippownas Füßen, die Arme nach dem Kamin ausgestreckt. ,Es sind hunderttausend! Hunderttausend! Ich habe es selbst gesehen, sie sind vor meinen Augen eingepackt worden! Mütterchen, Gnädigste! Laß [sic!] mich an den Kamin: Ich krieche hinein, mein ganzes ergrautes Haupt stecke ich ins Feuer! Ich habe eine kranke Frau, die nicht gehen kann, meine dreizehn Kinder sind ohne Mutter, in der vorherigen Woche haben sie meinen Vater begraben, meine Familie nagt am Hungertuch, Nastassja Filippowna!' Heulend rutschte er vorwärts. ,Weg da!' schrie Nastassja Filippowna, ihn beiseite stoßend. ,Macht Platz! Ganja, worauf wartest du? Genier dich nicht! Geh hin! Es ist dein Glück!'"

Nastassja legt den reichen Kaufmann Rogoshin herein und führt den Schacherer Ganja vor. Dafür hat sie selbst mit Hungernden, Kranken, Alten, Armen und Kindern kein Erbamen. Dostojewski thematisiert die Macht des Geldes: das Versprechen, damit etwas Besseres zu sein. Mit der Figur Nastassja zeigt er, dass die Illusion erst dann gebrochen wird, wenn das Geld verbrennt und der Mensch die Kostbarkeit des Seins erkennt.

Soziale Arbeit ist ebenfalls käuflich – jedenfalls dort, wo den Versprechen von Besserem durch Wettbewerb oder von Wohltaten durch den Markt (statt Wohlfahrt der Gemeinschaft) auf dem Leim gegangen wird. Dadurch wird Soziale Arbeit nicht richtiger und menschlicher schon gleich gar nicht. Die Konsequenz des Marktes lautet Konkurrenz. Statt *mit*einander müssen ,professionelle Nastassjas' ihre Professionalität *gegen*einander zu Markte tragen. Zwar verachten viele Beschäftigte in der Sozialen Arbeit den alles dominierenden und kaum mehr zu (er)tragenden Wirtschaftlichkeitsdruck, doch zugleich sind sie tagein tagaus Teil des Ganzen, weil es so viele ,Lebedews' und deren Kinder gibt.

Doch mindestens genauso oft ist Soziale Arbeit unbestechlich oder sogar widerständig. Zwar werden die Auftragsausschreibungen oder Zuwendungsbescheide (noch) nicht ins Feuer geworfen, doch in der Arbeit an, für und mit Menschen werden die einseitigen Ideale von Effektivität und Effizienz häufig subversiv unterlaufen. Dort, wo Menschlichkeit und nicht der Götze Geld das Ziel der Handlung ist, finden tagtäglich Menschen zueinander. Die marktförmige Transformation des Sozialen kann die Ziele von Gerechtigkeit und menschlicher Entwicklung auch gar nicht zerstören. Die Welt der Kaufleute und Schacherer benötigt die Soziale Arbeit und kann ihre Prinzipien nur bei Untergang des Sozialen durchsetzen. Widersprüche erzeugen Widerstand.

Um diese Konflikte soll es in der vorliegenden Arbeit noch ausführlich gehen. Doch eines der konfliktfreien und besonders schönen Dinge an dieser Dissertation ist, dass ich im Vorwort meinem Dank Ausdruck verleihen kann. Diese

Gelegenheit nutze ich sehr gerne, denn während meiner Dissertationszeit habe ich viel Anerkennung und Unterstützung erfahren.

Meinen beiden Professorinnen, Maria-Eleonora Karsten und Barbara Rose, die mich im Dissertationsprozess betreut haben, bin ich sehr dankbar. Sie haben mich kritisch begleitet, mich angeschubst, wenn ich mir selbst im Weg stand, und vor allem haben sie mir von Beginn bis zum Ende meinen eigenen Kopf gelassen. Währenddessen habe ich nicht nur Fachliches von ihnen gelernt. Die Zusammenarbeit mit ihnen war die reinste Freude! Zudem danke ich den beiden Professoren Herbert Colla und Wenzel Matiaske für ihre bereitwillige Übernahme der Zeit- und Drittgutachten.

Ohne die Möglichkeiten zur umfangreichen Datenerhebung bei der Arbeiterwohlfahrt Schleswig-Holstein, ohne die dort stets vorgefundene Unvoreingenommenheit und Offenheit von Volker Andresen, Susanne Jeske-Paasch und Michael Selck aufseiten der Geschäftsführung und von Holger Krause, stellvertretend für die Seite des Betriebsrates, wäre der empirische Zugang zum Forschungsfeld in der vorliegenden Form nicht denkbar gewesen. Die meiste Arbeit mit mir und meinen nie enden wollenden An- und Nachfragen hatte jedoch Carmen Dorow. All das ist nicht selbstverständlich und allen gilt mein herzlicher Dank! Darüber hinaus danke ich vielen weiteren Menschen bei der Arbeiterwohlfahrt Schleswig-Holstein, mit denen ich anregende Diskussionen und spannende Fachgespräche führen durfte. Aus Vertrauens- und Datenschutzgründen ist es mir leider nicht möglich, eine ganze Reihe von Personen namentlich zu nennen. Es sind die vielen Mitarbeiterinnen und Mitarbeiter, die mir durch die Befragungen, Interviews und Gespräche einen tiefen Einblick in ihre Arbeits- und Lebenssituationen ermöglicht haben. Vielen Dank dafür.

Meine Biografie wäre sicherlich anders verlaufen, wenn es die ehemalige Hochschule für Wirtschaft und Politik nicht gegeben hätte und wenn es die Hans-Böckler-Stiftung nicht gäbe. Ohne Abitur zu studieren wurde mir durch eine Aufnahmeprüfung an der Hochschule für Wirtschaft und Politik ermöglicht. Angesichts der heutigen Bildungsmissstände ist es eigentlich unfassbar, dass diese Hochschule sich nicht weiter entwickeln durfte und ihr die Selbstständigkeit genommen wurde. Jürgen Hoffmann, der nach schwerer Krankheit am 29. September 2009 leider verstarb, war ein von mir sehr geschätzter Professor an der Hochschule für Wirtschaft und Politik und mein Diplom-Prüfer. Ihm widme ich diese Arbeit. Die Hans-Böckler-Stiftung hat mein Diplom-, mein Masterstudium und meine Promotion materiell und ideell unterstützt. Dafür danke ich ausdrücklich den Förderinnen und Förderern und, stellvertretend für die Kolleginnen und Kollegen in der Stiftung: Werner Fiedler, Birgit Grafe, Iris Henkel, Doris Koch und Angelika Teborg. Während meiner Promotion hatte ich eine ganz fantastische Vertrauensdozentin der Hans-Böckler-Stiftung: Rosemarie Karges danke ich dafür, dass sie auf mich als ganze Person geachtet hat.

Rita Stark danke ich für ihre verlässliche Unterstützung bei der Transkription der Interviews und Friederike Braun danke ich für ihr professionelles Korrektorat. Für die schnelle verlegerische Zusammenarbeit danke ich Stefanie Laux und Cori Antonia Mackrodt.

Besonders danken möchte ich den Freundinnen und Kolleginnen in meiner eigenen kleinen ‚Scientific Community', die mit mir diskutiert haben und/oder die mir den Forschungstransfer in die Lehre und in wissenschaftliche Vorträge ermöglicht haben: Gesche Rega Bollert, Ingrid Gissel-Palkovich, Uta Klein, Raingard Knauer und Julia Stegt. Es ist schon komisch, dass gar kein Mann dabei ist. Das muss am Thema liegen.

Ob dieses Buch erfolgreich sein wird, wird sich zeigen. Auf jeden Fall stehen hinter ihr und mir zwei ganz wichtige Frauen: Meine Frau Dagmar und meine Tochter Lea. Tausend Dank!

2 Einführung und Überblick

Im Zentrum dieser wissenschaftlichen Ausarbeitung steht die konkrete Auseinandersetzung mit der Reorganisation der Träger[1] der Freien Wohlfahrtspflege und mit den Subjektivierungen von Sozialer Arbeit, um sozialpolitische Transformationen auf der strukturellen Organisationsebene und in den Arbeits- und Handlungsweisen der Arbeitenden nachzuvollziehen und wechselseitig zu erforschen. Besonderes Merkmal der Untersuchung ist die Erkenntnissuche an der Schnittstelle zwischen Organisation und Person. Dort wird den Veränderungen, Wechselwirkungen und Übergängen nachgespürt. Innerhalb der Wohlfahrtspflege ist ein dauerhafter und chronisch unabgeschlossener Umbau zu beobachten, der als Reaktion auf den Umbau der öffentlichen Finanzierung und aufgrund rückläufiger Spenden- und Beitragsaufkommen erfolgt. Hieraus resultierende Anforderungen an die Arbeitskraft von Frauen und Männern lassen sich als Auseinandersetzungsarena zwischen wettbewerbsfernen und quasi-wettbewerbsförmigen Arbeitsanforderungen beschreiben. Mit der These der *gefangenen Subjektivierung* geht diese Analyse davon aus, dass Soziale Arbeit an, für und mit Menschen untrennbar mit aktiven Persönlichkeitseinbringungen von Professionellen und Adressat_innen verbunden ist. Im Koproduktionsverhältnis dringt Persönliches in die Arbeit ein und umgekehrt dringt auch die Arbeit in die Persönlichkeit ein. Beide Koproduzent_innen tragen in Interaktion zum Arbeitsergebnis bei, aber statt einer marktüblichen Tauschbeziehung liegen Einwegtransfers der fachlich-professionellen (Selbst)Hilfe vor. Aufgrund eines sozialpolitischen Paradigmenwechsels bestimmen Kostensenkungen und Effizienzmaßstäbe die Arbeitsbeziehung und die Arbeit wird stärker vom Ergebnis gesteuert. In der Folge werden die Arbeitenden mit gestiegenen Anforderungen an ihre Produktivität konfrontiert und so auf sich selbst und die Wirtschaftlichkeit ihrer Leistungen verwiesen. Die Arbeitenden müssen nunmehr *wettbewerbliche Subjektivierungsleistungen* erbringen, die, so die zweite These, in einem *grundlegenden Widerspruch* zur gefangenen Subjektivierung stehen. Die gefangene, doppelte Subjektivierung der Koproduktion Sozialer Arbeit gerät

---

1 Bei dem Begriff ‚der Träger‘ wurde keine sprachliche Genusanpassung (‚Träger_in‘) vorgenommen, um eine Subjektdenkweise bei Organisationen Sozialer Arbeit zu vermeiden. Entsprechend wird ‚die Arbeiterwohlfahrt‘ durchgängig in weiblicher Form fortgeschrieben (beispielsweise als ‚die Akteurin‘), weil der zugehörige Artikel ‚die‘ ist.

durch wettbewerbliche Subjektivierung massiv unter Druck, weil sich das (Betriebs)Wirtschaftlichkeitsprinzip hegemonial formiert. Allerdings muss sich Soziale Arbeit seit jeher mit ökonomischen Begrenzungen auseinandersetzen. Neu ist dagegen die Dominanz des Ökonomischen und die unmittelbare Selbstverantwortung der Arbeitenden für das Erreichen der Wirtschaftlichkeitsziele, weshalb bei den Arbeitenden sowohl aktive Aneignungsprozesse der wettbewerblichen Subjektivierung, als auch widerspenstige Praktiken zu beobachten sind. Die dritte These besagt also, dass bei den kollektiven und individuellen Akteur_innen Sozialer Arbeit sowohl Internalisierung als auch Subversion zu identifizieren sind. Da all die sozialpolitischen Neuformierungen und effizienzorientierten Arbeitsanforderungen in einem Bereich stattfinden, in dem die Arbeit vornehmlich von Frauen geleistet wird, der Männeranteil sogar eher rückläufig ist (Klein/Wulf-Schnabel 2007a) und ein enormes Beschäftigungswachstum verzeichnet wird (Cloos/Züchner 2005: 714ff.; Rauschenbach 1999), ergibt sich schließlich die zusammenhängende vierte These, demnach Soziale Arbeit als weiblich konnotierte Tätigkeit verhältnismäßig gering bewertet und entlohnt wird, vornehmlich Frauen von zunehmend prekären Beschäftigungsverhältnissen betroffen sind und sich gleichzeitig andere Frauen stärker als bisher auf den höheren Ebenen Sozialer Arbeit etablieren. Offen bleibt, wie sich diese Entwicklung auf Männer auswirkt.

Für die Analysen der Reorganisations- und Subjektivierungsdimensionen werden im theoretischen Teil dieser Arbeit zunächst die Grundlagen systematisiert. Dies beginnt mit einer Annäherung an die Subjektivität und die Subjektivierungen. In der Erweiterung der arbeits- und industriesoziologischen Subjektivierungskategorien nach Pongratz und Voß (2003: 24f.) entstehen bestimmte Dimensionen, die für die gefangene Subjektivierung von Sozialer Arbeit von spezieller Bedeutung sind. Mit der Unterscheidung gefangener und wettbewerblicher Subjektivierungen öffnet sich der analytische Blick für das Spannungsverhältnis zwischen den Subjektivierungen. Nach Erläuterung dieser Antagonismen folgen die geschlechtlichen Dimensionen der Subjektivierungen von Sozialer Arbeit, so dass sich umfassend theoretisch abgeleitete subjektivierende Anforderungen an die Arbeitskraft von Frauen und Männern in den Feldern Sozialer Arbeit ergeben. Um zu klären, vor welchem Hintergrund sich diese subjektivierenden Anforderungen in sich reorganisierenden Organisationen ausformen, schließen eine sozioökonomische Klärung sozialer Dienstleistungen im Kontext des hegemonialen Marktideals, eine Darstellung des spezifischen Transfercharakters sozialer Dienstleistungen und eine Darlegung der asymmetrischen Positionen von Staat, Wohlfahrtsverbänden und Adressat_innen das Kapitel ab.

Im darauf folgenden Teil steht das Untersuchungsdesign im Mittelpunkt. Zur konkreten Abbildung der organisationsbezogenen (also organisationalen)

Veränderungen Sozialer Arbeit und zur Erhebung der Arbeitsanforderungen an die beschäftigten Frauen und Männer bietet die Arbeiterwohlfahrt Schleswig Holstein als eine repräsentative Trägerin der Freien Wohlfahrtspflege ein umfassendes Forschungsfeld. Zur Erläuterung des Forschungsfelds geht dieser Abschnitt kurz auf die sozioökonomische Bedeutung der Freien Wohlfahrtspflege ein. Gegenstand der nachfolgenden Abschnitte sind das Forschungsverständnis, das Analyse- und Interpretationskonzept sowie die Forschungsmethoden. Dieser Teil verdeutlicht die methodisch-konzeptionelle Entwicklung des explorativen Vorgehens und zeigt, wie dieses auf die erarbeiteten Theoriegrundlagen bezogen ist. Entlang der Struktur Reorganisation, Subjektivierungen und Geschlechterverhältnisse arbeitet sich das Konzept dieser Eigenforschung mittels zweier Analysen ab: Die Reorganisationsanalyse zeichnet den Veränderungsprozess der Organisation ab dem Jahr 1999 nach und liefert eine Auswertung umfassend erhobener Organisations- und Personaldaten. Darauf baut die Subjektivierungsanalyse auf, die eine ausgewählte Beschäftigtengruppe mithilfe quantitativer (Fragebögen) und qualitativer (Expert_innen-Interviews) Methoden untersucht. Fragen zum Geschlechterverhältnis werden nicht nachträglich expliziert, sondern sind Gegenstand beider Analysen. Die Auswahl der Berufsgruppe der Sozialpädagog_innen erfolgt im Forschungsverlauf erst nach der Reorganisationsanalyse. Grundsätzlich arbeitet dieses Vorhaben mit einem Wechsel zwischen mehreren Erhebungs- und Auswertungsphasen, um Methoden, Material und Kategorien in ein dauerhaft reflexives Verhältnis zu setzen.

Der anschließende Teil stellt die erarbeiteten Forschungsergebnisse vor, diskutiert sie und bringt sie mit der Theorie in Verbindung. Dabei ist zunächst die strukturelle Dimension der Reorganisation von Bedeutung: die Ausrichtung der Reorganisationskonzeption, die Trennung der Organisation in eine unternehmerische und eine sozialpolitische Akteurin, die Geschäftsbereiche und Geschäftsfelder sowie die Einrichtungsarten und Einrichtungsgrößen. Die anschließende personelle Dimension beinhaltet Erhebungen zur Beschäftigung der Gesamtorganisation, zum zentralen Management und zur Ebene der Einrichtungsleitung. Die Explikation der gewonnenen Organisations- und Personaldaten unter Geschlechteraspekten erfolgt dabei kontinuierlich, weil die Geschlechterverhältnisse und (Re)Produktionsverhältnisse Sozialer Arbeit auf das Engste miteinander verwoben sind. Durch die Reorganisationsanalyse ist eine bestimmte ‚ideelle Arbeitskraftfigur' identifizierbar, deren Prägungen eine Überleitung zur Subjektivierungsanalyse bieten. Da das breite Spektrum der sozialen Dienstleistungen sowie die vielen verschiedenen Beschäftigungsformen und Berufsfelder der Arbeiterwohlfahrt Schleswig-Holstein nicht vollständig qualitativ erforschbar sind, liegt der Fokus der Subjektivierungsanalyse auf der Beschäftigtengruppe der Sozialpädagog_innen. Welcher Personenkreis unter der Bezeichnung Sozialpädagog_innen konkret zu fassen ist, erläutert der Methodenteil (Abschnitt 4.3) näher. Die Subjektivierungsanalyse beginnt an der Schnittstelle von Organisation und Person, um die Wirkungen der Reorganisation auf die Arbeitenden und deren daraus folgende Verarbeitungsstrategien, Handlungsmuster oder Widerstände zu diskutieren. Da die an dieser Stelle zur Verfügung stehende ‚ideelle Arbeitskraftfigur' Auswirkungen auf die Ordnung und das Verhältnis zwischen den beiden Genusgruppen Frauen und Männer hat, werden geschlechtsbezogene Dimensionen bei der Subjektivitätsanalyse ebenfalls fortlaufend berücksichtigt. Zunächst erfolgt eine Abarbeitung entlang der persönlichen Zugänge, Positionierungen und Ziele der Arbeit und unter Berücksichtigung der biographischen Perspektive im Kontext von Arbeit und Leben. Anschließend stehen die alltäglichen Arbeitsbelastungen und Kompensationsstrategien sowie der Wert der Arbeit im Mittelpunkt. Ab hier rücken sukzessive die Produktivität der Einrichtung und Dimensionen der Gesamtorganisation in den Vordergrund, wobei auch hier die Analyse aus konsequent subjektiver Blickrichtung erfolgt. Am Ende der Subjektivierungsanalyse lässt sich eine deutliche Normativität des Wettbewerbs herausstellen, die eine hegemoniale Wirkung erzeugt und dennoch widerständige Praktiken der Arbeitenden erkennen lässt.

Statt eines Fazits, in dem die zentralen Forschungsergebnisse nur noch einmal wiederholt werden, folgt im letzten Teil der Arbeit ein Abschluss, der durch verdichtete Einsichten eröffnet und durch skizzenhafte Aussichten erweitert wird. Die Aussichten beginnen mit dem Versuch, die Interessenslagen von Arbeitenden und Organisationen Sozialer Arbeit zu thematisieren. Das darauf aufbauende Plädoyer für ein partizipatorisches Sozialmanagement professioneller Organisationen Sozialer Arbeit bietet eine mögliche Fortführung der hier gewonnenen Erkenntnisse an, wobei besonders die Bereiche Bildung und Politik für ein solches Sozialmanagement Gewicht bekommen.

3 Theoretische Grundlagen

Die im Folgenden dargestellte theoretische Argumentation verläuft in sieben aufeinander aufbauenden Gedankenschritten:

1. Originäres Charakteristikum Sozialer Arbeit ist die fest eingelagerte Subjektivierung von Arbeit (gefangene Subjektivierung) als interpersonelle Arbeit, d.h. als Arbeit an und in Beziehung(en), die an, für und mit Menschen (Adressat_innen) erbracht wird. Sie verlangt von professionellen Sozialarbeiter_innen Beziehungs-, Kommunikations-, Interaktions- und Reflexionsfähigkeiten und erfordert das Einbringen der gesamten Persönlichkeit in die Arbeit. Ebenso hat sie aber das Eindringen der Arbeit in die Persönlichkeit der Arbeitenden zur Folge.

2. Im Zuge der Ökonomisierung immer weiterer gesellschaftlicher Teilbereiche lagert sich über die gefangene Subjektivierung eine Subjektivierungsanforderung anderer Art. Sowohl die Professionellen als auch die Adressat_innen Sozialer Arbeit müssen ihre gesamte Person immer stärker auf den Markt ausrichten (wettbewerbliche Subjektivierung). Dabei müssen die Arbeitenden den Erfolg ihrer Arbeitskraft selbst realisieren und verantworten. Beide Subjektivierungsarten existieren in den Feldern Sozialer Arbeit in unterschiedlicher Ausprägung neben- und gegeneinander.

3. Aus der Betrachtung dieser beiden Subjektivierungsarten und ihrer jeweiligen Logiken ergeben sich Antagonismen, deren Konfliktlinien deutlich vergeschlechtlichte Dimensionen aufweisen.

4. Diese analytisch herausgearbeiteten Konfliktlinien zwischen den zwei Subjektivierungsarten führen zu widersprüchlichen Arbeitsanforderungen in einem Praxisfeld, das historisch, kulturell und auch hinsichtlich seiner sozialpolitischen Konnotierung wiederum stark vergeschlechtlichte Züge aufweist.

5. Unter den aktuellen Bedingungen der Ökonomisierung sozialer Dienstleistungen und der Reorganisation der Träger Sozialer Arbeit müssen die herausgearbeiteten Widersprüche in ihrer spezifischen Weise (Ausdruck und Wirkung) auf der Subjektebene zum Ausdruck kommen. Auf der Ebene der arbeitenden Person geht es erstens um die Verschiebung von normativen Setzungen Sozialer Arbeit (Helfen versus Fordern), zweitens um die arbeits-

teilige Aufteilung innerhalb der Arbeit (Ausführung versus Steuerung) und drittens um neue Kombinationsmuster fachlicher und überfachlicher Fähigkeitsmodule (Sozialpädagogik versus Entrepreneur).

6. Diese Konkretionen wiederum wirken nicht geschlechterneutral. Geschlechterverhältnisse, in den Zusammenhängen von Arbeit und Leben bzw. als (Re)Produktionsverhältnisse gedacht, sind für wirksame Teilhabepraxen konstitutiv. Folglich wird Teilhabe durch Arbeit geschlechtlich konstruiert und diese Zusammenhänge sind für die Erklärung und Veränderung gesellschaftlicher Macht- und Herrschaftsverhältnisse zentral.

7. Insgesamt wirkt hierbei ein hegemoniales Marktprinzip, das für die Felder Sozialer Arbeit ungeeignet ist, dem es aber dennoch gelingt, die Träger der Freien Wohlfahrtspflege massiv unter Druck zu setzen. Im Sozialen versagen die Prinzipien von Angebot und Nachfrage. Im erweiterten Ökonomieverständnis zeigt sich, dass Asymmetrie und Abhängigkeit der Normalfall und Symmetrie und Autonomie der Spezialfall sind.

Bei der Entwicklung dieser Gedankenschritte verbindet diese Arbeit zwei Theoriestränge. Der eine betrifft die Debatten zum Charakter sozialer Dienstleistungen und zur spezifischen Logik Sozialer Arbeit. Der zweite Strang nimmt die Debatten zur Ökonomisierung und Reorganisation Sozialer Arbeit und zur Subjektivierung von Arbeit auf. In beiden Strängen sind die Geschlechterverhältnisse als (Re)Produktionsverhältnisse von elementarer Bedeutung.

Soziale Arbeit als interpersonelle Arbeit, die auf Kommunikation, Koproduktion und Reflexion beruht, kann als beratende, unterstützende oder helfende Arbeit in zwischenmenschlichen Beziehungen charakterisiert werden, die zwar mit Ressourcenknappheit vertraut ist, sich jedoch nicht am ökonomischen Prinzip des idealen Marktes von Angebot und Nachfrage orientiert. Diese Charakteristika bilden professionelle Anforderungen auf der Subjektebene, die historisch-kulturell geprägt sind und die Sphären von Arbeit und Leben überschreiten. Quasi als epochalen Bruch läuteten die veränderten sozialpolitischen Rahmenbedingungen der jüngsten Vergangenheit einen Paradigmenwechsel in der Sozialen Arbeit ein. Perspektiven der Wirtschaftlichkeit und der Wirksamkeit prägen die Auseinandersetzungen der letzten Jahre, in deren Folge bei den Trägern Sozialer Arbeit Reorganisationsprozesse zu beobachten sind und zunehmend betriebswirtschaftliche Instrumente in die Praxis Sozialer Arbeit handlungsleitend eingreifen. Wie sich hierbei die Anforderungen an die Arbeitenden verändern, ist weitestgehend ungeklärt.

Beide Theoriestränge fokussieren subjektorientierte Perspektiven und beziehen sich auf die sich wandelnden (Re)Produktionsverhältnisse. Dabei sind Geschlechterverhältnisse als gemeinsame und übergreifende Analysekategorie zu

Abbildung 1: Theoriestränge

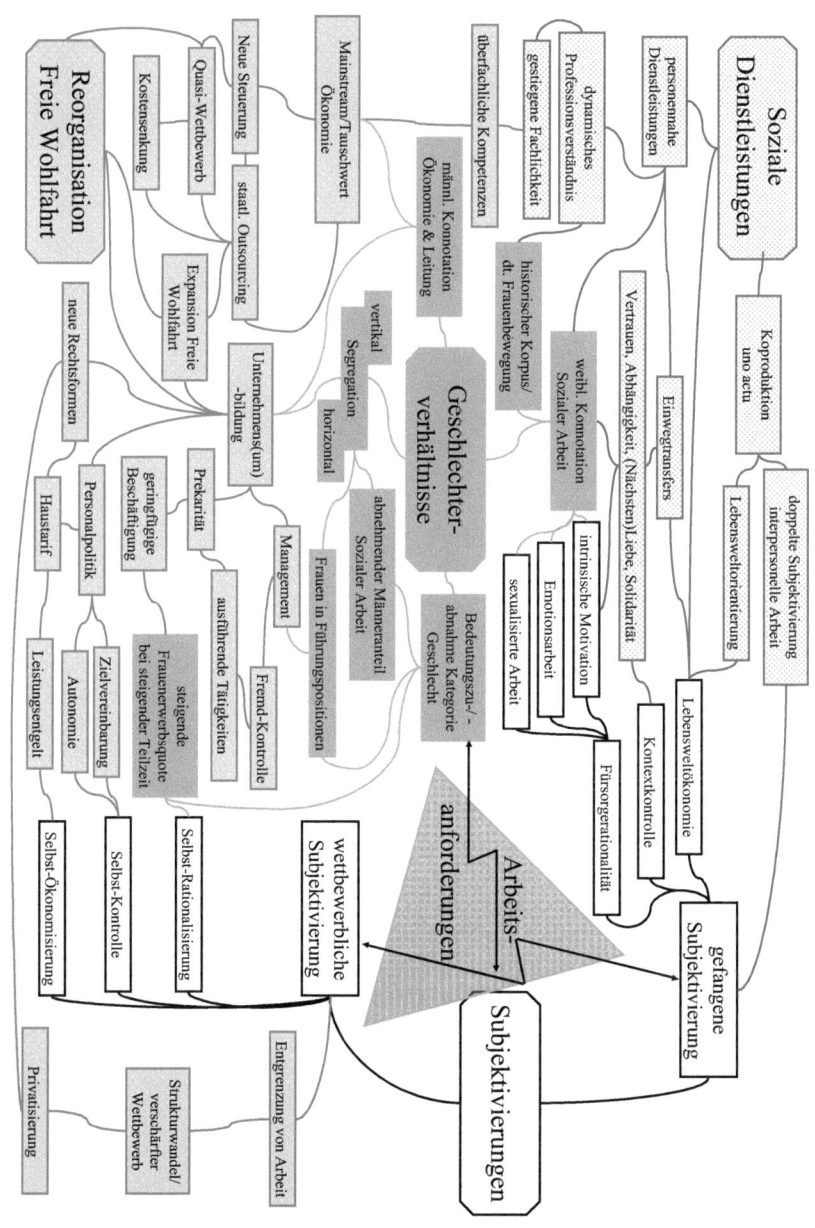

betrachten, denn (Re)Produktionsverhältnisse sind durch Geschlechterverhältnisse bestimmt und umgekehrt. Wie die gesellschaftlichen Strukturen oder einzelne Strukturelemente entstanden sind, wirken oder sich verändern, ist an den Wechselbeziehungen zwischen Mensch und Gesellschaft zu bestimmen. Hierfür sind die Vermittlungsinstanzen bedeutsam, die (Re)Produktionsweisen, Arbeitsverhältnisse und Arbeitsanforderungen auf die Subjektebene transportieren. Diese theoretischen Gesamtzusammenhänge sollen im Folgenden erläutert werden, da sie das empirische Forschungsinteresse begründen. Einen ersten Überblick über die Vernetzung der Theoriestränge gibt die Abbildung 1.

3.1 Subjektivität und Subjektivierungen von Arbeit

Im Zuge des Wandels der Arbeit verändert sich auch die grundlegende Verfassung von Arbeitskraft. Aus den bisherigen Arbeitnehmer_innen, die eher passiv ihre Arbeitskraft auf dem Arbeitsmarkt angeboten haben, werden zunehmend aktive bzw. aktivierte Arbeitende, die sich selbst auf die Verwertung ihrer Arbeitskraft ausrichten (müssen). In der Folge ist eine Zunahme von ambivalenten Autonomien zu beobachten, bei der die Arbeitenden die erforderlichen Strukturen, das erforderliche Wissen, ihr Können und ihre Haltung zur Arbeit inner- und außerhalb der Bildungs- und Arbeitswelt immer mehr selber herstellen müssen.

Bevor diese sozialwissenschaftliche Diskussion auf Soziale Arbeit bezogen werden kann, ist zunächst der Begriff ‚Subjektivität' im allgemeinen Verständnis zu klären, wie er im Folgenden nach Kleemann u.a. (1999: 2f.) verwendet wird. Subjektivität ist kein einseitiges Verhältnis von der Person zum Arbeitsgegenstand, sondern eine zweiseitig-relationale Eigenschaft. Aus der Perspektive der Einzelperson sind die individuellen Sinndeutungen, Motive, Einstellungen, Empfindungen, Fähigkeiten, Leistungen usw. im Wechselverhältnis mit der Umwelt gemeint. Eigenständigkeit, situative Entscheidungen, subjektive Interpretation und Improvisation im Arbeitsprozess stehen als subjektive Fähigkeiten in einem Wechselverhältnis von Person und Arbeit. Am Arbeitsplatz werden Anforderungen an die Arbeitskraft gestellt und subjektive Handlungsspielräume strukturiert. Es geht um die ‚Passung' zwischen arbeitender Person und betrieblichem Arbeitsplatz, weshalb als zentraler Begriff Subjektivierung gewählt wird (Kleemann u.a. 1999: 2f.). Somit ist Subjektivität zwar eine situativ und individuell besondere Konstellation, sie ist aber zugleich von der Umwelt abhängig und geprägt. Dabei geht es nicht um eine konkrete Einzelperson (individuelle Sichtweise), sondern darum, „(...) auf der Analyseebene der Individuen eine Perspektive zu gewinnen, die primär die (sozial geprägten) aktiven Strukturierungs- und Herstellungsleistungen in den Blick nimmt" (Kleemann u.a. 1999: 3).

‚Subjektivierung von Arbeit' meint einerseits, dass Arbeit den Individuen zunehmend Subjektivität abverlangt, d.h. von den Individuen werden mehr persönliche Auffassungen und Handlungen eingefordert. Andererseits bringen die Individuen verstärkt ihre Subjektivität in die Arbeit ein, sie subjektivieren die Arbeit. Folglich geht es um ein besonderes Wechselverhältnis zwischen Arbeit und Person. Die Arbeit fordert deutlich mehr Subjektives und die Arbeitenden bringen auch zunehmend mehr Subjektives in die Arbeit ein, weil scheinbar objektive Faktoren (institutionelle Strukturen, kulturelle Normen) wegfallen. Damit beschreitet die Subjektivierung von Arbeit die Analyseebene der Arbeitenden, „(...) um Veränderungen im Verhältnis von Person und Betrieb zu erfassen" (Kleemann u.a. 1999: 3). Mit Subjektivierung sind zwei komplementäre Prozesse verbunden: zum einen die Möglichkeit, Subjektivität in die Arbeit einzubringen, und zum anderen der Zwang, die eigene Arbeit selbst zu verwerten (Moldaschl/Voß 2003: 13f.).

3.1.1 Subjektivierung von Sozialer Arbeit – gefangene Subjektivierung

Wird das industriesoziologische Begriffskonzept der Subjektivierung von Arbeit auf die Soziale Arbeit bezogen, treten Spezifika hervor, die intensiver bearbeitet werden müssen. Bei Sozialer Arbeit geht es notwendigerweise um mehrwertferne und doppelte Subjektivierung von Arbeit, nämlich zweier Personenkreise: Produzent_innen und Koproduzent_innen. Als interaktive Arbeit ist sie eine in die Arbeitsvollzüge eingelassene Arbeit eigener Art, die sich als personennahe Dienstleistung dadurch auszeichnet, dass für ihre Erbringung Arbeitende und Adressat_innen zusammenarbeiten müssen. Zentraler Handlungsauftrag Sozialer Arbeit ist es, Koproduktion zu realisieren. Insgesamt ist diese spezifische Form von Subjektivierung integraler Bestandteil Sozialer Arbeit, weshalb sie im Folgenden ‚gefangene Subjektivierung' genannt wird.

Soziale Arbeit ist als Hilfe zur Selbsthilfe programmatisch festgelegt und sie ist vorläufig mandatiert (Thiersch 2002: 208f). Beides widerspricht unternehmerischen Freiheiten und schränkt eine marktkonforme Angebotsgestaltung ein. Soziale Dienstleistungen werden unmittelbar mit Adressat_innen vollzogen und sind Unikate, weil sie nicht unter vollständig reproduzierbaren Produktionsbedingungen in identischer Form erneut hergestellt werden können.[2] Produktion und Konsumtion sozialer Dienstleistungen treten zeitlich und räumlich zusammen auf (uno-actu-Prinzip), womit soziale Dienstleistungen nicht konservierbar

---

2 An dieser Stelle bleiben Bereitstellungsleistungen (Verwaltung, Gebäudebewirtschaftung, Technik etc.) unberücksichtigt, um eine klare Charakterisierung der unmittelbaren Arbeit mit den Adressatinnen zu erreichen.

oder transportierbar sind und nur sehr begrenzt standardisiert werden können.
Folglich sind soziale Dienstleistungen personalintensiv, immobil (Auslandspro-
duktion entfällt), mangels nennenswerter Substitutionselastizität von Arbeit
durch Kapital kaum rationalisierbar und damit gegenüber industriellen Gütern
relativ teurer. Die personenorientierten Tätigkeiten[3] sind beratend, helfend, un-
terstützend oder betreuend und bedürfen nicht nur der Präsenz der Betroffenen,
sondern auch der Annahme und Realisierung durch die Adressat_innen. Somit
wird Soziale Arbeit in Koproduktion mit den Adressat_innen[4] geleistet (Gross/
Badura 1977).

Die doppelte Subjektivierung (Adressat_innen und Beschäftigte) Sozialer
Arbeit unterscheidet sich von anderen personenbezogenen Dienstleistungen (z.
B. Friseur_in, Flugbegleiter_in o.Ä.) in zwei Punkten. Erstens tragen beide Sei-
ten aktiv zum Arbeitsergebnis bei und auf der Seite der Beschäftigten ist eine
(selbst-)helfend ausgerichtete Subjektivierung notwendig. Zweitens bezieht die
Koproduktion zwar ggf. materielle (z. B. Sachleistungen) oder immaterielle
Objekte (z. B. Dienste, Rechte, Informationen) mit ein, aber sie basiert immer
auf der Interaktion mindestens zweier Personen (interpersonelle Arbeit), die ohne
Mehrwertproduktion im ökonomischen Sinn auskommt. Die Konsumenten-
Koproduktion in anderen Dienstleistungsprozessen (z. B. Supermarkt: Gemüse
abwiegen, Möbelmarkt: eigene Schrankmontage, Bankgeschäft: elektronische
Datenverarbeitung mittels Online-Banking etc.) geschieht mit dem Zweck der
Kostensenkung bzw. als Teil der betrieblichen Wertschöpfungskette (vgl. hierzu
Voß/Rieder 2005).

Von der historischen Herausbildung klassischer Methoden der Sozialen Arbeit bis zu den heutigen berufsalltäglichen Handlungen in der Praxis lassen sich
die Besonderheiten der Subjektivierung von Sozialer Arbeit beispielhaft belegen.
Die Settlement-Bewegung (Gemeinwesenarbeit) versuchte, einer egalitären
Leitmaxime in Interaktion mit der sozialen Umwelt zu folgen.[5] Zu der Grün-
dungszeit von Toynbee Hall in London (1884) durch Henriette und Samuel Barnett und von Hull House in Chicago (1889) durch Jane Addams und Ellen Gates
Starr herrschte massive Armut in den Straßen der Industriestädte. Im Gegensatz

---

3   Hinzu kommen administrative Tätigkeiten – wie z. B. Evaluation, Dokumentation oder Quali-
    tätssicherung – die nur mittelbare Personenbezüge aufweisen, jedoch bedeutsamer werden.
4   Schaarschuch (1996) dreht das Verhältnis um: Bei ihm ist Soziale Arbeit ein durch produktive
    Konsument_innen gesteuerter Handlungsmodus und Professionelle sind dabei Koprodu-
    zent_innen. Im partizipativen Verständnis dieser Arbeit sind beide Seiten Koproduzent_innen.
5   Gegensätzlich dazu ist die Einzelfallhilfe zu bewerten, die sich allein auf der individuellen Ebene
    bewegt und die eine „(...) (Re-) Integration in gesellschaftlich akzeptierte Normalitätsmuster"
    (Galuske 2005: 96) verfolgt. Eine ähnliche Zielsetzung schreibt Galuske (2005: 97) auch der so-
    zialen Gruppenarbeit zu. Folglich geht bei diesen beiden klassischen Methoden die doppelte
    Subjektivierung stärker mit einem Zwang- und Kontrollcharakter einher. Die Adressat_innen
    müssen sich in den sozialen Dienstleistungsprozess einbringen, um Leistungen zu bekommen.

zu den sozialstaatlichen Disziplinierungsmaßnahmen (Arbeits- und Armenhäuser, Aberkennung bürgerlicher Rechte) und in Abgrenzung zur Vergabe von Sach- oder Geldspenden durch die ‚charity workers' bzw. ‚friendly visitors' der Wohlfahrtsorganisationen, die den Bedürftigen ihre religiösen oder weltlichen Anschauungen aufoktroyierten, setzte die Settlement-Bewegung auf die Erziehung der Armen zu selbstständigen und selbstbewussten Menschen durch die Stärkung der Selbsthilfekräfte aktiver Nachbarschaft (Müller 1999: 38, 77). Nachbarschaft im Settlementverständnis umfasste zweierlei: Hilfe zur Selbsthilfe und sozialräumliche Nähe. „Jane Addams war immer wieder über die Selbsthilfekräfte verwundert, die sie in der Nachbarschaft fand und die lediglich darauf warteten, durch eine organisatorische Selbsthilfe mobilisiert zu werden" (Müller 1999: 85). Sowohl für Hull House als auch für Toynbee Hall galt, dass Angehörige der bürgerlichen Intelligenz[6] in den Armen- und Arbeitervierteln siedelten, um eine Überwindung der sozialräumlichen Trennung zu erreichen und um die Aufmerksamkeit für die Armen in die bürgerlichen Schichten zu tragen.

Zweck des Settlements war es, die Selbsthilfekräfte der Arbeiter_innen und Armen zu stärken, den (Wieder-) Aufbau von Ressourcen zu betreiben, Mut und Würde aufzubauen und Abhängigkeiten abzubauen. Indem sie Achtung vor sich selbst gewannen, sollten die Armen ihr Leben selbst bewerkstelligen können. Den Armen und Arbeiter_innen wurde der Lernprozess abverlangt, sich künftig nicht mehr auf milde Gaben zu verlassen, sondern ihr Leben selbst in die Hand zu nehmen. Wohlhabende und Arme brachten sich in den interaktiven und mehrwertfreien Koproduktionsprozess ein. Neben konkreten Hilfeleistungen und praktischer Unterstützung in der Gesundheitsfürsorge und in der Arbeits- und Lebensweltgestaltung wurde ein umfangreiches Kultur- und Bildungsprogramm entwickelt.[7] Hierbei galt das Ideal, Arbeitende, Arme und Wohlhabende prinzipiell gleichwertig und gleichrangig zu behandeln (Müller 1999: 41, 86ff.).

---

6   Toynbee Hall wurde als akademische Außenstelle der Universität Oxford gegründet. Neben dem Pfarrerehepaar Barnett (in Leitungsfunktionen) lebten dort Professoren und vor allem männliche Studenten. Hull House wurde als Frauenprojekt gegründet, wo junge Studentinnen einen Ausgleich in praktischer Arbeit finden und die Lebensnöte der Armen kennen lernen sollten. Hinter Hull House stand keine Universität, sondern gründete auf persönlichen Bekanntschaften und später auf seinem guten Ruf. Neben Jane Addams und Ellen Gates Starr wurde es maßgeblich von weiteren Frauen getragen und finanziert, z. B. von der Juristin Julia Lathrop, der Ärztin Alice Hamilton, der Übersetzerin und Sozialistin Florence Kelley und der gelernten Druckerin und Frauengewerkschafterin Mary Kenny (Müller 1999).

7   Die Settlementbewegung nahm Einfluss auf die Arbeitsbedingungen und Arbeitszeiten und stellte beispielsweise Essensversorgung, Kinderspielplätze, Kindergärten, Altenpflege, Rechtsbeistand, Kinderlandschickung usw. Auch wurden gesellige Veranstaltungen, Freizeitangebote für Erwachsene, Kinder und Jugendliche, literarische, künstlerische, volkswirtschaftliche Bildungsveranstaltungen angeboten und Leihbüchereien eingerichtet (Müller 1999: 41ff., 48ff., 75ff., 81ff., 85f.).

Mit dem Leben im Settlement unterwarfen sich die bürgerlichen Frauen und Männer den Prinzipien des non-profit service und der Selbstorganisation mit dem Ziel, Änderungen im Sozialgefüge und Verbesserungen in den Lebenslagen der Armen anzustreben. Im Fokus der Hilfeleistung stand weniger das Individuum als vielmehr „(...) die Veränderung der Strukturen des sozialen Nahraums, der sozialen Netzwerke, der materiellen und sozialen Infrastruktur und nicht zuletzt die Förderung der Selbstorganisation" (Galuske 2005: 99). Dafür brachten Wohlhabende weit mehr als nur ihre Finanzmittel auf. Sie setzten ihre Qualifikationen und ihre gesellschaftlichen Beziehungen unmittelbar für die jeweils aktuellen Belange und Bedürfnisse der armen Nachbarschaft ein und wurden sozialpolitisch aktiv. Mit der weitreichenden Lebensweltverlagerung und ihrem Verständnis, Teil des Settlements zu sein, wird offensichtlich, dass der Einsatz der ganzen Person und des ganzen Lebens erforderlich wurde. Die eigene Persönlichkeit wurde in die nachbarschaftliche Hilfe eingebracht, wobei die Lebenswelt der Armen nicht ersetzt werden sollte (wie etwa beim Armenhaus). Dreh- und Angelpunkt der Gemeinwesenarbeit ist bis heute die Lebenswelt der Adressat_innen, die eine sozialraumbezogene, unterstützende oder ergänzende Hilfe erfahren.

In anderer Art wird die spezifische Subjektivierung sozialer Dienstleistungen in einem für die Freie Wohlfahrtspflege gewichtigen Feld deutlich: in der Pflege. Im beruflichen Pflegealltag verlangen zugespitzt asymmetrische Beziehungen und prekäre Interaktionssituationen den Arbeitenden eine ausnehmend zärtliche Strukturierungs- und Handlungsleistung ab. Zur Veranschaulichung zitiere ich eine kommentierte Pflegesituation von Dunkel (1988):

„Interaktionssequenz ‚Waschen von Frau M.'
Wir befinden uns auf einer Pflegestation in einem Münchner Altenheim. Die Altenpflegerin C. schiebt einen Wagen, auf dem sich diverse Pflegemittel befinden, in das Zimmer von Frau M. Frau M. ist bettlägerig und weitgehend desorientiert; man weiß nicht genau, was sie noch versteht und was nicht. Ihre verbalen Äußerungen beschränken sich auf ‚ja' und ‚nein'. Jeden Morgen wird Frau M. im Bett gewaschen.
Die Pflegerin tritt an ihr Bett: ‚Frau M., ich tu sie jetzt waschen!' Sie streichelt die Frau. Frau M. wacht dabei langsam auf und ist offensichtlich ungehalten über die Störung; sie schlägt um sich. ‚Ich mag koa Schlägerei am Morgen, ich mag sie bloß a bisserl frisch machen!' Frau M. bekommt einen Kuß [sic!] und wird ausgezogen. Die Altenpflegerin kündigt jede ihrer Tätigkeiten an und betont ihr Mitgefühl: ‚Ich weiß, das ist nicht schön.' Frau M. krallt sich wiederholt fest und versucht sich zu wehren – sie muß [sic!] immer wieder beruhigt werden. C. wäscht Frau M. das Gesicht, den Rücken, die Arme. Körperteile, die gerade nicht gewaschen werden, werden zugedeckt. Frau M. wird eingecremt: ‚Die is ein bißchen kühl, tuns nicht erschrecken!' Das Nachthemd wird wieder angezogen. Aber das ist nicht so einfach: ‚Frau M., wenn sie mich boxen, tu ich sie kitzeln!' C. wird etwas ungehalten, als Frau M. sie am Finger zieht: ‚Des hat ganz schön weh getan!'

C. zieht Frau M. die Windel aus und reinigt Genitalbereich und After mit Pflegeschaum. Sie wäscht die Beine, die Füße. Lautstarke Proteste versucht sie mit Zärtlichkeiten zu kontern. Frau M. wird weiter eingecremt, sie bekommt eine frische Windel – die Pflegerin bekommt als Gegenleistung einen Schlag ins Gesicht: ‚Aua, jetzt reichts mir aber!' C. bleibt trotzdem weiterhin freundlich zu Frau M., sie spricht im Flüsterton auf sie ein, Frau M. wird ruhiger. C. schüttelt das Kissen auf und lagert Frau M. um. Dabei muntert C. Frau M. zur Mithilfe auf: Hält diese sich an den Schultern von C. fest, ist es für die Altenpflegerin einfacher, sie in die richtige Lage – näher am Kopfende des Bettes – zu bringen.

C. fragt Frau M., ob sie ihr die Bettjacke anziehen soll. Sie bekommt keine Antwort. Schließlich gibt sie sich selbst eine positive Antwort und zieht Frau M. eine Bettjacke an. Auffallend ist, dass C. vollkommen vernünftig mit Frau M. redet, obwohl sie glaubt, dass Frau M. kaum etwas verstehe. Sicher ist sie sich mit dieser Einschätzung allerdings nicht. C. versucht Frau M. Kaffee einzuflößen. Auf ihre Frage, ob sie, Frau M., noch einen Schluck Kaffee möchte, bekommt sie zum ersten Mal eine klare Antwort: ‚Ja!' Dabei bleibt es allerdings. Auf die Frage, ob es denn nun genug sei mit dem Kaffee, bekommt C. keine Antwort. ‚Sie müssen ‚Nein' sagen, wenn sie nix mehr wollen, sonst weiß ich des ja nicht – oder muß ich mir des denken?' Sie muß [sic!].

Nach ein paar Aufräumarbeiten verabschiedet sich C. mit einem ‚Auf Wiedersehen' von Frau M." (Dunkel 1988: 74f., *zit. n.* Dunkel/Rieder 2004: 215f.)

In diesem Kontext wird deutlich, dass häufig unklar bleibt, was oder wie viel die Adressat_innen verstehen. Gerade weil deren Handlungsautonomie so drastisch beschränkt ist, ist hier eine Prüfung der doppelten Subjektivierung quasi unter Extrembedingungen möglich. Bei genauer Betrachtung wird deutlich, dass selbst die stark eingeschränkte, bettlägerige Frau ihre Subjektivität einbringt, wenngleich größtenteils nonverbal, und es scheint, als müsste die Pflegerin die Bedürfnisse ‚erraten'. Doch hinter den pflegerischen Arbeiten ist ein ganzes Handlungssetting verborgen – von der Stimulation und Aufmunterung zur Mitteilung und Mithilfe bis zur Deutung und Einbeziehung der alten Frau. Die Pflegerin ist auf ihre Empathie angewiesen, da die alte Frau wenig hilft[8] oder die Pflege sogar blockiert.

Im Kern geht es um die Erschließung subjektiver Fähigkeiten für Zwecke Sozialer Arbeit. Auf Seiten der Beschäftigten ist selbst bei routinierten Arbeitsabläufen ein improvisierendes und ein situativ offenes Handeln erforderlich, das der Eigensinnigkeit der Problemsicht der Adressat_innen folgt, um die Lösungsressourcen der Menschen und die in der Lebenswelt verfügbaren Ressourcen und Kompetenzen zu erreichen (Thiersch 2002: 215). Dieses Arbeitsverständnis fordert die gesamte Persönlichkeit, wobei die Gefahr besteht, dass die eigene

---

8 Der Begriff „Helfen" ist hier durchaus angebracht, denn die alte Frau hilft der Pflegerin, damit sie ihre Arbeit leichter verrichten kann. Hält sich Frau M. an den Schultern von Frau C. fest, ist es für die Altenpflegerin einfacher, sie in die richtige Lage zu bringen. Deutlicher kann die Koproduktion kaum werden, denn die Pflegerin arbeitet schließlich, um der alten Frau zu helfen.

Rolle verloren geht. Umgekehrt ist die Situation auch für die Adressat_innen bedrohlich, denn Soziale Arbeit rückt ihnen „(...) unmittelbar zu Leibe" (Thiersch 2002: 216). Eine erforderliche doppelte Subjektivierungsleistung ist für den Erfolg der Arbeit elementar und riskant zugleich. Von den Beschäftigten dringt nicht nur Subjektives ihrer Person in die Arbeit ein, sondern ein Teil der Arbeit wird auch Teil ihrer Person. Soziale Arbeit wird erlebt, sie wird empfunden. Mit der Arbeit an, für und mit Menschen bildet sich eine berufliche Identität und ein berufliches Ethos. Beschäftigte im Feld Sozialer Arbeit betrachten die Adressat_innen nicht als anonyme Objekte, sondern als ganzheitliche Personen, mit denen sie in Interaktion stehen.

Die in den Charakter Sozialer Arbeit eingelassene doppelte Subjektivierung wird als ‚gefangene' Subjektivierung bezeichnet, weil diese nicht freigesetzt werden kann. Die Gefangenschaft der Subjektivierung ist als fest eingelassener Kernbestandteil Sozialer Arbeit an sich zu verstehen. Gefangene Subjektivierung kann nicht herausgelöst werden, sie ist eine Implikation Sozialer Arbeit: Ohne dass sie explizit genannt werden, sind die persönlichen Auffassungen und Handlungen der Professionellen und Adressat_innen in Koproduktion quasi selbstverständlicher Teil der Sozialen Arbeit. Gefangene Subjektivierung von Sozialer Arbeit findet statt, weil die Adressat_innen dies verlangen.

Für die gefangene Subjektivierung lassen sich zwei Vermittlungspfade identifizieren: Erstens vermittelt sich unmittelbare Subjektivität über die Person. Soziale Arbeit ist interpersonale Arbeit, d.h. Arbeit in zwischenmenschlichen Beziehungen. Wie aufgezeigt verlangen Beratung, Hilfe, Betreuung und Unterstützung die unmittelbare Interaktion, d.h. das zeitgleiche Einbringen mindestens zweier Persönlichkeiten in die Koproduktion. Zweitens erfolgt die mittelbare Subjektivität über die Dinge: Ein geschmackvoll arrangierter Blumenstrauß verbessert die Gesprächsatmosphäre bei einem Beratungsgespräch; im Pflegebett ist ein locker ausgeschlagenes Kopfkissen eine Wohltat sowohl für den Rücken, als auch für die Seele. Damit werden die Dinge zugleich subjektiviert, es dringt Persönlichkeit in den Arbeitsgegenstand ein und Dingliches dringt in die Person, weil diese sich mit der Arbeit identifiziert.[9] Mit der Gestaltung der Dinge drücken die Arbeitenden auch ihr Verständnis von Arbeit aus. Mit dem Blumenstrauß ist eine subjektive Vorstellung von Beratung verknüpft (Gesprächsatmosphäre) und mit dem aufgeschütteltem Kissen verbindet sich ein Pflegeverständ-

---

9   In dem Artikel „Zugriffsweisen mütterlicher Macht" hat Ziehe (1984) äußerst anschaulich beschrieben, wie Dinge subjektiviert werden. Wenn Mütter Persönliches in die Dinge geben, wird „(...) ‚mit Liebe' geordnet, gepflegt, geputzt. Liebe wird zur pedantischen Pflege. Die Mutter wienert" (Ziehe 1984: 47). Die Dinge werden Teil der Persönlichkeit: „Ich bin, was meine Dinge sind" (Ziehe 1984: 47).

nis, das beispielsweise über die engen zeitlichen Pflegevorgaben hinausgeht (zu den Kontingenten der Pflegeversicherung vgl. MDS 2001).

Der nicht anerkannte Professionsstatus Sozialer Arbeit lässt sich auch darauf zurückführen, dass Subjektivierung so schlecht messbar und vergleichbar ist. Wie soll das Kissen oder der Blumenstrauß gemessen werden und womit?[10] Ist dieser Blumenstrauß wirklich ‚geschmackvoll‘? Womöglich war das zerknautschte Kissen subjektiv viel bequemer? Für die Arbeitenden ist aber vermutlich das temporäre Moment sowohl bei der unmittelbaren, als auch bei der mittelbaren Subjektivierung bedeutsamer. Im Gegensatz zu einer einmal gemauerten Wand ist das Kopfkissen schnell wieder zerknautscht und der Blumenstrauß verblüht. ‚Frau M.‘ muss jeden Tag wieder gewaschen werden, doch statt Anerkennung bekommt die Pflegerin Schläge. Aus der gefangenen Subjektivierung einen eigenen, subjektiven Wert zu beziehen ist unzuverlässig, wenn nicht sogar bedrohlich. Mangelnde Anerkennung mündet in Kombination mit den unendlichen Subjektivierungserfordernissen des Arbeitsalltags leicht in einem Burn-out. Aber offenkundig gelingt gefangene Subjektivierung tagein, tagaus, denn trotz erhaltener Schläge gibt die Pflegerin ‚Frau M.‘ einen Kuss.

Gefangene Subjektivierung wird über die Person (unmittelbar) oder über Dinge (mittelbar) vermittelt. Sie ist nur bedingt operationalisierbar und muss, weil sie vergänglich ist, immer wieder neu hergestellt werden.

3.1.2 Wettbewerbliche Subjektivierung

Die Arbeitswelt befindet sich in einem tiefgreifenden Strukturwandel. Arbeit überschreitet die bekannten Orte und Zeiten und der Faktor Arbeit wird betrieblich derart neu organisiert, dass Arbeit in die Sphären des Lebens tritt (vgl. aus der großen Zahl der Veröffentlichungen exemplarisch Aulenbacher 2005; Kleemann u.a. 2003; Kratzer u.a. 2004; Lohr 2003; Lohr/ Nickel 2005; Nickel 1999; Pongratz/Voß 2003; Voß 1998; Voß/Weiß 2005a, 2005b). Generell erfordert der verschärfte Wettbewerb auf den (internationalen) Märkten Produktivitätssteigerungen in den Betrieben, die durch Reorganisationsprozesse die Verantwortlichkeit und Autonomie der Arbeitenden zu erhöhen versuchen, um so Flexibilität freizusetzen. Durch die Notwendigkeit der Kostensenkung bzw. durch enorm gestiegene Anforderungen an die Produktivität lösen sich die gewohnten Arbeitsstrukturen auf (Entgrenzung). Die Arbeitskraft wird nicht mehr durch rigide

---

10 Wer hilfsweise ‚Kundenzufriedenheit‘ anführt, stellt in der Praxis Sozialer Arbeit schnell fest, dass der Begriff multikausal und diffus ist, Rahmenbedingungen und Ambiente selten operationalisierbar sind und dass Kundenzufriedenheit maßgeblich vom Subjektivierungsvermögen der Adressat_innen und der Professionellen abhängt.

Detailsteuerungen genutzt, denn durch eine viel stärkere Ergebnisorientierung werden die Arbeitenden auf sich selbst und ihre Arbeitsergebnisse verwiesen. Als Ergebnis dieser Entwicklung müssen sich die Arbeitenden verstärkt mit ihrer gesamten Persönlichkeit in die Arbeit einbringen (können).

Diese Subjektivierung unterscheidet sich von der gefangenen Subjektivierung Sozialer Arbeit, weil sie auf Wettbewerbsfähigkeit abzielt. Die Persönlichkeit wird eingebracht, um mit mehr Flexibilität und Eigenverantwortung eine Produktivitätssteigerung im wirtschaftlichen Wettbewerb zu erzielen. Im Folgenden wird diese Subjektivierung daher wettbewerbliche Subjektivierung genannt.

Im Kern dieser wettbewerblichen Subjektivierung geht es um die direkte ökonomische Verwertung der eigenen Arbeitskraft durch die Arbeitenden selbst, also um „Subjektivierung als Produktivkraftentwicklung" (Pongratz 2003: 8). Eigentlich ist es das notorische Steuerungsproblem eines Unternehmens, die Transformation des Arbeitspotentials in tatsächliche Arbeitsleistung im Sinne betrieblicher Zielvorgaben zu gewährleisten (Voß/Pongratz 1998: 139ff). Mit dem herkömmlichen Arbeitsvertrag sichert sich ein Unternehmen lediglich die Arbeitskraft für einen bestimmten Zeitraum, weshalb mit gezielten Überwachungs- und Anweisungsmaßnahmen die Sicherstellung des Arbeitsergebnisses verfolgt wird.

> „Lange Zeit galten theoretisch wie praktisch (bis auf Ausnahmen) rigide Formen von technischer und organisatorischer Kontrolle als optimale Transformationsstrategien. Diese stoßen in einzelnen Arbeitsbereichen schon seit längerem an Grenzen, da der Kontrollaufwand nicht nur beträchtliche Kosten verursacht, sondern auch die Innovationsfreudigkeit und Flexibilität der Arbeitenden behindert" (Pongratz/Voß 2003: 23).

Eine Kontrollrücknahme bedeutet jedoch Steuerungsverlust: daher wird die Kontrolle auf die Ziel- und Kontextebene verlagert, beispielsweise durch Zielvereinbarungen, auftragsförmige Arbeitsbeziehungen oder Kennzahlensysteme. Für die eigenverantwortliche Transformation der Arbeitskraft in unmittelbar verwertbare Arbeitsergebnisse ist es notwendig, die Arbeitenden mit mehr Autonomie, Selbststeuerungs- und Selbstorganisationsmechanismen auszustatten. Hierdurch wird die Ware Arbeitskraft wesentlich flexibler und kostengünstiger als es ein detailliertes und enges Kontrollnetz sein kann. Mit der Rücknahme der direkten Kontrolle und der Etablierung einer indirekten Steuerung geht die Herstellung und Sicherung der Arbeitsleistung von der Managementebene auf die Ebene der Arbeitenden über: Die Arbeitenden werden zu Unternehmer_innen ihrer eigenen Arbeitskraft. Aus betrieblicher Sicht wurde das Transformationsproblem erfolgreich externalisiert und von den Arbeitenden internalisiert.

Nach dem Arbeitskraftunternehmer_in-Modell[11] von Pongratz und Voß
(2003) lässt sich eine neue Subjektivierungsqualität „(...) in *drei analytischen
Dimensionen* in jeweils charakteristischer Form bestimmen" (Pongratz 2003: 3).
Die Kontrolle wird von den Beschäftigten übernommen; damit geht eine systematische Planung, Überwachung und Steuerung sowie eine eigenverantwortliche
Tätigkeitsgestaltung einher. Weil den Träger_innen selbst nun das ihnen ursprünglich innewohnende Bewältigungsproblem des Transformationsprozesses
obliegt, wird die Ware Arbeitskraft durch *Selbst-Kontrolle* zu einem substantiell
höherwertigen Produktionsfaktor (Pongratz/Voß 2003: 24f). Statt auf Anweisungen zu reagieren, ist eine strategisch-aktiv handelnde Arbeitskraft erforderlich,
die sich auf dem allgemeinen Arbeitsmarkt und auch innerhalb des Betriebes
flexibel behaupten muss.

Der Betrieb ist nicht mehr nur an einem Arbeitspotential interessiert. Vielmehr ist er an direkt verwertbarer Arbeit interessiert, so dass die Arbeitskraftun-
ternehmer_innen eine *Selbst-Ökonomisierung* betreiben müssen (Pongratz/Voß
2003: 25). Von der Entwicklung bis zum Verkauf werden subjektive Leistungs-
potentiale aktiv produziert und vermarktet, wobei sich die Arbeitsanforderungen
laufend ändern. Dafür ist zum einen eine kontinuierliche und gezielte Herstellung fachlicher Fähigkeiten und Leistungen (Produktionsökonomie des Arbeitsvermögens) nach den betrieblichen Maßstäben erforderlich. Zum anderen muss
die eigene Arbeit auf innerbetrieblichen wie außerbetrieblichen Märkten perma-
nent angeboten und auch nachgefragt werden (individuelle Marktökonomie),
wofür ein aktives, sichtbares Eigenmarketing erforderlich ist, so dass aus vormals passiven Arbeitnehmer_innen „(...) im engeren ökonomischen Sinne ‚Un-
ternehmer ihrer selbst'" (Pongratz/Voß 2003: 25) werden.

Schließlich ist eine systematische Organisation des gesamten Lebenszusammenhangs erforderlich, um die Eigenproduktion von Arbeitsleistungen und
die gezielte Nutzung individueller Ressourcen zu gewährleisten. Der dafür eingeführte Begriff der *Selbst-Rationalisierung* meint ein auf den Erwerbszweck ausgerichtetes Leben (Pongratz/Voß 2003: 25), er zielt auf das entgrenzte Verhältnis
von Arbeit und Privatleben und damit auf die Verschränkung der Bereiche Produktion und Reproduktion von Arbeitskraft (Pongratz 2003: 4). Weil sich feste
Arbeitsorte und -zeiten in Auflösung befinden, müssen die Arbeitenden selbst
eine systematische Ordnung herstellen. Alltagsaktivitäten werden rationalisiert
und der private Lebenszusammenhang wird auf den Erwerb ausgerichtet. Wie

---

11 Dieses Modell ist als möglicher neuer Leittyp neben anderen Arbeitskrafttypen zu verstehen
(verberuflichte/r Arbeitnehmer/in, proletarische/r Lohnarbeiter/in (sic!]) (Pongratz/ Voß 2003:
24, Pongratz 2003: 12). Leitbilder stellen stets eine zugespitzte Verdichtung von vielfältig kom-
binierbaren Merkmalen dar, denen „(...) die tatsächlichen Erscheinungen mehr oder weniger (a-
ber selten völlig) entsprechen" (Pongratz / Voß 2003: 28).

das eigene Arbeitsvermögen ergebnisoptimal verkauft werden kann, hängt von der Ressourcenausstattung der Person ab. Dazu gehören neben der berufsfachlichen Qualifikation alle individuell verwertbaren Potentiale, wozu Vermögenswerte und die sozialräumliche Infrastruktur ebenso zählen wie soziale Netzwerke, persönliche Beziehungen (Verwandte, Freund_innen, Lebenspartner_in) oder private entlohnte Arbeitskräfte (Voß/Pongratz 1998: 143f.). Wie in einem eigenen Betrieb produzieren und vermarkten Arbeitskraftunternehmer_innen ihre Arbeitskraft im Lebenskontext (Pongratz/Voß 2003: 25, 137ff.).

3.1.3 Antagonismen durch wettbewerbliche versus gefangene Subjektivierungen

Wird Soziale Arbeit aus dem Blickwinkel einer subjektorientierten Soziologie betrachtet (Huchler u.a. 2007: 21ff.), so sind einerseits Erwerbsfelder erkennbar, in denen den Arbeitenden zunehmend wettbewerbliche Subjektivierungsleistungen abverlangt werden. Anderseits sind aber auch Tätigkeitsbereiche zu verzeichnen, in denen direkte Kontrollmaßnahmen deutlich zugenommen haben. Durch die Ökonomisierung Sozialer Arbeit scheint eine Gleichzeitigkeit unterschiedlicher Entwicklungsrichtungen gegeben und die Bezüge von Subjektivierung drohen zu verschwimmen. Bei genauerer Betrachtung lässt sich die in Sozialer Arbeit gefangene Subjektivierung von der wettbewerblichen Subjektivierung in betriebswirtschaftlich ausgerichteten Zusammenhängen unterscheiden. Dies ist notwendig, sollen doch die verschiedenen und unterschiedlich anspruchsvollen Arbeitskraftanforderungen Sozialer Arbeit bestimmt werden.

Die ungleichen Subjektivierungsarten existieren in den Organisationen Sozialer Arbeit teils nebeneinander, teils im Gegensatz zueinander. Werden die Subjektivierungsdimensionen von Pongratz/Voß (2003: 24f.) auf die Spezifik Sozialer Arbeit bezogen, ergeben sich die folgenden Thesenpaare.

Selbst-Kontrolle versus Kontext-Kontrolle

In den sozialen Berufen findet eine Regulierung über den Kontext und über das berufliche Selbstverständnis statt. Indem beispielsweise ein pflegebedürftiger Mensch gefüttert, gewaschen oder angekleidet wird, wird das Pflegepersonal über das menschliche Bedürfnis reguliert. Eine externe Detailsteuerung der Fürsorgearbeit ist für das Wohlbefinden eher hinderlich als nötig. Im Kontext von Pflege liegt es im beruflichen Selbstverständnis, aktiv handelnd für das menschliche Wohlbefinden tätig zu werden, statt auf Anweisungen zu warten und zu reagieren. Diese aktive Arbeitsleistung ist von einer strategisch-ökonomischen

Arbeitskraft zu unterscheiden, denn diese Pflege wird nicht erbracht, weil sie warenförmig verkaufbar ist. Die Transformation des Arbeitspotentials (Pflegekraft) in ein Arbeitsergebnis (Wohlbefinden) mittels interaktivem Arbeitprozess ist Sinn Sozialer Arbeit und hat keinen ökonomischen Transfercharakter. Tritt an die Stelle des sozialpolitischen Mandats die Priorität von Angebot und Nachfrage, so verändert sich dieses Bild grundlegend, denn durch ein markt- und leistungsvermitteltes Preissystem (anstelle des Selbstkostendeckungsprinzips) und durch standardisierte Bedarfserfassung, Leistungsbewilligung und Erfolgsmessung wandeln sich Art und Umfang sozialer Dienstleistungen. Dies wird wiederum am Beispiel des Pflegebereichs besonders deutlich, denn hier sind Ökonomisierung und Standardisierung mittlerweile weit entwickelt. Hier wird durch die engen Kontingentvorgaben der Pflegeversicherung die erwerbsförmige Pflegearbeit industrieähnlich. Von den vielen menschlichen Bedürfnissen fokussiert der Medizinische Dienst der Spitzenverbände (MDS 2001) die physische Versorgung. Die zu beobachtende arbeitsteilige, ineinandergreifende Produktionsweise geht mit Entfremdung (Marx 1988a: 454f.; 1988b: 95f., 610) bzw. Entganzung (Haeberlin 2005: 287f.) einher. Infolge der Marktöffnung für private, gewinnwirtschaftliche Pflegedienste wird Soziale Arbeit aus einem Mehrwertinteresse heraus geleistet. Ökonomisierungsprozesse Sozialer Arbeit und ein dominierendes Effizienzziel verlangen eine extern-regulierende Steuerung im Arbeitsprozess. Folglich entsteht die ökonomische Notwendigkeit von Kontrolle dann, wenn Soziale Arbeit einen warenförmigen, tauschwertfähigen Dienstleistungscharakter erhält. Die gefangene Subjektivierung wird beschränkt oder sogar verdrängt, wenn Soziale Arbeit als betriebswirtschaftlich nutzbare Dienstleistung gefasst wird (und dafür beispielsweise ‚taylorisiert' wird).

Über die operationalisierten Tätigkeiten hinaus ist in das Berufsbild aber immer noch ein ethisches Verständnis eingelassen und über ihre soziale Verantwortung sind die Beschäftigten leicht ausbeutbar. Auf das soziale Berufsethos zu vertrauen genügt nicht und wäre aus unternehmerischer Sicht sogar risikobehaftet: Nach einer Befragung von Dahme u.a. (2005: 208) geben 68 Prozent der Beschäftigten (bei einem freien oder öffentlichen Träger) an, dass eine vertrauensvolle Zusammenarbeit mit den Adressat_innen Vorrang vor Interessen des Trägers hat. Diese Loyalität gegenüber den Adressat_innen beinhaltet für eine Mehrwertorientierung in pointierter Form das klassische Steuerungsproblem kapitalistischer Produktion: Mit der Anstellung von Mitarbeiter_innen wird lediglich das temporäre Nutzungsrecht ihrer Arbeitskraft erworben. Um dieses Arbeitsvermögen in die gewünschte Arbeitsleistung zu verwandeln, ist direkte betriebliche Kontrolle oder indirekte Selbst-Kontrolle notwendig.

Selbst-Ökonomisierung versus Lebensweltökonomie

Zwar ist zweckrationales Handeln auch mit in die Soziale Arbeit eingelassen, denn in der gesellschaftlichen Priorität von Markt und Konsum ist die Funktion Sozialer Arbeit spezifisch bestimmt, jedoch ist diese Zweckrationalität begrenzt. Die zugestandenen Gestaltungsspielräume und Ressourcen sind generell gering (Thiersch 2002: 208), sodass rationales Handeln als notwendige und nicht als hinreichende Bedingung auftritt (Staub-Bernasconi 2000: 136f.). Im Gegensatz zum Tauschkonzept der Mainstream-Ökonomie, die von der Annahme autonomer Akteur_innen geleitet wird, ist Soziale Arbeit durch eine asymmetrische Situation, begrenzte Autonomie und Abhängigkeit gekennzeichnet (Jochimsen 2003b: 85ff.). Soziale Arbeit konzentriert sich auf die alltägliche Befriedigung notwendiger Bedürfnisse – auch wenn keine marktökonomische Nachfrageposition zustande kommt. Ausgangs- und Bezugspunkt Sozialer Arbeit ist die Lebenswelt der Adressat_innen. Die in der Lebenswelt[12] zum Tragen kommenden Handlungsprinzipien und alltäglichen Handlungspraxen werden aus gestaltender oder verändernder Perspektive betrachtet. Eine entsprechende Lebensweltökonomie überschreitet die eingeschränkte Sicht der erwerbsorientierten Marktökonomie (Jochimsen u.a. 2004: 11ff.) und betrachtet das ver- und umsorgende, alltägliche Handeln, das der Menschen im gesamten Lebenskontext und zum guten Leben braucht (Jochimsen/Knobloch 2006: 11). Lebensweltökonomie umfasst bezahlte und unbezahlte Tätigkeiten und bezieht sich auf versorgungs- und erwerbswirtschaftliche Bereiche, in denen für die Menschen wie für die Gesellschaft notwendige Tätigkeiten erbracht werden. Über die Verbindung von Lebenswelt und Ökonomie wird der Dualismus zwischen ökonomischem System und Lebenswelt, zwischen Produktion und Reproduktion aufgehoben, ohne die Asymmetrien in der Bewertung zu negieren (Jochimsen/Knobloch 2006: 10). Eine rein marktökonomische Perspektive würde viele Bereiche und Beziehungen Sozialer Arbeit ausschließen. So wird am Beispiel der Arbeit mit Menschen mit Behinderung deutlich, dass deren transferförmige Marktfähigkeit oftmals gar nicht oder nur sehr bedingt (wieder)hergestellt werden kann, zumal der sozialpolitische Auftrag auf ein menschenwürdiges und nicht auf ein marktfähiges Leben abzielt.

---

12 Mit der dichotomen Gegenüberstellung von ,Arbeit' und ,Leben' soll hier nicht gearbeitet werden, denn daran sind in der Regel Wertungen gebunden. So ist in der Sphäre des Lebens auch Arbeit zu verorten und auch in der Arbeitswelt finden sich Lebensbezüge. Der Begriff der Lebenswelt ist demgegenüber ganzheitlicher. Allerdings ist eine begriffliche Trennung von ,Arbeit' und ,Leben' dann erforderlich, wenn Strukturinterdependenzen verdeutlicht oder Veränderungen im Verhältnis beschrieben werden sollen.

Die Lebensweltökonomie ist nun von der Selbst-Ökonomisierung abgrenz-bar. Ein wettbewerbliches Ökonomieverständnis fasst Arbeit als Faktor für Pro-duktivität und Profit. Demgegenüber geht die Lebensweltperspektive von einer nachhaltig angelegten (re)produktiven Ökonomie aus und umfasst und bewertet all die Arbeit, die nötig ist, um den (Re)Produktionsprozess dauerhaft zu gestal-ten (Biesecker 2006: 115ff.). Während eine Arbeitskraftunternehmer_in „(...) Fähigkeiten hochgradig gezielt auf eine wirtschaftliche Nutzung hin entwickeln und systematisch verwerten muss" (Voß 2007: 64), zielt die Lebensweltorientie-rung Sozialer Arbeit auf einen hochgradigen Alltagsnutzen für die Adres-sat_innen. Der alltägliche Gebrauchswert, d.h. die Nützlichkeit Sozialer Hilfen in der Praxis der Koproduzent_innen bestimmt den Erfolg Sozialer Arbeit. Damit verfolgt diese eine ganzheitliche Strategie, die sich weder auf die Produktivkraft der Beschäftigten, noch (nur) auf die der Adressat_innen beschränkt[13].

Unter wettbewerblichen Subjektivierungsbedingungen verfolgen die Arbei-tenden Autonomiegewinne, indem sie aus eigener Initiative Arbeitsleistungen definieren, die zugleich den eigenen Interessen und den Bedürfnissen der inner- oder außerbetrieblichen Nachfrage entsprechen (Voß/Pongratz 2003: 134). Da-gegen orientiert sich die per se angelegte, „(...) relativ hohe berufliche Autono-mie" (Albert 2006: 28) Sozialer Arbeit nur sekundär an den Interessen der Arbei-tenden. Primär ist diese Autonomie bedarfsorientiert (und nicht nachfrageorien-tiert). Sie ist grundsätzlich notwendig, um in der Lebenswelt der Adressat_innen kritisch handlungsfähig zu sein. Auch sind die Beschäftigten im Sinne der Ad-ressat_innen kontinuierlich strategisch tätig, während bei Pongratz/Voß (2003: 25) aus nur gelegentlich und eher passiv auf dem Arbeitsmarkt agierenden Ar-beitskraftbesitzer_innen marktförmig handelnde Akteur_innen (strategisch aktive Arbeitskraftunternehmer_innen) werden.

Die Bildungs- und Berufsorientierung ist dabei für die Selbst-Ökonomi-sierung zentral (Pongratz/Voß 2003: 134ff.). Durch individuelle Fähigkeitskom-binationen im Abgleich mit ihren betrieblichen Anwendungsmöglichkeiten ent-steht ein Individualberuf, der sich lebenslang wandelt (Voß 2007: 65ff.). Eine auffallende Übereinstimmung zur Sozialen Arbeit drängt sich auf, denn gerade hier wird kein standardisierter Berufsabschluss erworben, der ein Leben lang hält. Die Beschäftigten betreiben häufig eine kontinuierliche Herstellung und Weiterentwicklung fachlicher Fähigkeiten und Leistungen im berufsbiographi-schen Zusammenhang:

---

13 Anders verhält es sich, wenn – wie bei Rump und Schmidt (2005: 16) – Soziale Hilfen lediglich auf Beschäftigungsfähigkeit reduziert werden. Professionelle, die ihre Fähigkeiten allein auf die wirtschaftliche Nutzung der Adressat_innen ausrichten (sollen), handeln nicht im ganzheitlichen Verständnis einer Lebensweltökonomie.

„Die Nachfrage von Absolventinnen/Absolventen sozialer Studiengänge an Weiterbildung ist ungebrochen hoch. (...) Die Angebote der Weiterbildung für soziale und pädagogische Berufe jenseits der Hochschulen sind vielfältig, quantitativ wesentlich ausgeprägter und nahezu unüberschaubar" (Kruse 2004: 175).

Doch während Arbeitskraftunternehmer_innen dies mit dem Ziel der Chancen-
optimierung im Karriereverlauf betreiben (Pongratz/Voß 2003: 136) und so eine
Produktionsökonomie des Arbeitsvermögens durch ihr persönliches Bildungsmanagement (Voß 2007: 70, 72) verfolgen, ist die beständige Fachqualifizierung
der Beschäftigten in der Sozialen Arbeit Teil der fortschreitenden Professionalisierung und Spezialisierung. Weil Soziale Arbeit sich helfend auf die Gesellschaft bezieht und weil Gesellschaft stets einem Wandel unterliegt, basiert die
starke Bildungsorientierung Sozialer Arbeit also auf einem dynamischen Profes-
sionsverständnis. Bildungsmanagement im Sinne der Selbst-Ökonomisierung
kommt nun hinzu.

Der subjektiv-erweiterte ökonomische Bezug von Arbeitskraft, wie er mit
der Selbst-Ökonomisierung gemeint ist, zielt folglich auf die Arbeitswelt, die
Lebensweltökonomie Sozialer Arbeit hingegen auf die gesamte Lebenswelt.
Gleichwohl hält die Mainstream-Ökonomie als handlungsleitendes Paradigma in
vielfältiger Weise Einzug in die Soziale Arbeit. Dabei kommt es zu Differenzierungen verschiedener Adressaten_innen-Gruppen, Methoden und Berufsebenen
(Albert 2006: 27). Die damit verbundenen Tiefenwirkungen verändern die Arbeitsweise und die Arbeitsanforderungen, weil subjektive Ökonomisierungsleis-
tungen betont werden. Mit der Wirksamkeitsorientierung[14] wird nicht nur das
Wohl der Adressat_innen oder die berufliche Fachlichkeit, sondern auch „(...) die
Effizienz der geleisteten Arbeit zum Kriterium für Qualität" (Dahme u.a. 2005:
188). Lindenberg (2004: 5f.) versteht Soziale Arbeit unter den Bedingungen der
Ökonomisierung nicht mehr als Hilfe zur Selbsthilfe innerhalb der Handlungs-
und Entscheidungsspielräume eines Systems, vielmehr nimmt er einen Managerialismus Sozialer Arbeit wahr, „(...) der davon absieht, die Menschen in ihren
subjektiven und oft zerrissenen Beweggründen zu fassen und zu sehen" (Lindenberg 2004: 12). Subjektivität muss auch von den Adressat_innen als Unterneh-
mer_innen ihrer selbst hergestellt werden. Sie sollen selbst erkennen, was der
Markt verlangt, wie sie profitabel sein können, und sie müssen das als richtig
Erkannte auch eigenständig umsetzen können (Lindenberg 2004: 5f). Sozialer
Arbeit verbleibt ein „(.) Live-Coaching für jene, deren Integration als rationale
Beutegreifer auf Märkten möglich erscheint. [Und]: Das risikominimierende

---

14 Juristisch ist das Wirtschaftlichkeitsprinzip im Sozialgesetzbuch (SGB) vielfältig fixiert, so z. B.
    in §3 (1) und §17 SGB II, §85 (1) SGB III, §41 (3) SGB IX, §29 und §79 SGB XI, §75 (3) SGB
    XII.

Management für solche, bei denen diese Chance nicht mehr besteht" (Lindenberg 2004: 13). Unter diesen Bedingungen müssen die Adressat_innen genauso
wie die Beschäftigten als Arbeitende „(..) gezielt sicherstellen, dass ihre Fähigkeiten gebraucht, gekauft und effektiv genutzt werden. Dies ist nichts anderes als
eine individuelle ‚Marktökonomie'" (Voß 2007: 64). Für die Beschäftigten geht
der ökonomische Charakterwandel Sozialer Arbeit oft mit mentalen (Selbstverständnis)Problemen einher (Dahme u.a.2005: 188).

Selbst-Rationalisierung versus Fürsorgerationalisierung

Im Sozialen Sektor erfolgt die Versorgung mit dem, was der Mensch benötigt.
Was der Mensch benötigt, ist historisch, räumlich, kulturell und individuell wan-
delbar und nicht auf das Bild eines homo oeconomicus zu reduzieren. Die Arbeitenden, die dicht an und mit den Adressat_innen tätig sind und auf deren Bedürf-
nislagen eingehen, sind überwiegend Frauen. Dem Care-Work wohnt eine eigene
und stark vergeschlechtlichte Rationalität inne, die auf Dialog, Verständigung
und Abstimmung von Bedürfnissen und Sichtweisen ausgerichtet ist und zu
deren Ausübung es eines ausreichenden Spielraums (Autonomie) in der Arbeitssituation bedarf. In Sozialen Arbeitsfeldern sind Gefühle und Beziehungen zu
den Adressat_innen (Arbeitsgegenstand) in ihrer subjektiven Funktion für den
Arbeitsprozess notwendig. Auch bezahlte und somit immer an Effizienz orientierte Fürsorge berücksichtigt die Alltagswirklichkeit von Sorge-Empfänger_ innen. In der Verbindung von zwischenmenschlichen Fähigkeiten des Sich-Sor-
gens mit fachlich-methodischen Kompetenzen kommt eine spezifische Fürsorgerationalität zum Ausdruck (Waerness 2000: 54ff.). Fürsorgerationalität besteht
aus subjektiver Fähigkeit, beruflicher Fachkenntnis und dem Selbstverständnis,
sich in die Situation Einzelner hineinzuversetzen (Waernes 2000: 60).[15] In dieser
Fürsorgerationalität gibt es keine klaren und allgemeinverbindlichen Kriterien
dafür, wann jemand ‚genug' Fürsorge gegeben hat. Für dieses ‚Genug' (und eben
auch für das Wie und Wann) benötigen die Arbeitenden ihre Subjektivität und
die der Koproduzent_innen. Ökonomisch lässt sich der Grenznutzen aus der
individuellen Bedürfnisbefriedigung durch soziale Dienstleistungen nicht be-
rechnen, denn die „(.) Bemessung des Optimums der Ressourcenallokation, bei
dem keine Besserstellung eines Individuums mehr möglich ist, ohne dass sie auf
Kosten anderer geht (Pareto-Optimum), scheitert an der mangelnden intersubjek-
tiven Vergleichbarkeit individuellen Wohlergehens" (Wendt 2007: 48f.).

---

15 Damit umfasst Fürsorgerationalität die Kompetenzdimensionen Können, Wissen und berufliche
   Haltung (von Spiegel 2004: 98ff.).

Bei Pongratz und Voß (2003: 25) verweist Selbst-Rationalisierung auf eine zweckgerichtete, die individuellen Ressourcen nutzende Durchgestaltung des gesamten Lebenszusammenhangs. Die dahinter stehende Erhöhung der Arbeitsproduktivität hat bei personenbezogenen Dienstleistungen enge Grenzen. „Sie werden deshalb im Vergleich zu anderen – durch den technischen Fortschritt billiger werdenden Produkten – immer teurer." (Madörin 2006: 292). Bathke (2004: 214) kommt für den Bereich der ambulanten Pflege zu dem Schluss, dass Mütter seit jeher mit Selbst-Rationalisierung konfrontiert wurden und daher darin trainierter sind als Männer. Damit bedient Bathke aber eher bestehende Geschlechterkonstruktionen, denn bei genauerer Unterscheidung der Subjektivierung zeigt sich, dass die Genusgruppe Frauen per se noch lange nicht entsprechend prädisponiert ist. Im Gegenteil: Gerade Mütter werden durch die Geschlechterordnung von wettbewerblichen Subjektivierungsleistungen tendenziell ausgeschlossen. Vereinbarkeitsleistungen von Beruf und Familie trainieren keine Selbst-Rationalisierung, sondern beschränken eine wettbewerbliche Lebensausrichtung.

In dem Begriff der Selbst-Rationalisierung liegt der Wandel hin zu einem immer stärker auf den Erwerbszweck ausgerichteten Leben – mit erheblich steigenden Anforderungen an die Subjektivität der Betroffenen (vgl. u.a. Glißmann/-Peters 2001; Lange u.a. 2005; Lohr 2003). Gerade in einer entgrenzten Arbeitswelt mit verschärften Anforderungen an die Subjektivität können Mütter immer weniger mithalten (Voß/Weiß 2005b: 84). Kinder sind da und müssen[16] betreut und erzogen werden. Selbst-Rationalisierungsleistungen können Mütter weniger gut erbringen, weil sie zugunsten ihrer Kinder von wettbewerblichen Subjektivierungsleistungen ausgeschlossen sind. Ein auf die Produktivkraft bezogenes Leben ist für Frauen mit Kindern weniger gut möglich. Zugespitzt formuliert können Mütter gerade wegen ihrer Kinder keine Arbeitskraftunternehmerinnen sein. Gleiches gilt für die wenigen Väter mit vergleichbar intensiven Betreuungs- und Erziehungsleistungen für Kinder. Doch die meisten Männer erhöhen sogar noch ihre Erwerbsbeteiligung, sobald sie Vater werden (Statistisches Bundesamt 2005: 32), wobei ihnen der Rahmen für Subjektivierungsleistungen durch (Ehe)Frauen erst ermöglicht wird. Männliches Arbeitskraftunternehmerdasein erfordert die Umsorgerin (Henninger 2003a; 2003b). Die Reproduzentin verhilft zur wettbewerblichen Subjektivierungsleistung des Produzenten. Dringt die Marktförmigkeit über den flexibel-erwerbstätigen Mann in den gesamten Lebenszusammenhang der Familie, ist es die gesteigerte Reproduktivität der Frau (und ggf. Mutter), die über ihre Person hinaus erforderlich ist. Mit der zuneh-

---

16 Selbstverständlich wollen Eltern (oder vornehmlich Mütter) meist ihre Kinder betreuen und erziehen. Das Wort ‚müssen' wird verwendet, um die Priorität einmal geborener Kinder vor beruflichen Anforderungen und dem innewohnenden Zwangscharakter zu betonen.

menden Erwerbsbeteiligung kommt es besonders für Frauen zu Synchronisationsproblemen zwischen marktorientierter Arbeit und Familienarbeit.

> „Sie versuchen, Teilzeit zu arbeiten und zudem Arbeitszeit und Familienzeit so zu kombinieren, dass sich ihre Familienwerte und die Beziehungen zu ihren Kindern, zum Partner und zu den Nachbarn mit ihrer Berufsorientierung und ihrer beruflichen Arbeit optimal vereinbaren lassen" (Bertram u.a. 2005: 28).

Doch die Elastizität adaptiver Lebensvorstellungen (Bertram u.a. 2005: 28, 47) ist begrenzt. Dominiert die wettbewerbliche Subjektivierung zunehmend die Lebenswelt, werden Kinderwünsche oder andere Fürsorgepräferenzen (z. B. Pflege der Eltern) in der Lebensplanung zurückgestellt. Folglich führt oder zwingt dies zu berufsorientierten Lebensentwürfen mit steigender Kinderlosigkeit (Bertram 2005: 37ff.; Onnen-Isemann 2003: 34ff.) oder zu Einschränkungen im Erwerbsarbeitsumfang berufsorientierter Lebensmodelle (wachsende Teilzeittendenz).

Der Erwerbsumfang wird maßgeblich durch die Teilzeittendenz tangiert; gerade in den Sozialberufen ist zu beobachten, dass immer mehr Frauen in Teilzeit tätig sind. Hier treffen spezifische Lebenslagen von Frauen und Refinanzierungsregime, die nur Teilzeitstellen ermöglichen, zusammen. Nach Angaben des Instituts für Arbeitsmarkt und Berufsforschung (IAB) lag die Teilzeitquote in den Sozialpflegerischen Berufen (Berufsordnung 861-864) im Jahr 2007 bei 44,2 Prozent. 1999 lag dieser Wert noch bei 32,2 Prozent (IAB 2008). In Kenntnis dessen, dass Soziale Arbeit überwiegend von Frauen erbracht wird, legt der hohe und wachsende Teilzeitanteil nahe, dass in den sozialen Berufen besonders häufig und immer häufiger Frauen tätig sind, die ein adaptives Lebensmodell verfolgen (müssen) und ihr berufliches Engagement in Abhängigkeit von familiären Fürsorgepräferenzen gestalten (müssen). Diese Frauen (und die äußerst wenigen Männer, die in Bereichen Sozialer Arbeit in Teilzeit tätig sind und eine Doppelbelastung bewältigen) verfügen über spezifische Rationalitätskompetenzen, die im Gegensatz zum ökonomischen Verständnis der Selbst-Rationalität stehen. Statt sich allein von zweckrationaler Planung und Organisation leiten zu lassen, bestimmen emotionale und kontextuelle Entscheidungen den Lebenszusammenhang. Damit werden die subjektiven Bedürfnisse, Ansprüche und Haltungen im Lebenszusammenhang zum Rationalitätsmaßstab. Es wird aus dieser Perspektive auf die Arbeitswelt geblickt und entschieden, wie im Ganzen eine Vereinbarkeit zu gewährleisten ist. In einer empirischen Untersuchung von Jünemann (2000) kommt dies im (beruflichen) Selbstverständnis zum Ausdruck: „Für die SozialarbeiterInnen liegt die Entscheidung nicht in der Wahl zwischen Beruf und Privatleben, sondern in der Wahl eines sozialen und beruflichen Umfeldes, das ein konstruktives Leben in beiden Welten ermöglicht" (Jünemann 2000: 199).

Dagegen wird Selbst-Rationalisierung von der Sphäre ‚Arbeit' her gedacht (Voß 1998: 473ff). Die ‚Arbeitssphäre' entgrenzt und dringt in das ‚Leben' ein. Weil in der Arbeitswelt die Strukturen auf- oder wegbrechen, ist eine flexible, individuelle Neubegrenzung privater Lebensbereiche notwendig (Voß 1998: 479). „Insbesondere in zeitlicher und räumlicher Hinsicht führt die Flexibilisierung von Arbeit in die Erosion der Grenzen zwischen Arbeit und Leben" (Kratzer/ Sauer 2005: 106). Somit stellt die veränderte Arbeitswelt den alles beherrschenden Rahmen dar; wettbewerbliche Subjektivierung dringt tief in vormals rein private Kontexte ein. Die Unbestimmtheit des Marktes wird auf das elastische Potential des Privatlebens ausgedehnt. Dort müssen die Menschen Entgrenzung und Unbestimmtheit bewältigen können und wollen, denn: „Selbstrationalisierung muß [sic!] ‚freiwillig' erfolgen, weil sie sonst nicht erfolgen würde" (Kratzer/Sauer 2005: 117).

Für die Selbst-Rationalisierung nach Pongratz und Voß (2003: 25) ist die Technisierung des Lebenszusammenhangs ein bezeichnendes Indiz. Allerdings sind private Lebenszusammenhänge genauso wie Koproduktionsbeziehungen nur eingeschränkt technisierbar. Luhmann und Schorr (1988: 120) sprechen vom Technologiedefizit Sozialer Arbeit, weil das verlässliche Bewirken einer sozialen Problemlösung im hochkomplexen Feld Sozialer Arbeit unmöglich erscheint. Wenn durch die Ökonomisierung Sozialer Arbeit erstens die Arbeitsbedingungen flexibilisiert werden (etwa in den Beschäftigungsformen, in der Arbeitszeit oder auch im Entlohnungssystem) und zweitens die Finanzmittel knapper und Aufgaben reduziert werden, müssen die Arbeitskräfte einerseits ihren gesamten Lebenszusammenhang, aber andererseits vor allem auch ihren Arbeitsgegenstand zweckorientierter betrachten. Die mit der Selbst-Rationalisierung verbundene technisch-ökonomische Logik bedroht insbesondere die Stellung der Fürsorgerationalität. Anstelle der Akzeptanz der gesamten Person und einer interaktiven Beziehung treten vertragsförmige Verpflichtungen der Gegenseitigkeit in den Vordergrund. Hier bekommt die selbstgesteuerte Erschließung von Leistungsreserven bei den Adressat_innen ein anderes Gewicht (Fördern und Fordern) als es mit Hilfe zur Selbsthilfe gemeint ist. Vertragsförmige Rationalität zielt auf ein belastbares, messbares Ergebnis (output), während Fürsorgerationalität und Ressourcenorientierung sich an Partizipation und Wohlbefinden orientiert, was eher gefühlt als berechnet werden kann und wofür Einwegtransfers benötigt werden.

3.1.4 *Geschlechtliche Dimensionen der Subjektivierungen von Sozialer Arbeit*

Bereits in den vorangegangenen Abschnitten wurden Geschlechteraspekte expliziert, denn die Subjektivierung von Sozialer Arbeit berührt stets auch das Geschlechterverhältnis und die Geschlechterordnung. Im Folgenden geht es demnach nicht um eine separate Herausstellung der Geschlechterfrage. Vielmehr werden die Determinanten herausgearbeitet, die der Subjektivierung eine vergeschlechtlichte Brisanz verleihen. Erstens lässt sich die Vergeschlechtlichung bis zur historischen Herausbildung der Sozialberufe zurückverfolgen. Zweitens sind geschlechtsspezifische Aspekte der Zuständigkeit, der Emotionsarbeit und der Einordnung im Macht- und Herrschaftsgefüge für die Anerkennung Sozialer Arbeit als Profession wirksam.

Historischer Kontext

Geschlechterfragen begleiten die Geschichte der Sozialen Arbeit wie ein Schatten, doch lange Zeit wurde (auch) Soziale Arbeit geschlechtsneutral betrachtet[17]. Erst durch die zweite deutsche Frauenbewegung und durch eine historisch motivierte Forschung kam ab den 1980er Jahren langsam Helligkeit in das Dunkel der ausgeblendeten Geschlechterfragen. Die für die Soziale Arbeit so bedeutsamen Frauen und ihre einflussreichen Konzepte wurden ans Licht geholt und somit sichtbar gemacht.[18] Welchen Einfluss die Geschlechterfrage bei der historischen Herausbildung der Sozialberufe hat, soll nun im Folgenden knapp skizziert werden.

Soziale Arbeit hat eine lange und facettenreiche Geschichte, doch muss an dieser Stelle ein kurzer Rückgriff auf die Berufsentstehung im Zusammenhang mit der forschungsleitenden Fragestellung genügen. Eine Rückbesinnung auf die Anfänge beruflicher Sozialarbeit ist als analytischer Maßstab für die Wirkungen und die Tragweite heutiger Arbeitsanforderungen aktuell. Für die Frage nach den Formen und Inhalten sozialer Berufe und sozialer Ausbildung ist bedeutsam, dass Soziale Arbeit ein Produkt der bürgerlichen Frauenbewegung des 19. Jahrhunderts ist.

Aufgrund historisch bedingter Konstellationen entwickelte die Soziale Arbeit in der institutionellen Ordnung des Industrialismus (Baethge 2000: 92ff.) eine bestimmte Verfasstheit der Ware Arbeitskraft. Mit der Verwurzelung in dem bürgerlichen Teil der ersten deutschen Frauenbewegung hatte Soziale Ar-

---

17 Dies gilt insbesondere für Zeiten, in denen die wissenschaftliche Veröffentlichungslage zur Sozialen Arbeit durch Männer geprägt war. Im wirklichen Wortsinn war und ist keine Arbeit und kein Mensch tatsächlich geschlechtsneutral. „In unserer Gesellschaft wird jedem Mensch einem Geschlecht zugeordnet, dem bestimmte Merkmale zu- bzw. abgesprochen werden und dem eine hohe identitätsbildende Bedeutung für das Individuum zukommt" (Brückner 2001a: 21f.).

18 Als ein Beispiel von vielen sei hier nur auf Alice Salomon (Kuhlmann 2000) und ihr 1923 erschienenes Buch *Soziale Diagnose* verwiesen (maßgeblich beeinflusst durch das Werk *Social Diagnosis* von Mary E. Richmond, USA 1917).

beit ursprünglich keinen Erwerbscharakter und später häufig eher einen erwerbs-
biographischen Phasencharakter, denn den Sozialberufen lag ein weibliches
Reproduktionsleitbild in Abgrenzung zum produktiv-beruflichen Leitbild (des
Mannes) zugrunde (Fröschl: 2001: 287; Sachße 2003: 121ff.). Soziale Arbeit
entstand als weibliches Emanzipationsprojekt, getragen von der Idee, Mütterlichkeit über die Familie hinaus zu denken und so Frauen Partizipationschancen
in der Gesellschaft zu erstreiten. In der Lesart der klassisch-industriellen Ar-
beitsgesellschaften gehörte die Frau primär in die Familie. So war denn auch in
die Ursprünge der Sozialen Arbeit die Annahme einer spezifisch weiblichen
Fähigkeit eingegossen: das Helfen. Für die bürgerliche Frau wurde das helfende
Engagement über die Familie hinaus zur Pflicht, um mit ihrem weiblichen Dienst
am Volksganzen ihre ‚parasitäre Existenz‘ zu überwinden (Sachße 2003: 121ff.)
Mit dem Konzept der ‚geistigen Mütterlichkeit‘ richtete sich das Frauenver-
ständnis[19] dieser Zeit über die Familiengebundenheit hinaus; bürgerliche Frauen
gelangten so in die öffentliche Sphäre. Arbeit, zunächst als unbezahlte Tätigkeit,
erlaubte es Frauen, aus dem Schatten der Familie zu treten (Fröschl 2001: 287).
Unter Rückgriff auf das biologistische Geschlechterverständnis und die daraus
abgeleiteten Anforderungen an Mann und Frau wurde der expandierende Fürsor-
gebereich ein frauenspezifisches Tätigkeitsfeld. Frauen galten als ‚wesensgeeig-
net‘. Hier sah die bürgerliche Frauenbewegung Anknüpfungspunkte und Chancen, mit der ‚geistigen Mütterlichkeit‘ ihr kulturelles Ideal von Weiblichkeit in
der patriarchalischen Gesellschaft durchzusetzen. Alice Salomon verband das
mütterliche Wesen mit der Emanzipation als besondere Kulturaufgabe der bürgerlichen Frau, indem sie Soziale Arbeit und Frauenbewegung für identisch
erklärte (Sachße 2003: 121f., 129f.). Zwar verfügte die bürgerliche Frau über
Zeit, Mittel und Wesenseignung, doch bedurfte es noch einer Ausbildung, mittels
derer Fachkenntnisse erworben werden konnten und durch die den Frauen eine
neue soziale Gesinnung anerzogen werden konnte. Zunächst durch die ‚Mäd-
chen- und Frauengruppen für soziale Hilfsarbeit‘ und ab dem 1. Oktober 1908
durch die erste Frauenschule für Sozialarbeit in Berlin entwickelte sich eine
soziale Ausbildung, die rasch expandierte (Sachße 2003: 103ff., 124ff.). „Die
Verberuflichung der Sozialen Arbeit (.) kann als ein nicht-intendiertes Projekt
der bürgerlichen Frauenbewegung bezeichnet werden, die vor allem höhere
Töchter zu ehrenamtlicher sozialer Tätigkeit anregen und qualifizieren wollte“
(Cloos/Züchner 2005: 723). Letztendlich war es die massenhafte Not infolge des

---

19 Als spätere dichotome Antwort auf die bereits Jahrzehnte lang geformte ‚geistige Mütterlichkeit‘
    versuchte Hermann Nohl 1926 die biologische Ableitung einer ‚Ritterlichkeit‘ für Männer in
    der Sozialen Arbeit. Zu dieser Zeit gab es „(...) erst 641 männliche Berufsfachkräfte in der Wohl-
    fahrtspflege im gesamten Deutschen Reich“ (Sachße 2003: 257). Dieser Profilversuch scheiterte
    schnell und unspektakulär (Sachße 2003: 259).

Ersten Weltkrieges, die Soziale Arbeit als breites Berufsfeld etablierte. Aus der Kriegswohlfahrt heraus entwickelten sich der Ausbau und die Ausdifferenzierung der kommunalen Wohlfahrtspflege. Ein Konglomerat von bürgerlichen Sozialreformen und bürgerlicher Frauenbewegung brachte die berufliche Sozialarbeit hervor. „Während die herkömmliche ehrenamtliche Armenfürsorge eine Domäne der Männer war, entwickelten sich die neu entstehenden Fürsorgebereiche als exklusive Tätigkeitsfelder der Frau" (Sachße 2003: 15). Soziale Arbeit mündete in die schlecht bezahlten Erwerbsberufe der kommunalen Sozialbürokratie.

Die ‚geistige Mütterlichkeit', der Verlust der weiblichen Emanzipation und die Schaffung eines sozialen Dienstleistungsberufes primär für Frauen, prägen bis heute die gefangene Subjektivierung. Trotz des hohen Frauenanteils und der weiblichen Konnotation der Tätigkeiten sollte ein Begriff wie ‚Frauenberuf' jedoch mit Vorsicht verwendet werden, denn dieser treibt nicht die Anerkennung sondern die Vergeschlechtlichung voran. So birgt die aus differenztheoretischer Perspektive vertretenen These vom ‚weiblichen Arbeitsvermögen' die Gefahr[20], dass aus einer Bezeichnung von besonderen weiblichen Tätigkeiten eine vermeintlich besondere Eignung von Frauen für den Sozialbereich wird, die gerne als Legitimation der ungleichen Geschlechterordnung gebraucht wird und mit einer Entwertung der weiblichen Berufsarbeit einhergeht (Rabe-Kleberg 1999). Die historisch angelegte Geschlechterforschung zeigt hingegen die ‚Vergeschlechtlichung' der Sozialberufe (Hering 2006: 28ff.; Hering/Münchmeier 2007: 48ff.; Sachße 2003: 94ff.). In der Entwicklung der arbeitsteiligen Gesellschaft wurden einerseits immer mehr Care-Tätigkeiten aus sozialen Kontexten wie Familie, Nachbarschaft und Freundschaft und ihren Subkontexten wie Liebe, Abhängigkeit, Solidarität oder Verantwortung herausgelöst und in die Organisationsformen der Erwerbsberufe überführt. Anderseits wurden diese Inhalte nicht einfach aus dem Alltagsleben herausgelöst, sondern über das Lebensweltverständnis Sozialer Arbeit wurden professionelle Alltagsbezüge wieder rückgeführt. Durch den stützenden und helfenden Charakter Sozialer Arbeit finden sich auch heute auf der direkten Adressat_innen-Ebene vielfache Anknüpfungspunkte zur geschlechtsspezifischen Sozialisation und zur privaten Hausarbeit.

---

20 Begrifflichkeit und Intention des ‚weiblichen Arbeitsvermögens' sind umfangreich diskutiert und kritisiert worden (hierzu beispielsweise Beck-Gernsheim/Ostner 1978; Knapp 1989; Klein 1994; Ostner 1990; Rabe-Kleberg 1990; 1991; Wolf-Graaf 1981). Da der Begriff ‚Frauenberuf' eine vermeintlich weibliche Eignung implizieren kann (auch wenn er oft nur quantitativ gemeint ist), wird er in dieser Arbeit vermieden.

Zusammenhänge von Subjektivierung und Profession, Anerkennung und
Geschlecht

Die historisch-kulturellen Kontexte Sozialer Arbeit bilden den Hintergrund heutiger Zuständigkeiten und Arbeitsanforderungen. Sie sind nachhaltig prägend für
die Einordnung im Macht- und Herrschaftsgefüge gesellschaftlicher Anerkennung. Von den Anfängen professioneller Sozialer Arbeit bis heute sind ihre Zuständigkeiten, Arbeitsgebiete und Arbeitsanforderungen dynamisch, diffus und
ansteigend. Charakteristisch für die Felder Sozialer Arbeit war und ist ihr hohes
Maß an Emotionsarbeit. Professionell Gefühle in die Arbeit einzubringen und
Gefühle der Adressat_innen wahr- und aufzunehmen sind alltägliche Arbeitsanforderungen der Beschäftigten. Soziale Arbeit als professionelle Fachlichkeit in
fürsorglicher Praxis verlangt gefangene Subjektivierungsleistungen, deren
Erbringung in der gesellschaftlichen Annerkennungshierarchie jedoch nicht sehr
hoch rangiert.

Was Soziale Arbeit ist und was nicht, bleibt chronisch unscharf. „Sie beschäftigt sich weniger mit einem fest umrissenen Aufgabengebiet in Alleinzu-
ständigkeit, sondern ist zuständig für das ansonsten nicht Abgedeckte und für
Ausgeschlossene" (Brückner 2004: 6). Um sich in die Lebenswelten Ausge-
schlossener zu begeben, ist ein wechselseitig-dynamisches, situativ offenes und
zugleich strukturiertes Handeln erforderlich (Thiersch 2002: 215ff.). Subjektive
Fähigkeiten der Präsenz, des Aushaltens von befremdlichen Umständen, von
Vertrauensstiftung, von Vermittlung und Schlichtung sowie von Kreativität und
Phantasie bei der Planung individueller Lösungsoptionen erfordern eine weitrei-
chende Empathie. Die Beschäftigen müssen den ‚sozialen Tod' sterben (Thiersch
2002: 216),[21] um eigene, angestammte Muster zu überwinden und um dem
Weltverständnis der Adressat_innen gerecht zu werden. Damit setzen sich die
Arbeitenden der Gefahr aus, sich zu verlieren und die eigene Rolle aufzugeben.
Lebensweltorientierte Soziale Arbeit ist aber auch für die Adressat_innen bedrohlich. In den offenen, niedrigschwelligen Angeboten, in dem Bemühen um
ein Verstehen der Probleme „(...) rückt die Sozialarbeit ihren Adressat_innen
gleichsam unmittelbar zu Leibe" (Thiersch 2002: 216).

So ist zugleich Respekt und Distanz erforderlich. Bei einer zu intimen und
zu umfassenden Perspektive drohen die Konturen des Lebens zu verschwimmen.
Soziale Arbeit selbst würde in einer unendlichen Allzuständigkeit verloren gehen
und dadurch bedeutungslos werden. Daher beschränkt sich Soziale Arbeit programmatisch (z. B. durch das Prinzip der Hilfe zur Selbsthilfe), denn es geht ja
nicht darum, das komplexe Leben anderer zu führen, sondern – je nach Einmi-

---

21 Thiersch (2002: 216) bezieht sich auf Burkhard Müller, der den Begriff ‚sozialer Tod' geprägt
     hat.

schungsgrad – spezifische Lebenswelten zu ergänzen, zu stützen oder zu ersetzen (Thole 2005: 22ff.). Mit dem Rekurs der methodischen Strukturierung, durch die Klärung der Zuständigkeit (Mandat) und durch die zielgerichtete (Selbst)Reflexion unter Einbindung des gültigen Arbeitskonzeptes werden berufliche Fachlichkeit und fürsorgliche Praxis in der Profession verwoben. Diese subjektiven Leistungen und Fähigkeiten sind weiblich konnotiert. Soziale Arbeit „(...) bezieht sich zumeist auf den Alltag und findet in der Lebenswelt der Menschen statt, eine Sphäre, die Frauen zugeordnet ist" (Brückner 2004: 6).

Soziale Arbeit basiert auf einer Fürsorgerationalität, die berufliche Fachlichkeit und subjektive Fähigkeit zugleich erfordert. Die subjektiven Fähigkeiten (Emotionen, Leistungen, Deutungen, Einstellungen) sind Teil der gefangenen Subjektivierungsleistungen und werden hierüber fest in die Sorgetätigkeiten eingebunden. Der Zusammenhang von Fachlichkeit und Fähigkeit ist wiederum latent mit geschlechtsbezogenen Konzeptualisierungen besetzt, denn Empfindungs-, Beziehungs- und Handlungsfähigkeiten gelten als angeblich 'weibliche' Fähigkeiten. Das Zusammenspiel beruflicher Fachlichkeiten und subjektiver Fähigkeiten ist eine kontinuierliche Verbindung formaler Kenntnisse mit dem Verstehen der Gesamtsituation, eine Verschmelzung von professionellem Wissen und Alltagswissen. Berufliche Fachlichkeiten in dynamisch-diffusen Zuständigkeiten erfordern subjektive Fähigkeiten, die für die gefangene Subjektivierung von Sozialer Arbeit konstitutiv sind. Besonders die Anforderungen an die subjektiven Fähigkeiten sind mit Vorstellungen von Geschlecht verbunden.

Subjektive Fähigkeiten inkludieren auch Emotionen. Gefühle in die Arbeit einzubringen und Empfindungen für Menschen zu zeigen, beschränkt sich nicht allein auf ein Mitgefühl, sondern beinhaltet die Einfühlung in die Lebenswelt der Adressat_innen. Diese professionelle Emotionsarbeit ist nicht mit Emotionalität von Arbeit identisch.[22] So zeichnet Pongratz (2003: 7) in Haltungsunterscheidungen die besondere Emotionalität von Arbeit nach. Bei der Leistungsoptimierung wird Arbeit als Verbindung von Erlebnis und Effizienz verstanden, aus der das Beste herausgeholt werden soll. „Die entsprechenden Handlungsstrategien umfassen typischerweise eine Bereitschaft zum kalkulierten Risiko, das mit Improvisationsgeschick und demonstrativen Leistungsnachweisen zu bewältigen versucht wird" (Pongratz 2003: 7). Diese Leistungshaltung findet sich als Indiz für Selbst-Kontrolle, dem „(...) ein hohes Maß an Akzeptanz von Anforderungen der Selbstorganisation in der Arbeitsausführung (und damit von Subjektivierung)" (Pongratz 2003: 6) innewohnt. Demgegenüber gibt es auch eine Emotionalität der Leistungssicherung, die sich aus der Bestätigung durch das Gewohnte ergibt. Dies entspricht

---

22   Gleichwohl besitzt auch Soziale Arbeit eine Emotionalität für die Arbeitenden.

„(...) eher der traditionellen Orientierung von Experten/innen an der korrekten und *norm-gerechten Erfüllung fachlich-professioneller Standards*; die emotionale Qualität resultiert aus der Zufriedenheit mit der kompetenten und verlässlichen Anwendung sicher beherrschter Verfahren, in denen sich fachliches Können und Erfahrung immer wieder von neuem bewähren" (Pongratz 2003: 7).

Soziale Arbeit zeichnet sich durch emotionale Beziehungsarbeit aus. Die Emotionsarbeit als koproduktive, doppelte Subjektarbeit ist Arbeit an, für und mit Menschen, d.h., sie ist primär auf andere gerichtet und soll den Adressat_innen helfen. Auf Seiten der Beschäftigten wird Subjektivierung von Arbeit nicht mit Produktivkraftentwicklung, sondern mit Persönlichkeitsentwicklung verbunden. Die professionelle Emotionsarbeit erfordert Qualitäten, die als berufliche Merkmale vorausgesetzt, zugleich jedoch der Privatsphäre zugeordnet werden (beispielsweise Gesprächsatmosphäre, Aufmerksamkeit, Zuwendung). Soziale Arbeit ist eine diffuse Reise zwischen professioneller und persönlicher Beziehung, durch die sich die Arbeitenden selbst hindurch navigieren müssen. Dies erfordert

„(...) Gestaltungsfreiheiten, die über den Handlungsspielraum von Produktionsarbeitern weit hinaus gehen, nicht nur, weil der Emotionsarbeiter [sic!] für ein möglichst authentisches Verhalten *Autonomie* braucht, sondern auch, weil der Prozess der Emotionsarbeit kaum zu überwachen ist" (Rastetter 1999: 386).

Daher ist Soziale Arbeit durch ein geringes Regulationsniveau gekennzeichnet; eine Regulierung findet über den Kontext und über das berufliche Selbstverständnis statt. Gerade auf den unteren, ‚handauflegenden' Hierarchieebenen im direkten Kontakt mit den Adressat_innen ist Emotionsarbeit gefordert. Dort wird sie insbesondere Frauen zugewiesen, die in diesen Bereichen überproportional vertreten sind. In Form von adressat_innennaher Emotionsarbeit wird das weibliche Geschlecht dort systematisch mit eingebaut und zwar so, dass „(...) die sexuelle Rolle der Frau stets mit be- und verwertet" (Rastetter 2002: 13) wird.

Subjektive Fähigkeiten und diffuse Zuständigkeiten erschweren die Anerkennung Sozialer Arbeit als Profession. Brückner (2001b: 278) kritisiert, dass die angemessene Übertragung dieser Fähigkeiten von privatem Tun auf berufliches Handeln – ohne jedwede Anerkennung – den Frauen selbst überlassen wird, was nicht selten zum Scheitern, zumindest aber zur Unzufriedenheit angesichts falscher Erwartungen führe. „Während berufliche Leistungen für männliche Arbeitskräfte formalisiert sind, bleiben Leistungserwartungen an weibliche Arbeitskräfte eher vage" (Brückner 2001b: 278).[23] Insgesamt nimmt Soziale Arbeit

---

23 Brückners dichotomes Formalverständnis von Arbeit entlang der Geschlechterlinie soll hier nicht übernommen werden, weil in der Sozialen Arbeit ‚vage Leistungserwartungen' Frauen und Männer gleichermaßen betreffen. Gleichwohl ist das Geschlechterverhältnis relevant, denn wenn

einen relativ untergeordneten Status im gesellschaftlichen Macht- und Herrschaftsgefüge ein. Auch die Professionalisierungsdebatten selbst sind ein bezeichnendes Maß hierfür. Aus strukturfunktionalistischer Position wird Soziale
Arbeit als Semiprofession abgewertet, dabei sind strukturfunktionalistische Pro-
fessionskriterien generell untauglich. Gründe dafür sind u.a.:

- Soziale Arbeit ist eine Kombination von Versatzstücken und Wissensbe-
  ständen aus den Human- und Sozialwissenschaften (Eklektizismus).
- Soziale Arbeit kann kaum spezifische Arbeitsfelddomänen beanspruchen,
  weil soziale Berufe oft neben anderen human- oder sozialwissenschaftlichen
  Berufen existieren, weil sie grundsätzlich die gesamte Lebenswelt der Ad-
  ressat_innen umfasst (Allzuständigkeit) und weil sie spezielle Arbeitsprofile
  in unüberschaubar vielen Alltagsfeldern entwickelt.
- Mit der ausdrücklichen Alltagsbezogenheit geht oftmals ein Nebeneinander
  von Ehrenamtlichen und Professionellen einher. Zusammen mit der notwendigen Koproduktion ist es schwierig, ein exklusives Expertentum der
  Profession gegenüber anderen Wissenschaften zu begründen.
- Die Profession Sozialer Arbeit ist in besonderer Weise unsouverän, weil
  keine weitestgehende Autonomie vorliegt. Durch das Doppelte Mandat ist
  die Profession von staatlichen Institutionen und von Adressat_innen abhängig.

Mit der Perspektive der interaktiven Arbeit wird deutlich, dass Arbeitende und
Adressat_innen zur Interaktion bereit und befähigt sein müssen. Beide Seiten
benötigen interaktive Kompetenzen – und seien sie noch so verdeckt. Diese
Kompetenzen sind mit der Profession und der Person dynamisch verwoben. Sie
verlangen komplexes Wissen und passende Methoden; sie sind situationsorien-
tiert und personengebunden; sie werden im praktischen Handeln erworben und
sie lösen praktische Handlungsprobleme. Das fachliche Wissen benötigt für den
Einsatz im Arbeitsprozess ein berufliches Können, das wiederum auch durch
Erfahrungswissen genährt wird. Die spezifische Professionalität Sozialer Arbeit
liegt gerade in der Bewältigung und Gestaltung solcher Abstimmungsprozesse.
Professionalisierung bedeutet, dass Arbeitende und Adressat_innen ihre Persönlichkeit in die Interaktion einbringen können und dass die Arbeitenden ihre Arbeitskraft für die Persönlichkeitseinbringung der Adressat_innen verwenden.
Nicht ein starres Merkmalsraster, sondern der Prozesscharakter im Interaktions-
verlauf ist hier Ausdruck von Professionalität. Lebensweltorientiert betrachtet,
müssen sich Arbeitende und Adressat_innen wechselseitig qualifizieren – ein

---

faktisch immer wenige Männer innerhalb der Sozialen Arbeit (Klein/Wulf-Schnabel 2007a) mit
vagen Leistungserwartungen konfrontiert werden, ist das bezeichnend.

Professionalisierungspfad, der sich von strukturfunktionalistischen Kategorisierungen deutlich abhebt. Das unter Punkt 3.1.1 angeführte Beispiel ‚Waschen von Frau M.' zeigt, wie unangebracht Strukturkategorien und Grenzziehungen des allgemein herrschenden Professionalisierungsverständnisses sind. Soziale Arbeit ist eine dynamische Profession und ein dialektischer Prozess: Arbeit und Persönlichkeitsentwicklung werden miteinander verwoben und finden nicht zeitversetzt oder auf unterschiedlichen Ebenen statt. Die gefangene Subjektivierung erfährt einen doppelten Subjektcharakter, weil die Koproduktion als Arbeit an, für und mit Menschen (Subjektarbeit) geleistet, erlebt und empfunden wird. Dieser doppelte Subjektcharakter erscheint haushaltsnah, weiblich konnotiert und unbedeutend. Nach dem Statusmodell der Anerkennung von Fraser (Fraser 2001: 23ff.; 2003: 44ff.) ist mangelnde Anerkennung eine soziale Beziehung der Unterordnung. Die Abqualifizierung Sozialer Arbeit innerhalb der gesellschaftlichen Anerkennungshierarchie (auch als so genannte Semiprofession) wird maßgeblich durch die weibliche Codierung und durch den Arbeitsgegenstand Sozialer Arbeit bestimmt. Obwohl jeder Mensch in den Lebensphasen von Kindheit und Alter oder bei Krankheit in sozial-abhängige, hilfebedürftige Situationen gerät, rangiert der Arbeitsgegenstand Sozialer Arbeit nicht sehr hoch auf der gesellschaftlichen Anerkennungsskala und er erfordert ein praxisvernetzendes Wissenschaftsverständnis. Wissenschaftlich hergeleitete, professionelle Fachlichkeit und fürsorgliche Praxis greifen ineinander. Doch erinnert der individualisierte und auf den gesamten Lebenszusammenhang gerichtete Blick Sozialer Arbeit weniger an eine durch ‚objektive Wissenschaft' begründete Profession, sondern mehr an das unspezifische, pragmatische Alltagshandeln von ‚Hausfrauen' (Müller 2005: 737). „Die hohe Präsenz von Frauen und die historische Verquickung mit Frauen zugewiesener, unbezahlter häuslicher Arbeit führt zur Abwertung Sozialer Arbeit" (Brückner 2004: 6). Zudem ist das Berufssystem Sozialer Arbeit stets vom übergeordneten sozialstaatlichen System abhängig und durch den (zunehmenden) Einsatz von Ehrenamtlichen und Geringverdienenden geprägt (den allgemein abwertend bezeichneten ‚1-Euro-Jobs', Zivildienst, Jugendfreiwilligendienste). Gering vergütete oder unentgeltlich erbrachte Leistungen innerhalb der weiblich codierten Reproduktionsarbeit werden „(...) eher als Selbstverwirklichung, statt im Rahmen von Gemeinwesenorientierung, Wissensbasierung, Leistung und Erfolg verortet" (Heite 2008: 96), was die Möglichkeiten reduziert, Anerkennung als Profession zu erhalten. Die mangelnde Anerkennung zieht sich durch bis in die Hochschulinstitutionen, deren Lehre und Forschung für die Profession von elementarer Bedeutung ist. Studiengänge für Soziale Arbeit finden sich maßgeblich an den Fachbereichen von Fachhochschulen und deren Ausstattung mit Forschungsmitteln ist besonders schlecht. In den klassischen Forschungsförderprogrammen, über die sie Drittmittel akquirieren könnten, werden sie inhaltlich und strukturell kaum berücksichtigt. Auch die Sozialwirtschaft steht aufgrund ihrer Refinanzierungsformen kaum für Kofinanzierung zur Verfügung (Wulf-Schnabel/Knauer 207: 84ff., 98).

Mit der gefangenen Subjektivierung geht ein Fehlen gesellschaftlicher Anerkennung von Sozialer Arbeit als Profession einher, das geschlechtlich besetzt ist und das als Unterordnung im gesellschaftlichen Sozialgefüge wirkt. „Jenseits einer instrumentell verstandenen Handlungskompetenz gibt es keine anerkannte Form und keine öffentliche Wertschätzung, die den Facettenreichtum von Sorgetätigkeiten im Bereich der Beziehungsfähigkeit widerspiegeln würde" (Brückner 2001b: 277). Folglich wäre Soziale Arbeit als professionelle Fachlichkeit in fürsorglicher Praxis auf eine von Geschlechtszuweisungen befreite Definitions- und Anerkennungsmacht angewiesen, die die in ihr ‚gefangenen' subjektiven Leistungen wertschätzt. Da die Kategorie Geschlecht aber eine bestimmende Größe ist, soll auf deren Bedeutungsmechanismen im nächsten Abschnitt eingegangen werden.

3.1.5 Zur Bedeutung der Kategorie Geschlecht

Soziale Arbeit ist nach wie vor weiblich codiert, wird überwiegend von der Genusgruppe Frau ausgeübt und hat ein relativ geringes gesellschaftliches Ansehen. Generell sind weiblich konnotierte Berufe durch geringere Entlohnungen, überdurchschnittliche Teilzeitquoten, beschränkte Aufstiegschancen und den faktischen Ausschluss von bestimmten Arbeitsfunktionen gekennzeichnet (Bothfeld 2005: 115ff.; Karsten u.a. 1999: 102ff.). Sie sind somit gegenüber dem männlichen Normalarbeitskonzept weniger existenzsichernd. Die Daten- und Problemlage hierzu haben verschiedene Autor_innen bereits mehrfach ausführlich thematisiert (vgl. u.a.: Bothfeld 2005: 164ff.; Brückner 2001a; 2001b; 2004; Cloos/Züchner 2005: 723ff.; Drake 1980; Ehrhardt 1998; Feldhoff 2006; Fröschl 2001; Gildemeister/Robert 2000; Hering 2006; ISA 2005; Jacob 2004; Karsten u.a. 1999; Karsten 2000; Klein/Wulf-Schnabel 2007a; 2007b; Kullberg 2001; Lohnspiegel 2009; Meinhold 1993; Pich 2004; Rabe-Kleberg 1987: 40; 1990: 65; 1991: 33ff.; 2005; Schmidt-Koddenberg u.a. 2005; Simmel-Joachim 1992; 2003; Ziegler 2005 254ff.). Nun jedoch argumentieren einige Autor_innen, dass die Strukturkategorie Geschlecht unter den Bedingungen des flexiblen Kapitalismus an Bedeutung verliert (Voß/Weiß 2005b: 85) und auch Geschlechtlichkeit entgrenzt wird (Böhnisch 2003: 39ff.). Über diese Debatten hinaus ist der Blick auf die Geschlechterverhältnisse in der Sozialen Arbeit auch auf die gesellschaftliche Regulierung (d.h. auf die hegemoniale Ordnung) zu richten, um auch mittelbare und verdeckte Zusammenhänge zwischen der Kategorie Geschlecht und den Subjektivierungen von (Sozialer) Arbeit freilegen zu können. (Re)Produktionsverhältnisse sind durch Geschlechterverhältnisse bestimmt und umgekehrt. Sie haben einen Geschlechtersubtext, der tief in die Gesellschaft reicht und der herrschaftlich codiert ist. Werden Geschlechterverhältnisse als (Re)Produktionsverhältnisse gefasst (Haug 2001; 2005; 2006), ist eine Analyse von (Re)Produktionsweisen, Arbeitsverhältnissen und Arbeitsanforderungen auf Kenntnisse der gesellschaftlichen Organisation von Geschlechterverhältnissen angewiesen und vice versa ist eine Betrachtung von Geschlechterverhältnissen nur unter Einbeziehung der (Re)Produktionsweisen sinnvoll.

Geschlechtszugehörigkeit begründet mittlerweile zwar kein formales Ausschlusskriterium für bestimmte Positionen und Tätigkeiten mehr (Gildemeister/Robert 2000: 327), dennoch sind horizontale und vertikale Segregationen persistent (vgl. u.a. Bothfeld 2005; IAB 2009; Statistisches Bundesamt 2005; 2006). Auch rund 30 Jahre nach Beginn der Bildungsexpansion in den 1970er Jahren können gegenwärtig formale Qualifikationen und Bildungsleistungen nicht als maßgebliches Zugangskriterium für Steuerungs- und Leitungspositionen identifiziert werden. Während zu Beginn der 1960er Jahre die Benachteiligung junger Frauen im westdeutschen Bildungssystem offensichtlich war, überholte bereits 1983 erstmals der Mädchenanteil den der Jungen beim angestrebten Bildungsabschluss Abitur (Beck 1986: 166). Die besseren Noten der Mädchen haben längst einen Gegendiskurs über die Benachteiligung von Jungen im Bildungssystem ausgelöst. Obwohl sich also im Bildungssystem seit fast drei Jahrzehnten Mädchen und junge Frauen zunehmend besser positionieren als Jungen und junge Männer und obwohl sich ihre besseren Bildungserfolge sogar EU-weit belegen lassen (Klein 2006a; 2006b), spiegelt sich dies nicht entsprechend bei den beruflichen Übergängen und Etablierungen im Betrieb wider (BJK 2009: 13ff.; BMFSFJ 2009: 24ff.).

In den Studiengängen Sozialer Arbeit wird der Bildungsvorsprung anhand der Abschlussquoten deutlich: Während 2002 immerhin 81,5 Prozent der Frauen ihr Studium in den Studiengängen Sozialer Arbeit (an Fachhochschulen) erfolgreich beendeten (bezogen auf Diplomstudiengänge und das Anfängerjahr 1997), gelang dies nur 65 Prozent der Männer (ISA 2005). Soziale Arbeit richtet sich an beide Geschlechter, wird aber überwiegend von der Genusgruppe Frauen erbracht. Der Frauenanteil in den Sozialberufen liegt mit rund 82 Prozent[24] fast

---

24 Laut Berufsstatistik des IAB (2008) lag der Frauenanteil der Berufsgruppe 86 der ‚Sozialpflegerischen Berufe' im Jahr 2007 bei 83,6 Prozent. Jedoch fällt das nicht einschlägig qualifizierte Personal in den Berufsstatistiken möglicherweise durch das Erfassungsraster (Cloos/Züchner 2005: 714). Bei der bundesweiten Sichtung der Datenbestände ist grundsätzlich problematisch,

doppelt so hoch wie der Anteil der Frauen an den Erwerbstätigen insgesamt (Cloos/Züchner 2005: 724f.; Karsten u.a. 1999: 103). Werden die Leitungspositionen auf dem sozialen Arbeitsmarkt betrachtet, führen insgesamt gesehen die (wenigen) Männer Regie. Entsprechend schlägt der weibliche Bildungserfolg auch nicht positiv bei der Entlohnung durch: Der Lohnspiegel (2009) der Hans-Böckler-Stiftung verzeichnet einen geschlechtstypischen Einkommensunterschied von monatlichen 290 Euro brutto bei Sozialpädagog_innen,[25] der sich zuungunsten von Frauen auf 302 Euro erhöht, wenn Leitungspositionen betrachtet werden. Generell bestehen derartige Lohnunterschiede selbst bei gleicher so genannter ‚Humankapitalausstattung', d.h. bei gleicher Qualifikation und Berufserfahrung in derselben Job-Zelle (Hinz/Gartner 2005: 21ff.).

Dagegen ist aus keinem männlich dominierten Berufsfeld bekannt, dass Frauen aus ihrer Minderheitslage heraus in den höheren oder höchsten Hierarchieebenen überproportional vertreten wären. Im Gegenteil: Frauen unterliegen dort einer verstärkten Marginalisierung. Steuernde und mit Machtbefugnissen ausgestatte Erwerbstätigkeiten sind Kennzeichen hegemonialer Männlichkeit (Connell 2000: 98). Steuerung und Leitung Sozialer Arbeit beinhalten in der Regel eine zunehmende Ferne von der direkt helfenden Ebene dicht an den Adressat_innen. Umgekehrt finden sich in der Kinder- und Jugendhilfe umso mehr Frauen „je niedriger die formale Qualifikation, je eher der Ausbildungsabschluß [sic!] einem sozialpädagogischen Kernberuf entspricht und je geringer die Entscheidungsbefugnisse und Verantwortungsbereiche sind" (Cloos/Züchner 2005: 726). Demgegenüber positionieren sich Männer überproportional auf der Führungsebene[26] oder haben höherwertige Tätigkeiten inne.

Der ‚Männermangel' wird als bedeutsam formuliert, weil an Jungen und Männer zunehmend die Erwartung gestellt wird, Fürsorge und Bindung in ihre Männlichkeitsentwürfe zu integrieren, ohne dass sie jedoch auf Fürsorgeerfahrungen durch Männer zurückgreifen können und über ausreichende Integrations-

---

dass die wissenschaftlich forschenden Institutionen statistische Erfassungen uneinheitlich oder feldspezifisch vornehmen (Karsten u.a. 1999: 17).

25 Es wurden die folgenden Rahmenbedingungen/Kategorien ausgewählt: Zehn Jahre Berufserfahrung, Westdeutschland, über 500 Beschäftigte im Betrieb, Vollzeit, ohne Zulagen. Ebenso deutliche Lohnunterschiede gibt es aber schon unter den Berufsanfänger_innen (Kategorie 0-5 Jahre Berufserfahrung). Aus anderen Berufsfeldern ist bekannt, dass Lohnunterschiede generell selbst bei gleicher Humankapitalausstattung, d.h. bei gleicher Qualifikation und Berufserfahrung, in derselben Job-Zelle bestehen (Hinz/Gartner 2005: 16ff.).

26 Für Kindertageseinrichtungen stimmt dies so pauschal allerdings nicht: Der Frauenanteil bei den Leiter_innen (94 Prozent) ist fast identisch mit dem Beschäftigungsanteil (95 Prozent) (Cloos/Züchner 2005: 725 und Rohrmann 2005a). Aber fast zehn Prozent der Männer und weniger als drei Prozent der weiblichen Beschäftigten in Kindertageseinrichtungen haben einen akademischen Bildungsabschluss (Rohrmann 2005b). Also ist auch hier ein Zusammenhang von Bildung und Position nicht zu finden.

kapazitäten verfügen (King 2000: 103). Gerade im Elementarbereich gibt es kaum männliche Identitätsfiguren. Nach Rohrmann (2005: 20; 2006b: 7f.) und Stuve u.a. (2005: 5f.) liegt der Männeranteil in Kindertageseinrichtungen bundesweit seit Jahren stabil bei etwa vier Prozent. Demgegenüber lassen jüngste IAB Daten zwar einen Zuwachs erkennen, aber ob der absolute Anstieg in den Zahlen der ,Erzieher, Kinderpfleger und Kindergärtner'[27] zukünftig gegenüber den absolut dominierenden Erzieherinnenzahlen auch längerfristig relativ ins Gewicht fallen wird, bleibt zu beobachten. Laut Rohrmann (2006a; 2006b) sind diese (wenigen) Männer überproportional in wirtschaftlichen und technischen Bereichen, in der Verwaltung, in der Behindertenbetreuung und in der Horterziehung tätig. Deutlich seltener sind sie in den Arbeitsgebieten frühkindlicher Erziehung (null bis drei Jahre) und in der Kindergartenerziehung (drei bis sechs Jahre) zu finden (Rohrmann 2005b: 20f.). Daher formulierte die OECD im Jahr 2004 folgende Vorschläge für Deutschland:

> „Schließlich sollte das fast vollständige Fehlen von Männern in der Kindertagesbetreuung nicht als selbstverständlich hingenommen werden: hierdurch wird die Vielfalt des Personals reduziert und langfristig die Personalbeschaffung erschwert. Die Untersuchergruppe ist sich darüber im Klaren, dass es keine sofortige Lösung für dieses Problem gibt. In Europa finden sich jedoch verschiedene Projekte, mit denen nach neuen Wegen gesucht wird, um mehr Männer in die Ausbildung und berufliche Tätigkeit für diesen Bereich zu bringen, und in Deutschland könnte und sollte man ähnliche Projekte entwickeln. Auch dies ist ein Thema, bei dem eine Bundesinitiative in Zusammenarbeit mit den Bundesländern die Entwicklung verschiedener Modellprojekte anführen könnte. Man sollte auch erwägen, ein langfristiges Ziel für die Beschäftigung von Männern zu setzen; das EC Childcare Network (1996) schlug 20% als ausreichende Größe für eine „kritische Masse" vor, und die norwegische Regierung hat ebenfalls dieses Ziel übernommen" (OECD 2004: 73f.).

Warum Männer im Elementarbereich so hartnäckig fehlen, wird in den letzten Jahren vermehrt und vielstimmig diskutiert. Laut Böhnisch (2003: 39ff.) ist Männlichkeit mittlerweile derart entgrenzt, dass sich Männer verstört und desorientiert den Beziehungs- und Sozialräumen zuwenden möchten, doch

> „(...) die Frauenbewegung hat zwar immer ihre Minderbewertung kritisiert, nie aber in Frage gestellt, dass diese Räume den Frauen *gehören* (Mütterbewegung), dass die Männer zwar erwünscht seien, aber doch in jener Zuarbeiter- und Hilfskraftrolle verbleiben sollten, welche die häuslich-familiale Dominanz der Frauen nicht in Frage stellt." (Böhnisch 2003: 134f.).

---

27 Auf Basis der Daten des IAB (2008) wurde berechnet, dass der Beschäftigungsentwicklungsindex der Männer in der Berufsordnung 864 (Erzieher/innen, Kinderpfleger/innen, Kindergärtner/innen [sic!]) zwischen 1999 und 2007 stärker stieg als derjenige der Frauen.

Tatsächlich waren nach Angaben des Instituts für Arbeitsmarkt- und Berufsforschung (IAB) im Jahr 2005 lediglich 3,2 Prozent der Kindergärtner_innen, Kinderpfleger_innen und Erzieher_innen Männer und diese Männer waren stärker von Arbeitslosigkeit betroffen als Frauen. Gegenüber den Frauen (9,5 Prozent) lag im Jahr 2005 die Arbeitslosenquote der Männer mit 18,0 Prozent in diesen Berufen fast doppelt so hoch; dieser Abstand ist seit 1999 sogar noch gewachsen (IAB 2009).[28] So spricht einiges für den Ausschluss der Männer von den unteren Ebenen Sozialer Arbeit. Allerdings gilt diese Schlussfolgerung nur für die Erziehung. In anderen Sozialberufen, z. B. Krankenpfleger_innen, Altenpfleger_innen, Sozialpädagog_innen, liegen die Arbeitslosenquoten von Frauen und Männern recht eng beieinander (IAB 2008). Folglich werden nicht generell alle Männer an der Teilhabe an den Sozial- und Beziehungsräumen in ihrer gesamten Breite und Tiefe gehindert. Bei der Erziehung und Betreuung von Kindern könnte dies der Fall sein, aber weil Böhnisch keine empirischen Belege anführt, bleibt dies eine Vermutung.

Die in diesen Sozialräumen vorhandene geschlechtliche ‚Besetzung' ist keine unbekannte Erscheinung, neu ist der Perspektivenwechsel: In den gesellschaftspolitischen und wissenschaftlichen Debatten zur größeren Teilhabe von Männern in bislang Frauen zugewiesenen Berufsfeldern gelangt die spezifische Situation der (wenigen) Männer in den Blick. Zum Teil ist in Veröffentlichungen ein einseitig-defizitärer Blickwinkel auffallend, denn es wird fokussiert, was Sozialer Arbeit fehlt, um für Männer attraktiv zu sein. Nach Stuve u.a. (2005: 8ff., 72f.) können sich Männer mit den Sozialberufen nicht identifizieren und werden in den Berufen der Pflege und Erziehung auf ‚originär männliche' Tätigkeiten verwiesen bzw. reduziert, weil Soziale Arbeit von Beginn an weiblich konnotiert sei und historisch-symbolisch mit Weiblichkeit verbunden werde. Bartjes und Hammer (2005a; 2005b; 2006) resümieren in ihrer auf Männer beschränkten Expertise zum Altenpflegeberuf (im Rahmen des Gender Mainstreaming des Caritasverbandes), dass Männer in der Altenpflege einer doppelten Stigmatisierung unterliegen. Zum einen ist Altenpflege „(...) eine Frauenwelt, wo mit typischer Frauenarbeit entmännlichte Männer versorgt werden. Andererseits konfrontiert Altenpflege den Mann mit der permanenten Kränkung seiner männlichen Identität" (Bartjes/Hammer 2005a: 19). Männlichkeit werde mit Selbstständigkeit und Autonomie verbunden, doch der alte Mann falle in die Abhängigkeit eines Kindes und damit auch in die weibliche Welt zurück, der er entflie-

---

28 Nach dem Jahr 2005 bietet das IAB keine aktuellen Daten zur Arbeitslosigkeit an, weshalb hier der Männeranteil bei Erzieher_innen und Arbeitslosenquoten aus dem Jahr 2005 herangezogen werden mussten. Ab 2007 werden die Arbeitslosenzahlen vom IAB nur nachrichtlich (ohne Quoten und Strukturinformationen) ausgewiesen, so dass ein Vergleich mit den Vorjahren nicht mehr möglich ist.

hen wolle (Bartjes/Hamer 2005a: 19). Deshalb, und weil Altenpflege ‚typische Frauenarbeit' sei, würden Männer als Pfleger doppelt stigmatisiert. Selbst wenn bei den pflegenden Männern tatsächlich ein ambivalentes Verhältnis zur eigenen Pflegearbeit zu konstatieren wäre, bleibt unverständlich, warum die Autoren diese Stereotypenbildung aufgreifen und selbst fortschreiben, denn auch Weiblichkeit und Alter könnten stereotyp-konflikthaft gesehen werden (z. B. Schönheitsideal). Immerhin sind zwei Drittel aller Pflegebedürftigen Frauen (Klammer 2005: 362) und sicherlich fällt auch die alte Frau in die Abhängigkeit des Kleinkindes zurück, der sie als erwachsene (und möglicherweise emanzipierte) Frau entflohen ist. Obgleich unattraktive Arbeitsbedingungen und geringe Bezahlung im empirischen Teil deutlich zur Sprache kommen (Batjes/Hammer 2005a: 27ff.), konzentrieren sich die Autoren bei ihren Empfehlungen auf Leitbild- und Imagefragen. So schlagen sie u.a. vor:

> „Der Begriff ‚Altenpflege' repräsentiert die beiden für Männer negativen Klischees ‚Alt' = hässlich und ‚Pflege' = Frauenarbeit. Die Berufsbezeichnung sollte mit einem für Jungen attraktiveren (vielleicht technischeren) Begriff belegt werden (z. B. ‚Care-Manager')" (Bartjes/Hamer 2005a: 43).

Ob diese begriffliche Männlichkeitsinszenierung hilfreich ist, mag bezweifelt werden – zumal die faktischen Arbeitsinhalte (alte Menschen pflegen) bleiben. Böhnisch (2003: 134) führt an, dass seit den 1980er Jahren der rollenlose Mann durch die Männerdiskurse geistere, weil tradierte Männlichkeitsentwürfe aus ihrer Verankerungen gerissen würden. Dieser verstörte Mann versuche nun, sich den Sozialräumen zuzuwenden, werde jedoch von den dort befindlichen Frauen nicht hineingelassen. „Damit ist der *bedürftige* Mann neben die geschlechtshierarchisch benachteiligte Frau auf den Geschlechterplan getreten" (Böhnisch 2003: 135). Allerdings wird bei Böhnisch nicht geklärt, warum Männer nicht Sozialräume herstellen, wie die Frauenbewegung dies vielfältig getan hat (Frauenhäuser, Frauencafés etc.) oder warum Männer ihre alltäglich-aktive Her- und Darstellung des Geschlechts (‚doing gender') nicht entsprechend auf Sozialräume ausrichten. Mit dem Wissen darüber, wie man sich als ‚Mann' zu verhalten hat, inszenieren auch Männer in den Feldern Sozialer Arbeit ihre eigene Berufstätigkeit als männlich. Sie suchen Tätigkeiten auf, die im traditionellen Geschlechterverständnis[29] ‚männliche Fähigkeiten' erfordern. Ummel hat dieses

---

29 Von traditioneller versus moderner Weiblichkeit oder Männlichkeit zu sprechen ist problematisch, wirken diese Begriffe doch leicht vereinfachend und normativ. Mangels Alternativen werden sie hier zur Beschreibung verwendet, wobei sich ‚traditionell' auf die Geschlechterideale bezieht, welche sich mit dem Industrialismus (Beathke 2000: 92ff.) etabliert haben, und sich ‚modern' auf den Post-Industrialismus bezieht. Zu betonen ist ferner, dass es sich immer um eine

dichotome Verhalten in der Analyse für einen Pfleger zusammengefasst: „Er verurteilt den ‚Macho', der er latent ist, überhöht anderseits eigene Fähigkeiten und Verrichtungen zur ‚beruflichen Weiblichkeit', deren Praxis er sich dadurch verbaut" (Ummel 2001: 175).

Gegen ein generelles Bedürfnis von Männern nach Nähe zum Sozialraum spricht zudem die Entwicklung des Männeranteils in den Studiengängen und Berufsbereichen Sozialer Arbeit. Eigentlich müsste sich der Männeranteil im Sozialen Sektor seit Jahren erhöhen, weil die Entgrenzung der Männlichkeit nach Böhnisch (2003: 43f.) dazu führt, dass Männer verstärkt von prekären Arbeiten in gesellschaftlichen Randzonen betroffen sind (Feminisierung der Arbeit), weil Soziale Arbeit per se feminisiert ist und ‚sozial bedürftige Männer' in den Feldern Sozialer Arbeit ein breites Aktionsfeld hätten. Doch in einer Auswertung der Daten des Statistischen Bundesamtes (Klein/Wulf-Schnabel 2007a) wurde festgestellt, dass der Männeranteil in den Studiengängen Sozialer Arbeit seit Jahrzehnten signifikant abnimmt;[30] auch in den IAB Berufsgruppen (2009) ist der Männeranteil auf niedrigem Niveau stabil bis rückläufig. Die seit Etablierung der Fachhochschulen nie da gewesene Segregationsdynamik wirkt gegenwärtig und künftig auf dem sozialen Arbeitsmarkt und wird das dortige Geschlechterverhältnis tangieren. Statt ein generelles Sozialraumbedürfnis zu vermuten, sind Qualifikationen (beispielsweise Männer als Hilfskräfte, Erzieher oder Sozialpädagogen) und die interne Geschlechterordnung (unterschiedliche Positionierungen von Männern im Hierarchiegefüge Sozialer Arbeit) stärker zu beachten. Rabe-Kleberg (2005: 150ff.) hält es generell für schwierig, Männer als Professionelle im Care-Bereich zu gewinnen, und zwar aufgrund der vergleichsweise geringen Gehälter, des niedrigen Status Sozialer Arbeit und der festen kulturellen Verbindung von Care und weiblichem Geschlecht. Diese Hauptumstände treffen noch mit der spezifisch männlichen Angst vor homosexuellen Zuschreibungen (Homophobie) und mit der Furcht, des sexuellen Missbrauchs verdächtigt zu werden, zusammen.

Die spezifische Situation der Männer zu beachten sollte weder implizieren, (erneut) die Männer zum Nabel der (sozialen) Arbeitswelt zu erklären, noch den Blick auf die Männer in der Sozialen Arbeit zu beschränken. Die Positionierung von Frauen und von Männern im Berufssystem kann nur im Kontext der gesell-

---

Vielzahl von Weiblichkeiten und Männlichkeiten handelt und es also auch immer Abweichungen vom Mainstream gibt.

30 Die Auswertung (Klein/Wulf-Schnabel 2007a) bezieht sich auf Daten zu den Diplom-Studiengängen Sozialpädagogik, Sozialarbeit und Sozialwesen des Statistischen Bundesamtes. Auf Nachfrage teilte das Statistische Bundesamt mit, dass in diesen Daten auch neuere Studiengänge (z. B. Sozialmanagement) enthalten sind. Daten aus den Bachelor- und Masterstudiengänge gingen hier noch nicht ein, weil die Studiengangsumstellung zum Zeitpunkt der Datenerfassung erst begann.

schaftlichen Organisation des Gesamtzusammenhangs von Produktionsbereich und Reproduktionsbereich und der Zuweisung von Care-Tätigkeiten an Frauen verstanden werden. Macht- und Herrschaftsfragen haben maßgeblichen Einfluss auf die Segregationslage in der Sozialen Arbeit. Um den ‚Betrachtungsgegenstand Mann‘ zu überwinden und diesen in die erweiterte Szenerie der Geschlechterordnung von Frauen und Männern und besonders von Männern und Männern zu setzen, wird das Konzept der hegemonialen Männlichkeit von Connell (2000: 97ff.) herangezogen. Hegemoniale Leitbilder sind auf bestimmte Milieus beschränkt: auf das konservativ-gehobene Milieu der Führungseliten und das traditionelle Arbeitermilieu (Koppetsch/Maier 2001: 30). Da diese Milieus als eher untypisch für die Beschäftigten in der Sozialen Arbeit angesehen werden, sind in erster Linie die von Connell herausgearbeiteten Aspekte der Unterordnung und der Komplizenschaft[31] relevant.

Männer in der Sozialen Arbeit entfernen sich vom Ideal hegemonialer Männlichkeit schon allein dadurch, dass sie in einem weiblich konnotierten Berufsfeld tätig werden. Alles, was nicht dem hegemonialen Männlichkeitsideal entspricht, wird leicht mit Weiblichkeit gleichgesetzt und somit abgewertet (Connell 2000: 100). Gesellschaftliche Abwertung erfährt ‚man‘ in der Sozialen Arbeit in Form von Klischees wie ‚Weichei‘ oder „(...) Sozialpfuzzis, die denn da auch noch wat machen" (Experteninterview in Wulf-Schnabel 2005a: 25). Die Aberkennung der ‚richtigen Männlichkeit‘ als interne Relation der Geschlechterordnung ist offensichtlich. Die Geschlechterordnung unter Männern und die Beziehung von hegemonialer und untergeordneter Männlichkeit sind also bedeutsam.

Wird diese Perspektive dynamisch weiterentwickelt, stehen die Männer in der Sozialen Arbeit unter einem chronischen Rechtfertigungszwang ihrer Männlichkeit. Durch das hegemoniale Männlichkeitsideal wird ihre Männlichkeit ausgehöhlt; sie müssen ihr Mann-Sein als ‚richtiger Mann‘ beweisen. Zwar etablierten sich in gewisser Form auch Männlichkeitsalternativen und die Spielräume von Männlichkeiten erweitern sich. Doch um Männlichkeitsinszenierungen und um die Übernahme ‚typisch männlicher‘ Tätigkeiten kommen Männer auch in der Sozialen Arbeit nicht herum, denn damit rücken sie wieder näher an den Mainstream und an gesellschaftliche Leitbilder heran. Dies ist kein einseitiger

---

31 Connell (2000: 98ff.) arbeitet die Kategorien ‚Hegemonie‘, ‚Unterordnung‘ und ‚Komplizenschaft‘ als interne Relationen der Geschlechterordnung heraus. Da die Interaktion des sozialen Geschlechts mit anderen Strukturen (wie ‚class‘ oder ‚race‘) weitere Beziehungsmuster zwischen Männlichkeiten formt, entwickelt er noch den Typus der ‚Marginalisierung‘. Männer in der Sozialen Arbeit sind allerdings keine marginalisierten Männer, weil es in der Regel nicht um eine Interaktion des sozialen Geschlechts mit anderen Strukturkategorien geht (z. B. schwarzer Sozialarbeiter/weißer Sozialarbeiter). Vielmehr geht es um Fragen kultureller Dominanz und Unterordnung (beispielsweise Maschinenbauingenieur/Sozialarbeiter).

Ablauf, sondern ein aktiver und mit vergeschlechtlichten Subtexten unterlegter Prozess, in dessen Verlauf Männer und Frauen in gegenseitiger Interaktion mitwirken. So zeigen Untersuchungen zum Elementarbereich (Rohrmann 2005; 2006a; 2006b) und zur Pflege (Ummel 2001), dass Männer die Differenz zwischen Männern und Frauen betonen, ihre ‚spezielle Brauchbarkeit' als Mann überhöhen und dass Kolleginnen diese Männer auf geschlechtstypische Tätigkeiten festlegen. Im Kindertagesstättenbereich sind dies z.B: Hausmeistertätigkeiten oder körperbetonende Gruppenspiele, in der Pflege vor allem Tätigkeiten mit hohem körperlichen Einsatz.

Traditionelle Männlichkeitsnormen zu erfüllen bedeutet (auch in der Sozialen Arbeit), dass ‚man' ein (familien)ernährendes Einkommen erzielt und eine entsprechende Karriere macht. Während Frauen in von Männern dominierten Berufen von Ausschließungsprozessen (glass ceiling) betroffen sind, werden Männer in der Sozialen Arbeit von unsichtbaren Aufstiegsmechanismen (glass escalator) befördert (Meyer 2006: 269). Dabei können sich die Männer zugleich verbal, symbolisch oder auch tatsächlich vom hegemonialen Mann distanzieren – schließlich arbeiten sie im sozialen Sektor! – wodurch sie leicht als ‚neue' Männer erscheinen. Dieser offensichtliche Abstand zur hegemonialen Männlichkeit ist allerdings nur vordergründig vorhanden, denn der gläserne Fahrstuhl benötigt eine Komplizenschaft mit der hegemonialen Praxis.

Komplizenschaft bedeutet, dass eine große Anzahl von Männern mit der hegemonialen Männlichkeit in Verbindung steht, sie aber nicht verkörpert. Ohne den Spannungen und Konflikten hegemonialer Männer in der ersten Linie der Macht (Führungselite in Wirtschaft, Militär und Politik) ausgesetzt zu sein, profitieren komplizenhafte Männer von der patriarchalen Dividende, die – soviel sei hier unterstellt – auch bis in die Soziale Arbeit hinein wirkt. Komplizenhafte Männer achten beispielsweise die Arbeit von Frauen und sind prinzipielle Vertreter der Gleichberechtigung; ihnen gelingt die Übernahme von Care-Tätigkeiten und sie schaffen es, Fürsorgeanforderungen mit ihrem Mann-Sein in Einklang zu bringen (Connell 2000: 100f.) Dennoch werden sie vom Hegemonialprinzip positioniert, ohne dass sie aktiv viel beisteuern müssten. Das Gegenteil ist der Fall, denn viele Faktoren um sie herum tragen sie in diese Position: andere Männer, aber auch Frauen, die Strukturen im Betrieb und in der Familie, die medienvermittelten Ideale, die Sozialversicherungsstrukturen und vieles Ähnliche mehr. Das Hegemonialprinzip muss vielfältig mehrheitsfähig und flexibel anschlussfähig sein, denn: „Geschlechterpolitik ist Massenpolitik, und ihre Strategien müssen deshalb Mehrheitsmeinungen berücksichtigen" (Connell 2000: 100).

Der Begründungszusammenhang und die Mehrheitsmeinung sind dynamisch. Hegemonie ist eine historisch bewegliche Relation (Connell 2000: 98), weshalb in der Sozialen Arbeit – wie auf den anderen Teilarbeitsmärkten auch – den weiblichen und männlichen Beschäftigten sich historisch wandelnde Sozialfunktionen zugewiesen werden. Um Machtbeziehungen und Legitimationsgrundlagen in der geschichtlichen Umgestaltung und im gesellschaftlichen Transformationsfluss zu sichern, gehen die sozialen Funktionen der Beschäftigten mit einer breiten Fülle von Distinktionen und Bewertungen einher. Wie bereits beschrieben, ist das einst eingeführte ‚weibliche Arbeitsvermögen' für die berufliche Positionierung von Frauen nicht mehr mehrheitsfähig. Dennoch erfolgt die Zuweisung nach dem ‚male breadwinner'/‚female homemaker'-Modell, wenn auch diffiziler. Sich daraus ergebende Abstände in der Qualifikation, in der Arbeitsmarktanschlussfähigkeit und dann wieder im Verdienst potenzieren Ferne und Nähe von Mann und Frau zu Care Work.[32] Also „(...) müssen sich Männer in Frauenberufen anstrengen, wenn sie keine Karriere machen wollen" (Meyer 2006: 269). Nach dem Verständnis von Komplizenschaft finden sich in der Sozialen Arbeit oftmals Männer, die sich quasi als ‚Trittbrettfahrer der Hegemonie' im Aufzug der Karriere befinden oder die in Ermangelung einer geschlechtlichen Reflexivität als ‚blinde Passagiere ihrer Selbst' nach oben gefahren werden.[33] Während die unteren Etagen weiblich konnotiert sind, fahren die Männer nach oben, weil Steuerung und Leitung männlich konnotiert sind. Die Strukturkategorie Geschlecht tritt in den Hintergrund und ist auch aus der Ferne wirksam.

Auf der Ebene der Beziehungs- und Sozialräume (insbesondere dicht am Kind) scheint die Geschlechterfrage nach wie vor eine hohe Bedeutung zu haben, aber auch hier wandelt sich das Begründungsmuster von einer mütterlichen Eignung hin zu einem pragmatischen Verständnis. Insgesamt gelten viele Geschlechterstereotype als überwunden und viele Geschlechterfragen scheinen beantwortet zu sein. So haben ja auch tatsächlich mehr Frauen den Zugang zum Erwerbsarbeitsmarkt geschafft und Männer können wirklich umfassender gegen traditionelle Stereotype verstoßen, ohne gleich als völlig unmännlich zu gelten. Faktisch müssen aber auch immer mehr Frauen Geld hinzuverdienen, weil ein Einkommen für die Familie oft nicht reicht, oder sie sichern sogar das Haupteinkommen, weil der Partner arbeitslos oder prekär beschäftigt ist (Klenner/Klammer 2009). In der Folge müssen Männer erwerbszentristische Männ-

---

32 Hierzu, zur Diskrepanz zwischen partnerschaftlichen Idealen und praktizierten Normen sowie auch zur Vereinbarkeit von Beruf und Familie ist viel veröffentlicht worden (vgl. hierzu u.a. Bertram u.a. 2005; Dierks 2005; Döge/Volz 2004; Gärtner/Schwerma 2005; Geissler 1998; Koppetsch/Maier 2001).

33 Zwei vergleichende Expert_innen-Interviews in der Sozialen Arbeit haben ergeben, dass die befragte Frau ihren Aufstieg in eine Führungsposition stets im Kontext von Geschlecht reflektierte. Trotz jahrzehntelanger Tätigkeit im von Frauen dominierten Bereich reflektierte der Mann seinen berufsbiographischen Aufstieg dagegen nicht im Geschlechterkontext (Wulf-Schnabel 2005a: 13f.).

lichkeitsideale revidieren, wollen sie in Zeiten massenhafter Arbeitslosigkeit nicht auch massenhaft als unmännlich gelten. Voß/Weiß (2005b: 85) erklären sogar, das Geschlecht werde als soziale Strukturkategorie an Interpretationskraft verlieren. Doch Geschlechterfragen treten nur weniger offensichtlich in Erscheinung, sind dabei aber auch aus der Distanz wirksam. So werden Frauen qua Geschlecht familiäre Arbeitslasten aufgetragen, so dass sie als Mütter in der Erwerbsbiografie weiterhin stark benachteiligt sind.[34] Die wechselseitige Verknüpfung von Weiblichkeit und familiärer Care-Tätigkeit einerseits und die männliche Bindung an Erwerbstätigkeit andererseits erklärt, warum weiterhin eine enorme Persistenz der Geschlechterordnung zu erkennen ist. Entwicklungen in der Sozialen Arbeit verlaufen entlang einer klar identifizierbaren Geschlechterlinie: In den letzten Jahrzehnten boomte der soziale Sektor (Cloos/Züchner 2005: 714ff.; Rauschenbach 1999) und insbesondere Frauen reagierten auf die daraus resultierende Beschäftigtennachfrage. Dabei stieg die Teilzeitquote deutlich und wiederum sind es zumeist Frauen, die in Teilzeitformen arbeiten (Cloos/Züchner 2005: 725).

Zugleich werden die internen Geschlechterordnungen bedeutsamer, d.h. die Frage, wie sich ein und dasselbe Geschlecht auf den oberen und unteren Enden der Hierarchie positioniert. Während bislang vornehmlich Frau-Mann-Verhältnisse interessierten, müssen zukünftig verstärkt komplexere Mann-Mann, Frau-Frau und Mann-Frau-Relationen betrachtet werden. Verbreite Stereotype über Frauen und Männer greifen oft nicht und es sind vielmehr Differenzen in der gleichen Genusgruppe, die bedeutsam werden. Nach Pongratz und Voß (2003: 211) zeichnen sich gerade Frauen mit hoher wettbewerblicher Subjektivierungsbereitschaft durch eine soziale Dynamik im Projektteam und durch eine besondere emotionale Qualität aus. Zugleich treten diese Frauen „(...) mit klarer Zielorientierung und nicht mit vagen Harmoniebestrebungen" (Pongratz/Voß 2003: 211) auf. Einseitige Sachlichkeit oder bloße Harmonieorientierung zeige sich vielmehr bei Männern (Pongratz/Voß 2003: 167f., 211). Subjektive Berufsqualifizierungen sind ebenso wichtig wie das persönliche Engagement im Beruf, welches von der privaten Vereinbarkeitsflexibilität abhängt:

„(...) dass die damit erfassten Frauen nicht nur eine vergleichsweise hohe Kompetenzausstattung haben, sondern, wie die Auswertung zeigt, auch durchwegs voll engagiert (wenn auch nicht unbedingt vollzeitlich) im Berufsprozess stehen, ihre Lebensführung und Potentiale entschieden auf die Erwerbssphäre ausrichten und/oder auf Ressourcen zurück-

---

34 Hierzu nur zwei Beispiele: 1) Mit 36 Prozent lag im März 2004 die Teilzeitquote der Mütter im Bundesdurchschnitt zwölfmal so hoch wie die der Väter (Statistisches Bundesamt 2005: 31ff.). 2) Sogar bei Doppelkarrierepaaren ist es die überdurchschnittlich qualifizierte, ehrgeizige und energische Frau, der die Familiengründung als einseitig-private Herausforderung zufällt (Behnke/Meuser 2005: 299).

greifen können, die eine dezidierte Teilnahme am Erwerbsleben ermöglichen" (Voß/Weiß 2005a: 79).

Hier ist von einem „(...) strategischen Familienkalkül" (Voß/Weiß 2005a: 80) die Rede, weil Kinder mit der Berufstätigkeit schwer vereinbar sind. Je mehr Professionalität erforderlich ist, desto häufiger tritt Kinderlosigkeit auf – wie die Fertilitätsentwicklung bei Akademikerinnen zeigt (Bertram 2004; Onnen-Isemann 2003). Die Doppelorientierung (Haus- und Berufsarbeit) folgt unterschiedlichen Logiken, wodurch die Personen über zwei unterschiedliche und in sich widersprüchlich strukturierte Praxisbereiche in soziale Zusammenhänge eingebunden werden.[35] Die Widersprüchlichkeit scheint sich durch die zunehmende Flexibilisierung der Arbeitswelt noch zu steigern:

> „Unübersehbar ist dabei die wachsende Komplexität täglicher Abstimmungsleistungen, insbesondere, wenn *beide* Partner flexibel arbeiten. Frauen praktizieren zwar schon lange flexible Balancen auf der Basis hoher Zeitkompetenzen, ihre Lebensführung bestand und besteht häufig in der Kunst, nicht nur verschiedene, sondern widersprüchliche Aktivitäten und gesellschaftliche Bereiche miteinander zu verknüpfen. Die aktuellen Entwicklungen signalisieren jedoch eine qualitativ neue Stufe an Flexibilität, die darüber hinausgeht (...) Das klassische Modell ‚weiblicher' Flexibilität, welches, wenn auch mit Kosten und immanenten Problemen für Frauen, doch Raum ließ für unterschiedliche Lebens- und Arbeitsbereiche, scheint abgelöst zu werden durch ein Flexibilitätsmodell, in dem die Logik der Erwerbsarbeit immer mehr Poren auch der Familie und des Privatlebens durchdringt" (Jurczyk 2005:107).

Quasi auf der ‚Schattenseite' des Arbeitskraftunternehmer_innen-Typus findet sich die Konfrontation mit Unsicherheiten, wachsender Zeitnot und zunehmendem Leistungsdruck. Der gleiche Arbeitsalltag kann auf seiner ‚Sonnenseite' erweiterte Handlungsspielräume, aufbauende Arbeitsmotivation und eine entsprechend hohe Leistungsambitionierung bedeuten. Die Subjektivierungsfähigkeit wird maßgeblich durch die Elastizität in der Lebensführung strukturiert (Vereinbarkeitsflexibilität). Wettbewerbliche Subjektivierungssituationen können mit persönlicher Entfaltung und einem souveränen Umgang mit Arbeit und Leben dann einhergehen, wenn die faktischen Möglichkeiten hierzu in der Organisation gegeben sind. Pongratz/Voß (2003: 126ff.) verwenden die Strukturierungsbereitschaft, die insbesondere von den Arbeitsbedingungen[36] abhängig ist, als zentrales Differenzierungskriterium in ihrem empirischen Forschungsprojekt.

---

35 Zur doppelten Vergesellschaftung von Frauen vgl. u.a. Dierks (2005); Gerhard u.a. (2003); Hochschild (2006); Klein (1994; 2006); Knapp (1995); Koppetsch/Maier (2001); Onnen-Isemann (2003); Wahl (1999).

36 Hier hat die eigenverantwortliche Projektarbeit (gegenüber der Gruppenarbeit) maßgebliche Bedeutung (Pongratz/Voß 2003: 199ff.).

Obwohl meist externe Flexibilisierungsmaßnahmen (z. B. Fremdvergabe, Leiharbeit) diskutiert werden, spielen interne Arbeitsflexibilisierungen des Betriebes (Überstunden, flexible Arbeitszeitmodelle) eine gewichtige Rolle. Anstatt Arbeitskräfte atypisch extern einzukaufen, sind in den „(...) sozialen Dienstleistungsbereichen geringfügige Beschäftigung und Befristung relevante Flexibilitätsinstrumente" (Hohendanner/Bellmann 2006: 246).

Allerdings fehlt in den Betrachtungen der Arbeitsbedingungen eine explizite Einbeziehung der Geschlechterverhältnisse sowie ein erweiterter Arbeits- und Lebensbegriff. Ob die soziale Absicherung einer Person ausreichend oder prekär ist, hängt neben den Arbeitsbedingungen und Beschäftigungsformen maßgeblich vom familiären Kontext ab (Klammer/Leiber 2006: 291). Dies ist geschlechtlich bedeutsam, haben nach Jurczyk (2002: 103ff.) die mit der Ökonomisierung einhergehenden Anforderungen an die Lebensführung doch einen geschlechtsspezifischen männlichen Bias. Für die Untersuchung der Arbeitsanforderungen Sozialer Arbeit kann zusammenfassend festgehalten werden, dass chancenreiche Rahmenbedingungen über den betrieblichen Ort hinausgehen und Fachlichkeit, subjektive Fähigkeiten und Teilhabe einschließen. Hieran entlang wird entschieden, ob im Umgang mit entgrenzten Bedingungen eine reaktive Anpassung oder eine aktive Auseinandersetzung (Egbringhoff 2005: 157ff.) erfolgt. Teilhabe ist eine zentrale Voraussetzung der marktförmigen Arbeitskraftverwertung und somit der Erbringung wettbewerblicher Subjektivierungsleistungen. Teilhabechancen durch Vereinbarkeitsflexibilität werden weiterhin maßgeblich zwischen Frauen und Männern entschieden. Hier sind Verdeckungszusammenhänge von Geschlechterfragen zu dechiffrieren, die entlang einer traditionellen Geschlechterordnung verlaufen.

Offen bleibt, wie sich weitere Ökonomisierungsprozesse auf Männer auswirken. Denn zum einen hat der rückläufige Männeranteil im boomenden Sozialsektor mittlerweile eine Dimension erreicht, die für die (fach)hochschulgebundene Ausbildung auch in absoluten Zahlen als historisch einmalig gering bezeichnet werden kann (Klein/Wulf-Schnabel 2007a), zum anderen ist zumindest fraglich, ob Männer mit dem geringeren Bildungserfolg im Studium Sozialer Arbeit (ISA 2005) ihren Status bewahren können. Durch den beschäftigungswirksamen Ausbau Sozialer Arbeit bei zeitgleichem Rückgang des Männeranteils in Zeiten der Ökonomisierung Sozialer Arbeit und der Reorganisation der Träger werden zunehmend auch interne Geschlechterrelationen betrachtungsrelevant.

3.2 Subjektivierende Anforderungen an die Arbeitskraft

Mit der vorgelegten theoriegeleiteten Analyse lassen sich nun Subjektivierungen von (Sozialer) Arbeit unterscheiden und in ihren (Be)Deutungen näher bestimmen.

3.2.1 Dechiffrierung der Subjektivierungen

Subjektivierung von Arbeit ist für die Soziale Arbeit kein neues Phänomen. Sie war gerade hier schon immer latent gegeben. Daher sind die Arbeitenden mit der Praxis vertraut, sich mit ihrer ganzen Persönlichkeit in die Arbeit einzubringen. Jedoch: Die Subjektivierung von Sozialer Arbeit folgt einer spezifischen Logik und es gibt Determinanten, die der Subjektivierung von Sozialer Arbeit eine spezielle, geschlechtliche Brisanz verleihen. Subjektivierung von Arbeit verlangt im Kontext von Sozialer Arbeit ein anderes Verständnis, als es im Kern industriesoziologischer Analysen zur Subjektivierung angelegt ist. Während es bei der wettbewerblichen Subjektivierung von Arbeit ,nur' um Produktivkraftentwicklung geht, ist die Erschließung subjektiver Fähigkeiten notwendiger Grundbestandteil des gesamten Care-Work-Prozesses und dient der Persönlichkeits- und Lebensentwicklung. Die in die Soziale Arbeit eingelassene doppelte Subjektivierung kann nicht freigesetzt werden, sie ist als fester Bestandteil Sozialer Arbeit ,gefangen'.

Die industriesoziologische Betrachtung blickt aus einer historisch-dynamischen Entfremdungsperspektive auf eine wettbewerbliche Subjektivierung: Durch die Spezialisierung und Arbeitsteilung wurden Arbeitende mit ihren Tätigkeiten zu mikroskopischen Bestandteilen einer immer feingliedriger werdenden Produktionsbeziehung. Im Taylorismus wurde die jeweils eingebrachte und verkaufte Arbeitskraft immer weniger mit dem Ergebnis verbunden, ja, im Endergebnis des Produktionsprozesses sogar unkenntlich und austauschbar. Von den Anfängen des Taylorismus bis heute erscheinen die Produktions- und Prozessketten immer komplexer und kaum noch bis zum Ursprung rückverfolgbar, die darin enthaltenen Arbeiten noch weniger. Das Arbeitsprodukt ist von der Arbeitskraft entfremdet. Ursprünglich ,organisch' gedachte Beziehungen wurden aufgehoben, atomisiert oder zerstört. So entfremden sich Arbeitende auch von ihren Mitmenschen, von sich selbst und von ihrer Selbstverwirklichung. Subjekt und Selbstbewusstsein versus Objekt (als äußerliche Welt) driften auseinander.

Auch die Soziale Arbeit wurde und wird immer arbeitsteiliger und spezialisierter. Aber während die industrielle Arbeitsteilung durch das technisch Machbare begrenzt und zugleich erweitert wird, weil technischer Fortschritt neue

Spielräume eröffnet, ist die Arbeitsteilung in der Subjektarbeit durch den Menschen begrenzt. Menschenrechte bilden eine Art Teilungsgrenze der Arbeit an, für und mit Menschen. Wird Soziale Arbeit nur noch als physische Versorgung auf dem Niveau des Existenzminimums begriffen, werden menschliche Bedürfnisse und Werte verletzt. Die Menschen müssten extrem ‚verdinglicht' werden, d.h. so objektiviert werden, dass persönliche Beziehungen zu Mitmenschen zu abstrakten Bezügen werden, die mit anderen Dingen, Maschinen, Symbolen (Objekten) gleichzusetzen sind. Bei aller Kritik am Paradigmenwechsel in der Sozialen Arbeit kann diese Konsequenz den Arbeitenden nicht unterstellt werden. Sie sind es, die trotz engerer Zeitvorgaben und knapper Ressourcen den hilfebedürftigen Menschen Aufmerksamkeit und Zärtlichkeit ‚schenken'. Damit ist die Entfremdung[37] in der Sozialen Arbeit spezifisch beschränkt und zugleich wird deutlich, wie gefangene Subjektivierung marktförmigem Druck ausgesetzt wird.

Ein Verdienst der industriesoziologischen Subjektivierungsanalysen ist es, die konstatierte Subjektivierungszunahme in der postfordistischen Gegenwart ursächlich zu verstehen und in ihren Wirkungen zu deuten. Subjektivierung von Arbeit kehrt den bisherigen Prozess der Entfremdung nicht um. Weil die Produktinnovation einer immer stärker beschleunigten Dynamik unterliegt, genügt es nicht, Arbeitsschritte immer feiner zu unterteilen, zu kontrollieren und zusammenzufügen. Der damit verbundene Aufwand wird zu groß und das bürokratisch-betriebliche System ist zu unflexibel, um zeitnah den höchst unterschiedlich ausgeprägten Marktanforderungen gerecht zu werden. Wenn die Arbeitenden selbst für den Erfolg ihrer Arbeitsergebnisse verantwortlich gemacht werden, passen sie flexibel ihre Einzelleistungen viel besser an die jeweilig gefragten Produkte an. Arbeitende übernehmen Managementfunktionen – aus spezialisierten Arbeitnehmer_innen, die nach Anweisung arbeiten, werden aktiv agierende, spezialisierte Arbeitskraftunternehmer_innen im Unternehmen (Pongratz/Voß 2003; Voß/Pongratz 1998). Das Einbringen der ganzen Persönlichkeit erfolgt nicht im ganzheitlichen Kontext des Lebens, sondern die Arbeit entgrenzt und dringt in die ehemals abgegrenzten Privatsphären. Weil der Markt dominiert, ist folglich die Subjektivierung von Arbeit in den industriesoziologischen Diskussionen als wettbewerbliche Subjektivierung zu verstehen.

Allerdings kommt es zugleich an anderen Stellen der Entwicklung zur ‚Reproletarisierung', ‚Retaylorisierung' (Pongratz 2005) oder Prekarisierung (Dörre 2005) von Beschäftigung, weil das arbeitskraftunternehmerische Konzept beschränkt ist und auch ein Bedarf an anderen, weniger oder gar nicht autonom entwickelten Arbeitskrafttypen besteht. Von diesen Restriktionen bis hin zur

---

37 Oder ‚Entganzung' (Haeberlin 2005: 287f.).

Öffnung neuer Entfaltungspotentiale für die Arbeitenden – fernab tayloristischer Rationalisierungen – wird eine Pluralität der Arbeitskrafttypen und -potentiale erzeugt (Nickel u.a. 2008).

Auch Soziale Arbeit ist durch eine zunehmende Pluralität und Heterogenität von Arbeitskrafttypen – von den ausführenden Ebenen Sozialer Arbeit (Sozialpädagogische Assistenz) bis hin zu den leitenden Ebenen (Sozialmanagement) – gekennzeichnet. Zudem ist in den Feldern Sozialer Arbeit jedoch noch eine andere Art der Subjektivierung per se angelegt. Dabei lässt die begrenztere Entfremdung erkennen, dass auch Entgrenzung im Kontext Sozialer Arbeit anders zu verstehen ist. Im historisch gewachsenen Korpus Sozialer Arbeit greifen die soziologisch lange Zeit getrennt gedachten Sphären von ‚Arbeit' und ‚Leben' seit jeher ineinander: Das Ehrenamt ist in der Geschichte der Wohlfahrtsverbände eng mit dem Hauptamt verzahnt, beispielsweise, indem Hauptamtsarbeit und Ehrenamtsarbeit Teil des ganzen Lebens sind und sich Freund_innen-, Kolleg_innen- und politische Kreise überschneiden.[38] Die ‚geistige Mütterlichkeit' entspringt der Privatwelt, diente der weiblichen Erweiterung und Hinwendung auf die ganze Welt, war als unbezahlt-helfende Tätigkeit angelegt und mündete schließlich in einen faktisch schlecht bezahlten Erwerbsberuf, vornehmlich für Frauen. In den Ursprüngen der Gemeinwesenarbeit wurde versucht, Änderungen im Sozialgefüge und Verbesserungen der Lebenslagen zu erreichen, indem das ganze Leben gemeinsam mit den Adressat_innen im Settlement gelebt wurde. Durch die Koproduktion Sozialer Arbeit dringen Professionelle tief in das Leben der Adressat_innen ein, doch berührt gerade diese Arbeit auch die ganze Persönlichkeit der Arbeitenden. Diese Beispiele mögen genügen, um zu zeigen, dass hier nicht marktförmige Arbeit in die Privatsphäre greift, sondern Entgrenzung als umfassendes Prinzip wirkt.

Nur auf den ersten Blick korrespondiert also die wettbewerbspolitische Fokussierung des autonomen Subjekts mit den Theorien, Konzepten und Methoden Sozialer Arbeit. Lange vor postfordistischen Managementkonzepten forderte Soziale Arbeit, die ‚ganze Person' in den Blick zu nehmen. Auch wörtlich erscheinen weite Teile identisch, wenn von Identitäten, Eigensinnigkeit, persönlichen Fähigkeiten, Ressourcen, Lebensbezügen und Autonomien gesprochen wird, wenn davon die Rede ist, sich mit der ganzen Persönlichkeit in die Arbeit einzubringen und wenn angestammte Wertemuster und Haltungen überwunden

---

38 Aus den Wohlfahrtsverbänden ist dieser traditionelle Zusammenhang bekannt. Bei den Mitgliedern liegt nicht selten zugleich auch eine gemeinsame Parteimitgliedschaft oder Mitgliedschaft in anderen, kulturell ähnlichen Verbänden vor (besonders bei Männern). Ein und dieselben Menschen treffen sich an verschiedenen Orten und zu unterschiedlichen Zeiten im Ehrenamts-, Partei-, Kollegen, Freundes- oder Verbandskreis. Oftmals rekrutierte sich Erwerbsarbeit aus diesen Netzwerken und Männerbünden (Wulf-Schnabel 2005a: 16f.), doch verändern Reorganisationsprozesse diese Pfade (Wulf-Schnabel 2005b: 11ff.).

werden müssen. Wie aufgezeigt, sind die gefangene und die wettbewerbliche Subjektivierung von Arbeit jedoch höchst unterschiedlich. Es kommt also auf die semantische Bedeutung im Sinne des Inhalts an, der sich aus den Relationen zwischen den Worten und der Welt ergibt. Zweck der Einbringung der gesamten Persönlichkeit in die Arbeit ist also einmal der wettbewerbliche Markt und im anderen Fall der gesamte Mensch mit all seinen umfassenden Bedürfnissen. Werden die hinter den Worten und Formeln liegenden Theorien und Ideologien bedacht, treten jeweils geradezu gegensätzliche Absichten zutage. Gefangene und wettbewerbliche Subjektivierungen scheinen eng verbunden, faktisch sind sie es aber in ihren (Be)Deutungen und Zielabsichten nicht, sondern beinhalten sogar Antagonismen.

Resümiert werden muss, dass die subjektorientierte Soziologie (Bolte 1983; Huchler u.a. 2007: 22f.) und das daraus entwickelte, wettbewerbsförmige Subjektivierungsverständnis weite Teile des postfordistischen Wandels erschlossen hat, jedoch einen Teil der Situation bislang nicht genügend abbildet und die historischen Bezüge ‚gefangener‘ Subjektivierung vergisst. Vergessen zu werden ist der Sozialen Arbeit zwar ein vertrautes Phänomen,[39] aber nichtsdestoweniger bleiben die Beiträge damit unvollständig. Zwar wird mit den Forschungen zur ‚Alltäglichen Lebensführung‘ das ganze Leben in den Blick genommen und der Arbeitsbegriff wird umfassender verstanden (Familie, Freizeit, Alter etc.), aber auch dort finden eingelassene Subjektivierungen zu wenig Beachtung. Zudem findet die in Sozialer Arbeit gefangene Subjektivierung gerade in der Sphäre der Erwerbsarbeit statt und ist zugleich nicht marktförmig. Durch die Professionalität und Erwerbsförmigkeit hebt sich die gefangene Subjektivierung in der Sozialen Arbeit von der Breite des alltäglichen Lebens ab und durch den doppelten, koproduzierenden Charakter unterscheidet sie sich vom Markt. Zugespitzt formuliert ist die in Sozialer Arbeit gefangene Subjektivierung eine Art ‚Urform‘ der Subjektivierung von Arbeit. Weil sie im beruflichen Kontext stets fest eingebunden wird, ist sie fester Bestandteil der Erwerbsarbeit und nicht auf häusliche oder familiäre Arbeit beschränkt. Gefangene Subjektivierung ist notwendig und wird vorausgesetzt. Somit wird sie über die Berufsform auch mit be- und verwer-

---

39 Zum einen werden die Adressat_innen Sozialer Arbeit von der Gesellschaft oft so lange vergessen, bis sie zum ‚Problem‘ werden. Zum anderen wird Soziale Arbeit selbst vergessen. So müsste die Arbeiterwohlfahrt Schleswig-Holstein gemeinnützige Dienstleistungsgesellschaft entsprechend ihrer Beschäftigtenzahl im Ranking der 100 wichtigsten Arbeitgeber Schleswig-Holsteins eigentlich auf Platz acht liegen (HSH Nordbank 2008: 4), doch blendet die HSH Nordbank die Freie Wohlfahrtspflege in ihrem Ranking komplett aus. „Erfasst werden nur Unternehmen/Konzerne, die der Konkurrenz ausgesetzt sind. (...) Institutionen und Organisationen, die nicht auf den Erwerbszweck ausgerichtet sind, wie die Kirche mit ihren Einrichtungen oder die Wohlfahrtsverbände sowie staatliche Behörden, werden nicht in die Liste aufgenommen." (HSH Nordbank 2008: 8; zur Kritik daran vgl. Andresen/Geest 2005a: 13f.; Andresen 2006: 7).

tet, aber das Arbeitsergebnis wird nicht unmittelbar am Markt gemessen. Die Einbringung der Persönlichkeit erfolgt weder mit dem Ziel, einen besonders hohen Markterfolg zu erzielen (Produktivkraftsteigerung), noch ist sie allein auf die Arbeitenden beschränkt (Koproduktion).

Gefangene Subjektivierung ist mit einer speziellen beruflichen Fachlichkeit verwoben, die zwar an die Breite des Lebens erinnert (Empfindungs-, Beziehungs- und Handlungsfähigkeiten), aber in der fürsorglichen Praxis professionelle Fachlichkeit erfordert. Durch die große Bedeutungsnähe und die auch faktisch enge Verzahnung der beruflichen Fähigkeit mit den unspezifischen, pragmatischen Alltagshandlungen entsteht eine vergeschlechtlichte Vorstellung von gefangener Subjektivierung, die in der Professionalisierungsdebatte zur Sozialen Arbeit erkannt wurde (weil gesellschaftliche Abwertung die Folge ist), aber von der industriesoziologischen Subjektivierungsforschung (noch) nicht angemessen berücksichtigt wird. Solange generell über ‚Subjektivierung‘ gesprochen und geschrieben wird, werden Subjektivierun*gen* nicht voll erschlossen, denen ein grundsätzlich unterschiedliches Verständnis zugrunde liegt. Mit den hier erarbeiteten zentralen Begriffen, der gefangenen und der wettbewerblichen Subjektivierung, wird eine analytische Trennung geboten, denn es gibt völlig unterschiedliche Subjektivierungen und daraus resultierende Antagonismen.

3.2.2 *(Un)vertraute Subjektivierungen und (Un)Gleichzeitigkeiten als Phänomen dauerhafter Pluralität*

Auch wenn gefangene Subjektivierung für die sozial Tätigen nichts Neues ist, weil sie in Sozialer Arbeit schon immer latent gegeben war, kann daraus noch nicht geschlussfolgert werden, dass Arbeitende per se mit Subjektivierungen vertraut sind. Mit dem Begriff der gefangenen Subjektivierung lässt sich analytisch nachverfolgen, dass dies gerade nicht der Fall ist, weil die gefangene Subjektivierung von Sozialer Arbeit einer anderen Logik als derjenigen der wettbewerblichen Subjektivierung folgt. Dies betrifft nicht allein Deutschland. Eine Erhebung unter Sozialarbeiter_innen in Österreich kommt zu der Erkenntnissen, dass in zunehmend wettbewerblich ausgerichteten Organisationen widersprüchliche Handlungslogiken und Zielorientierungen die Beschäftigten (über)fordern, (...) sodass Widerspruchsmanagement bzw. das situative Bearbeiten von Paradoxien sozialarbeiterisches Handeln prägen" (Mayrhofer/Raab-Steiner 2007: 45).

Mit Subjektivierung vertraut zu sein, in Subjektivierungsfragen trainiert zu sein und über die Berufsgeschichte kulturell mit Subjektivierung hochgradig verstrickt zu sein ist wertlos, wenn sich Art und Ausrichtung von Subjektivierung so grundlegend ändern, dass die Arbeitenden mit ganz anderen Subjektivierungsanforderungen konfrontiert werden. Wettbewerbliche Subjektivierung ist ihnen vielleicht sogar noch viel fremder als anderen Beschäftigtengruppen, weil Soziale Arbeit lange Zeit nicht (hilfsweise) am Markt gemessen und verwertet wurde.

Anderseits haben die theoretischen Betrachtungen deutlich gemacht, dass der gefangenen Subjektivierung eine bislang unterschätzte Bedeutung zukommt. Es stellt sich die Frage, ob hieraus nicht Erkenntnisse generiert werden können, die auf andere Arbeitsfelder übertragbar sind. Zwar wäre dies eine forschungsleitende Frage für Folgeprojekte, aber angerissen werden kann, dass auch in anderen Arbeitsfeldern, z. B. in der Kunst, in beträchtlichem Maße Persönlichkeit eingebracht wird. Meist handelt es sich dabei aber um das alleinige Einbringen durch Professionelle. Auch dient die Kunst entweder dem Erwerb und muss damit eine Marktnachfrage finden oder sie ist vollständig frei von Marktinteressen, weil der Lebensunterhalt anderweitig gesichert wird. Zugleich ist eben aber auch in anderen Berufen ein Einbringen der ganzen Persönlichkeit erkennbar, das keinen unmittelbar-marktförmigen Sinn ergibt. Dort, wo der Taylorismus nicht in die tiefsten ‚Poren' der Arbeit eingedrungen ist, wo sich ein berufliches Verständnis von Arbeit etabliert hat, das nicht durch absolut rigide Kontrolle und Detailsteuerung begrenzt wird, können Arbeitende in der Arbeit Persönlichkeit entfalten, ohne dass unmittelbar oder effizient Mehrwert erzeugt wird. Zum Beispiel kann eine Ingenieurin oder ein Ingenieur für maritime Technik während der Arbeit ‚ihrem' bzw. ‚seinem' Schiff eine ‚Seele' zuschreiben und den Hauptmotor in einer Intensität und Innigkeit pflegen, wie sie – an anderen Stellen – sonst eher Menschen zuteil wird. Ausmaß und Art der Subjektivierung sind auch hier nicht operationalisiert und strikt vorgegeben, aber dennoch vorhanden. Für die Menschen ergibt diese Subjektivität einen Sinn. In der Industriesoziologie findet sie zu wenig Beachtung, weil sie nicht marktförmig erscheint. Doch gerät die gefangene Subjektivierung marktförmig unter Druck, fällt sie unbemerkt weg. Ihr Fehlen wird erst dann bemerkt, wenn z. B. die Hauptmaschine auf dem Schiff ausfällt, weil sie nicht mehr genug ‚Zuwendung' (Pflege) bekommen hat, nachdem die Arbeitenden auf ihre Marktförmigkeit reduziert wurden und dafür weder Zeit noch marktförmiges Interesse übrig hatten. Dies fällt nur auf, wenn etwas nicht funktioniert oder zu teuer wird – die Ursache liegt jedoch darin, dass die Arbeitsweise unvollständig ist, weil eine bestimmte Art von Subjektivierung fehlt.

Wenn die Bedeutung anderer (gefangener) Subjektivierungsformen in beruflichen (und nicht allein privaten) Zusammenhängen anerkannt wird, sind es die Beschäftigten Sozialer Arbeit, die quasi als ‚Subjektivierungsprofis' eine hochgradige Form der Subjektivierung entwickelt haben, die auf eine nachhaltige Lebensweltökonomie abzielt. Bislang sind jedoch Tendenzen erkennbar, die für eine Verstärkung wettbewerblicher Subjektivierung sprechen. Die Ökonomisierung macht eine begriffliche Schärfung und eine analytische Trennung in gefangene und wettbewerbliche Subjektivierung in der Sozialen Arbeit notwendig. Erst so wird umfänglich deutlich, wie Subjektivierung von Sozialer Arbeit für die arbeitende Person unterschiedlich wirkt. Identische Formulierungen von Subjektivierungen und äußerlich ähnlich erscheinende Anforderungen an die Arbeitskraft haben völlig unterschiedliche Bedeutungen und Konsequenzen. Sich mit der ‚ganzen Persönlichkeit' einzubringen beinhaltet unter den Bedingungen von Markt und Wettbewerb grundsätzlich andere Anforderungen an die Arbeitskraft als nach dem Prinzip der (Selbst)Hilfe. Die Denotation von Subjektivierung (sich mit der ganzen Persönlichkeit einzubringen) verbirgt die dahinter liegenden Antagonismen, denn es ist ein Unterschied, ob man sich für den Markt oder für Menschen einbringt. Weil unter reorganisierten Bedingungen Sozialer Arbeit Dualismen aufeinanderprallen, sehen sich die Arbeitenden mit widersprüchlichen Arbeitskraftanforderungen von Profession und Markt konfrontiert. Erst wenn die Subjektivierungen benannt und unterschieden werden, lassen sich die Antagonismen zuordnen.

Die Konfliktlinien zwischen gefangener und wettbewerbsförmiger Subjektivierung lassen vermuten, dass die Arbeitsanforderungen immer uneinheitlicher werden und ein menschliches Maß übersteigen. Unter den Bedingungen von Ökonomisierung und Reorganisation sind weder für die Ausbildung noch für die berufliche Praxis generell übertragbare und allgemeingültige Aussagen formulierbar. Einerseits ist Entgrenzung weder für die Träger noch für die Beschäftigten etwas Neues, andererseits werden Teilsegmente normiert und standardisiert – also massiv begrenzt. Die Anforderungsaspekte an die Arbeitskraft reicht von Formen reagierender Arbeit bei rigider Kontrolle bis zu Formen hochgradiger Fachspezialisierung, Flexibilisierung, aktiver Eigenverantwortung und Selbststeuerung. Zum Teil wird mit geringfügigen Beschäftigungsformen ein derart prekäres Niveau erreicht, dass der Begriff Reproletarisierung (Pongratz 2003: 12) angemessen erscheint.

Es gibt Determinanten, die der Subjektivierung von Sozialer Arbeit eine spezielle geschlechtliche Brisanz verleihen. Die diffuse Zuständigkeit, der hohe Gehalt an Emotionsarbeit und die intrinsische Motivation machen Soziale Arbeit leicht ausbeutbar. Obwohl die gefangene Subjektivierung höchst voraussetzungsvoll ist, beinhaltet dies im Ergebnis für die Arbeitenden eine prekäre gesellschaftliche Stellung – vornehmlich für die Genusgruppe Frauen. Auf der anderen Seite ist insgesamt eine fachliche Niveauerhöhung sozialer Berufe durch einen Anstieg der Fachkräftezahlen bei gleichzeitigem Rückgang Ungelernter, durch eine Zunahme von Fachhochschulstudiengängen und durch eine Differenzierung universitärer Studiengänge zu konstatieren (Karsten 2000: 85). Auch gibt es eine auffällige Verschiebung im Geschlechterverhältnis (abnehmender Männeranteil), so dass auch qualifizierte und gut gesicherte Arbeitskrafttypen – besonders für Frauen – entstehen könnten.

Mit der Frage nach den Arbeitskraftanforderungen werden heterogene Prozesse zu verschiedenen Zeiten und an unterschiedlichen betrieblichen Orten angesprochen, die weitestgehend unerforscht sind. Pluralität und Widersprüchlichkeit der Entwicklung scheinen als dauerhafte Phänomene Sozialer Arbeit wahrscheinlich. So vielfältig sich Soziale Arbeit aber auch darstellt, so spezifisch ist das universelle Skelett Sozialer Arbeit bestimmbar: Mit der ,gefangenen Subjektivierung' wurde ein analytischer Begriff entwickelt, der Sozialer Arbeit per se innewohnt – egal, wo und wie Soziale Arbeit in Erscheinung tritt. Gefangene Subjektivierung ist die zentrale Arbeitskraftanforderung Sozialer Arbeit. Sie wird über die Person (unmittelbar) oder über Dinge (mittelbar) vermittelt. Weil sie vergänglich ist und weil der menschliche Bedarf unendlich ist, muss sie immer wieder neu hergestellt werden. Entlang dieser Struktur sind Arbeitskraftanforderungen auch unter zunehmend wettbewerbsähnlichen Rahmenbedingungen zu bestimmen. Statt aus neoliberaler Perspektive der Sozialen Arbeit eine Marktanpassung abzuverlangen, wird im Folgenden analysiert, ob der Markt das geeignete Referenzsystem für soziale Dienstleistungen ist.

3.3 Zur marktförmigen Okkupation sozialer Dienstleistungen

Bei den sich ausbreitenden ökonomischen Doxa (Altvater 2008: 59ff.; 2005: 22ff.; Krause 2002: 783) wird der Markt, der angeblich für eine bestmögliche Allokation der Güter sorgt, als zentrales Referenzsystem gesehen. Doch der Markt ist kein in sich selbst ruhendes, von anderen Beziehungen losgelöstes System. Vielmehr sind wirtschaftliche Verhältnisse zugleich soziale und politische Verhältnisse, die miteinander verwoben und in die Interessen und Machtbeziehungen eingelassen sind. Werden Güter und Dienstleistungen betrachtet, genügt es nicht, sich auf den Produktionsbereich und den ökonomischen Tausch zu konzentrieren. Genau diese Einseitigkeit ist aber im sozialen Sektor seit Anfang der 1990er Jahre zu beobachten, besonders durch das System der ,Neuen Steuerung' (KGSt 1993). Dabei wird versucht, soziale Dienstleistungen in die Schablone marktförmiger Tauschbetrachtungen zu zwängen, Spielarten von Angebot und Nachfrage zu schaffen und betriebswirtschaftliche Effizienz zu stimulieren. Jedoch ist für den originären Charakter Sozialer Arbeit weder die kapitalistische Produktionslogik (Kapitalakkumulation) noch die Messung der sozialen Dienstleistungen am ,freien Markt' entscheidend, weshalb eine Marktferne sozialer Dienstleistungen notwendig und ihnen inhärent ist.

Eine Vielzahl sozialer Dienstleistungen (mit Ausnahme der öffentlichen Güter) ließe sich marktförmig anbieten, denn der Nutzen lässt sich jeweils relativ eindeutig auf bestimmte Nutzer_innen beziehen. Dennoch stellt der Staat bestimmte soziale Dienstleistungen öffentlich bereit oder finanziert die Bereitstellung durch Freie Träger, weil über den Marktmechanismus von Angebot und Nachfrage lediglich eine lückenhafte oder ausschließlich auf bestimmte Empfängergruppen ausgerichtete Versorgungslage hergestellt werden würde. Nutzer_innen Sozialer Arbeit sind nicht unbedingt Käufer_innen derselben. Die Allokation sozialer Güter erfolgt abweichend von den marktwirtschaftlichen Prinzipien (Privateigentum und freie Wettbewerbsordnung), weil Soziale Arbeit sich handelnd auf soziale Ungleichheiten bezieht, die in hohem Maße durch externe Effekte[40] (also insbesondere über ökonomische Marktentscheidungen) verursacht wurden oder durch Lebensumstände zustande kommen (z. B. Krankheit, Alter, Kindheit), die mit einer Markt-Exklusion einhergehen. Makroökonomisch erscheint es demnach zweifelhaft, dass der Sozialen Arbeit als Kompensatorin sozialer Emissionen zunehmend das externalisierende Marktprinzip zugewiesen wird. Es sind ja gerade die sozialen Dienstleistungen, die sich um die unschönen und ungewollten Nebeneffekte des freien Marktes kümmern, so dass sich logischerweise die Marktsteuerung selbst nicht als leitendes Instrument Sozialer Arbeit anbietet.

Nachfrage- und Angebotversagen des Marktprinzips

Nach der ökonomischen Transaktionstheorie muss die eigene Leistung in Geldform eingebracht werden, denn Bedarf wird am Markt erst zu einer wirksamen Nachfrage, wenn die Nachfragenden liquide sind. In vielen Bereichen Sozialer Arbeit sind die Adressat_innen (z. B. Kinder, Drogenabhängige, Pflegebedürftige, psychisch Kranke usw.) aufgrund ihrer Position oder Problemlage nur eingeschränkt handlungs- und entscheidungsfähig (Jochimsen 2003a: 40), nur bedingt (gegen)leistungsfähig und ungenügend liquide. „Statt eines Tausches, d.h. Transfers in beide Richtungen (Leistung versus Gegenleistung), liegt ein System von Einwegtransfers vor" (Jochimsen 2003a: 43). Soziale Arbeit verhält sich zu einem Bedarf, ohne dass die Bedürftigen in der Lage sind „(...) eine Gegenleistung im Sinne eines eigenständigen Leistungsinputs in der Gegenwart oder in der

---

40　Die Internalisierung externer Effekte, beispielsweise anhand der Pigou-Steuerung (Feess-Dörr 1992: 320ff.), wird in der Praxis zwar ansatzweise versucht, doch die Komplexität externer Effekte erschwert die Entwicklung eines bewertenden und verlässlichen Steuerungsinstruments, so dass eine Aufhebung der Pareto-Ineffizienz der Marktallokation hierüber nicht verlässlich erkennbar ist.

Zukunft" (Jochimsen 2003a: 40) zu erbringen.[41] Also kann ökonomisches Handeln für Soziale Arbeit keine hinreichende Bedingung sein. Mehrwerterzeugende Waren oder Dienstleistungen stehen nicht im Zentrum Sozialer Arbeit (non profit service). Wären die Personen direkt mit den Bedingungen allgemeiner, personenbezogener sozialer Dienstleister (for profit service) konfrontiert, wären selbst durchschnittliche Einkommensgruppen bei einem umfangreichen Hilfebedarf schnell überfordert. Personen mit geringem Einkommen, bei denen aber häufig ein besonderer Bedarf an sozialen Dienstleistungen vorhanden ist, kämen gar nicht in die Position der Nachfragenden.

Hinzu kommt, dass Angebote auch ohne Gegenleistung und Liquidität notwendig sind und nachgefragt werden müssen, gerade wenn die Nachfrage nicht von den Bedürftigen ausgeht. Beispielsweise wird Jugendhilfe häufig nicht von Eltern oder von betroffenen Jugendlichen ausgelöst und dennoch – auch entgegen den Bedürfnissen der Betroffenen – nachgefragt (Schutzauftrag Sozialer Arbeit). Nicht-Handeln wäre hier sozialpolitisch inakzeptabel und würde zu externen Kosten führen. Soziale Arbeit orientiert sich nicht allein an den individuellen Zielen und Wünschen eines Adressaten oder einer Adressatin, sondern folgt zudem einem gesellschaftlichen Normalisierungs- und Kontrollauftrag (doppeltes Mandat). Unter ökonomischen Gesichtspunkten findet die Durchsetzung einer quasi *stellvertretenden Nachfrage* statt, wenn Soziale Arbeit mittels Intervention (z. B. Jugendhilfe) oder Zwang (z. B. Straffälligenhilfe) gegen den Willen Betroffener handelt. Hier zählt der Machtcharakter Sozialer Arbeit und nicht der geäußerte Bedarf der Betroffenen. In Stellvertretung wird eine soziale Dienstleistung nachgefragt und dann auch tatsächlich genutzt. Adressat_innen als Kund_innen zu bezeichnen geht also völlig an den Koproduktionsverhältnissen vorbei. Aber auch auf der Angebotsseite sind nicht die gewöhnlichen Marktbedingungen ausschlaggebend. Aus Nutzer_innen-Sicht herrscht in Teilen Sozialer Arbeit ein staatliches bzw. wohlfahrtsverbandliches Angebotsoligopol oder sogar ein Angebotsmonopol. So gibt es beispielsweise im ländlichen Raum bei der Kinderbetreuung oder Behindertenhilfe kaum Alternativen oder ein Anbieterwechsel ist mit unverhältnismäßig großem Aufwand ver-

---

41 Wie absurd die Quasi-Markt-Situation ist, zeigt sich beispielsweise im Bereich der Altenpflege. Dort nimmt der Medizinische Dienst der Kranken- und Pflegekassen (MDK) eine Benotung der Einrichtung für mehr Markttransparenz vor, so dass sich die Kund_innen besser entscheiden können. Die Beurteilungen der Pflegebedürftigen in den jeweiligen Einrichtungen, den angeblichen Kund_innen, gehen aber nur beschränkt in die Bewertungen ein. Nach Aussage des MDK besitzen die Pflegebedürftigen keine ausreichende Urteilskraft, weil sie sich mit dem Pflegepersonal identifizieren und sich in einer abhängigen Position befinden, weshalb sie nicht objektiv urteilen könnten (taz 2009). Zugleich nimmt der MDK mit der Veröffentlichung der nach eigenen Maßstäben erhobenen Noten für die Pflegeeinrichtungen maßgeblichen Einfluss auf den Quasi-Markt.

bunden. In anderen Feldern werden Kapazitäten für Krisenfälle vorgehalten oder eine sozialräumliche Mindestversorgung gewährleistet. Hier wird Soziale Arbeit aus einem übergeordneten, staatlichen Interesse erbracht, die Leistung wird öffentlich finanziert (der Staat als kaufender Auftraggeber) und die Leistungserbringung geschieht mittels öffentlicher, freier oder privater Trägerschaft (der Träger als zu bezahlender Anbieter). Häufig sind Käufer_in und Nutzer_in bei sozialen Dienstleistungen nicht identisch bzw. können dies nicht sein. Für die Nutzer_innen ist die Inanspruchnahme der Leistung kostenlos oder ihr Finanzbeitrag ist gewöhnlich nicht kostendeckend, so dass insgesamt ein Dienstleistungsdreieck (Staat, Nutzer_in, Anbieter_in) entsteht. Eine Regulierung der Leistungsanbieter erfolgt in der Regel nicht über die Nutzer_innen sondern über den staatlichen Auftraggeber mittels gesetzlicher Ge- und Verbote und – z. B. im Rahmen öffentlicher Ausschreibungen – mittels Auflagen und Anforderungen. Aus betriebswirtschaftlicher Sicht des sozialen Dienstleistungsanbieters geht mit der doppelten Mandatierung (Hilfe und Kontrolle) also nur eine einfache Kundenbeziehung einher: die Beziehung zum Staat als Auftraggeber.

Eingeschränkte Markttransparenz und asymmetrische Positionen

Der Staat als Kostenträger befindet sich in einer Monopolposition. Er verschafft sich beispielsweise über Ausschreibungsverfahren einen Überblick über die Leistungsträgerlandschaft und deren Preise, während die Leistungsträger keine Markttransparenz erhalten. Über sozialpolitische Vorgaben, die Gestaltung der Refinanzierungsmodelle und über das zur Verfügung gestellte Finanzierungsvolumen bestimmt das staatliche Nachfragemonopol das Angebot der Leistungsträger. Die Angebotsseite kann nicht einfach auf eine alternative Nachfrage ausweichen, denn sie ist über ihre sozialpolitische Funktion, den Standort, das Fachpersonal und durch die Adressat_innen wohlfahrtsstaatlich gebunden. Insofern herrscht im Sozialsektor kein Markt (und erst recht kein idealer Markt), sondern ein einseitig gestalteter Quasi-Markt.

Der Spielraum für die Leistungsträger ist begrenzt. Ausgleichsbewegungen (neue Angebote) sind nur bei staatlicher Abnahme möglich und andere Märkte stehen in Monopolsituationen nicht zur Verfügung. Sie können lediglich versuchen, eine bestimmte Nachfrage frühzeitiger (als andere) zu erkennen, indem sie sich den herrschenden sozialpolitischen und sozialrechtlichen Vorgaben besonders geschickt anpassen und sich profilieren. Vor allem müssen die Leistungsträger unter den staatlich gesetzten Vorgaben miteinander in Konkurrenz treten, was die eigentliche Absicht der quasi-marktförmigen Bedingungen ist. Paradox wird die Situation dadurch, dass die Leistungsträger zugleich ihre Angebote miteinander ergänzend abstimmen sollen und sie in ihrer sozialpolitischen Funktion auf Kooperation statt auf Konkurrenz angewiesen sind. In der Folge begreifen sich die Freien Träger weniger als sozialpolitische Akteur_innen in Kooperation, sondern zunehmend als Unternehmen auf begrenzten Quasi-Märkten, die im Verdrängungswettbewerb miteinander stehen, die sich betriebswirtschaftlich reorganisieren (müssen), die einzelne Unternehmenseinheiten verlagern, schließen, fusionieren oder expandieren und die den Wettbewerbsdruck auch an die Beschäftigten weitergeben (müssen).

Mit der staatlichen Monopolposition wird die Asymmetrie zwischen Kosten- und Leistungsträger offensichtlich. Die Neuordnung des Sozialen orientiert sich nur vordergründig an dem Prinzip von Angebot und Nachfrage und zwar zu Lasten der Leistungsträger. Letztendlich steckt dahinter das Interesse, Kosten zu sparen und Leistungen abzubauen (KGSt 1993: 7ff.). Mit der Errichtung eines Quasi-Marktes oktroyiert der Staat den Leistungsträgern wettbewerbsförmiges Verhalten untereinander auf (Konkurrenz), wodurch Reorganisationen der Träger der Freien Wohlfahrtspflege vom Verein zum Unternehmen notwendig werden. Da soziale Dienstleistungen personalintensiv und damit nur sehr eingeschränkt rationalisierbar sind, geraten vor allem Qualität und Personalkosten – und damit die Arbeitsbedingungen und das Entgeltniveau der Beschäftigten – unter Druck. Für die Kostenersparnis ist der Preis im Verhältnis zum Ergebnis maßgebliches Auftragsvergabe- und Entscheidungskriterium, weshalb nicht nur die Leistungen, sondern vor allem die Ergebnisse messbar und einfach vergleichbar sein müssen. Standardisierungen und Operationalisierungen sozialer Dienstleistungen können zwar in Teilen zu messbaren Ergebnissen (output) führen, doch Kommunikation, Interaktion, Reflexion und Kooperation sind unabdingbare Faktoren, die ihre Wirkung in nur schwer messbarer Weise entfalten. In Koproduktion erzeugte Verhaltensänderungen, Fortschritte in der menschlichen Entwicklung oder eben nur ergebnisoffene Interventionen oder Anregungen, die auch scheitern können (müssen), lassen sich nicht vollständig und unmittelbar marktförmig messen. Meist wird zudem ein konkreter Bedarf erst im Verlauf eines Interaktionsprozesses deutlich; in der Folge geht es um (zeitversetzte) Konsequenzen, also um die soziale Wirkungsebene (outcome), die von den Beteiligten (Professionellen und Adressat_innen), deren Handlungsfähigkeiten (körperliche, soziale, fachliche und methodische Kompetenzen) und den Rahmenbedingungen (Zeit und Mittel) abhängig sind. Diese Wirkungsebene entzieht sich jeder standardisierten Messung und kann daher aus systematischen Gründen nicht berücksichtigt werden (Lindenberg 2004: 11). Sowohl vom Staat als auch von den Adressat_innen können Qualität[42] und Nutzen konkreter sozialer Dienstleistungen ex ante, und

---

42 Unter Berücksichtigung der sozialen Wirkungen (outcome) wird das Qualitätsmanagement sozialer Dienstleistungen so zu einer besonders anspruchsvollen Aufgabe.

bei multifaktoriellen Wirkungsbeziehungen auch ex post, nur äußerst eingeschränkt eruiert werden (Arnold 2002: 42f.).

Das Axiom der Markttransparenz bietet in den Feldern Sozialen Arbeit keine belastbare Grundlage. Sowohl die Komplexität der Lebenswelten der Nutzer_innen als auch die Unbestimmtheit (Art und Umfang) sozialer Dienstleistungen stehen einer standardisierten, preisgesteuerten Messung des Angebotes entgegen. Aufgrund der Bedarfsdynamik entsteht die konkrete Nachfrage oftmals erst im koproduzierten Dienstleistungsprozess. Zwar finden sich zunehmend marktähnliche Bereitstellungsstrukturen, doch ist hier nur eine eingeschränkte, partielle Marktdurchlässigkeit gegeben. Vertrauen und Reputation sind ein wichtiger Maßstab für den Erfolg sozialer Dienstleistungen (Jochimsen 2005: 140ff.). Da die Adressat_innen erst im Dienstleistungsprozess Erfahrungen sammeln können, müssen sie einen Vertrauensvorschuss einbringen. Sie sind von Beginn an darauf angewiesen, die richtigen Leistungen zu bekommen. Korrekturen gehen zu ihren Lasten. Somit prägen asymmetrische Positionen und Abhängigkeiten das Bild (Jochimsen 2003a: 40). Der sozioökonomische Charakter sozialer Dienstleistungen ist also insbesondere durch marktfremde, interaktive Arbeiten verschiedener Personen (Professionelle und Adressat_innen) sowie Institutionen (Kosten- und Leistungsträger) in asymmetrischen Positionen geprägt.

Der Quasi-Markt in Zeiten der Entgrenzung

Aus der konstitutiven Marktferne sozialer Dienstleistungen, die sich auch aus der gesellschaftlich stabilisierenden Korrektivfunktion Sozialer Arbeit gegenüber der kapitalistischen Verwertungslogik ergibt, und dem Versuch, die Marktherrschaft von außen in die Felder der Sozialen Arbeit zu oktroyieren, entsteht in der Summe eine hegemoniale Quasi-Markt-Situation. Die ehemals notwendigerweise unabhängig vom Marktprinzip erfolgende Bereitstellung und Versorgung mit sozialen Dienstleistungen brach sich lange nicht mit der kapitalistischen Produktionslogik. Lange Zeit wurde zwingend zwischen der mehrwertschöpfenden Produktion und der mehrwertzehrenden Reproduktion, also zwischen Arbeit und Leben, unterschieden. Mit lebensweltökonomischer Kenntnis zeigt sich jedoch, dass schon diese Trennung zu kurz griff, denn für sein ganzes Leben benötigt der Mensch versorgungs- und erwerbswirtschaftliche Arbeiten und diese umfassen bezahlte und unbezahlte Tätigkeiten. Nunmehr hat die betriebswirtschaftliche Rationalitätslogik ihre Grenzen überschritten und erkannt, dass auch im Reproduktionsbereich Märkte und damit Profite möglich sind. Der soziale Sektor, der eigentlich freigemeinnützig gestaltet ist, steht unter Wettbewerbsdruck. Die Zuweisung sozialer Dienstleistungen zur Reproduktionssphäre (mit der auch eine bestimmte Wertigkeit und Positionierung im gesellschaftlichen Gesamtsystem verbunden ist) schloss Kapitalakkumulation und Gewinnorientierung bislang aus. Diese Regel gilt nicht mehr. Mit sozialen Dienstleistungen können und sollen Gewinne erzielt werden. Es obliegt dann den Freien Trägern, ob sie gemeinnützig bleiben und ihre Gewinne in soziale Projekte reinvestieren (womit sie fehlende staatliche Versorgung kompensieren), oder ob sie (zumindest in Teilen) wie privatwirtschaftliche, profiterzeugende Leistungsanbieter agieren. Das Marktprinzip gilt als das Ideal, von dem alle Beteiligten zu profitieren scheinen. Im besten Fall erhalten Adressat_innen mehr Auswahl und bessere Angebote, der Staat senkt seine Ausgaben und die Leistungsanbieter realisieren Gewinne. Allein diese Aufzählung macht deutlich, dass die drei Akteur_innen ihre Vorteile unmöglich gleichermaßen einlösen können, zumal der Staat bei wachsender Aufgabenlast Kosten senken will. Der ideale Markt ist die Ausnahme und nicht die Regel. Wie die lebensweltökonomische Betrachtung zeigt (Jochimsen 2003a; 2003b; 2005; Jochimsen/Knobloch 2006), ist Symmetrie ein Sonderfall asymmetrischer Beziehungen.

> „Mit der Umkehrung der Prämissen – Autonomie und Unabhängigkeit als Spezialfall und Abhängigkeit als Normalfall – wird ein neues Handlungsmodell, das für die Sorgeökonomie und damit auch für eine neue allgemeine ökonomische Theorie einen wesentlichen Ansatzpunkt liefert, umrissen. (...) Indem das Ökonomie- und Arbeitsverständnis erweitert und Erwerbs- und Versorgungswirtschaft, Erwerbs- und Versorgungsarbeit systematisch zusammengedacht werden, kommen auch die laufend stattfindenden Verlagerungsprozesse aus dem einen in den anderen Bereich in den Blick" (Knobloch 2009: 15).

Doch stattdessen dominieren einseitige Ökonomiemodelle die Diskurse und immer weitere Teile des gesamten Lebens. Diese Diskurse, die damit verbundenen Rhetoriken und Semantiken stehen im Zusammenhang mit der Internationalisierung von Produkt-, Dienstleistungs- und Finanzmärkten und führen zu einer Vermarktlichung organisationsbezogener und persönlicher Beziehungen. Die Wirtschafts- und Arbeitswelt befindet sich in einem tiefgreifenden Strukturwandel (vgl. exemplarisch Beck 1999; Giarini/Liedtke 1998; Gorz 2000; Döhl u.a. 2001; Ransome 1999; Rifkin 1995; Sennett 2000; 2008; Voß/Weiß 2005a). Grenzen zwischen nationalen Ökonomien, zwischen Betrieben und innerhalb betrieblicher Arbeitsorganisationen schwinden. Mit dem Begriff der ‚Entgrenzung' ist aber nicht nur ein Strukturwandel gemeint, sondern auch das dynamische Wirken von Altem und Neuem nebeneinander. Gerade im tertiären Sektor werden grundlegende Prinzipien der Arbeitsorganisation und deren gesellschaftliche Einbettung von wettbewerblich-radikaleren Wirkungen erfasst. Gewohnte Strukturen der Arbeitszeit, der Arbeitsorte, der biographischen Trennung von Schule, Ausbildung, Hochschule und Berufstätigkeit werden ausgedünnt, wenn nicht sogar zum Teil aufgelöst.[43]

Von der hegemonialen Wirkung des Marktmodells bleiben auch soziale Dienstleistungsregime wie die Träger der Freien Wohlfahrtspflege als Organisationen nicht unberührt. Spätestens seit Einführung des Modells der Neuen Steuerung wird Soziale Arbeit mit betriebswirtschaftlichen Rhetoriken konfrontiert und sieht sich dem Vorwurf ausgesetzt, die Wertschöpfung der Produktionssphäre verschwenderisch zu verzehren. Die Funktion des Dritten Sektors wird seitdem massiv in Frage gestellt. Mit der Schaffung eines Quasi-Marktes und der nunmehr eingetretenen Übernahme marktpreissimulierter Kosten-Nutzen-Kalküle in der Bereitstellung öffentlicher Dienstleistungen soll den Leistungsträgern ein betriebswirtschaftlicher Ordnungs- und Organisationsrahmen vorgegeben werden. Weil sie aber mit dem öffentlichen Sektor abhängig verbunden und so hinsichtlich eigener Dysfunktionen unter Kontrolle bleiben, verläuft die institutionelle Verselbstständigung der Träger der Freien Wohlfahrtspflege bewusst begrenzt und kontrolliert (Seibel 1992: 277f.). In ihrer Funktion werden sie primär dort aktiviert, wo Staats- und Marktversagen zusammentreffen:

> „Ein Dritter Sektor muß [sic!] demnach nicht in erster Linie eine überlegene Allokationseffizienz für bestimmte Güter und Dienstleistungen aufweisen – darin bleiben ihm Markt und Staat mutmaßlich überlegen – sondern er muß [sic!] eine Kombination aus Güterallokation und sozialer und politischer Integration ermöglichen, die nicht, wie im öffentlichen Sektor, an relativ hohe strukturelle Responsivität gebunden ist, die also ein risikoarmes Überdehnen der Integrationsfähigkeit zu Lasten der Allokationsfunktion ermöglicht. (...) So betrachtet ist nicht funktionierende ‚Selbststeuerung' im Dritten Sektor, sondern funktionales ‚Selbststeuerungsversagen' die komplementäre Ergänzung von Marktversagen und Staatsversagen" (Seibel 1992: 277).

Aufgrund der hegemonialen Dominanz betriebswirtschaftlicher Prinzipien und der inneren Einsicht in vermeintlich objektive Marktzwänge wird die soziale Integrationsleistung der Träger der Freien Wohlfahrtspflege weniger benötigt. Daher drängt der Staat die Träger der Freien Wohlfahrtspflege als sozialpolitische Gestalterinnen zurück, gleichzeitig erfolgt über den Quasi-Markt eine stärkere Ausrichtung der Verbände auf die Allokationseffizienzfunktion. Im unternehmerischen Reorganisationsprozessen müssen sie dafür zwingend ihren ‚funktionalen Dilettantismus' (Seibel 1992: 207ff.) abbauen, wollen sie als Quasi-Marktakteur_innen überleben. Zugleich ist das notorische Selbststeuerungsversagen für die Leistungsträger bedrohlich, weil es sie als Organisationen Sozialer Arbeit schwächt und für politische Inanspruchnahme durch den Staat funktional

---

43 Aus der Entgrenzung entstehen auch veränderte soziale Problemlagen, auf die sich Soziale Arbeit neu ausrichten muss (Böhnisch u.a. 2005: 174ff.).

offen hält. Von daher haben Organisationen Sozialer Arbeit auch ein ausgeprägtes Eigeninteresse an professionelleren Strukturen, jedoch in eine eigene Richtung. Hier bietet sich eine Organisationsentwicklung im lebensweltökonomischen Maßstab zwar an, doch ist sie bislang theoretisch-konzeptionell noch zu wenig vorbereitet und die Wohlfahrtsverbände greifen diese Aufgabe noch nicht ihrer Relevanz entsprechend auf.

Die Reorganisationsbemühungen der Träger der Freien Wohlfahrtspflege sind Ausdruck dessen, dass sie bei knapper werdenden öffentlichen Finanzmitteln und zunehmenden Aufgaben viel stärker unter wettbewerbsähnlichen Aspekten gemessen werden und für ihr Überleben als Quasi-Marktakteur_innen handeln müssen. Eine eigene sozialpolitische Gestaltungskraft erwächst aus diesen Prozessen nicht. Hier stellt sich die Frage, ob und wie sich Reorganisationen und Subjektivierungen von Arbeit bei den Beschäftigten auswirken. Im Spannungsfeld zwischen dem lebensweltorientierten sozioökonomischen Charakter sozialer Dienstleistungen und dem zunehmenden Kosten-Nutzen-Kalkül durch wettbewerbsähnliche Rahmenbedingungen legt sich der Fokus auf die Anforderungen, die an die Arbeitskraft gerichtet werden. Diese sollen im Folgenden an einem Träger der Freien Wohlfahrtspflege empirisch untersucht werden.

4 Forschungsdesign

Bei einer subjektorientierten Forschungsperspektive rücken die für die Arbeiten-den zentralen Ebenen, die realen Bedingungen, Anforderungen und Möglichkei-ten, in den analytischen Vordergrund. Übergeordnetes Forschungsinteresse ist

1. die Analyse der organisatorischen und personellen Strukturen der Träger der Freien Wohlfahrtspflege bezüglich ihrer Wirkungen auf die Arbeitenden als Träger_innen der Ware Arbeitskraft,
2. ein Erkenntnisgewinn darüber, in welcher Weise die Arbeitenden in diesen Strukturen Handelnde sind und wie sie
3. über ihre Arbeitskraft ihre subjektive Persönlichkeit in die Soziale Arbeit einbringen und wie die Soziale Arbeit in ihre Persönlichkeit eindringt.

Bei allen drei Punkten kommt den geschlechtsspezifischen Positionierungen und Arbeitsanforderungen eine herausgehobene Bedeutung zu, denn die Geschlech-terverhältnisse sind als Produktionsverhältnisse zu verstehen. Die Träger der Freien Wohlfahrtspflege werden auf der Mesoebene als Vermittlungsinstanzen zwischen der wohlfahrtsstaatlichen Ebene der gesellschaftlichen Rahmenbedin-gungen (Makroebene) und der arbeitenden Person (Mikroebene) betrachtet. Sie bilden somit die Wechselwirkungen von Handeln und Strukturen ab.[44] Aus der Subjektperspektive wird gefragt, wie Strukturen geschlechtlich wirken und be-wirkt werden (können). Damit werden die Arbeitenden als handelnde, interes-sengeleitete Personen in dynamisch-gesellschaftlichen Strukturen betrachtet, es wird nach den Verbindungsstellen zwischen Mensch und Gesellschaft gefragt (Bolte 1983: 33f.) und die (sozial geprägten) aktiven Strukturierungsleistungen der Akteur_innen werden in den Blick genommen.

Im Mittelpunkt stehen die Anforderungen an die Arbeitskraft von Frauen und Männern in den Feldern Sozialer Arbeit. Kritische Gesellschaftstheorien verstehen die ‚Kategorie Arbeit‘ als die Schlüsselkategorie für die Erklärung sozialer Macht- und Herrschaftsverhältnisse (Bührmann u.a. 2000: 15). Bedeu-tung und Ausmaß Sozialer Arbeit sind – weitestgehend unbemerkt von der Öf-

---

44 Die interaktive Ebene der Koproduktion, also des unmittelbaren Erbringungsverhältnisses Sozia-ler Arbeit zwischen Arbeitenden und Adressat_innen, wäre dann die Nanoebene.

fentlichkeit – deutlich gestiegen. Seit den 80er Jahren des ‚sozialpädagogischen Jahrhunderts' (Rauschenbach 1999) wuchs die Anzahl der Beschäftigten enorm – auch entgegen negativen Entwicklungen des allgemeinen Arbeitsmarktes in dieser Zeit. Der Boom der personenbezogenen Dienstleistungen, die überwiegend von Frauen erbracht werden, hatte zur Folge, dass in Deutschland mit Anfang des neuen Jahrtausends über eine Mio. Menschen in sozialen Berufen tätig waren (Rauschenbach/Züchner 2001: 1650). Obwohl sie öffentlich selten so wahrgenommen werden (IW 2004: 8), zählen die Träger der Freien Wohlfahrtspflege zu den größten Arbeitgebern in Deutschland (BAG FW 2006; IW 2004: 8ff.; ZAV 2005: 3f.; 2006: 4f.). Allein in der Diakonie sind mehr Menschen tätig als im internationalen Volkswagen-Konzern; bei der Caritas arbeiten mehr Menschen als bei Siemens weltweit und die Arbeiterwohlfahrt (AWO) hat mehr als doppelt so viele Beschäftigte wie die Deutsche Bank AG in 130 Ländern.[45] Nach Angaben des Instituts der Deutschen Wirtschaft (IW) hat sich zwischen 1970 und 2002 die Zahl der Arbeitsplätze in der Freien Wohlfahrtspflege mehr als verdreifacht und umfasst mittlerweile rund 1,3 Mio. Voll- und Teilzeitkräfte (IW 2004: 22).

Doch die Bewältigung der zunehmenden Aufgaben und der Wachstumskurs verliefen tendenziell ungeplant und risikoreich. Zugleich kam es, besonders im Zuge der ansteigenden Massenarbeitslosigkeit, zu Finanzierungsproblemen bei den Sozialversicherungen und öffentlichen Haushalten. Darauf aufbauend formierte sich eine von neoliberalen Kräften sekundierte Kritik an den überregulierten und zu sehr verwaltenden Strukturen der öffentlichen Träger (Staub-Bernasconi 2007: 20), die in den 1990er Jahren zum Modell der ‚Neuen Steuerung' führte (KGSt 1993). Innerhalb der Wohlfahrtsverbände begann eine intensiver werdende Diskussion zu deren sozialpolitischen Funktionen und zu deren inneren Strukturen, begleitet von wissenschaftlichen Untersuchungen und Veröffentlichungen. Die Titel der Mitte der 1990er Jahre erscheinenden Publikationen zeigen die Richtung und die Bestrebungen dieses Diskurses. Beispielhaft zu nennen wären hier: „Freie Wohlfahrtspflege im Aufbruch: ein Managementkonzept für soziale Dienstleistungsorganisationen" (Öhlschläger 1995), „Wohlfahrtsverbände zwischen Markt, Staat und Selbsthilfe" (Klug 1997) oder „Steuerung von Wohlfahrtsverbänden: eine kritische Bestandsaufnahme" (Heimerl 1996).

Mit den sozialpolitischen Veränderungen der 1990er Jahre und dem Modell der ‚Neuen Steuerung' begann für die Freie Wohlfahrtspflege ein Umsteuerungsprozess mit neuartigen Refinanzierungsmodellen bei einer deutlichen Aufgabenzunahme. Zugleich ging die Mitglieder- und Spendenentwicklung zurück.

---

45   Eigene Vergleichsberechnungen auf Basis der Geschäftsberichte und Selbstdarstellungen 2007.

Diese Veränderungen führten dazu, dass Wohlfahrtsverbände einem besonders hohen politischen, funktionalen und sozialen Druck ausgesetzt sind (Neumann 2008: 298ff.). Bis heute kennzeichnen und prägen restriktive Rahmenbedingungen die Arbeits- und Entwicklungsmöglichkeiten der Träger der Freien Wohlfahrtspflege.

Die Diskussion über den quasi-marktförmigen Strukturwandel der Wohlfahrtsverbände wird bereits seit längerem vielstimmig und zum Teil kontrovers geführt (vgl. hierzu u.a. Arnold 2002; Backhaus-Maul 2004; Beckmann u.a. 2009; Boeßenecker 2000; 2003; Böhnisch 2005; Böhnisch/Schröer 2004; Brünner 2007; Dahme 2000; Dahme u.a. 2005; Engelfried 2005; Enste 2005; Grunwald 2001; Kessl 2009; Kulbach 2000; Knoke 2004; Lindenberg 2004; Maaser 2005; Maelicke 2002; Merchel 2009; Meyer 2005; Möhring-Hesse 2008; Neumann 2008; Pletzer 2005; Richter 2002; Schaarschuch 2000; Wendt 2007; 2009; Wiemeyer 2005; Wöhrle 2007; 2008; 2009). Auch finden sich Veröffentlichungen dazu, mit welcher Konsequenz die Vermarktlichung in konkrete Organisationsprozesse überführt werden sollte (Andresen/Geest 2005a; 2005b; Meyer 1999; Riediger/Wohlfahrt 2000; Schellberg 2005) oder welche personalwirtschaftlichen Anforderungen entstehen (Andresen 2002; 2006; Dahlmeyer 2004; Dahme u.a. 2005; Dahme/Wohlfahrt 2002; Klaus 2005; Knorr 2004; Maelicke 2004; Nickels 2004; Sandmann 2005; Trube 2000). Allerdings wird in diese organisationsbezogenen Diskurse nur selten eine Geschlechterperspektive eingebracht (Bitzan 2005; Gildemeister/Robert 2000), obwohl Organisationen einen erheblichen Anteil bei der geschlechtlich ungleichen beruflichen Platzierung haben (Achatz u.a. 2002). Frauen werden in Organisationen generell durch zahlreiche nicht unmittelbar erkennbare Barrieren am Aufstieg in Führungspositionen gehindert – ein Phänomen, das Joan Acker (1992) als ‚glass ceiling' (gläserne Decke) bezeichnete – während Männer in Organisationen Sozialer Arbeit offensichtlich von unsichtbaren Aufstiegsmechanismen (‚glass escalator') profitieren (Meyer 2006).

Den Freien Wohlfahrtsverbänden als größten Sozialarbeitsmarktakteur_innen kommt bei der Anforderungsgestaltung an die Arbeitskraft eine besondere Bedeutung zu. Die dortigen Ausformungen betrieblicher Geschlechterverhältnisse können nicht einfach unverändert fortgeschrieben werden, wenn an die beschäftigten Menschen neue Arbeitsanforderungen gestellt werden. Geschlecht als sozial-dynamische Kategorie wird auch von Produktionsbeziehungen strukturiert (Connell 2000: 95f.; Haug 2005; 2006). Dennoch finden sich bislang keine Forschungen, die den Reorganisationsprozess in seinem subjektivierenden Charakter und in Bezug auf das Geschlechterverhältnis analysieren. Inwieweit die Ökonomisierung in die innerbetriebliche Arbeitsorganisation und Arbeitsgestaltung eingreift, welche Subjektivierungswirkungen ausgelöst werden und inwiefern Geschlechterverhältnisse tangiert werden oder selbst wirksam werden, soll im Folgenden analytisch gefasst werden.

4.1 Das Forschungsfeld und das Forschungsverständnis

Arbeitsforschung im Feld der Freien Wohlfahrtspflege kann also von gesellschaftlich weitreichender Bedeutung sein, allerdings zwingt die Feldgröße eine wissenschaftlich strukturierte Abarbeitung zugleich zur Eingrenzung. Zunächst musste eine Auswahl unter den Trägern der Freien Wohlfahrtspflege erfolgen. Da die Träger in ihrer Mehrzahl entlang dem politischen Föderalismus strukturiert sind und der Reorganisationsprozess so konkret wie möglich an einem Träger betrachtet werden sollte, wurde auch eine räumliche Auswahl erforderlich. Zudem war das Eigenforschungsvorhaben auf die Bereitschaft zur Untersuchung durch den Träger angewiesen, schließlich mussten umfangreiche Daten erhoben werden.

Bei dem letztendlich ausgewählten Forschungsfeld handelt es sich um die Arbeiterwohlfahrt Schleswig-Holstein (im Folgenden: AWO SH), die sich bei Forschungsbeginn als Vorreiterin der Reorganisation und innerhalb des AWO Bundesverbandes mit dem Attribut ‚best practice‘ positionierte (Scheytt 2005: 121). Das Forschungsfeld umfasste zum Zeitpunkt der Untersuchung die juristischen Personen:

- Arbeiterwohlfahrt Landesverband Schleswig-Holstein e.V.,
- Arbeiterwohlfahrt Schleswig-Holstein gemeinnützige Dienstleistungsgesellschaft (gGmbH),
- Arbeiterwohlfahrt Service 24 Schleswig-Holstein GmbH.

Zudem wurde als Referenzfeld die Arbeiterwohlfahrt Kreisverband Stormarn (im Folgenden: AWO Stormarn) beforscht. Das Forschungsinteresse und das offene methodische Vorgehen wurde den Geschäftsführungen der AWO SH und der AWO Stormarn sowie dem Gesamtbetriebsrat der AWO SH vorgetragen. Von allen Seiten wurde das Vorhaben unterstützt und es wurden keinerlei Vorgaben gemacht. Ferner wurde die Datenschutzbeauftragte der AWO SH sowie das unabhängige Landeszentrum für Datenschutz Schleswig-Holstein einbezogen.

Auf der Suche nach den Dimensionen der Arbeitsanforderungen wurde ein exploratives Vorgehen gewählt. Es wurde ein Wechsel zwischen mehreren Erhebungs- und Auswertungsphasen verfolgt, um in Anlehnung an die Grounded Theory (Glaser/Strauss 1998) Erkenntnisse erster Auswertungsarbeiten für die weitere Erhebung nutzen zu können.[46] Die Entwicklung der Erhebungsinstrumente sowie die Erhebung und die Auswertung der erhobenen Daten erfolgte in einem mehrstufigen, wechselseitig-offenen Verfahren und in einer Kombination aus quantitativen und qualitativen Methoden im Sinne einer komplementären Forschungsstrategie (Flick 2008; Kelle/Erzberger 2000; Lamnek 2005). Die Nachverfolgung des Reorganisationsprozesses bei der AWO SH in seiner zeitlichen Abfolge, die Erhebungen von Organisations- und Personaldaten aus den Beständen der AWO SH und der AWO Stormarn, der Wechsel von der Organisationsebene auf die Ebene der Beschäftigten mittels standardisiertem Fragebogen bei der ausgewählten Berufsgruppe der Sozialpädagog_innen und schließlich die offenen, leitfadengestützten Expert_innen-Interviews (Meuser/Nagel 2005) auf der Einzelebene der Arbeitenden dienten einer „(...) Triangulation als Ergänzung von Perspektiven, die eine umfassendere Erfassung, Beschreibung und Erklärung eines Gegenstandbereiches" (Kelle/Erzberger 2000: 304) zum Ziel hatten. Die Betrachtung unterschiedlicher Ebenen mit unterschiedlichen Erhebungsinstrumenten wurde als notwendiger methodischer Weg gesehen, um mit unterschiedlichen, gleichwertigen und abgestimmten Erhebungsinstrumenten (Flick 2000: 314) in sinnvoller Vielfalt ein umfassenderes und tieferes Erkenntnisbild des untersuchten Gegenstandes zu gewinnen (Flick 2000: 311) und um die Gültigkeit der Aussagen zu erhöhen.

In Reflexion des Vorwissens (Meinefeld 2000: 270, 273f.) zum Forschungsfeld, zum Forschungsthema, in Reflexion der im Forschungsfeld vielfältig herrschenden ‚eigenen' Kategorien (Meinefeld 2000: 271) und in kritischer Reflexion des Forschungsprozesses selbst (und den darin enthaltenen Zwischenergebnissen) wurde bewusst eine relativ offene Erhebung mit einer Vielfalt von Daten in Kauf genommen. Dieses Vorgehen zielte darauf, vorab Kategorisierungen zu vermeiden, eine neue Ordnung zu finden, die den Daten entspricht und neue handlungspraktische Probleme löst (Reichertz 2000: 281), und somit auch Erkenntnisse zu ermöglichen, die zunächst gar nicht im Betrachtungsfokus liegen (konnten). Spezifische Hypothesen als vorläufige Unterstellungen, die durch erste Beobachtungen vorläufig begründete Annahmen bilden, wurden direkt und ex-ante bewusst vermieden. Statt einer Disjunktion geht es um eine Zusammenführung von Entdeckungs- und Rechtfertigungszusammenhang – als (Re)Konstruktion der subjektrelevanten Ordnung – hin zur Abduktion als Schlussmodus (Reichertz 2000: 277f.).

Die geleisteten theoretischen Überlegungen und die begriffliche Klärung der Subjektivierungen verdeutlichen, mit welchen Erkenntnisabsichten an die Forschung herangegangen wird. Deshalb ist die Materialerhebung und -auswer-

---

46 In Abweichung zur Grounded Theory ging der Wechsel zwischen mehreren Erhebungs- und Auswertungsphasen auch mit methodischen Wechseln (quantitativ/qualitativ) einher.

tung notwendigerweise breit und offen zu gestalten: Denn die zunächst auf der theoretischen Ebene herausgearbeiteten Merkmale der Subjektivierungen müssen anschließend im Feld miterforscht werden. Ergo können sie nicht vorab auf eine bereits bestehende Ordnung bezogen werden (Induktion). Zunächst müssen erst einmal Daten erhoben und darin Merkmalskombinationen gesucht werden, damit hierin eventuell eine Regel gefunden werden kann. Zudem muss das Forschungsdesign offen für abduktive Überraschungen (Reichertz 2000: 281) sein und auch bei einer ‚unpassend' erscheinenden Ordnung bereit sein „(...) der bewährten Sicht der Dinge nicht mehr zu folgen" (Reichertz 2000: 281).

4.2 Offenes Analyse- und Interpretationskonzept

Nachdem die Erhebungs- und Analysephasen methodisch entwickelt, sukzessive konkretisiert und auf die erarbeiteten Theoriegrundlagen bezogen wurden, verlangten die erhobenen Daten ein Analysekonzept. Die erhobenen Daten sollten zum einen in ihrer Breite ausgenutzt und zum anderen mit dem konkreten Forschungsinteresse in Beziehung gebracht werden. Daher wurde ein offenes Analysekonzept entwickelt, das entlang der Struktur

▪   Reorganisation
▪   Subjektivierungen
▪   Geschlechterverhältnisse

arbeitet. Mithilfe dieses analytischen Konzeptes soll den Arbeitsanforderungen an Frauen und Männern in Feldern Sozialer Arbeit nachgegangen werden.
    Die theoretischen Betrachtungen haben gezeigt, dass Soziale Arbeit per se nur schwer ab- und einzugrenzen ist. Dennoch benötigt ein Forschungsvorhaben einen definitorischen Bezugsrahmen, um überhaupt analytisch arbeiten zu können. Nach eigenen Angaben erbringt die AWO SH „(...) Dienstleitungen auf allen Feldern der sozialen Arbeit" (AWO SH 2005: 5). Nun ist sicher nicht generell der Definition zu folgen, dass Soziale Arbeit ist, was die Freie Wohlfahrtspflege erbringt, aber da die Geschäftsfelder und Organisationseinheiten der AWO SH ein breites Spektrum Sozialer Arbeit abdecken, bilden diese den Bezugsrahmen der Reorganisations- und Arbeitsanforderungsanalyse. Der Begriff der Reorganisation zielt auf umfassende und tief greifende Veränderungen in einer Organisation. Aufbau- und Ablaufveränderungen betreffen eine Vielzahl von Personen(gruppen) und deren Interessen. Reorganisation ist ein nicht alltäglicher, diskontinuierlicher Eingriff in eine bestehende Organisation mit weitreichenden Konsequenzen. „Den Ausgangspunkt eines Reorganisationsbedarfs

bildet in der Regel das Streben eines Unternehmens nach dem Erhalt von Wettbewerbsfähigkeit" (Heusler 2004: 146). Da Wettbewerbsfähigkeit für die Freien Träger ein neues Phänomen ist, schließt sich hier der Kreis zu den neuen Refinanzierungsmodellen und den sozialpolitischen Umstellungen seit Mitte der 1990er Jahre. Der Reorganisationsprozess der AWO SH ist die Antwort der AWO SH auf veränderte Rahmenbedingungen, die zu wettbewerbsförmigen Strukturen führen (sollen).

Das Vorhandensein der Reorganisation war für die Forschungsfeldauswahl maßgeblich. Für die AWO SH konnten folgende charakteristische Merkmale der Reorganisation beschrieben werden:

▪ Trennung zwischen Ehrenamt und Hauptamt
▪ Beibehaltung regionaler Vereinsstrukturen für das Ehrenamt
▪ Zentralisierung unternehmerischer Strukturen
▪ Neuausrichtung von Geschäfts- und Aufgabenbereichen
▪ Wechsel der Rechtsformen
▪ Gründung von Untergesellschaften, Outsourcing, Personalüberleitungen

Der Reorganisationsprozess und die organisatorischen (Zwischen)Stufen bilden den institutionellen Hintergrund für die Situation der Beschäftigten und deren Arbeitsanforderungen. Anhand von Organisations- und Personaldaten ist zu prüfen, ob und wie die Ökonomisierung Sozialer Arbeit in die innerbetriebliche Arbeitsorganisation des Trägers eingreift und wie sich die (Re)Produktions- und Geschlechterverhältnisse in diesem Prozess darstellen. Hiernach ist zu klären, ob und wie gegensätzliche Subjektivierungen zu beobachten sind. Nach Maßgabe der bereits erläuterten gefangenen und wettbewerblichen Subjektivierungen sind für die Antagonismen

▪ Selbst-Kontrolle versus Kontext-Kontrolle,
▪ Selbst-Ökonomisierung versus Lebensweltökonomie und
▪ Selbst-Rationalisierung versus Fürsorgerationalisierung

relationale Gegenüberstellungen entwickelt worden (Tabelle 1).

Tabelle 1: Gegenüberstellung der Antagonismen wettbewerblicher und gefangener Subjektivierungen

	Selbst-Kontrolle	*Kontext-Kontrolle*
Zentrales Merkmal	Eigenverantwortliche Planung, Überwachung, Steuerung der wirtschaftlichen Ergebnisse und Ziele	Eigenverantwortliche Erfüllung menschlicher Bedürfnisse
Ausrichtung	Wirtschaftliche Zielerreichung im Sinne des Trägers	Lebensweltliche Ziele der Adressat_innen. Koproduktion
Merkmalsausprägung	Kontrolle durch Output	Kontrolle durch Sozial- und Menschenrechte
	Selbst-Ökonomisierung	*Lebensweltökonomie*
Zentrales Merkmal	Eigene Fähigkeiten zur wirtschaftlichen Nutzung des Trägers entwickeln und effektiv verwerten	Eigene Fähigkeiten zum Alltagsnutzen der Adressat_innen entwickeln und effektiv nutzen
Ausrichtung	Wirtschaftliche Verwertung der Ware Arbeitskraft	Gebrauchsnutzen der Arbeitskraft für die Entwicklung der Adressat_innen
Merkmalsausprägung	- Produktionsökonomie: Nutzen der Arbeitsergebnisse für den Träger am (Quasi-)Markt - Marktökonomie: Eigenmarketing der persönlichen Fähigkeiten und Leistungen innerhalb und außerhalb des Trägers - Nachfrageorientierung - Chancenoptimierung im Karriereverlauf	- Alltagsökonomie: Alltäglicher Gebrauchsnutzen für Adressat_innen - Mandatsökonomie: aktives Eintreten innerhalb und außerhalb des Trägers für Belange der Adressat_innen - Bedarfsorientierung - Professionalisierung zur Lösung sozialer Problemstellungen
	Selbst-Rationalisierung	*Fürsorgerationalität*
Zentrales Merkmal	Rationalität als Bedingung der Produktivität	Rationalität als Notwendigkeit aufgrund von Ressourcenknappheit
Ausrichtung	Zweckgerichtete Ausrichtung individueller Lebensressourcen, Leben wird auf den Erwerbszweck ausgerichtet	Arbeit und Leben im Gesamtzusammenhang subjektiver Bedürfnisse, Ansprüche und Haltungen
Merkmalsausprägung	- adaptive Lebensmodelle werden beschränkt: Dominanz der Familie (z. B. Teilzeit, Hinzuverdiener_in, Eltern-, Kinderbetreuung) Dominanz der Erwerbsarbeit (z. B. Single, Vollzeit, Ernährer_in, Erwerbskarriere, kinderlos, keine Elternpflege) - zweckorientierte Betrachtung des Lebenszusammenhangs - vertragsförmige/zweckorientierte Adressatenarbeit (Leistung versus Gegenleistung) - flexible Arbeitszeiten, -orte, -formen	- adaptive Lebensmodelle: (Soziale) Arbeit und (soziales) Leben möglich - Konstitutives Leben im Beruf und im Privaten - Selbstverständnis, sich in die Situation Einzelner hineinzuversetzen - Partizipation/Arbeit in Koproduktion mit den Adressat_innen - Sorge um die gesamte Person und den Lebenszusammenhang - Effizienz der Sorge orientiert sich am Bedarf/am Wohlbefinden der Adressat_innen

Hierbei ist von (analytischer) Bedeutung, dass Anforderungen an die Subjektivität die Arbeitenden auf zwei verschiedenen Vermittlungspfaden erreichen können: Zum einen können sich die Subjektivierungsanforderungen unmittelbar an
die Arbeitenden selbst richten. Zum anderen sind es die Adressat_innen, an die
über Akteur_innen Sozialer Arbeit Subjektivierungsanforderungen gestellt werden. Wenn Soziale Arbeit als Subjektivierungsarbeit gefasst wird, sind die Arbeitenden und die Adressat_innen direkt mit Subjektivierungsanforderungen
konfrontiert. Allerdings müssen die Akteur_innen Sozialer Arbeit die Subjektivierungsanforderungen professionell an die Adressat_innen richten können und
somit mit Subjektivierungsleistungen vertraut sein.

Gefangene Subjektivierungsleistungen richten sich durch die Koproduktion
stets an Beschäftigte und Adressat_innen – wenngleich auch in unterschiedlichem Ausmaß. Hingegen kann wettbewerbliche Subjektivierung einerseits direkt
die Arbeitenden anrufen, wenn eine marktförmige und outputorientierte Ausrichtung des Arbeit- und Lebenszusammenhangs der Arbeitenden gefordert wird.
Anderseits können wettbewerbliche Subjektivierungsanforderungen auch (allein)
an die Adressat_innen gerichtet werden. Wenn Soziale Hilfen auf den Erwerbszweck reduziert werden, sie also dazu dienen, dass die Adressat_innen sich als
marktfähig beweisen und marktförmig verhalten (müssen), spricht Soziale Arbeit
die Adressat_innen als Arbeitskraftträger_innen an, damit sie wettbewerbliche
Subjektivierungsleistungen erbringen (müssen). Diese Anrufung erfolgt über die
Akteur_innen Sozialer Arbeit, so dass diese wettbewerbliche Subjektivierungsleistungen professionell beherrschen müssen.

Die Ökonomisierung und Reorganisation Sozialer Arbeit kann den ,Ar-
beitsgegenstand' (Adressat_innen) und die Arbeitsanforderungen berühren. Für
die Analyse der Subjektivierungsanforderungen macht es einen Unterschied, ob
die Beschäftigten Sozialer Arbeit, die Adressat_innen oder beide Personengruppen angerufen werden. Während auf der Ebene der Arbeitenden wettbewerbliche
Subjektivierung über die Organisation an die arbeitende Person herangetragen
wird, muss eine wirkmächtige Anrufung der Adressat_innen durch die Arbeitenden erfolgen. Erschwert wird eine analytische Trennung, wenn beide Ebenen
ineinandergreifen. Würde beispielsweise der Arbeitserfolg der Beschäftigten
danach bemessen werden, wie viele Adressat_innen sie innerhalb eines bestimmten Zeitraums in den ,ersten' Arbeitsmarkt ,integrieren', so würden sich die
wettbewerblichen Subjektivierungspfade ineinander verweben. Zudem stünden
sie im Widerspruch zur gefangenen Subjektivierung.

Das komplexe Spannungsfeld widersprüchlicher Subjektivierungsanforderungen und verschiedener Vermittlungspfade bildet die subjektive Übersetzung
des ökonomisch geleiteten Paradigmenwechsels Sozialer Arbeit. Bei den Analysen der Antagonismen ist demnach zu beachten, auf welcher Ebene welche Sub-

jektivierungen auftreten. Da es um die Arbeitsanforderungen der arbeitenden
Frauen und Männer in den Feldern Sozialer Arbeit geht, sind diejenigen Subjek-
tivitätsanforderungen zentral, die sich an die Arbeitenden richten.

Die Kategorie Geschlecht ist keine isolierte Kategorie, die unabhängig von
den Phänomenen Reorganisation und Subjektivierung beforscht werden kann.
Geschlechterverhältnisse spielen vielmehr als Relationen und als (Re)Produk-
tionsverhältnisse eine Rolle. Eine Analyse der Arbeitsanforderungen ist auf
Kenntnisse der geschlechtlichen Organisation der Produktionsverhältnisse angewiesen, was bedeutet, dass eine Betrachtung der Geschlechterverhältnisse unter
Einblendung der (Re)Produktionsweisen sinnvoll ist. Vor dem Hintergrund der
bereits beschriebenen geschlechtlichen Dimensionen der Subjektivierungen von
Sozialer Arbeit gehen folgende Punkte in das Analysekonzept ein:

- Distanz und Nähe zu den Adressat_innen
- Führungspositionen
- Entscheidungsbefugnisse und Verantwortungsbereiche
- Tätigkeitsbereiche bzw. Organisationseinheiten
- Formale Qualifikationen
- Entgeltsystem und Personalkosten
- Belegschaftsentwicklung (Umfang, Art und Dauer)
- Teilhabe und Lebenszusammenhänge.

Hierbei werden gegen- und gleichgeschlechtliche Relationen in den Blick genommen.

4.3 Methodisches Vorgehen

Wenn die Ökonomisierung Sozialer Arbeit und in der Folge eine unternehmerisch ausgerichtete Reorganisation eines Trägers realer Sachzwang ist, muss der
Träger als Mittler wettbewerblicher Subjektivierung fungieren. An der Schnittstelle von der Organisation zur Person müssen Wettbewerbsanforderungen wei-
tergereicht werden, sollen sie wirkmächtig werden. Folglich ist zunächst der
betriebliche Rahmen sicher aufzunehmen, weshalb mit einer Reorganisationsanalyse der AWO Schleswig-Holstein begonnen wurde. Nach Erfassung der Reorganisationsschritte im Entwicklungsprozess vom eingetragenen Verein (e. V.) zur
gemeinnützigen Gesellschaft mit beschränkter Haftung (gGmbH) und einer darauf abgestimmten quantitativen Organisations- und Personaldatenerhebung wurde von der Organisations- auf die Personenebene gewechselt. Dort erfolgte zunächst eine quantitative Befragung einer ausgewählten Berufsgruppe unter den

Arbeitenden – als forschungsmethodischem Zwischenschritt. Die quantitativen Ergebnisse waren dann Zwischenerkenntnisgrundlage für die qualitative Forschung mittels offener, leitfadengestützter Expert_innen-Interviews. Durch eine Vorerhebung für den Zeitraum 1999 bis 2005 wurden bereits erste quantitative Daten zur AWO SH erhoben und analysiert. Darauf aufbauend wurde für den Zeitraum 1999 bis 2007 eine deutlich erweiterte (Re)Organisationsanalyse durchgeführt. Die zentrale Aufgabenstellung war dabei, den Prozess der Reorganisation nachzuzeichnen und umfangreiche Personal- und Organisationsdaten im Laufe eines mehrjährigen Reorganisationsprozesses unter besonderer Berücksichtigung der Geschlechterverhältnisse zu generieren. Hierfür wurden Dokumente analysiert, innerbetriebliche und außerbetriebliche Gespräche mit relevanten Akteur_innen geführt sowie Organisations- und Personaldaten zu den Punkten Beschäftigtenanzahl, Arbeitszeitformen, Arbeitsbereiche und formale Qualifikationen – jeweils vor und nach der innerbetrieblichen Umgestaltung – abgefragt. Parallel zur Datenerhebung bei der AWO SH wurde für den Zeitraum 1999 bis 2007 eine Datenerhebung bei der AWO Stormarn durchgeführt, um ein Referenzszenario für die nicht am Fusionsprozess beteiligten Verbandseinheiten zu erhalten.

Um die organisatorischen Veränderungen in zeitlicher und räumlicher Hinsicht beschreiben zu können, wurde die jüngere Organisationsgeschichte der AWO SH seit den 1990er Jahren betrachtet, weil sich von dieser Zeit an eine wirtschaftlich prekäre Situation bei den Wohlfahrtsverbänden abzeichnete (Andresen/Geest 2005a: 14). Entlang der Organisationsgeschichte der AWO SH wurde der abgelaufene Reorganisationsprozess durch Dokumentenanalysen, persönliche Einzelgespräche, Telefonkontakte oder E-Mail-Anfragen nachgezeichnet. Die Kontakte zu den AWO-internen Akteur_innen (Geschäftsführung, Finanz- und Personalabteilung, Betriebsrat) und zu den externen Akteur_innen (Gewerkschaft) wurden in Memos festgehalten. Mit der Prozessbetrachtung ist zugleich der räumliche und zeitliche Bezug für die Erhebung von Organisations- und Personaldaten sinnvoll bestimmt. Um Veränderungen der Personalsituation und Organisationen abbilden zu können, wurden Datenstichtage verglichen und dabei konsequent die Geschlechterperspektive berücksichtigt.

Die Organisationsdatenerhebung fragte die Einrichtungen und deren Leitungspersonen pro Geschäfts- bzw. Regionalbereich der AWO SH zum 01.01.2007 ab. Eine Datenerhebung zu den frühren Vereinsstrukturen wurde nicht durchgeführt. Da die AWO SH als Verein gänzlich anders strukturiert war, ist ein Organisationsdatenvergleich zur gGmbH wenig sinnvoll. Zudem befinden sich die früheren Vereinsdaten bei den 15 Kreisverbänden und weisen jeweils unterschiedliche Qualität und Vollständigkeit auf, so dass deren Erhebung äußerst aufwendig wäre. Zum Stichtag befand sich die AWO SH im Zustand eines zum 31.06.2006 gekündigten Tarifvertrages (BMT AW II), der jedoch fortwirkte und gültig blieb, weshalb er für die Betrachtung von Eingruppierungsfragen herangezogen werden konnte. Entsprechend der Struktur der AWO SH gliedern sich die Organisationsdaten wie folgt:

- Arbeiterwohlfahrt Schleswig-Holstein gemeinnützige Dienstleistungsgesellschaft (gGmbH)
- Managementspitze der AWO Schleswig-Holstein gGmbH
- Aufsichtsrat der AWO Schleswig-Holstein gGmbH
- Zentrale Einrichtungen
- Einrichtungen der Region Nord
- Einrichtungen der Region Mittelholstein
- Einrichtungen der Region Südholstein
- Einrichtungen der Region Unterelbe
- Pflegeeinrichtungen
- AWO Service 24 Schleswig-Holstein GmbH
- Landesverband AWO Schleswig-Holstein e.V.

Analog dazu gliedern sich die Organisationsdaten der AWO Stormarn wie folgt:

- Managementspitze der AWO Stormarn
- AWO Soziale Dienstleistungen gGmbH
- AWO Sozialpsychiatrische Dienste gGmbH
- AWO Mobile Soziale Dienste gGmbH

In Anlehnung an das Eigenverständnis der AWO SH wurden die Einzeleinrichtungen in den vorgenannten Organisationseinheiten den folgenden Kategorien zugeordnet:

- Pflege
- Kinder
- Jugendliche
- Kinder und Jugendliche (gemeinsam)
- Familienhilfe
- Sozialpsychiatrie
- Behindertenhilfe
- Beratung und Begleitung
- Aus- und Weiterbildung
- Verwaltung und Geschäftsstellen
- sonstige

Die Personaldatenerhebung fragte Datenbestände bezogen auf zwei Stichtage ab. Zum ersten Stichtag 01.01.1999 war die AWO SH noch als Verein gegliedert; hierfür wurden die Daten der dem Landesverband direkt zugeordneten Personen ermittelt. In die Datenerhebung für das Jahr 1999 flossen jedoch nicht die Daten der 15 Kreisverbände und ihrer Ortsverbände ein, da die dortigen Personaldaten-bestände für 1999 nicht mehr oder nur eingeschränkt vorhanden waren und diese Recherchen einen unverhältnismäßigen Aufwand bedeutet hätten. Zum zweiten Stichtag 01.01.2007 umfasste die AWO SH die Arbeiterwohlfahrt Schleswig-Holstein gemeinnützige Dienstleistungsgesellschaft mit beschränkter Haftung (AWO SH gGmbH), die AWO Service 24 Schleswig-Holstein GmbH (AWO 24 SH GmbH) und den Landesverband AWO Schleswig-Holstein e.V. (AWO SH e.V.). In diese Datenbestände flossen die Daten der mittlerweile an der Fusion beteiligten 13 Kreisverbände und ihrer Ortsverbände mit ein. Insofern bilden die Personaldatenbestände zwischen 1999 und 2007 ein Wachstum der AWO SH ab, das auch durch die Zusammenführung der Kreis- und Landesdatenbestände ver-ursacht wurde.

In der Zeit zwischen den beiden Stichtagen befand sich die AWO SH zum Teil in (rechtlich) anderen Organisationszuständen, die eine Datenerhebung mitunter deutlich erschwerten, beispielsweise weil Beschäftigte durch Betriebs-übergänge neue Arbeitsverträge erhielten. In der Folge traten zum einen Plausi-bilitätsschwierigkeiten bei der Bestimmung der Gesamtzahl der Beschäftigten auf, die nicht immer völlig geklärt werden konnten. Bei den unterschiedlichen Personaldatenangaben musste daher mit einer jeweils unterschiedlichen Gesamt-anzahl [N] gerechnet werden. Zum anderen gingen aufgrund der Organisations-umstellungen Datenzusammenhänge verloren, weil die Reorganisationsschritte zur Bildung von Unter-gGmbHs sowie deren Auflösung und Rückbindung mit arbeitsrechtlichen und innerorganisatorischen Wechseln einhergingen. Dadurch war es nachträglich nicht mehr möglich, die befristeten und unbefristeten Be-schäftigungsverhältnisse für 1999 sicher zu ermitteln. Dank der eigenen Vorer-hebung im Jahr 2005 konnte dennoch für 1999 auf sicher ermittelte Daten zu-rückgegriffen werden, wenngleich dadurch eine Plausibilitätslücke zu den aktuell von der AWO SH ermittelten Gesamtangaben für 1999 entstand. Allerdings wurde bei der Vorerhebung noch nicht explizit nach Praktikant_innen[47], nach Auszubildenden und nach Personen in Altersteilzeit gefragt. Werden diese Per-

---

47 Für die Bezeichnung Praktikant_innen ist die Umstellung des Diplom-Studiengangs Sozialwesen in Schleswig-Holstein relevant. Im Jahr 1999 gingen Studierende nach dem sechssemestrigen Studiengang in ein Anerkennungsjahr mit tariflicher Eingruppierung. Im Jahr 2007 umfasste der Studiengang nunmehr acht Semester. Die Studierenden des siebenten und achten Semesters stu-dierten nun in sogenannten Praxissemestern und wurden als Praktikant_innen (ohne tarifliche Eingruppierung) geführt.

sonenzahlen nach heutigem Kenntnisstand mit einbezogen, reduziert sich die Abweichung auf zehn Personen (eine in Bezug auf die Gesamtzahl vertretbare Datendifferenz). Bei den Organisations- und Personaldatenerhebungen entstanden verschiedene Zwischenstände. Unstimmigkeiten oder Teildaten wurden nacherhoben. Im Ergebnis entstanden drei Daten(zwischen)bestände:

- Vorerhebung 2005 (Daten-Stichtage 01.01.1999 und 01.01.2005)
- Totalerhebung 2007 (Daten-Stichtage 01.01.1999 und 01.01.2007)
- Nacherhebung 2007 (Daten-Stichtage 01.01.1999 und 01.01.2007) mit Nachbesserungen aufgrund von Plausibilitätsprüfungen.

Eine Übersicht zu den Plausibilitätsprüfungen hierzu enthält Tabelle 2.

Tabelle 2:   Plausibilitätsprüfung AWO SH

	1999		*2007*	
	Gesamtzahl aller Beschäftigten	Differenz zur nacherhobenen Datenbasis	Gesamtzahl aller Beschäftigten	Differenz zur nacherhobenen Datenbasis
aus Organisationsabfrage				
Summe aller Einrichtungen	k.A.		2902	-175
aus Personalabfrage				
Datenbasis (Nacherhebung 2007)	1271	0	3077	0
Datenbasis (Totalerhebung 2007)	1271	0	3158	81
Datenbasis (Vorerhebung 2005)	1161	-110 bzw. -10		
Summenbildung nach Beschäftigungsart (Nacherhebung 2007)	1271	0	3077	0
Summenbildung nach Beschäftigungsumfang (Nacherhebung 2007)	1271	0	3158	81
Summenbildung nach Vergütung (Nacherhebung 2007)	1334	63	3190	113

Auch in den Organisations- und Personaldatenerhebungen bei der AWO Stormarn entstanden verschiedene Zwischenstände. Unstimmigkeiten oder Teildaten wurden nacherhoben. Im Ergebnis ist bei den Organisationsdaten der AWO Stormarn lediglich eine geringe Plausibilitätsschwierigkeit verblieben (Tabelle 3). Zwar waren bei den Personaldaten alle Summen plausibel, aber es gab für das

Jahr 1999 eine Abweichung hinsichtlich des Geschlechterverhältnisses: Statt 120 Frauen sind es hier 118 Frauen, bzw. statt 20 Männern 22 Männer. Dieses Missverhältnis der Daten konnte nachträglich von der AWO Stormarn nicht aufgelöst werden.

Tabelle 3: Plausibilitätsprüfung AWO Stormarn

	1999		2007	
	Gesamtzahl aller Beschäftigten	Differenz zur nacherhobenen Datenbasis	Gesamtzahl aller Beschäftigten	Differenz zur nacherhobenen Datenbasis
aus Organisationsabfrage				
Summe aller Einrichtungen	k.A.		327	-1
aus Personalabfrage				
Datenbasis (mitgeteilt 2007)	140	0	328	0
Summenbildung nach Beschäftigungsart (mitgeteilt 2007)	140	0	328	0
Summenbildung nach Beschäftigungsumfang (mitgeteilt 2007)	140	0	328	0
Summenbildung nach Vergütung (mitgeteilt 2007)	140	0*	328	0
* aber Abweichung im Geschlechterverhältnis				

Um die Arbeitsanforderungen an Frauen und Männer auf der Subjektebene abzufragen, musste von der Analyseebene der Reorganisation (Personal- und Organisationsdatenerhebung) auf die Erhebungsebene der Beschäftigten gewechselt werden. Da keine qualitative Totalerhebung unter allen Beschäftigten geleistet werden konnte, musste eine Auswahl getroffen werden. Um aber möglichst einen Überblick über sämtliche Geschäftsfelder der AWO SH zu erhalten, wurde die Befragung nicht organisational eingegrenzt, also etwa auf einen Regionalbereich der AWO SH oder auf ein bestimmtes Arbeitsfeld (Kinder, Pflege, Familie etc.).Vielmehr wurde sie personell auf die Berufsgruppe der Diplom-Sozialpädagog_innen und Diplom-Sozialarbeiter_innen der AWO SH beschränkt, da diese Berufsgruppe in allen Arbeitsfeldern und Regionalbereichen der AWO SH breit vertreten ist und eine wichtige Berufsgruppe Sozialer Arbeit darstellt. Im Folgenden wird unter ‚Sozialpädagog_innen' auch die Berufsbezeichnung Sozialarbeiter_innen gefasst und auf die Nennung ‚Diplom' aus Gründen der Vereinfachung verzichtet. Eine Unterscheidung von Sozialpädagog_innen und Sozial-

arbeiter_innen ist grundsätzlich nicht sinnvoll, da z. B. einige Diplomstudiengänge des Sozialwesens Doppel-Diplome vergeben haben. Im untersuchten Or-
ganisationszeitraum waren noch keine Bachelor- und Master-Absolvent_innen
Sozialer Arbeit innerhalb der AWO SH vorhanden, weshalb auch keine Differenzierungen durch akademische Grade erfolgen. Dies wäre aber sicherlich dann
ein interessanter Aspekt für spätere Forschungen zu den Arbeitsanforderungen
an Frauen und Männer, wenn Diplom-, Bachelor- und Masterabsolvent_innen in
einer für Vergleiche ausreichenden Anzahl in den Feldern Sozialer Arbeit tätig
sind.

Ein durch einen Prätest an 40 Sozialpädagog_innen außerhalb der Arbeiterwohlfahrt vorab erprobter und verbesserter 19-seitiger DIN A4-Fragebogen
wurde mit einem Anschreiben und einem Freiumschlag (für den Rückversand)
über die AWO SH hausintern versendet. Die AWO SH wählte für die Beschäftigungsgruppe Sozialpädagog_innen den relevanten Personenkreis aus ihren Per-
sonaldatenbeständen aus und verschickte die Unterlagen direkt an diese Beschäftigten. Der direkte Versand der Fragebögen durch die AWO SH stellte sicher,
dass keine personenbezogenen Daten das Haus der AWO SH verließen. Im Gegenzug war der Rückumschlag direkt an den Forschenden adressiert und für die
Befragten kostenfrei frankiert. Mit diesem Vorgehen konnte gewährleistet werden, dass die Fragebögen anonym versendet und anonym beantwortet werden
konnten. Das Eigenforschungsvorhaben erhielt keinen Einblick in personenbezogene Personaldaten und die AWO SH erhielt keinen Einblick in den Fragebogenrücklauf. Zudem entstanden den Befragten damit keine Portokosten, wodurch
die Befragungsbereitschaft verbessert werden sollte. Die Auswahl der befragten
Beschäftigten, und damit die Definition, welcher Personenkreis in die Berufsgruppe Sozialpädagog_innen fiel, oblag damit der AWO SH und deren Filterung
aus dem dortigen Personaldatenbestand. Die AWO SH leitete den Fragebogen an
240 Beschäftigte weiter, davon waren 163 Frauen (67,9 Prozent) und 77 Männer
(32,1 Prozent). Der Rücklauf betrug 80 Fragebögen, davon waren 53 Frauen
(66,25 Prozent) und 27 Männer (33,75 Prozent). Damit beträgt die Rücklaufquo-
te 33,3 Prozent und ist bei der Fragebogenlänge (19 DIN A4 Seiten) vertretbar.
Das Geschlechterverhältnis im Rücklauf spiegelt den Verteiler optimal wieder.
Aus den Angaben der Befragten zur Ausbildung wurde ersichtlich, dass 64 ausgebildete Sozialpädagog_innen, neun ähnliche (z. B. Sozialtherapeut_in, Dip-
lom-Pädagog_in, Diplom-Heilpädagog_in) und sieben andere Berufsausbildun-
gen im Rücklauf vertreten waren. Damit waren, laut Rücklauf, als Sozialpäda-
gog_in bei der AWO SH zu 80 Prozent Sozialpädagog_innen, zu rund 11 Prozent Beschäftigte mit ähnlichen Berufsabschlüssen und zu knapp neun Prozent
Beschäftigte mit anderen Berufen tätig.

Nach einer intensiven Zwischenauswertung der quantitativen Daten erfolgten zehn Expert_innen-Interviews nach Meuser und Nagel (2005: 71ff.). Die Interviewten wurden dadurch gewonnen, dass bei der Fragebogenbefragung freiwillig persönliche Kontaktdaten für ein vertiefendes Gespräch angegeben werden konnten. Es wurden sechs Frauen und vier Männer interviewt, wodurch vom Geschlechterverhältnis der Beschäftigtengruppe der Diplom Sozialpädagog_innen zugunsten eines leicht höheren Männeranteils etwas abgewichen wurde. Details zur interviewten Personengruppe sind dem Abschnitt 5.2.2.1 zu entnehmen. Um dem Daten- und Vertrauensschutz zu entsprechen und dennoch eine namentliche Orientierung zu ermöglichen, arbeitet die Datendarstellung mit fingierten Namen. Die verwendeten Pseudonyme stellen also nicht die tatsächlichen Namen dar. Da die Interviewten in den Gesprächen teilweise Personen, konkrete Einrichtungen oder Amtsbezeichnungen genannten haben, wurden diese Angaben in den hier verwendeten Gesprächsauszügen anonymisiert.

Das offene leitfadengestützte Expert_innen-Interview spielt im Rahmen von industrie- und bildungssoziologischen wie auch politologischen und pädagogischen Fragestellungen eine prominente Rolle (Bogner/Menz 2005: 33ff.). Die offene Interviewführung ist zum einen durch den Bezug auf einen zuvor entwickelten Leitfaden (siehe Anlage 2), zum anderen auch durch eine möglichst zugängliche Gesprächsführung gekennzeichnet. Die Konzeption eines themenbezogenen Leitfadens soll Forschenden dazu verhelfen, sich mit dem Untersuchungsthema vertraut zu machen; darüber hinaus soll eine offene Gesprächsführung erreicht werden. Der Leitfaden stellt kein zwingendes Ablaufmodell des Gesprächs dar, sondern dient lediglich der Orientierung im Gesprächsverlauf (Meuser/Nagel 2005: 72ff.). Durch die flexible Gesprächsführung können „(...) die Situationsdefinitionen des Experten, seine Strukturierung des Gegenstandes, seine Bewertungen" (Meuser/ Nagel 2005: 72) Eingang in die Erzählungen finden und erfasst werden. Diese subjektive Sicht der Expert_innen steht im Mittelpunkt und ist zentrale Erkenntnisabsicht. Das Interview zielt „(...) auf die kommunikative Erschließung und analytische Rekonstruktion der ‚subjektiven Dimension' des Expertenwissens" (Bogner/Menz 2005: 38). Expertin oder Experte ist nach Bogner und Menz (2005) jeder Mensch, der für die Bewältigung des eigenen Alltagslebens mit spezifischen Handlungskompetenzen, Wissen oder Informationen versehen ist, „(...) so dass man im weiten Sinn von einem spezifischen Wissensvorsprung bezüglich persönlicher Arrangements sprechen kann" (Bogner/Menz 2005: 40).[48] Diesem Verständnis folgend, wird an der Schnittstel-

---

48 Gramsci (1994: 1375; 1996: 1531) ist deutlich radikaler. Nach seiner Auffassung gehört Intellektualität zur anthropologischen Grundausstattung des Menschen, weshalb auch alle Menschen Philosophie betreiben. Aus keiner noch so niedrig bewerteten menschlichen Tätigkeit lässt sich Intellektualität ausschließen, nur haben eben nicht alle Menschen in der Gesellschaft die Funkti-

le von Organisation und Person geforscht. Bei den Interviews sind die Beschäftigten als Träger der Ware Arbeitskraft innerhalb des organisatorischen Kontextes von Interesse. Deren Zuständigkeiten, Aufgaben und Arbeitsanforderungen und die damit verknüpften exklusiven Erfahrungen und Wissensbestände sind die Gegenstände des Expert_inneninterviews (Meuser/Nagel 2005: 74). In diesem Sinne gelten die ausgewählten Interviewpartner_innen als Expert_innen und Intellektuelle.

Im Kontext der sich wandelnden Zusammenhänge von Arbeit und Leben und im Hinblick auf das Forschungsinteresse an den Antagonismen der Subjektivierungen sind narrative Anteile als subjektive Aussagen über Ereignisse, Empfindungen und Veränderungen notwendig. Das zentrale Element des narrativen Interviews ist die freie Erzählung eigener Erlebnisse, wie z. B. besonderer Ereignisse im Erwerbsarbeits- und Lebensverlauf, biographischer Ereignisketten oder bestimmter Statuspassagen (Diekmann 1996: 449), wobei zurückliegende oder auch aktuelle Erfahrungen rekonstruiert und in einen thematischen Kontext gesetzt werden. Gesprächsaufbau und Gesprächsentwicklung folgen dem Erlebten, denn die dem narrativen Interview zugrundeliegende Idee ist, „(...) dass mit der Auslösung des Erzählflusses eine Dynamik wirksam wird, die quasi automatisch gewissen Strukturprinzipien Rechnung trägt" (Diekmann 1996: 449). Die Erzählung als primäre Darstellungsform im narrativen Interview kann durch andere Formen der Darstellung – wie Beschreibungen und Argumentationen – ergänzt werden (Hermanns 1991: 183). Indem den Interviewpartner_innen Raum zum freien Erzählen gelassen wird, können die vielschichtigen und ineinandergreifenden Erfahrungen in den Bereichen Leben und Arbeit deutlich gemacht werden.

Bei der Auswertung der Expert_innen Interviews geht es darum, Wissensbestände, Relevanzstrukturen, Wirklichkeitskonstruktionen, Interpretationen oder Deutungsmuster zu extrahieren und in dem Kontext verschiedener Subjektivierungen zu betrachten. Die Auswertung orientiert sich an inhaltlich zusammengehörigen Themeneinheiten innerhalb des verschriftlichten Interviews (Meu-

---

on von Intellektuellen. Ausgangspunkt aller Analysen ist der Alltagsverstand: Was der Mensch weiß, wie er die Welt wahrnimmt, sie bewertet und in ihr handelt (Gramsci 1994: 1375ff.). Zugleich muss die Kritik des Alltagsverstandes Grundlage sozialwissenschaftlicher Forschung sein, denn dem Alltagsverstand wohnen neben einem guten Kern (gesunder Menschenverstand) auch Widersprüche und Borniertheiten inne (Gramsci 1994: 1379). Die menschliche Individualität betrachtet Gramsci (1994: 1348) auf drei Ebenen: Auf (1) der Ebene des Individuums, d.h. der Dynamik der aktiven Selbst(re)produktion; auf (2) der Sozialebene, d.h. der Wechselseitigkeit von Individuum und Sozium, und auf (3) der Naturebene, d.h. der Ebene der Auseinandersetzung des Individuums mit der Umwelt mittels Technik und Arbeit. Selbstveränderung und Selbstpotenzierung erreicht der Mensch durch Wirklichkeitsveränderungen. Jeder Mensch verändert sich in dem Maße, „(...) in dem er die Gesamtheit der Verhältnisse, deren Verknüpfungszentrum er ist, anders werden läßt [sic!] und verändert" (Gramsci 1994: 1348).

ser/Nagel 2005: 80). Die durchgeführten Interviews wurden in Anlehnung an die Auswertungsvorschläge von Meuser und Nagel (2005: 80ff.) bearbeitet. Die Grundlage für den geschilderten Auswertungsvorgang bildeten die vollständig transkribierten Gespräche. Nach der Transkription wurde als erster Schritt zur Auswertung der Text in seinem Alltagsverständnis in thematische Einheiten sequenziert und dann in Kernaussagen zusammengefasst. Dies erfolgte zunächst mit einer Orientierung an der Chronologie des Gesprächsverlaufs, um dicht an der subjektiven Realität zu bleiben, also um ein „(...) Verschenken von Wirklichkeit zu vermeiden" (Meuser/Nagel 2005: 83). Hieran anknüpfend wurden die Interviews quer zum Gesprächsverlauf ausgewertet, um auch Kernaussagen aus ferneren Gesprächsabschnitten zu berücksichtigen, da Gesprächssequenzen häufig untereinander in Beziehung standen oder zum Teil sogar explizit von den Expert_innen Bezug genommen wurde. Die Kernaussagen wurden im zweiten Schritt in Paraphrasen überführt, die zunächst je Kernaussage gebildet und dann ggf. miteinander verbunden wurden, soweit eine inhaltliche Aussagenähe herstellbar war. In einem dritten Schritt wurden die entwickelten Paraphrasen nach den strukturierten Themenblöcken des Interviewleitfadens geordnet und so mit Überschriften versehen (Meuser/Nagel 2005: 80ff.). Nach diesen Schritten erfolgte eine Konzeptualisierung, in welcher die dem Text entnommene Begriffe nach Maßgabe des Forschungsinteresses in eine eigene wissenschaftliche Begrifflichkeit umformuliert wurden und eine Ablösung von der Terminologie der Interviewten erfolgte (Meuser/Nagel 2005: 88). Hierfür wurden aus dem Material Codes generiert, die in Kategorien zusammengefasst wurden. Erwartungsgemäß zeigte die Codierung eine hohe inhaltliche Übereinstimmung mit dem Interviewleitfaden. Jedoch wurden so auch zusätzliche Themenkomplexe erschlossen und strukturiert. Mit Hilfe der Codes wurde eine Übersicht über Art und Ausmaß der Aussagen zu den Themen für jedes Interview möglich. Daraus konnte für jedes Interview ein Profil erstellt werden. Diese Profile wurden miteinander verglichen indem die Kategorien und Codes in Zeilen und die Merkmalsausprägungen der Personen in Spalten geordnet wurden. Anschließend wurde der Auswertungsvorgang mit einer analytischen Zuspitzung dieses Materials in einer fazithaften Zuordnung zu den theoretischen Hintergründen abgeschlossen.

5 Forschungsergebnisse

5.1 Reorganisationsanalyse

Was die Ökonomisierung strukturell bedeutet und welche Konsequenzen sich für die Entwicklung des Personals ergeben, wird im Folgenden nacheinander behandelt. Dabei muss die Reorganisationsanalyse innerbetriebliche Geschlechterverhältnisse mit in den Blick nehmen, die entweder auf faktische Ungleichstellungen und Ungleichbehandlungen verweisen oder die zu ungleichen Auswirkungen führen. Zunächst wird der Reorganisationsprozess der AWO SH abgebildet und mit dem Referenzszenario der AWO Stormarn abgeglichen. Dann wird die personelle Entwicklung der AWO SH nachgezeichnet, um anschließend auf der zentralen ersten Führungsebene und auf der zweiten Ebene der regional verteilten Einzeleinrichtungen die Strukturen und die Geschlechterverhältnisse abzubilden, die acht Jahre nach dem zentralen Organisationsentwicklungsbeschluss vorzufinden waren. Für die Kapitelzusammenfassung wird abschließend eine Art ‚Arbeitskraftfigur' in ihrer organisationalen und personalen Prägung skizziert, die eine Grundlage und Überleitung zur Subjektivierungsanalyse im nächsten Kapitel darstellt.

Die personelle Entwicklung wurde zum Zeitpunkt des ersten Reorganisationsbeschlusses und acht Jahre später zum Zeitpunkt einer unternehmerisch strukturierten AWO SH aufgenommen, um Entwicklungen analysieren zu können. Hierbei ist von Bedeutung, dass der Reorganisationsprozess zugleich ein Fusionsprozess war, da Personalbestände der regionalen Einzeleinrichtungen in eine landesweite Organisationszentrale übergingen. Personalveränderungen und Verschiebungen im Geschlechterverhältnis im Zeitraum dieser acht Jahre sind also durch Reorganisations- und Fusionsbewegungen determiniert.

5.1.1 Die strukturelle Dimension der Reorganisation

5.1.1.1 Der Reorganisationsprozess der Arbeiterwohlfahrt Schleswig-Holstein

Die AWO SH war bis 1999 als Landesverband ausschließlich in vereinsrechtlicher Form organisiert. Die Orts- und Kreisverbände stellten jeweils eigene Untergliederungen des Landesverbandes dar. Die ehrenamtlich geführten Vorstände trugen die juristische und wirtschaftliche Verantwortung für sämtliche Einzeleinrichtungen. Dies galt für den Landesvorstand, die 15 Kreisvorstände und bei neun größeren Ortsverbänden, bei denen Einzeleinrichtungen organisatorisch angesiedelt waren. Für das operative Tagesgeschäft unterhielten die Kreis- und Ortsverbände sowie der Landesverband jeweils eigene Geschäftsstellen mit Landes-, Kreis- und Ortsgeschäftsführer_innen. Abbildung 2 fasst die Organisation der AWO SH für den Stichtag 01.01.1999 zusammen.

Abbildung 2:   Vereinsstrukturen der Arbeiterwohlfahrt Schleswig-Holstein im Jahr 1999

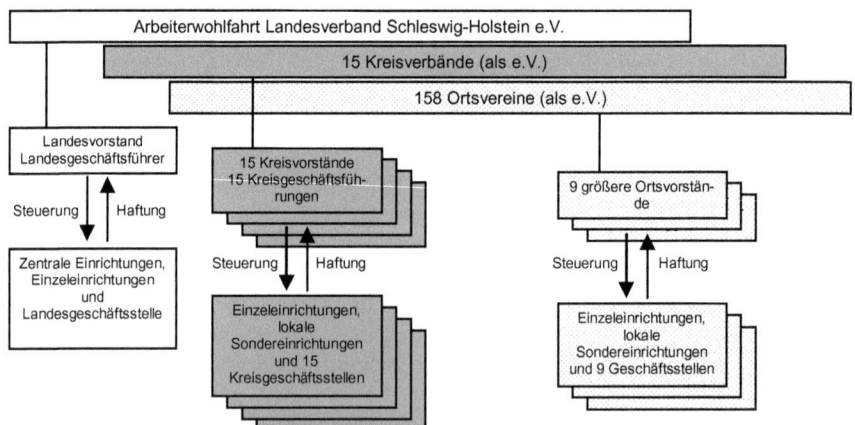

In den 1990er Jahren wurden den Trägern der Freien Wohlfahrtspflege von staatlicher Seite wachsende Aufgaben zugewiesen, wodurch deren Einrichtungs- und Beschäftigtenzahlen wuchsen (Andresen/Geest 2005a: 14f.; Priller 2004a: 26; Zimmer/Priller 2004: 186). Bei der Anzahl der Ortsvereine kam es vom Beginn der 1990er Jahre an zu gravierenden Einbrüchen im Spiegel rückläufiger Mitgliederzahlen (AWO SH 2007: 6). Bei zeitgleich wachsenden Beschäftigtenzahlen und zunehmenden Aufgaben standen einzelne Kreisverbände Mitte der 1990er Jahre vor einem massiven Steuerungsproblem und befanden sich in einer ernsten finanziellen Krise. Die vereinsrechtliche Organisationsform führte zu einer Überforderung der ehrenamtlichen Vorstände, das Wachstum entwickelte sich risikoreich und wurde mangelhaft geführt (Andresen/Geest 2005a: 15). Zugleich wurde die gesellschafts- und sozialpolitische Funktion des Verbandes vernachlässigt; der AWO SH drohte ein beliebiger Dienstleistungscharakter ohne soziales Profil (Andresen/Geest 2005a: 16). „Zugespitzt formuliert konnten diese

Defizite auch als Steuerungs- und Kontrollversagen bei gleichzeitiger Tendenz zur Aufgabe der gesellschaftspolitischen Ansprüche des Verbandes beschrieben werden" (Andresen/Geest 2005a: 15).

Initiiert wurde der organisatorische Wandel der AWO SH von der ersten Führungsebene, maßgeblich vom heutigen Gesellschafts- und Landesgeschäftsführer. Bereits seine Einstellung als Landesgeschäftsführer im Jahr 1992 hatte er an die Bedingung geknüpft, dass Personalentscheidungen vom Zugriff des Ehrenamtes abgekoppelt und ihm übertragen würden. Vom Landesvorstand ging dann eine Debatte zur Umwandlung der Vereinsstruktur in eine Unternehmensorganisation aus, so dass nicht mehr die ehrenamtlich besetzten Vorstände der Regional- und Lokalebenen, sondern eine landesweit geschäftsführende Managementspitze die Organisations-, Finanz- und Personalhoheit innehatte und die haftungsrechtliche Verantwortung trug. In der Ende der 1990er Jahre stattfindenden verbandsinternen Diskussion wurde das Ziel formuliert, dass die AWO SH sich durch weitreichende Reformschritte in ein wettbewerbsfähiges Unternehmen mit sozialpolitischer Einflussnahme verwandeln sollte (Andresen/Geest 2005b: 13). Auf der Landeskonferenz 1999 wurde eine Organisationsentwicklung

> „(...) mit den drei gleichrangigen Hauptzielen:
> der Stabilisierung und Weiterentwicklung des Mitgliederverbandes,
> der Stärkung der Spitzenverbandsfunktion im Bereich der Gesellschafts- und Sozialpolitik,
> der ökonomischen Zukunftssicherung der Dienstleistungsbetriebe" (AWO SH 2003: 12)

beschlossen. Nach der Beschlussfassung stellte sich jedoch ein erheblicher Beratungsbedarf heraus, da der Reorganisationsprozess im Einvernehmen aller Beteiligten umgesetzt werden sollte, so dass im Jahr 2001 zunächst eine intensive Konsultationsphase zur Konzeptberatung eingelegt wurde. Im Januar 2003 wurde schließlich ein neues Organisationsmodell verabschiedet und sukzessive umgesetzt.

Zum 01.01.2004 wurde eine landesweite Dachgesellschaft, die AWO Schleswig-Holstein gGmbH, gegründet. Diese wiederum organisierte ihre regionalen Dienstleistungsangebote in drei Regionalgesellschaften und die Dienstleistungsangebote aus dem Bereich der Altenpflege in einer weiteren Tochtergesellschaft (AWO SH 2007: 12). Zum Zeitpunkt einer ersten Vorerhebung im Jahr 2005 bestand die AWO SH also bereits aus einem Landesverband als eingetragenem Verein und aus einer Holding als gemeinnütziger Gesellschaft mit beschränkter Haftung. Während im Verein die ehrenamtliche und vereinsbezogene Mitgliedsarbeit verblieb und die Vereinsstrukturen sich weiterhin in die bisherigen Landes-, Kreis- und Ortsebenen unterteilten, wurden die hauptamtlichen

Tätigkeiten in gemeinnützig ausgerichtete Unternehmen mit beschränkter Haftung überführt und durch eine Holding gebündelt. Diese Vorgehensweise brachte die AWO SH auf die Formel der Trennung von Ehrenamt und Hauptamt (Andresen/Geest 2005b: 13).

> „Danach sind die zentralen Aufgaben des ehrenamtlichen Bereiches die Entwicklung und Vorgabe der gesellschafts-, sozial- und verbandspolitischen Grundsätze und die vorrangig ehrenamtlich geleistete Sozial- und Jugendarbeit. Dem hauptamtlichen Bereich obliegen die Aufgaben der Umsetzung (wie?), der von den Vorständen vorgegebenen strategischen Ziele (was?). Die hauptamtlichen Mitarbeiter/innen sollen in diesem Rahmen die Vorgaben realisieren und die Dienstleistungsbetriebe der Arbeiterwohlfahrt in Schleswig-Holstein verantwortlich steuern und leiten" (Andresen/Geest 2005a: 16).

Der für das Vorerhebungsjahr 2005 gültige Organisationsaufbau ist der Abbildung 3 zu entnehmen.

Abbildung 3:   Unternehmensstruktur der Arbeiterwohlfahrt Schleswig-Holstein im Jahr 2005 (Namen anonymisiert)

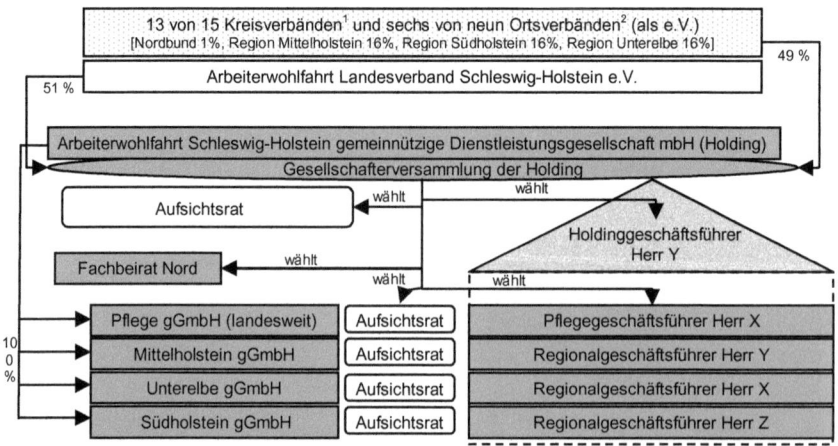

(1) Nicht beteiligt sind der Kreisverband Stormarn und der Kreisverband Kiel. (2) Im Kreisverband Rendsburg-Eckernförde ist der Ortsverband Gettorf und im Kreisverband Pinneberg ist der Ortsverband Wedel nicht beteiligt.

Die Holding fungierte als Dachgesellschaft der vier neu gegründeten, gemeinnützigen Gesellschaften mit beschränkter Haftung (gGmbH) sowie deren Einzeleinrichtungen und Dienste (AWO SH 2003: 13). Drei der vier Untergesellschaften wurden regional strukturiert (Südholstein, Mittelholstein, Unterelbe). Die vierte Tochtergesellschaft wurde landesweit für den Bereich Pflege eingerichtet, ein für die AWO SH bedeutsamer Geschäftsbereich. Von den 15 Kreis- und deren 158 Ortsverbänden schlossen sich zwei Kreis- und zwei größere Ortsverbände nicht der organisatorischen Fusion an. Nicht beteiligt an dem Fusionsprozess der AWO SH waren und sind der Kreisverband Stormarn und der Kreisverband Kiel. Zudem nahmen der Ortsverband Gettorf (als Untergliederung im Kreisverband Rendsburg-Eckernförde) und der Ortsverband Wedel (als Untergliederung im Kreisverband Pinneberg) nicht an dem Zusammenschluss teil, obwohl deren jeweilige Kreisverbände beteiligt sind. Diese beiden Ortsverbände gehören zu insgesamt neun verhältnismäßig großen Ortsverbänden mit eigenen Einzeleinrichtungen. Bei den organisatorisch beteiligten 13 Kreisverbänden wurden die Kreisgeschäftsstellen aufgelöst, so dass statt der ursprünglich 13 Kreisgeschäftsführungen nun lediglich drei Personen die insgesamt fünf Geschäftsführungspositionen innehatten (Andresen/Geest 2005b: 14). Die einzelnen Holding- und Gesellschaftsgeschäftsführer[49] wurden durch eine Wahl der Gesellschafterversammlung bestimmt.

Insgesamt zielte der organisatorische Wandel des AWO Landesverbandes durch einschneidende, den ursprünglichen Bezugsrahmen überschreitende Veränderungen auf eine gänzlich andere Strategieausrichtung und innerverbandliche Arbeitsteilung, so dass seitdem bei der AWO SH zwischen der sozialpolitischen Akteurin (Ehrenamt, Verband) und der unternehmerisch handelnden Akteurin (Hauptamt, gGmbH) unterschieden werden kann.

Allerdings musste diese Struktur im Jahr 2006 aus haftungs- und steuerrechtlichen Gründen modifiziert werden. Unter dem Dach der gemeinnützigen Arbeiterwohlfahrt Dienstleitungsgesellschaft mbH durfte es keine weiteren gGmbHs oder GmbHs geben, so dass die Tochtergesellschaften mit Beschluss der Gesellschafterversammlung vom 02.03.2006 rückwirkend zum 01.01.2006 wieder aufgelöst wurden und in der Dachgesellschaft aufgingen (AWO SH 2007: 13). Zum Erhebungsstichtag 01.01.2007 gibt es nunmehr rechtlich ein zentrales Unternehmen, die Arbeiterwohlfahrt Schleswig-Holstein gGmbH (kurz AWO SH gGmbH). Innerhalb der AWO SH gGmbH wurden eine leistungsspezifische Organisationslinie (Pflege) und vier regionale Organisationslinien geschaffen, die sich aus den vorherigen Untergesellschaften sowie der neuen Regionalgliederung Nord ergaben. Die Leitungspositionen der Organisationslinien wurden durch den Geschäftsführer der AWO SH gGmbH besetzt. Die Abbildung 4 skizziert den Organisationsaufbau der AWO SH zum Stichtag 01.01.2007.

Mit diesem erneuten Reorganisationsschritt reagierte die AWO SH nicht nur auf rechtliche Problemstellungen, sondern sie handelte zugleich weiterführend als unternehmerische Akteurin. Zusätzlich zur AWO SH gGmbH ist der Landesverband nun an zwei weiteren Gesellschaften beteiligt. Es sind die lokal

---

49 Die an dieser Stelle ausschließlich männliche Schreibweise beruht auf der faktischen Positionsbesetzung.

auf Neumünster bezogene AWO Wohnpflege ggmbH, an der der Landesverband seinen Anteil von 74,8 auf 100 Prozent erhöhte, und die ebenfalls in Neumünster ansässige AWO Service GmbH, die zu 51 Prozent dem Landesverband und zu 49 Prozent dem Kreisverband Neumünster gehört (AWO SH 2007: 13). Zwar konnten diese beiden Gesellschaften in der Organisations- und Personalabfrage nicht berücksichtigt werden, da ihre Daten nicht zentral in der Landesgeschäftsstelle erfasst sind, allerdings sind diese Gesellschaften auch relativ klein und für den Gesamtverband von eher nachrangiger Bedeutung (in der Größenordnung einer Einzeleinrichtung).

Abbildung 4: Unternehmensstruktur der Arbeiterwohlfahrt Schleswig-Holstein im Jahr 2007 (Namen anonymisiert)

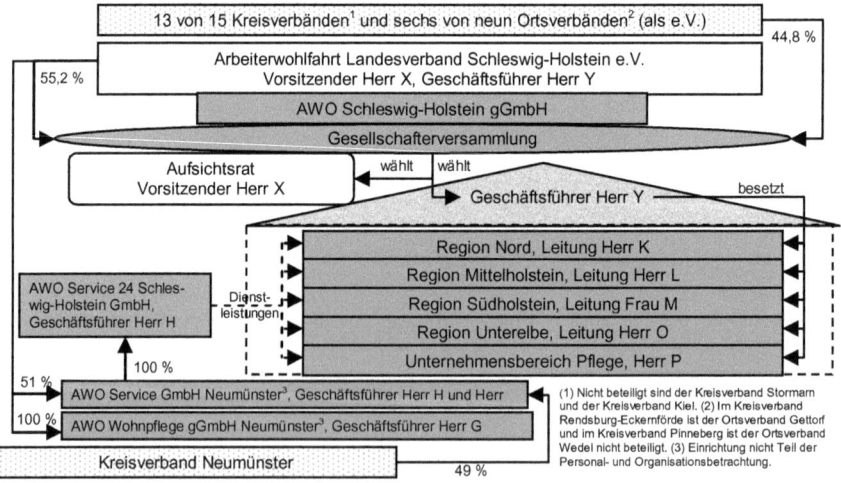

Von Bedeutung ist die am 01.07.2006 gegründete AWO Service 24 Schleswig-Holstein GmbH, die nicht gemeinnützig und eine hundertprozentige Tochter der AWO Service GmbH ist (welche wiederum zu 51 Prozent dem AWO Landesverband e.v. gehört). Ziel der AWO Service 24 Schleswig-Holstein GmbH ist es, haushaltsnahe Dienstleistungen der Arbeitsbereiche Küche, Hauswirtschaft, Reinigung sowie Haustechnik aus dem so genannten Kerngeschäft der AWO SH ggmbH herauszulösen. Während zum Erhebungsstichtag 01.01.2007 (ein halbes Jahr nach rechtlicher Gründung) der AWO Service 24 Schleswig-Holstein GmbH erst 37 Beschäftigte zuzuordnen waren, stieg der Beschäftigtenstand bis zum 30.04.2008 auf 561 Personen. 56,5 Prozent der Beschäftigten wurden von der AWO SH ggmbH übergeleitet; 43,5 Prozent waren neu eingestellte Mitarbeiter_innen. Der zum Jahresende 2006 gekündigte, allerdings in den Jahren 2007 und 2008 nachwirkende und in Verhandlung befindliche Tarifvertrag der AWO SH galt nur für die übergeleiteten Beschäftigten der AWO Service 24 Schleswig-Holstein GmbH. Der im Juli 2008 zwischen ver.di und der AWO SH gGmbH neu abgeschlossene Haustarifvertrag galt nicht für die AWO Service 24 Schleswig-Holstein GmbH. Erst über ein Jahr danach wurde ein eigener Tarifvertrag für die AWO Service 24 Schleswig-Holstein GmbH abgeschlossen. Ein Betriebsrat wurde dort erstmals im August 2008 gewählt.

Vor Ort in den Einzeleinrichtungen sind also Beschäftigte unterschiedlicher Unternehmen mit unterschiedlichen Verträgen nebeneinander tätig. Im Zeitraum von Anfang 2007 bis Mitte 2008 wurden neu angestellte Beschäftigte pauschal zehn Prozent unter den Entgelthöhen des gekündigten Tarifvertrages angestellt, bis ein neuer Haustarifvertrag diese Praxis beendete. Derartige Unternehmensaufsplitterungen und separate Formen von (Tarif)Verträgen für unterschiedliche Beschäftigtengruppen innerhalb einer Einrichtung sind den Beschäftigten bei den Trägern der Freien Wohlfahrtspflege bislang neu, in anderen Wirtschaftsbereichen sind sie seit Längerem Usus.

Im Zeitraum, in dem die Tarifauseinandersetzungen der AWO SH gGmbH stattfanden, wurde in der innerverbandlichen Zeitschrift für die Mitarbeiter_innen (AWOcado 2008a: 19, 22) vom Aufsichtsratsvorsitzenden und vom Geschäftsführer der AWO Schleswig-Holstein gGmbH betont, dass es kaum Verhandlungsspielräume gebe. Demgegenüber betonte der Betriebsratsvorsitzende des Unternehmensbereiches Pflege, Mitglied der ver.di-Tarifkommission, dass es zuletzt im Jahr 2004 eine geringfügige Entgelterhöhung gegeben habe, der Tarifvertrag bereits seit 2007 ausgelaufen sei und neue Kolleg_innen zu „(...) drastisch verschlechterten Bedingungen eingestellt" (AWOcado 2008a: 22) worden seien. Beide Seiten identifizierten eine sozialpolitische Sparpolitik als Ursache für die Entgeltsituation (AWOcado 2008a: 19, 22f.).

Die Neuausrichtung der AWO SH verfolgt das Ziel, Überschüsse zu erwirtschaften, die dafür investiert werden sollen, das Gemeinwesen durch die AWO SH zu stärken. Die unternehmerische Akteurin soll der sozialpolitischen Akteurin dienen. „Positive Betriebsergebnisse sind *Mittel* und nicht Zweck. *Der Ertrag unserer Arbeit* fließt in neue Angebote. Unsere Arbeit produziert *soziale Gewinne*" (AWO SH 2005: 15, Hervorhebungen im Original). Als wertorientierte Non-Profit-Organisation (AWOcado 2008a: 19f.) soll „(...) professionelle Sozialarbeit erfolgreich mit ehrenamtlichen Projekten und den sozialpolitischen Positionen" (AWOcado 2008a: 19) verbunden werden. „So erzeugen wir einen zivilgesellschaftlichen Mehrwert und stärken das Gemeinwesen" (AWOcado 2008a: 19).

Wie schwierig die betriebswirtschaftlichen Ziele für diesen sozialpolitischen Zweck zu erreichen sind, zeigen die wirtschaftlichen Eckdaten der AWO

SH: Konnte der Verein (AWO Landesverband Schleswig-Holstein e.v.) im Jahr 2003 noch einen Überschuss in Höhe von knapp 25 Tsd. Euro erreichen, was bei einem Umsatz von über 54 Mio. Euro vergleichsweise knapp bemessen erscheint, brachten die Jahre der Reorganisation deutliche Jahresfehlbeträge (2004: -91 Tsd. Euro und 2005: -696 Tsd. Euro). Die negative Eigenkapitalrendite wirkte sich wertzehrend aus, das Eigenkapital entwickelte sich rückläufig von 3,6 Mio. Euro im Jahr 2003 auf 2,9 Mio. Euro im Jahr 2006 (AWO SH 2007: 12). Erst nach erfolgter Organisationsweiterentwicklung konnte wieder ein knapp positives Ergebnis erzielt werden (2006: 13 Tsd. Euro). Das Anlagevermögen des Vereins stieg von 46 Mio. Euro im Jahr 1999 auf 74 Mio. Euro im Jahr 2006, die Verbindlichkeiten stiegen von knapp 30 auf knapp 50 Mio. Euro im gleichen Zeitraum (AWO SH 2003: 5; AWO SH 2007: 12). Signifikante Umsatzverschiebungen ergaben sich im Jahr 2004. Mit der Gründung der AWO Schleswig-Holstein gGmbH reduzierte sich der Umsatz des Vereins im Jahr 2004 auf unter ein Sechstel der Vorjahre. Das Unternehmen, die AWO Schleswig-Holstein gGmbH, erzielte im Jahr 2006 einen Jahresüberschuss von 81 Tsd. Euro bei einer Bilanzsumme von 12 Mio. Euro. Das Eigenkapital betrug rund 525 Tsd. Euro (wobei hierin auch Sonderposten enthalten sind) (AWO SH 2007: 12f.), so dass sich eine Eigenkapitalrendite von etwa 15 Prozent ergibt.

Anfang 2008 resümiert der Aufsichtsratsvorsitzende in der innerverbandlichen Zeitschrift für die Mitarbeiter_innen (AWOcado 2008a: 19f.), dass die Fusion zunächst Mehrkosten verursacht habe und für die relativ schlechten Jahresabschlüsse der letzten zwei bis drei Jahre verantwortlich sei. Insgesamt bewertet er den Reorganisationsprozess aber positiv und hält ihn aufgrund veränderter staatlicher Refinanzierungsmodelle für alternativlos. „Das Unternehmen scheint trotz einer Verschärfung der finanziellen Rahmenbedingungen – weitgehend verursacht durch die Kostenträger – über den Berg zu sein" (AWOcado 2008a: 19). Um Insolvenzen zu vermeiden und um Arbeitsplätze zu sichern, hat die AWO SH nach eigenen Angaben zwischen 2004 und 2007 etwa zwei Mio. Euro investiert (AWO SH 2007: 8).

Verschärft wurde der Veränderungsdruck durch negative Entwicklungen im Mitgliederbereich. Die Anzahl der Ortsvereine sank im Zeitraum 1999 bis 2002 von 185 auf 158 (AWO SH 2003: 5) und bis zum Jahr 2006 noch einmal auf 146 (AWO Bundesverband 2007: 89). Aber auch die verbliebenen Ortsvereine haben Schwierigkeiten, ihre satzungsgemäßen Ortsvorstände zu erhalten (AWO SH 2007: 6). Die Mitgliedsbestände entwickelten zwischen 1999 und 2002 noch relativ leicht rückläufig (AWO SH 2003: 5), doch nach 2002 brach der Mitgliederbestand aufgrund der Altersstruktur durch Ableben und aufgrund wirtschaftlicher Verschärfungen, die besonders das Milieus der Mitgliedschaft betreffen (zu geringes Einkommen, verstärkte Inanspruchnahme von Sozialleistungen), signifikant ein (AWO SH 2007: 6). In nur zehn Jahren verlor der Landesverband der Arbeiterwohlfahrt Schleswig-Holstein über 20 Prozent seiner Mitglieder (AWO SH 2007: 19). Zählte der AWO Landesverband Schleswig-Holstein e.V. im Jahr 1999 noch 22.516 Mitglieder (AWO SH 2003: 5), war die Zahl sieben Jahre später auf unter 20.000 gesunken (AWO SH 2007: 7, 28). Hinzu kam, dass die AWO SH die unternehmerische Entwicklung nicht sozialpolitisch und durch eine flächendeckende, professionelle Mitgliederwerbung flankierte (AWO SH 2007: 7). Anfang 2007 konzipierte die AWO SH, mit externer Unterstützung durch eine Agentur, eine Kampagne, um die Entwicklung umzukehren. Ziel ist es, den Bestand des Jahres 2006 von 19.635 Mitgliedern im Zeitraum 2007 bis 2010 um 5.000 neue Mitglieder zu erhöhen (AWO SH 2007: 7, 28). Zudem errichtete die AWO SH Sozialbüros, die zum Teil aus den früheren Kreisgeschäftsstellen entstanden, um sich für bürgerschaftliches Engagement auch gegenüber den gesellschaftlichen Gruppen zu öffnen, die über keine tradierte Bindung an die AWO verfügen (AWO SH 2007: 9). In Kooperation mit den Diensten und Einrichtungen der AWO SH soll auf diesem Wege ehrenamtliches Engagement mit dem hauptamtlichen Bereich zusammengeführt werden. Im vierten Quartal 2007 gab der Verband bekannt, dass nun vier regional zuständige Verbandssekretäre die Sozialbüros hauptamtlich unterstützen, damit diese als Schnittstellen zwischen Mitgliederverband und Unternehmensbereich fungieren können (AWO SH 2007: 9).

5.1.1.2   Referenz: Die Arbeiterwohlfahrt Stormarn

An dem organisatorischen Fusionsprozess der AWO SH sind der Kreisverband Stormarn und der Kreisverband Kiel nicht beteiligt. Zudem sind der Ortsverband Gettorf (als Untergliederung im Kreisverband Rendsburg-Eckernförde) und der Ortsverband Wedel (als Untergliederung im Kreisverband Pinneberg) weiterhin eigenständig (die Kreisverbände sind jedoch beteiligt). Diese beiden Ortsverbände gehörten zu insgesamt neun verhältnismäßig großen Ortsverbänden mit eigenen Einzeleinrichtungen. Um Unterschiede und Gemeinsamkeiten zum Reorganisationsprozess der AWO SH aufzeigen zu können, wurde stellvertretend für die nicht-fusionierten Verbände der Kreisverband Stormarn (AWO Stormarn) als Referenzmodell ausgewählt und hinsichtlich seiner Personal- und Organisationsdaten zu den beiden Stichtagen 01.01.1999 und 01.01.2007 untersucht.
Zum Kreisverband der AWO Stormarn gehören 13 Ortsvereine. Die AWO Stormarn hat sich ebenfalls reorganisiert, indem im Kreisgebiet drei gemeinnützige Gesellschaften mit beschränkter Haftung (gGmbH) gegründet wurden. Dies sind die *AWO Soziale Dienstleistungen gGmbH*, die *AWO Sozialpsychiatrische*

Dienste gGmbH sowie die AWO Mobile Soziale Dienste gGmbH. Während der AWO Kreisverband Stormarn e.v. alleiniger Gesellschafter der AWO Soziale Dienstleistungen gGmbH ist, gehören die AWO Sozialpsychiatrische Dienste gGmbH sowie die AWO Mobile Soziale Dienste gGmbH zu 100 Prozent dem Ortsverein AWO Ahrensburg e.v. Diese Gesellschafterverhältnisse ergeben sich aus den vorherigen vereinsrechtlichen Strukturen: Die zur gGmbh zusammen gefassten Sozialen Dienstleistungen waren bereits vorher kreisweit organisiert und die mobilen und sozialpsychiatrischen Dienste waren auf den Raum Ahrensburg bezogen. Einen Überblick über den Organisationsaufbau per 01.01.2007 gibt Abbildung 5.

Abbildung 5:   Struktur der Arbeiterwohlfahrt Kreisverband Stormarn im Jahr 2007 (Namen anonymisiert)

Ebenso wie bei der AWO SH ist damit eine haftungsrechtliche und organisatorische Trennung von hauptamtlicher und ehrenamtlicher Arbeit vollzogen worden. Die Verantwortung und Zuständigkeit liegt nicht mehr bei einem ehrenamtlich getragenen Vorstand, sondern bei den Geschäftsführungen. Im Gegensatz zur AWO SH wurde jedoch keine Holding gegründet; die Gesellschaften liegen zu jeweils 100 Prozent in der Hand einer Gesellschafterin und es wurden ausschließlich gemeinnützige Gesellschaften gegründet. Die AWO Mobile Soziale Dienste gGmbH bietet ausschließlich haushaltsnahe Dienstleistungen an, allerdings nicht AWO-intern in Analogie zur AWO Service 24 Schleswig-Holstein GmbH, sondern als externer Dienstleistungsbetrieb für die private Nachfrage, wenn im Falle von Krankheit, Alter, beruflicher Belastung oder auch bei Familienfeiern oder zur Freizeitgestaltung die Haushaltsführung unterstützt oder übernommen werden soll. Auffällig ist ferner, dass beide spezielleren Sozialdienst-leistungen (sozialpsychiatrische Dienste und mobile Dienste) in der Hand des Ortsvereins Ahrensburg verblieben sind, wodurch sich neben den Besitz- und Eigentumsverhältnissen auch eine andere organisatorische Macht- und Herr-schaftsstruktur als bei der AWO SH ergibt und nicht von einer zentralen Steue-rungs- und Leitungsebene gesprochen werden kann.

5.1.1.3 Die Ausrichtung der Reorganisationskonzeption

Der aufgezeigte Reorganisationsprozess der AWO SH steht in einem bestimmten Verhältnis zu den Sozialmanagementdiskursen (vgl. hierzu zusammenfassend Karsten 2005: 1760). Dass die AWO SH insbesondere an diejenigen Diskurse zum ökonomischen Umbau sozialer Organisationen anschließt, die Effizienz versprechen, und daraus Elemente adaptiert und implementiert, erscheint auf-grund der organisatorisch-wirtschaftlichen Situation naheliegend. Allerdings sind neben der ökonomischen Effizienz auch die soziale Effektivität und ihr soziokul-tureller Kontext zu beachten (Finis-Siegler 2001: 25ff.). Folglich müssen Reor-ganisations- und Managementkonzepte für wohlfahrtsverbandliche Organisatio-nen wie die Arbeiterwohlfahrt, die aus der Arbeiterbewegung hervorgegangen ist, in der wirtschaftlicher Gewinn lange Zeit nicht vorgesehen war und die aus politisch-moralischen Gründen einem kapitalistischen Akkumulationsprozessen kritisch gegenübersteht, in spezifischer Weise anschlussfähig sein. Solche Ma-nagementkonzepte müssen

- plausibel sein,
- die symptomatische Situation und die operativen Probleme aufgreifen und
- die historisch geprägte Organisationskultur und -struktur, das gegenwärtige Selbstverständnis und die strukturellen Rahmenbedingen verknüpfen.

Seit dem Beschluss der Landeskonferenz 1999 zur Organisationsentwicklung ging es im Kern um die Lösung wirtschaftlicher Probleme (durch Kostensenkun-gen, Effizienz und Zentralisierung) und um eine Verbandsentwicklung (durch Mitgliederentwicklung und sozialpolitische Einflussnahme). Hierdurch kam es zur Trennung der AWO SH in eine sozialpolitische Akteurin (auf der Seite des Mitgliederverbandes) und eine unternehmerische Akteurin (auf der Seite der gemeinnützigen Gesellschaften mit beschränkter Haftung – gGmbHs), was einen Einstieg in ein neues Sozialmanagementverständnis ermöglichte. Diese Diffe-renzierung findet sich auch in der Semantik von Haupt- und Ehrenamt wieder.

Zum Erhebungszeitpunkt 01.01.2007 konnte der Organisationsumbau keineswegs als endgültig abgeschlossen betrachtet werden, zumal der Reorganisationsprozess insgesamt dauerhaft angelegt ist. So wurde im Jahr 2007 erklärt, bis
zum 01.01.2009 werde für den Unternehmensbereich Pflege eine neue Struktur
mit regionalen Koordinator_innen geschaffen (AWOcado 2007a: 18). In Anbetracht der organisatorischen Umformungen (Gründung und Rückführung von
Tochtergesellschaften), der geplanten Organisationsveränderungen und der sozi-
al- und gesellschaftspolitischen Dynamiken ist die Reorganisation der AWO SH
als diskontinuierlicher Prozess zu verstehen, der maßgeblich von der gesellschaftlichen Sozialstruktur und den staatlichen Refinanzierungsmodellen abhängig ist.

Gesellschaftlich-strukturelle Entwicklungen gehen wechselseitig auch mit
Veränderungen in der semantischen Selbstbeschreibung der Gesellschaft einher
(Luhmann 1980: 34). Die Ökonomisierung gesellschaftlicher Bereiche, die sozialpolitischen Veränderungen und der Paradigmenwechsel der Sozialen Arbeit
haben zu einer Fülle betriebswirtschaftlicher Semantiken geführt, die bei den
Trägern der Freien Wohlfahrtspflege zur Beobachtung und Beschreibung ihrer
selbst Eingang gefunden haben. Gerade Wohlfahrtsorganisationen müssen für
sich eine semantische Übersetzungsleistung erbringen, wollen sie gesellschaftlich anschlussfähig bleiben. Folglich greifen deren organisatorische Selbstbe-
schreibungen auf Semantiken zurück, die nicht nur innerverbandlich, sondern
auch gesellschaftlich verstanden werden. Die Aussage des Geschäftsführers:
„Wir müssen ständig in der Lage sein, uns den veränderten Rahmenbedingungen
anzupassen. Nur als lernende Organisation haben wir eine Chance in der Zukunft
zu bestehen" (AWOcado 2007a: 19) wäre noch vor wenigen Jahren eher nicht
der AWO zugeordnet worden (sondern einem privatwirtschaftlichem Unternehmen). Sie veranschaulicht exemplarisch den generell diskontinuierlichen Prozesscharakter, die gesellschaftlich-strukturelle Dynamik und die übergreifende
Semantik der Reorganisation.

Reorganisationskonzeptionen beinhalten also strukturelle Entwicklungen
und semantische Konstrukte zugleich. Einerseits müssen sie für strukturelle Entscheidungen gewisse Reduktionen von Komplexität bieten, andererseits müssen sie
derart formuliert sein, dass sie genügend Interpretationsspielraum und Flexibilität enthalten, um auf möglichst vielen Ebenen unterschiedlicher Organisationsformen zu verschiedenen Zeitpunkten anwendbar zu sein. Weil gerade die Freien
Wohlfahrtsverbände aufgrund historisch-kultureller Prägungen nicht einfach
ökonomische Semantiken übernehmen (können), müssen diese zudem an bereits
etablierte und positiv besetzte Semantiken (beispielsweise Empowerment, Autonomie, Persönlichkeit, Lernen usw.) anknüpfen, um sie als passend identifizieren
zu können.

Nach Angaben des Geschäftsführers wurde für die Reorganisationsprozesse der AWO SH bewusst kein externes Entwicklungskonzept eingeholt und auch auf eine externe Reorganisationsbegleitung weitestgehend verzichtet,[50] weil dafür keine Ressourcen zur Verfügung standen und der Umbau nach eigenen Vorstellungen und mit innerverbandlichem Know-how entwickelt werden sollte. Innerhalb dieser ‚eigenen' Organisationsentwicklung lassen sich bestimmte sozialtechnische und sozialökologische Konzeptelemente identifizieren. Im Ergebnis erscheint die AWO SH dabei unentschieden zwischen der Adaption betriebswirtschaftlicher Semantiken, Techniken und Strukturen versus der Entwicklung und Anwendung spezifischer Konzepte für den sozialen Sektor.[51]

Sozialtechnische Konzeptelemente

Ein wichtiges sozialtechnisches Konzeptelement bildet die Qualität. Die AWO SH versteht sich als Marke und positioniert sich am Markt durch Qualität (AWO SH 2005: 5). Qualität wird nicht als statischer Zustand, sondern als zweifach-relativer Maßstab verstanden. Zum einen zwischen „(...) uns und unseren Kunden" (AWO SH 2005: 7), wobei sich das Wort ‚uns' auf die Mitarbeiter_innen bezieht, denen sichere Qualitätskriterien geboten werden sollen (AWO SH 2005: 8). Zum anderen werden gesellschaftliche Rahmenbedingungen als Qualitätsbegrenzungen verstanden. Qualität gilt als Kompromiss „(...) zwischen dem professionell Machbaren und dem finanziell Möglichen" (AWO SH 2005: 9), den die AWO SH selbst auszubalancieren hat. Professionalität wird in Abhängigkeit von ökonomischer Effizienz gefasst, die durch betriebswirtschaftliche Instrumente des verbesserten Finanz- und Rechnungswesens und durch ein transparentes und nachhaltiges Wirtschaften erreicht werden soll (AWO SH 2005: 9). Damit steht die Professionalität Sozialer Arbeit unter betriebswirtschaftlichem Diktat; der äußere ökonomische Rahmen determiniert und begrenzt über den innerorganisatorischen Qualitätskompromiss die Professionalität. Im Ergebnis ruft Qualität die Arbeitskraft der Professionellen in der Rationalitätskategorie ‚Leistung' an. Wenn der Erfolg der Arbeit messbar ist und effizienter erbracht wird, ist ‚mehr' Qualität möglich.

Weitere sozialtechnische Konzeptelemente zeigt der Reorganisationsprozess an sich. Die AWO SH – verstanden als ‚soziale Maschine' – funktionierte in der Vereinsstruktur nicht mehr und musste als Unternehmen neu aufgebaut wer-

---

50 Lediglich die haftungs- und steuerrechtliche Einschätzung der früheren Tochtergesellschaften erfolgte unter Hinzuziehung externer Beratung.

51 Was wiederum verdeutlicht, wie dringend Sozialmanagementforschung zu betreiben und auf aktuelle Praxisproblemstellungen zu beziehen ist.

den. Die Elemente Qualitätsmanagement, Marketing sowie Geschäftsfeld- und Portfolioentwicklung wurden im Bereich Unternehmensentwicklung zusammengefasst (AWOcado 2007a: 18; AWO SH 2005: 9) und auch die Bereiche Wirtschaft/Finanzen und Personal wurden zentralisiert (AWOcado 2007a: 18f.). Landesweit geleitet und gesteuert werden die regional gegliederten Einrichtungen der sozialen Dienste (Nord, Mittelholstein, Südholstein, Unterelbe) sowie der Pflegebereich. Entlang des landesweiten Fusionsprozesses ging es um direktere und effizientere Führungs- und Organisationsstrukturen. Durch die Abschaffung der Kreisgeschäftsstellen und den direkten Zugriff auf die Einrichtungsebene wurde die Organisationsmacht konzentriert und die Organisationshierarchie flacher. Neben diesen schlankeren Strukturen zeigt sich, dass sozialtechnisches Denken nicht ausreicht. Eine ‚Organisationsreparatur' durch regionale Fusionen kann nur bedingt gelingen, weil die historisch jeweils unterschiedlich gewachsenen Strukturen sowie die verschiedenen Einrichtungsgrößen und -formen, mit ihren jeweiligen Kulturen, bedacht werden müssen.

Sozialökologische Konzeptelemente

Daher finden sich im Zuge des organisatorischen Umbaus zudem sozialökologische Konzeptelemente, die auf die Verbandsgeschichte und auf die Umwelt rekurrieren und die auf ein Zusammenspiel der AWO SH als sozialpolitische Akteurin und als unternehmerische Akteurin hinweisen. Elemente, die eine verbesserte soziale Infrastruktur und die Sozialpolitik in den Blick nehmen, finden sich vor allem bei der AWO SH als sozialpolitische Akteurin, d.h. auf der Mitgliederverbandsebene. Die AWO SH versucht zum einen im Zusammenwirken mit den anderen Trägern der Freien Wohlfahrtspflege wohlfahrtsstaatliche Rahmenbedingungen zu verändern und zum anderen die eigene Mitgliederentwicklung anzuschieben. Mit einem Leitbild, das sich nach eigenen Angaben auf alle Felder Sozialer Arbeit bezieht (AWO SH 2005: 5), greift die AWO SH als unternehmerische Akteurin sozialökologische Elemente in den Schwerpunkten ‚Innovation' und ‚Verantwortung' auf. Unter dem Begriff Innovation wird die AWO SH als Verbundsystem mit dem Ziel verbesserter Kooperationsbeziehungen gefasst: von der Einbeziehung wissenschaftlicher Entwicklungen und Fachdebatten über die Kooperation mit Externen bis zu einer Personalentwicklung, bei der die „(...) Kompetenz, Kreativität, Verantwortungsbereitschaft" (AWO SH 2005: 11) der Mitarbeiter_innen, partnerschaftliche Beziehungen sowie Aus- und Fortbildung einen hohen Stellenwert haben (AWO SH 2005: 11). Im Bereich Verantwortung versteht sich die AWO SH als regional vernetzte, mitgliedergetragene Organisation, die zur Entwicklung der Sozialgemeinschaft beitragen will. Die AWO SH verortet sich in der Gemeinwesenarbeit (AWO SH 2005: 13) und sieht sich in einer Anwaltfunktion für Benachteiligte der Gesellschaft (AWO SH 2005: 15). Unter Bezugnahme auf ihre Tradition sieht die AWO SH in ihrer Verbindung von Verband und Unternehmen ihren „(...) wichtigsten Vorteil im Wettbewerb mit den privaten Anbietern" (AWO SH 2005: 13). Mitglieder sollen die Unternehmensbereiche unterstützen und Mitarbeiter_innen sich im Verband engagieren (AWO SH 2005: 13). Wenngleich die Jahresergebnisse bislang keine großen Überschüsse erkennen lassen, sollen diese stets in neue Angebote fließen, denn „positive Betriebsergebnisse sind Mittel und nicht Zweck" (AWO SH 2005: 15).

5.1.1.4 Die Geschäftspolitik der unterschiedlichen Akteurinnen

Welche Geschäftsfelder in welchen Geschäftsbereichen knapp acht Jahre nach dem grundlegenden Organisationsentwicklungsbeschluss vorhanden sind und welche Einrichtungsarten in welchen Einrichtungsgrößen dort vertreten sind, wurde zum Stichtag 01.01.2007 erhoben.[52] Anschließend wurde diese Struktur zur Geschäftspolitik in Beziehung gesetzt und ausgewertet. Hierbei zeigte sich, dass die AWO SH nach einer Trennung von Haupt- und Ehrenamt eine Wiederzusammenführung dieser Elemente in neuer Form beabsichtigt. Daher wird am Ende dieses Abschnittes deutlich werden, dass sich aus dieser Entwicklung neue Arbeitskraftanforderungen ergeben.

Geschäftsbereiche und Geschäftsfelder

Regelrechte Geschäftsbereiche und dazugehörige Geschäftsfelder benennt und definiert die AWO SH selbst nicht, jedoch wurden im Reorganisationsprozess zunehmend die beiden Bereiche ‚Pflege' und ‚Soziale Dienste' grob unterschieden (AWO SH 2003: 13; AWO SH 2007: 18f.). Hieran orientiert sich die Reorganisationsanalyse. Die beiden Geschäftsbereiche ‚Pflege' und ‚Soziale Dienste' dienen der Unterteilung der Organisation in spezifische Einheiten, deren Geschäftsfelder sich wiederum aus voneinander getrennten Sub-Einheiten zusammensetzen. Einen Überblick hierzu bietet Abbildung 6.

---

52 Ein Vergleich dieser Organisationsdaten mit dem Stichtag vor der Reorganisation (01.01.1999) hätte aufgrund der grundsätzlich anderen Organisationsstruktur (Verein mit Landes-, Kreis- und Ortsgeschäftsstellen) keine Grundlage und wäre angesichts der verteilten und unterschiedlich (noch) vorhandenen Datenbestände bei den damals zuständigen Kreisverbänden auch gar nicht möglich gewesen.

Abbildung 6: Geschäftsbereiche und ihre Geschäftsfelder bei der Arbeiterwohlfahrt Schleswig-Holstein im Jahr 2007

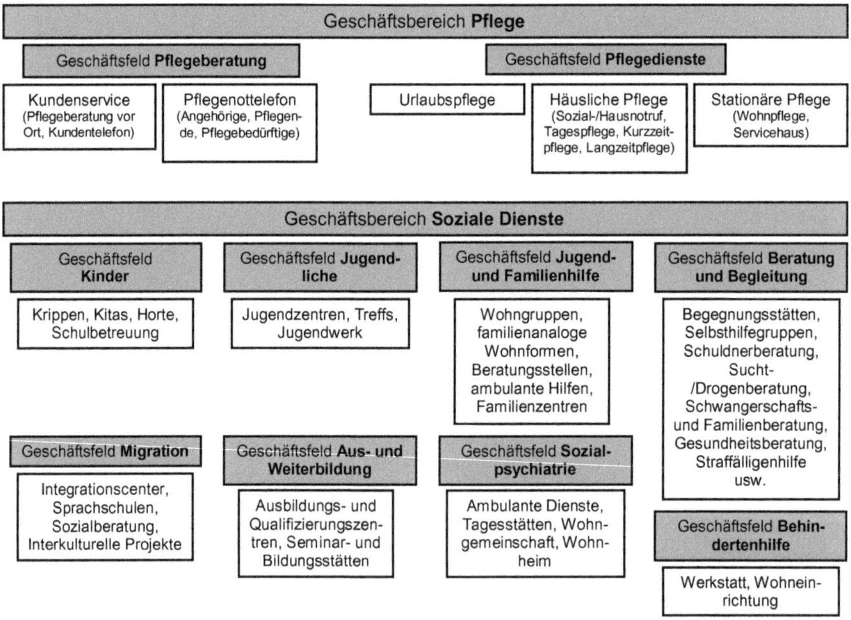

Geschäftsbereich Pflege

Geschäftsfeld **Pflegeberatung**		Geschäftsfeld **Pflegedienste**		
Kundenservice (Pflegeberatung vor Ort, Kundentelefon)	Pflegenottelefon (Angehörige, Pflegende, Pflegebedürftige)	Urlaubspflege	Häusliche Pflege (Sozial-/Hausnotruf, Tagespflege, Kurzzeitpflege, Langzeitpflege)	Stationäre Pflege (Wohnpflege, Servicehaus)

Geschäftsbereich Soziale Dienste

Geschäftsfeld **Kinder**	Geschäftsfeld **Jugendliche**	Geschäftsfeld **Jugend- und Familienhilfe**	Geschäftsfeld **Beratung und Begleitung**
Krippen, Kitas, Horte, Schulbetreuung	Jugendzentren, Treffs, Jugendwerk	Wohngruppen, familienanaloge Wohnformen, Beratungsstellen, ambulante Hilfen, Familienzentren	Begegnungsstätten, Selbsthilfegruppen, Schuldnerberatung, Sucht-/Drogenberatung, Schwangerschafts- und Familienberatung, Gesundheitsberatung, Straffälligenhilfe usw.
Geschäftsfeld **Migration**	Geschäftsfeld **Aus- und Weiterbildung**	Geschäftsfeld **Sozialpsychiatrie**	
Integrationscenter, Sprachschulen, Sozialberatung, Interkulturelle Projekte	Ausbildungs- und Qualifizierungszentren, Seminar- und Bildungsstätten	Ambulante Dienste, Tagesstätten, Wohngemeinschaft, Wohnheim	Geschäftsfeld **Behindertenhilfe**
			Werkstatt, Wohneinrichtung

Die Pflege nimmt in der Geschäftsbereichsanalyse eine Sonderstellung ein, weil allein dieser Bereich thematisch zusammenhängend und überregional organisiert erscheint. In diesem Geschäftsbereich kann bei näherer Betrachtung zwischen den Geschäftsfeldern Pflegeberatung (Kundenservice, Pflegenottelefon) und Pflegedienste (Urlaubspflege, Häusliche Pflege, Stationäre Pflege) unterschieden werden. Wie aus der Abbildung 6 ebenfalls ersichtlich wird, werden im Geschäftsbereich ‚Soziale Dienste' alle anderen, sehr unterschiedlichen Angebote der AWO SH subsumiert.

Nachdem die Geschäftsfelder und ihre Sub-Einheiten in der Praxis näher betrachtet wurden, ergaben sich Definitions- und Abgrenzungsschwierigkeiten, weil die Einrichtungen und Dienste vor Ort historisch-strukturell unterschiedlich gewachsen sind und in ihrer Zugehörigkeit zu Feldern Sozialer Arbeit unterschiedlich verstanden werden. Unterhalb der Sub-Einheiten fällt zudem auf, dass die AWO SH eine Fülle stark regionalspezifischer Dienstleitungen anbietet, die teils sogar nur einmal bei der AWO SH vertreten sind. Insbesondere die sozialen Dienstleitungen im Geschäftsfeld Beratung und Begleitung sind sehr weit gefasst. Die Erhebung ergab ein generell breit aufgestelltes Dienstleistungssortiment der AWO SH, das sich von der (Klein)Kinderbetreuung, den Angeboten für Jugendliche und den Feldern der Jugend- und Familienhilfe über vielfältige Pflegedienste, Hilfen für psychisch erkrankte oder behinderte Menschen und soziale Migrationsdienste bis hin zu Beratungs- und Betreuungsdiensten in den unterschiedlichsten Bereichen erstreckt. Damit deckt die AWO SH weite Felder Sozialer Arbeit ab, ihr Dienstleistungsspektrum weist insgesamt einen hohen Diversifikationsgrad auf. Im Bereich Pflege erscheint die horizontale Diversifikation sozialer Dienstleistungen besonders ausgeprägt. Entlang der unterschiedlich ausgeprägten Pflegebedürfnisse im Alter finden sich spezifische Dienstleistungsangebote: von der Urlaubs- und Kurzzeitpflege, der Tagespflege und häuslichen Pflege bis hin zum Servicehaus und zur stationären Intensivpflege. Vertikale Diversifikationen, also Dienstleistungen auf vor- oder nachgelagerten Stufen, ergeben sich bei der AWO SH ebenso, allerdings immer in einem engen Zusammenhang mit der originären Dienstleistung. Beispielhaft sind dazu für den Pflegebereich die relativ eng beieinander liegenden Angebote der Pflegeberatung und des Pflegenottelefons für Angehörige und Pflegende und auch der Hausnotruf für Pflegebedürftige (als Teil der häuslicher Pflege) zu zählen, doch auch die Essensversorgung, der Anschluss an ein technisches Notfallsystem und der Transport von Pflegebedürftigen gehören dazu.

Organisatorisch sind vier der fünf Untergliederungen der AWO SH gGmbH regional bezogen, aber die kleinteilige Regionalität früherer Kreisgebiete wird mit dieser Struktur deutlich überschritten und in Steuerungseinheiten konzentriert (Nord, Mittelholstein, Südholstein, Unterelbe). Die fünfte Steuerungseinheit umfasst den thematisch eindeutigen Geschäftsbereich ‚Pflege'. Für die Pflege wurde im Reorganisationsprozess also ein überregionaler Geschäftsbereich etabliert, der von einer Person zentral geleitet wird. Als zentrale Verbindung aller Steuerungseinheiten hat sich die AWO zugunsten einer gemeinsamen Geschäftspolitik des gesamten sozialwirtschaftlichen Unternehmens eine dafür zuständige Leitungsstelle Unternehmensentwicklung[53] geschaffen.

Die beschriebene Geschäftsbereichs- und Geschäftsfeldlogik wurde im Forschungsfeld nicht fertig vorgefunden, eine Systematik musste erst aus den Daten selbst erarbeitet werden. Dies hatte mehrere Gründe: Erstens lag bei der AWO SH keine einrichtungsspezifische Datensortierung vor. Zweitens waren die vorgefundenen organisatorischen Zuständigkeiten und Zugehörigkeiten der Einrichtungen zur obersten, ersten Führungsebene deutlich komplexer. Trotz Reorganisation zur gGmbH sind einige Einrichtungen nicht dem Pflegebereich oder den Regionen untergeordnet, sondern weiterhin beim Landesverband (also beim

---

53 Diese wurde jedoch im IV. Quartal 2008 wieder aufgelöst, weil die Führungsperson zwei Regionalbereiche (Nord, Mittelholstein) fusionierte und leitend übernahm. Ersatzweise ist seitdem eine Arbeitsgruppe aus Führungskräften gemeinsam für die Unternehmensentwicklung zuständig.

Verein) angesiedelt. Andere Einrichtungen wiederum sind zentral der Geschäftsstelle der AWO SH gGmbH unterstellt. Drittens herrschte im Datenrücklauf aus den Regionalbereichen ein unterschiedliches Verständnis darüber, um welche Art von Einrichtung es sich im Einzelfall handelte. Dies erschwerte eine generelle Geschäftsfeldzuordnung.

Einrichtungsarten und Einrichtungsgrößen

Die Erhebung der Einrichtungsarten und Einrichtungsgrößen musste daher in einer von der vorgenannten Geschäftsbereichs- und Geschäftsfeldlogik abweichenden Systematik erfolgen: Der Geschäftsbereich Pflege konnte nicht in Geschäftsfelder unterteilt werden, sondern wurde als eine Kategorie behandelt. Im Geschäftsbereich Soziale Dienste wurde die Kategorie ‚Kinder und Jugendliche‘ eingeführt, um Doppelnennungen zu den Punkten ‚Kinder‘ und ‚Jugendliche‘ gerechtzuwerden. Zusätzlich wurde die Kategorie ‚Verwaltung und Geschäftsstellen‘ abgefragt, um auch die dortigen Beschäftigten mit abzubilden. Schließlich wurde noch die Kategorie ‚Sonstige‘ für diejenigen Einrichtungen eingeführt, für die keine Zuordnung möglich war. Damit ergeben sich insgesamt 12 Kategorien. Werden die 190 Einzeleinrichtungen der AWO SH hiernach unterschieden und nach der Anzahl der Einrichtungen bzw. nach der Anzahl der Beschäftigten geordnet, ergibt sich die in Tabelle 4 festgehaltene Reihenfolge.

Auch bei der AWO Stormarn ergibt die Einrichtungsbetrachtung ein deutlich abgestuftes Bild, wenn auch mit etwas anderen Schwerpunkten. Dort sind Einrichtungen für Kinder am häufigsten und enthalten zugleich fast die Hälfte aller Beschäftigten. Der Pflegebereich stellt mit zwei Einzeleinrichtungen knapp ein Viertel der Beschäftigten. Einrichtungen der Sozialpsychiatrie sind zwar häufiger (Position 4), aber mit unter acht Prozent der Beschäftigten schon weit weniger beschäftigungswirksam. Ähnlich groß ist der Bereich Haushaltshilfe (unter Sonstige) vertreten, die weiteren Bereiche sind noch kleiner oder fehlen ganz.

Knapp fünf Prozent der Beschäftigten der AWO SH (AWO Stormarn 3,4 Prozent) sind in Einrichtungen der Verwaltung und Geschäftsstellen tätig, wobei hier nicht die Beschäftigten erfasst werden konnten, die anteilig verwaltungsbezogene Aufgaben in spezifischen Einzeleinrichtungen (Pflege, Kinder, Jugendliche usw.) wahrnehmen.[54]

---

54 Dieser recht geringe Wert ist auch im Zusammenhang damit zu sehen, dass Beschäftigte in den Einrichtungen von einer Zunahme verwaltungsbezogener Tätigkeiten berichten (siehe Abschnitt 9.2.4.2).

Tabelle 4: Rangfolge der Einrichtungsarten der AWO SH

Rangfolge nach Anzahl der Einrichtungen			Rangfolge nach Anzahl der Beschäftigten		
Einrichtungsart	*Anzahl*	*kumuliert*	*Anzahl*	*kumuliert*	*Einrichtungsart*
Kinder	53	27,9	1.349	46,5	Pflege
Pflege	33	45,3	683	70,0	Kinder
Beratungen und Begleitung	31	61,6	153	75,3	Kinder und Jugendliche
Kinder und Jugendliche	21	72,6	142	80,2	Verwaltung und Geschäftsstellen
Jugendliche	18	82,1	122	84,4	Beratung und Begleitung
Sozialpsychiatrie	10	87,4	101	87,9	Jugendliche
Familienhilfe	9	92,1	94	91,1	Sozialpsychiatrie
Verwaltung und Geschäftsstellen	5	94,7	86	94,1	Familienhilfe
Aus- und Weiterbildung	5	97,4	68	96,4	Aus- und Weiterbildung
Behindertenhilfe	2	98,4	47	98,0	Behindertenhilfe
Sonstige	2	99,5	36	99,3	Migration
Migration	1	100,0	21	100,0	Sonstige
GESAMT	190		2.902		GESAMT

Abbildung 7: Verteilung der Einrichtungen [N=190] und der Beschäftigten [N=2.902] auf die Einrichtungsgrößen der Arbeiterwohlfahrt Schleswig-Holstein

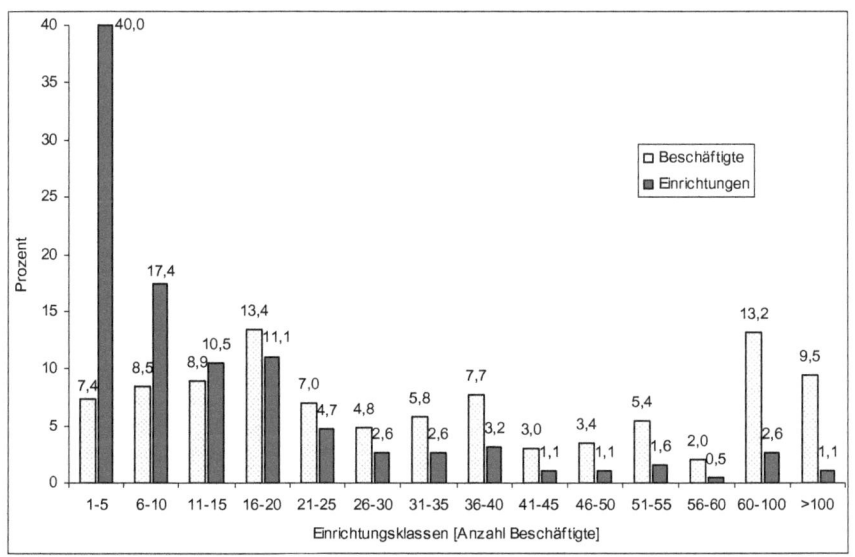

Im Durchschnitt arbeiten bei der AWO SH 15,3 Beschäftigte je Einrichtung, allerdings gibt es deutliche Schwankungen je nach Einrichtungsart und auch innerhalb dieser. So gehören 12 der 14 größten Einrichtungen der AWO SH (über 50 Beschäftigte) zur Pflege. Im Durchschnitt aller Pflegeeinrichtungen arbeiten 40,9 Personen pro Einrichtung, aber deren Beschäftigtenanzahl reicht von vier bis 171 Personen. In Einrichtungen für Kinder sind durchschnittlich 12,9 Beschäftigte bei einem Spektrum von zwei bis 50 Personen je Einrichtung tätig. Hingegen arbeiten durchschnittlich 4,1 Personen in den Einrichtungen für Beratung und Begleitung, hier reicht die Spannweite von eine_n bis 19 Beschäftigte. Am häufigsten sind äußerst kleine Einheiten mit eine_n bis fünf Beschäftigte vertreten, doch die prozentual meisten Beschäftigten finden sich in den mittleren bzw. in den wenigen großen Einrichtungen (Abbildung 7). Eine ähnliche Lage zeigt sich für das Referenzszenario, die AWO Stormarn.

Diese inhomogene Beschäftigtenverteilung und die Vielzahl kleiner Einrichtungseinheiten beinhalten aus Sicht eines zentralisierten Managements ein spezifisches Steuerungsproblem im Geschäftsfeld Soziale Dienste. Während die Erhebung im Geschäftsfeld Pflege eine inhaltliche Nähe der Einzeleinrichtungen und eine noch relativ gebündelte Personalsituation ergibt, finden sich unter dem Dach der Sozialen Dienste heterogene Einrichtungsformen entlang der gesamten Bandbreite angebotener Dienstleistungen, die in Einheiten von einer Person bis zu 50 Personen erbracht werden. Zudem sind für die vier Regionalleitungen und für den Pflegebereich jeweils unterschiedliche Einrichtungszahlen und -größen festzustellen.

Von den 185 Einrichtungen[55] befinden sich (trotz der Reorganisationsschritte) vier Einrichtungen mit zusammen 64 Beschäftigten weiterhin in der Verantwortung des Landesverbandes als Verein, fünf Einrichtungen mit 96 Beschäftigten sind zentral bei der AWO SH gGmbH angesiedelt. Zwei Einrichtungen mit 76 Beschäftigten befinden sich bei der zum Erhebungszeitpunkt im Aufbau befindlichen Nordregion (die im vierten Quartal 2008 mit Mittelholstein zusammengelegt wurde). Ein Schwergewicht im Geschäftsfeld Soziale Dienste ist die Region Unterelbe mit 68 Einrichtungen und 658 Beschäftigten. In der Region Mittelholstein mit 40 Einrichtungen finden sich 241 Beschäftigte gegenüber 39 Einrichtungen mit 280 Beschäftigten in der Region Südholstein. Zum Vergleich: Im Pflegebereich sind 32 inhaltlich zusammenhängende Einrichtungen mit 1.345 Beschäftigten zusammengefasst. Die Diskrepanz der Größenverhältnisse, die regionale Weitläufigkeit der Geschäftsfelder und die im Einzelfall unklare Zuordnung der Einzeleinrichtungen zu eben diesen Geschäftsfeldern erschwert eine einheitliche Zentralsteuerung im Geschäftsfeld 'Soziale Dienste'.

---

55 Alle Beschäftigtenangaben dieser Aufzählung gelten ohne Beschäftigte der Verwaltung und Geschäftsstellen.

Aus der direkten Zuständigkeit des zentralen Managements (erste Führungsebene) für eine Vielzahl verschiedenster Einrichtungen ist jedoch nicht automatisch von einem Steuerungsproblem auf ein Steuerungsversagen zu schließen. Auch sollte nicht automatisch die Notwendigkeit einer zusätzlichen mittleren Managementebene geschlussfolgert werden, denn zusätzliche Steuerungsebenen können kostensteigernd und als bürokratische Barriere wirken. Die früheren Kreis- und Ortsgeschäftsstellen wirkten als mittlere Ebene derart hinderlich, dass von der Leitung der AWO SH schließlich ein Steuerungsversagen mit erheblichen finanziellen Folgen konstatiert werden musste (Andresen/Geest 2005a: 15).

Zwar gibt es nach der Reorganisation zur AWO SH gGmbH in den Regionen zum Teil Fachbereichs- oder Teamleitungen, aber dies ist regional höchst unterschiedlich der Fall und wirkt nur bedingt koordinierend. Diese Personen bündeln eher kleinere Einzeleinrichtungen auf lokaler Ebene und sind zum Teil zusätzlich für eine oder mehrere Einrichtungen leitend tätig. Am ehesten ist in der Region Südholstein und bedingt in der Region Unterelbe eine tendenzielle Fachbereichsorganisation erkennbar. Für die Regionen Mittelholstein und Nord sowie im Pflegebereich gilt dies so nicht. Zum Teil liegt dies auch an der Art und der Anzahl der in diesem Bereich gebündelten Einrichtungseinheiten. Eine durchgängig koordinierende Ebene entlang der Einrichtungsarten oder nach Geschäftsfeldern gibt es nicht.

Da nach Wegfall der Kreis- und Ortsgeschäftsstellen eine zentrale Steuerung der vielen Einzeleinrichtungen durch die landesweite Managementspitze nicht mehr im Detail erfolgen kann, müssen in der Folge die Akteur_innen vor Ort mit einer größeren Autonomie ausgestattet sein. Vormals unterlagen die Einzeleinrichtungen direkter den Vorgaben und dem Einfluss der Kreis- bzw. Ortsebenen. Nunmehr müssen die Akteur_innen in den Einzeleinrichtungen autonomer agieren, auch können sie sich weniger rückversichern. Auf der ersten Führungsebene des zentralisierten Managements verbleibt die Vorgabe und Aufsicht der Globalziele (indirekte Steuerung), statt kleinteilig und detailliert anzuleiten und zu kontrollieren. Autonomie und flachere Hierarchien verlangen auf der zweiten Führungsebene mehr Selbst-Kontrolle, denn für die Zentralebene gewinnt das Ergebnis und nicht die Art und Weise der Ergebniserbringung an Bedeutung.

Zur Geschäftspolitik der Überlagerung, Trennung und Wiederzusammenführung von unternehmerischer und sozialpolitischer Akteurin

Die räumliche Fusion und die Reorganisation hatten aber nicht nur Auswirkungen auf die Hierarchien und Autonomien in der AWO SH. Die Entwicklung veränderte auch die Verbandsebene und das Zusammenspiel von Verein und neu geschaffenem Unternehmen. So blieben die Orts- und Kreisverbände auf Vereinsebene weiter bestehen, aber deren Zuständigkeiten betreffen nicht länger die Einrichtungen und die Erbringung professioneller Dienstleistungen, sondern die Mitglieder, das Ehrenamt und die sozialpolitischen Vorgaben für den Unternehmensbereich. Aus den historisch gewachsenen Vereinsstrukturen heraus wurden Unternehmensstrukturen gebildet, deren Vergangenheit immer noch sichtbar ist. In den Geschäftsbereichen wirken räumliche Muster unterschiedlich stark nach. Mit einem auf Dauer angelegten, grundsätzlichen Organisationsumbau hat sich die AWO SH einer bestimmten unternehmerischen Geschäftspolitik verschrieben (Buestrich u.a. 2008: 102f.; Dahme u.a. 2005: 94f.; Dimmel 2005: 83f.), die sich zunehmend über die territoriale Verbandsgliederung hinaus nach spezifischen Aufgaben sortiert. Dies ist besonders im Pflegebereich der Fall. Mit der Schaffung der AWO Service 24 Schleswig-Holstein GmbH ging dieser Prozess sogar einen deutlichen Schritt weiter, indem haushaltsnahe Dienstleistungen (als Sekundär- und Tertiärprozesse) nunmehr organisatorisch und rechtlich ausgegründet sind. Die damit von den Primärprozessen getrennt bereitgestellten haushaltsnahen Dienstleistungen könnten perspektivisch auch auf externen Märkte angeboten bzw. künftig von den Einrichtungen auch auf externen Märkten gemessen werden, wodurch der innerbetriebliche Wettbewerb steigen würde. Die AWO Service 24 Schleswig-Holstein GmbH wurde aus Kostengründen geschaffen und hat sich von der sozialpolitischen Akteurin deutlich entfernt, denn der Landesverband hält keine direkte Beteiligung. Mögliche Gewinne der GmbH kommen der Gesellschafterin, der AWO Service GmbH Neumünster, zugute.

Im Geschäftsbereich ‚Soziale Dienste‘ ist weder eine geschäftsfeldorientierte Organisation erkennbar, noch ist aufgrund des vielfältigen Dienstleistungssortiments eine überregionale Systematik erkennbar oder eine verlässliche Benennung der Primärprozesse möglich. Die hier vorhandene Struktur weist deutliche Spuren der Vereinsvergangenheit auf: Räumliche Fusionen erfolgten anhand der Kreisverbandsgrenzen, wodurch eine Vielzahl unterschiedlicher Einrichtungsgrößen und Einrichtungsarten zusammengefasst wurden. Während sich der Geschäftsbereich ‚Pflege‘ als klar profilierbar darstellt, weil hier eine hohe Anzahl von Einrichtungen mit gemeinsamer Ausrichtung und größter Beschäftigungswirkung für die AWO SH gebündelt wurden, ist diese Klarheit im Geschäftsbereich ‚Soziale Dienste‘ nicht gegeben. Hier fallen vor allem die vielen Einrichtungen für Kinder ins Gewicht. Insgesamt bilden die Pflege und die Kinderbetreuung das Schwergewicht der sozialen Dienstleistungen der AWO SH. Allein 45 Prozent der Einrichtungen und sogar 70 Prozent der Beschäftigten finden sich in diesen beiden Kategorien. Doch das Geschäftfeld ‚Soziale Dienste' stellt sich nicht nur nach Art der Einrichtungen regional unterschiedlich dar, sondern ist regional auch jeweils anders organisiert. Wie aufgezeigt, befinden sich die Einzeleinrichtungen in ungleicher gesamtorganisatorischer Einbindung. Die vielen kleinen Einrichtungen, die regional stark unterschiedlichen, zum Teil einmaligen Einrichtungsarten und die inhomogene Organisationsstruktur erschweren einen Überblick. Einheitliche Steuerungsstrukturen, übertragbare Profilformen und standardisierte Angebote sind hier nicht gegeben.

Nach der Trennung von Haupt- und Ehrenamt während der ersten Reorganisationsabschnitte wird die Erbringung sozialer Dienstleistungen nicht länger vom Ehrenamt gesteuert und geleitet. Der Mitgliederbereich ist seitdem für sozialpolitische Grundsätze, aber nicht für das Wie und Wann im Tagesgeschäft zuständig. Vor allem die Fragen, durch wen (Personal) und in welchen Strukturen soziale Dienstleistungen erbracht werden, liegen im Bereich der unternehmerischen Akteurin. Im Gegenzug dazu subventionieren die Mitgliedsbeiträge nicht länger die sozialen Dienstleistungen, sondern verbleiben in der Verbandsarbeit. Die Weiterentwicklung der AWO SH erfolgt dann zunehmend im Nebeneinander unternehmerischer und sozialpolitischer Akteurshandlungen, die sich in den Zielen einer Stärkung des Mitgliederverbandes bei gleichzeitiger Gewinnung von Wettbewerbsvorteilen nicht widersprechen sollen. Seit dem Jahr 2007 findet einerseits eine Re-Regionalisierung der Verbandsarbeit statt: Ehemalige Kreisgeschäftsstellen werden als regionale Sozialbüros (wieder)eröffnet, um das bürgerschaftliche Engagement vor Ort zu stärken. Andererseits wird der diskontinuierliche unternehmerische Zentralisierungsprozess fortgesetzt: Im vierten Quartal 2008 fusionierten die gGmbH-Regionen Nord und Mittelholstein, um Synergien zu erzeugen, und im Landesverband wurde im Oktober 2007 der zentrale Bereich Verbandswesen geschaffen, um die Kooperation aller Gliederungen effektiver zu gestalten und dadurch die Verbandsarbeit zu stärken (AWO SH 2008a). So lässt sich festhalten, dass die Geschäftspolitik der Trennung von unternehmerischer und sozialpolitischer Akteurin auch von Überlagerungen beider Akteursbereiche begleitet wird. Aber während die Entwicklung der unternehmerischen Akteurin von Beginn an im Zentrum der Reorganisation stand, wurde der Mitgliederbereich nicht in vergleichbarer Intensität entwickelt. Erst nachdem negative Kennzahlen die sich verschlechternde Vereinssituation abbildeten, wurde im Jahr 2007 auf zentraler Vereinsebene ein neuer Geschäftsbereich Verbandswesen geschaffen (AWOcado 2007b: 14) und in den Regionen wurden Sozialbüros eingerichtet (AWO SH 2007: 9). Seitdem strebt die Geschäftspolitik der AWO SH nach einem neuen Zusammenspiel der sozialpolitischen Akteurin (Verband und Ehrenamt) und der unternehmerischen Akteurin (gGmbH und Hauptamt). Im Kontext einer schwerwiegenden globalen Finanzkrise und den erfahrenen Grenzen der Ökonomisierung Sozialer Arbeit wurde im Jahr 2009 ein gemeinsames Kommunikationskonzept von Verband und Unternehmen begonnen, das die Gemeinsamkeiten der sozialpolitischen und der unternehmerischen Akteurin der AWO SH in neuer Weise betont:

> „Vor dem Hintergrund der Dominanz des neoliberalen betriebswirtschaftlichen Denkens und der Krise des Erwerbsarbeitssystems gerät das Gemeinwohl bei vielen marktorientierten und staatlichen Akteuren in den Hintergrund. Hingegen hat die AWO als multifunktionale Organisation das Potential, eine Brücke zwischen Gemeinwohlorientierung und wirtschaftlicher Effizienz zu schlagen" (AWOcado 2009: 2).

Auf der Basis einer Wort-Bild-Marke soll die Leitidee eines ‚Unternehmens Solidarität' im Sinne eines professionellen Sozialmarketings transportiert werden; dabei werden die Kreisverbände und regionalen Unternehmenseinheiten verpflichtet, innerhalb kurzer Zeit ein Projekt zu entwickeln (AWOcado 2009: 2). Auffallend ist, dass die AWO SH seit dem Jahr 2007 den ehrenamtlichen Bereich mit dem Unternehmensbereich in neuer Form zusammenführt. Unter Rückgriff auf das Ehrenamt strebt die AWO SH gGmbH die verstärkte Nutzung von wirtschaftlichen Vorteilen und den gezielten Ausbau von Alleinstellungsmerkmalen im weiten Dienstleistungsspektrum an. Im Gegenzug versucht der Verband, die ehrenamtliche Arbeit attraktiver zu gestalten und sich breiteren gesellschaftlichen Kreisen zu öffnen. Mit der organisatorischen Trennung von Ehrenamt und Hauptamt wurde zunächst die Verfasstheit der AWO als unternehmerische Akteurin gestärkt, wobei die AWO SH ihr Dienstleistungserbringungssystem in bestimmter Weise spezifizierte und die Leistungserbringung vom Zugriff des Ehrenamts entkoppelte. Die darauf folgende, gänzlich anders geordnete Zusammenführung von Ehren- und Hauptamt zielt zum einen auf eine neue wirtschaftliche Verbindung von Verband und Unternehmen: Die unternehmerische Nutzung des Ehrenamtes bietet potentielle Wettbewerbsvorteile in Form von Personalkostenersparnissen, da diese Dienstleistungen hauptamtlich nicht oder nur zu erheblich höheren Kosten bereitgestellt werden würden. Zum anderen bietet der Verband dem Ehrenamt Tätigkeiten unter professioneller Anleitung, womit die Attraktivität der ehrenamtlichen Arbeit und auch die Wertigkeit erhöht werden kann. Dies erfordert auch die Qualifizierung und Fortbildung im Ehrenamt. „Mit der Modernisierung des Verbandes verändert sich auch das Anforderungsprofil der vielen ehrenamtlichen Mitarbeiterinnen und Mitarbeiter der AWO Schleswig-Holstein" (AWO SH 2008a). Entsprechend spiegeln sich diese neuen Anforderungen an das freiwillige Engagement in den zentralen

Fortbildungsangeboten wider (AWO SH 2008b). Diese neue, qualitativ verbesserte ehrenamtliche Arbeitskraft bietet in ihrer Zusammenführung mit der professionellen Arbeitskraft einen wirtschaftlichen Vorteil. Privatwirtschaftliche Konkurrenten könnten dieses Zusammenspiel nicht anbieten und Personalkosten nur über das Entgelt reduzieren.

Mit der Geschäftspolitik einer organisatorischen Trennung und anschließenden Wiederzusammenführung anderer Ordnung hebt die AWO SH das Ehrenamt auf ein betrieblich neues, verwertbares Niveau. Die wettbewerbsförmige Einbeziehung des Ehrenamtes hat mit der Schaffung entsprechender Strukturen erst begonnen. Dieser neuen Arbeitskraft im ‚status nascendi' widmet die Subjektivierungsanalyse einen kurzen Exkurs (am Ende des Abschnitts 5.2.2.5), denn auf der Subjektebene ist zu fragen, ob die ökonomische Nutzung ehrenamtlicher Arbeitskraft bereits das Hauptamt erreicht hat und, falls ja, in welchen Arbeitsfeldern, in welcher Form und in welchem Ausmaß.

5.1.2 Die personelle Dimension der Reorganisation

Nach der strukturellen Dimension geht es in diesem Abschnitt um die personelle Seite der Reorganisation. Im Abschnitt über die Personaldaten der Gesamtorganisation erfolgt ein Vergleich der Stichtage 01.01.1999 und 01.01.2007. Auch bei Betrachtung dieser Daten ist wiederum zu bedenken, warum die AWO SH im Reorganisationszeitraum deutlich gewachsen ist. Dieses Personalwachstum ist einerseits durch Aufgabenausweitungen und Aufgabenübertragungen der öffentlichen Hand auf die Freien Träger der Wohlfahrtspflege zurückzuführen. Andererseits wurde der steigende Personalbestand auf Landesebene durch Fusionen der Verbandsgliederungen im Reorganisationsprozess verursacht. Personal, das 1999 noch auf Orts- und Kreisebene angesiedelt war, wechselte organisatorisch und arbeitsrechtlich auf die Landesebene. Während also die Landesdaten für 1999 das Personal der Orts- und Kreisverbände noch gar nicht umfassen konnten, war das Personal dieser Ebenen im Jahr 2007 mit dem Personalbestand des Landesverbandes verschmolzen. Eine nachträgliche Erhebung früherer Personalbestände auf Orts- und Kreisebene war mangels entsprechender Datenbestände nicht möglich. Durch die Fusion lagen aber nun landesweite Daten zur Personalsituation der Managementspitze und der Einrichtungsleitungen zum Stichtag 01.01.2007 vor, die gesondert analysiert wurden. Bei den Leitungsdaten konnte zusätzlich eine Unterscheidung nach Berufen vorgenommen werden, so dass eine spezielle Berufsgruppenanalyse für die Sozialpädagog_innen möglich war. Zunächst soll es aber um die gesamten Personaldaten der Organisation gehen.

5.1.2.1   Personaldaten der Gesamtorganisation

Die Personaldaten der Gesamtorganisation umfassen alle Beschäftigten der AWO SH gGmbH, des Landesverbandes AWO SH e.V. sowie der AWO Service 24 Schleswig-Holstein GmbH. Wie schon bei der Organisationsanalyse konnten auch die Personalzahlen der AWO Service GmbH Neumünster und der AWO Wohnpflege gGmbH Neumünster nicht berücksichtigt werden, da die Landesgeschäftsstelle diese Zahlen nicht erfasst. Durch ihre lokale Bezogenheit sind sie in der Größenordnung einer Einzeleinrichtung zu verorten.

Anzahl der Beschäftigten

Das Beschäftigtenwachstum, das durch die Fusion der Personalbestände der Orts- und Kreisvereine und durch die gestiegenen Aufgaben zustande kam, ist signifikant. Im Untersuchungszeitraum ist das Beschäftigungsvolumen der AWO SH um den Faktor 2,4 gewachsen. 1999 waren 1.271 Frauen und Männer bei der AWO SH tätig, mit Beginn des Jahres 2007 waren es 3.077 Personen, die zu 96,1 Prozent bei der AWO SH gGmbH, zu 2,7 Prozent beim Landesverband und zu 1,2 Prozent bei der AWO Service 24 SH GmbH angestellt waren. Durch die Personalüberleitung in die AWO Service 24 SH GmbH und durch Neueinstellungen verschob sich dieses Verhältnis nach dem Erhebungsstichtag.

Insgesamt ist das Geschlechterverhältnis im Reorganisationszeitraum in ähnlicher Größenordnung geblieben, aber der Männeranteil erhöhte sich leicht. Im Jahr 2007 waren zu 77,9 Prozent Frauen und zu 22,1 Prozent Männer bei der AWO SH tätig; vor dem Reorganisationsprozess waren es 79,2 bzw. 20,8 Prozent gewesen. Werden die Zivildienstleistenden, Praktikant_innen und Teilnehmer_innen des Freiwilligen Sozialen Jahres aus den Gesamtbeschäftigtenzahlen herausgerechnet, betrug der Männeranteil im Jahr 1999 lediglich 14,9 Prozent und 17,1 Prozent im Jahr 2007. Da die Arbeitskraft dieser Personengruppen aber Teil der gesamten Arbeitskraft innerhalb der Organisation war, wurden diese Arbeitskraftformen mit abgebildet.

Folgerungen aus den Verschiebungen in den Geschlechterverhältnissen der AWO SH müssen mögliche regionale Einflüsse berücksichtigen, denn im Reorganisationszeitraum kamen unterschiedliche Kreisverbände mit unbekannten Geschlechterverhältnissen dazu. Daher wurden Veränderungsbewegungen des Geschlechterverhältnisses im Referenzszenario und bundesweite Daten über die Sozialberufe zu Rate gezogen. Bei der AWO Stormarn hat der Reorganisationsprozess im selben räumlichen Zusammenhang stattgefunden, Einflüsse aus Fusionen gab es nicht, weshalb die Entwicklung allein aufgabenbedingt beeinflusst war. Dennoch ist der Personalumfang ähnlich stark angewachsen wie bei der AWO SH, nämlich um den Faktor 2,3. Im Jahr 2007 waren 328 Personen bei der AWO Stormarn tätig, acht Jahre zuvor waren es 140. Die Beschäftigtengruppe der Frauen überwog sogar noch stärker als bei der AWO SH: Die Geschlechteranteile lagen im Jahr 1999 bei 85,7 Prozent Frauen und 14,3 Prozent Männer; es verschob sich bis 2007 in die gleiche Richtung wie bei der AWO SH: Der Männeranteil wuchs auf 17,1 Prozent. Werden auch hier die Zivildienstleistenden, Praktikant_innen und Teilnehmer_innen des Freiwilligen Sozialen Jahres aus den Gesamtbeschäftigtenzahlen herausgerechnet, verbleiben nur noch 13,4 Prozent Männer im Jahr 1999 bzw. 14,6 Prozent im Jahr 2007.

Unter Rückgriff auf das Referenzszenario kann das deutliche Personalwachstum als maßgeblich durch die Aufgabenexpansion verursacht betrachtet werden; dabei ist ein leicht steigender Männeranteil zu verzeichnen. Um die bundesweite Beschäftigtenentwicklung in der Sozialen Arbeit hinzuziehen zu können, wurden vergleichbare Datensätze recherchiert. Leider ist die statistische Erfassung bei den zum sozialen Dienstleistungsbereich arbeitenden wissenschaftlichen und forschenden Institutionen uneinheitlich (Karsten u.a. 1999: 17) und für die Träger der Freien Wohlfahrtspflege existiert keine Gesamtstatistik. Daher mussten Statistiken herangezogen werden, die nur bedingt geeignet sind. So weisen die statistischen Ämter der Länder (2008) das Gesundheits-, Veterinär- und Sozialwesen nur zusammen aus. Hier stieg der Beschäftigungsindex im Zeitraum 2000 (Index=100) bis 2005 auf den bundesweiten Wert von 110,1. Mit einem Bestandsentwicklungsindex von 112,2 liegt Schleswig-Holstein etwas über dem Bundestrend. Der Anteil der Erwerbstätigen im Gesundheits-, Veterinär- und Sozialwesen an den Erwerbstätigen insgesamt stieg in diesem Zeitraum deutschlandweit von 9,4 auf 10,4 Prozent und in Schleswig-Holstein von 10,7 auf 12,3 Prozent (Statistische Ämter der Länder 2008).

Um das Personalwachstum der AWO SH mit dem Arbeitsmarkt für soziale Fachkräfte abzugleichen, wurden Daten des Instituts für Arbeitsmarkt- und Berufsforschung (IAB 2008; 2009) herangezogen, für die allerdings zwei Punkte zu berücksichtigen sind. Erstens zieht das IAB den Erhebungsstichtag 30.06. des jeweiligen Jahres heran. Für die Erhebung bei der AWO SH wurde jedoch der 01.01. des jeweiligen Jahres gewählt. Da es im Folgenden aber um eine Bestandsentwicklung geht, kann dieser Unterschied hingenommen werden. Zweitens erhebt das IAB Daten getrennt nach bestimmten Berufen. Demgegenüber lag bei der AWO SH der Personaldatenbestand nicht nach Berufen getrennt vor. Daher wurden beim IAB keine Einzelberufe abgerufen, sondern für weitere Berechnungen die IAB-Berufsgruppe 86 ,Sozialpflegerische Berufe' zugrunde gelegt. Da das IAB unter der Berufsgruppe 86 ,Sozialpflegerische Berufe' auch die Berufsordnung 863 ‚Arbeits- und Berufsberater/innen' [sic!] (IAB 2009) subsumiert, wurden diese aus den Berufsordnungsdaten herausgerechnet. Eine derart bereinigte Bestandsentwicklung und Gegenüberstellung mit der AWO SH ist in Tabelle 5 enthalten. Demnach erhöht sich der Bestandsentwicklungsindex ‚Sozialpflegerische Berufe' von 1999 (=100) auf 122 im Jahr 2007. Eine separate Berechnung des Bestandsentwicklungsindex nach Geschlecht ergibt den Wert 121 für die Genusgruppe Frauen und den Wert 125 bei den Männern. Trotz des höheren Indexwertes bei den Männern ändert sich das Geschlechterverhältnis kaum. Der hohe Frauenanteil verschiebt sich in acht Jahren lediglich von 84,4 auf 84,0 Prozent, womit die absolute Zunahme von rund 33.400 Männern (gegenüber 151.100 Frauen) kaum relative Wirkung entfaltet. Hierbei ist zu beachten, dass die Beschäftigtenentwicklung je nach IAB Berufsordnung unterschiedlich verläuft.[56]

Tabelle 5: Beschäftigtenentwicklung in den Sozialberufen in Deutschland und bei der AWO Schleswig-Holstein von 1999 bis 2007 (Index 1999 = 100)

	‚Sozialpflegerische Berufe' bundesweit	AWO Schleswig-Holstein	AWO Stormarn
Bestandsentwicklungsindex	122	242	234
Frauenindex	121	238	227
Männerindex	125	257	280
Eigene Erhebung und Berechnung. Bundesweite Daten auf der Basis IAB (2008) berechnet.			

Bei der AWO SH wächst der Index aller Beschäftigten deutlich stärker auf 242 (AWO Stormarn: 234). Der Indexwert der Frauen steigert sich auf 238 (AWO Stormarn auf 227), der der Männer auf 257 (AWO Stormarn auf 280). Dem höheren Männerindex liegt ein reales Wachstum um 416 Männer zugrunde (gegenüber 1.390 Frauen), wodurch das Geschlechterverhältnis um 1,3 Prozentpunkte zugunsten des Männeranteils verschoben wird. Der AWO SH Bestands-

---

56 Innerhalb der Berufsgruppe 86 ‚Sozialpflegerische Berufe' sind Unterschiede in den Berufsordnungen interessant. So liegen die errechneten Männerindizes für das Jahr 2007 bei den Berufsordnungen 861 Sozialarbeiter/innen, Sozialpfleger/innen und der Berufsordnung 862 Heimleiter/innen, Sozialpädagogen/innen [sic!](IAB 2008; 2009) unter den Frauenindizes, was sich mit dem abnehmenden Männeranteil in den Studiengängen Sozialer Arbeit deckt (Klein/Wulf-Schnabel 2007a). In der Berufsordnung 864 Kindergärtner/innen, Kinderpfleger/innen, Erzieher/innen [sic!] jedoch wächst der Männerindex von 110 im Jahr 2001 (Frauenindex 102) auf 144 im Jahr 2007 (Frauenindex 112), also deutlich stärker, was sich aber aufgrund des hohen Frauenanteils von 96,3 Prozent (im Jahr 2007) im Geschlechterverhältnis lediglich um 0,8 Prozentpunkte in acht Jahren auswirkt. Das Wachstum von rund 9.800 Männern im Jahr 1999 auf 14.200 Männer im Jahr 2007 ist zwar innerhalb der Genusgruppe deutlich, aber bei den Frauen stieg die Beschäftigtenzahl stärker, nämlich um rund 40.500 auf über 369.600 im selben Zeitraum.

entwicklungsindex für Frauen fällt etwas, der für Männer deutlich höher aus, wenn die Zivildienstleistenden, Praktikant_innen und Teilnehmer_innen des Freiwilligen Sozialen Jahres aus den Gesamtbeschäftigtenzahlen herausgerechnet werden.

Zusammenfassend gilt, dass für den Erhebungszeitraum bei der AWO SH ein im bundesweiten Vergleich überdurchschnittlicher Personalzuwachs zu verzeichnen ist. Die relativ stärkere Zunahme der Männer bewirkt nur eine leichte Veränderung im Geschlechterverhältnis, weil der hohe Frauenanteil diese Wirkung dämpft.

Da bei der AWO Service 24 Schleswig-Holstein GmbH zum Jahresbeginn 2007 lediglich 37 Beschäftigte tätig waren und der Ausbau erst danach begann, wurde eine Nacherhebung per 30.04.2008 durchgeführt. Innerhalb dieser Zeit war der Beschäftigtenstand der AWO Service 24 GmbH auf 561 Personen angewachsen. Diese Servicebeschäftigten sind zu 85,6 Prozent Frauen. 56,5 Prozent aller Beschäftigten wurden von der AWO SH gGmbH übergeleitet, 43,5 Prozent waren neu eingestellte Mitarbeiter_innen. Damit ist auch im Servicebereich ein hohes Personalwachstum bei hohem Frauenanteil zu verzeichnen.

Beschäftigungsarten

Um mehr über die Zusammensetzung des Personalbestandes zu erfahren, wurden Daten zu den Beschäftigungsarten erhoben. Daten des damaligen Landesverbandes aus dem Jahr 1999 wurden Daten der AWO SH für das Jahr 2007 gegenübergestellt. Im untersuchten Reorganisationszeitraum galt der Bundesmanteltarifvertrag der AWO (BMT AW II), der in der Hauptsache zwischen Angestellten, Arbeiter_innen und Angestellten im Pflegedienst unterschied. Von diesen Beschäftigungskategorien nicht erfasst wurden die geringfügig Beschäftigten, die Zivildienstleistenden, Teilnehmer_innen am Freiwilligen Sozialen Jahr und die Praktikant_innen. Weil deren Arbeitskraft aber für die Gesamtleistung der AWO SH von Bedeutung ist, wurde dieser Personenkreis in der Kategorie ‚ohne Vergütungsgruppe' erfasst und analysiert. Hierunter fallen nicht die allgemein abwertend bezeichneten ‚Ein-Euro-Jobs' (Arbeitsgelegenheit mit Mehraufwandsentschädigung nach § 16d SGB II), weil diese bei der AWO SH nicht vorkommen. Zur Personalzusammensetzung bei der AWO SH gibt Tabelle 6 Auskünfte.[57]

2007 sind deutlich häufiger Angestellte und etwas häufiger Personen ohne Vergütungsgruppe vertreten. Weniger häufig waren Arbeiter_innen und Pflege-

---

57 Ein Abgleich mit dem Referenzszenario war nicht möglich, da die AWO Stormarn ihre Personaldaten nach einer anderen Systematik erfasste.

kräfte. Demnach verlief das Wachstum der AWO SH vor allem im Angestellten-
bereich. Unterschiede zwischen den Genusgruppen Frauen und Männer sind
sowohl zum jeweiligen Erhebungsstichtag, als auch in der Veränderungsbewe-
gung zwischen den Jahren auffällig. So waren Männer 1999 deutlich häufiger
Angestellte als Frauen, was sich 2007 umgekehrt darstellt. Auch im Pflegebereich bricht die Häufigkeit der Männer regelrecht ein, doch in der Kategorie
‚ohne Vergütungsgruppe' wächst deren Häufigkeit deutlich. Während 1999
Frauen häufiger als Männer ohne Vergütungsgruppe waren, ist es 2007 jeder
zweite Mann – eine Entwicklung, die durch mehr Männer im Freiwilligen Sozialen Jahr (FSJ)[58], vor allem aber unter den geringfügig Beschäftigten verursacht
wird. Frauen sind 2007 deutlich häufiger Angestellte. Alle anderen Kategorien
nehmen bei ihnen in der Häufigkeit ab. Differenziertere Analysen innerhalb der
Statusgruppen Angestellte, Arbeiter_innen, Angestellte im Pflegedienst und
‚ohne Vergütungsgruppe' erfolgen im Abschnitt 5.1.2.1 (dort am Ende unter
Personalkosten und Entgelt).

Tabelle 6:   Personalzusammensetzung der AWO SH (Häufigkeitsverteilung in
            Prozent)

	1999			*2007*		
	Frauen	Männer	Frauen und Männer	Frauen	Männer	Frauen und Männer
Angestellte	27,7	48,1	32,8	45,0	36,7	43,1
Arbeiter_innen	14,5	2,7	11,5	7,9	3,8	7,0
Pflegepersonal	28,2	28,7	28,3	22,7	9,1	19,6
Ohne Vergütungsgruppe	29,5	20,6	27,3	24,4	50,4	30,3

Um die Beschäftigungssicherheit einschätzen zu können, wurden befristete und
unbefristete Beschäftigungsverhältnisse erhoben. In die Erhebung der Befris-
tungsformen wurden Zivildienstleistende, FSJ-Teilnehmer_innen und Prakti-
kant_innen nicht einbezogen, weil diese stets befristet tätig sind. Die Häufig-
keitsveränderungen zwischen 1999 und 2007 bei den befristeten und unbefristeten Beschäftigungsformen sind insgesamt marginal. 1999 waren 66,8 Prozent der
Beschäftigten unbefristet beschäftigt, nach acht Jahren der Reorganisationsentwicklung liegt die Häufigkeit um 0,7 Prozentpunkte höher. Jedoch stellt die
befristete Beschäftigungsform mit dem über den betrachteten Zeitraum hinweg
recht konstanten Anteil von rund einem Drittel aller Beschäftigten eine etablierte
Beschäftigungsform dar. Befristung ist somit nicht atypisch, sondern eine Vari-

---

58 Die Regelungen für das Freiwillige Soziale Jahr wurden erst zum 01.06.2008 durch das Gesetz
    zur Förderung von Jugendfreiwilligendiensten (JFDG) novelliert. Somit galt für den Betrach-
    tungszeitraum 1999 bis 2007 noch die Bezeichnung Teilnehmer_innen am Freiwilligen Sozialen
    Jahr (FSJ). Heute bezeichnet als Teilnehmer_innen im Jugendfreiwilligendienst (JFD).

ante der Normalbeschäftigungen. Unbefristung und Befristung stellen bei der AWO SH unabhängig vom Reorganisationszeitraum etablierte Formen der Arbeitskraftbindung dar.

Innerhalb der Befristung ist jedoch eine geschlechtsspezifische Verschiebung bedeutsam: Während im Jahr 1999 beim Landesverein nur ein Mann befristet beschäftigt war (gegenüber 154 unbefristet beschäftigten Männern), sind es im Jahr 2007 bei der gGmbH 149 Männer bzw. 33,3 Prozent aller Männer. Bei den Frauen sinkt der Anteil von 39,0 auf 32,4 Prozent (719 Frauen). Zwischen den Genusgruppen findet also eine Art geschlechtliche Befristungsharmonisierung statt. Männliche Arbeitskraft verliert im Reorganisationsprozess den exklusiven Ausschluss von befristeter Arbeitskraftbindung.

Eine andere Entwicklung zeigt die Betrachtung des Referenzszenarios. Bei der AWO Stormarn steigen die unbefristeten Beschäftigungsverhältnisse von 14,3 auf 30,6 Prozent. Damit war Befristung vor der Reorganisationszeit seltener, erreichte im Reorganisationsprozess aber einen Wert ähnlicher Größenordnung wie bei der AWO SH. Mit 15,4 Prozent im Jahr 1999 und mit 32,4 Prozent im Jahr 2007 liegt die Unbefristetenquote der Männer jeweils darüber, bei den Frauen mit 14,1 bzw. 30,3 Prozent leicht darunter. Aufgrund des insgesamt geringeren Männeranteils (und der geringeren zugrunde liegenden absoluten Zahlen) sind diese Angaben allerdings nur begrenzt belastbar.

Bei den geringfügigen Beschäftigungsverhältnissen (so genannte Mini-Jobs oder 400 Euro-Jobs) der AWO SH tritt zwischen 1999 und 2007 eine Häufigkeitszunahme ein. Gemessen an der Gesamtzahl aller Beschäftigten wächst der Anteil geringfügig Beschäftigter von 11,0 auf 15,1 Prozent. Der Frauenanteil pendelt in etwa um den bei den Gesamtbeschäftigten. Im Jahr 2007 sind es 78,9 Prozent; acht Jahre zuvor waren es 1,0 Prozentpunkte weniger. Im bundesweiten Vergleich sind dies überdurchschnittliche Werte, denn bei allen geringfügigen Beschäftigungsverhältnissen in Deutschland lag der Frauenanteil im Jahr 2004 bei 67 Prozent (Bothfeld 2005: 135). Noch höher sind die Anteile der geringfügig Beschäftigten sowie der Frauenanteil an dieser Gruppe bei der AWO Stormarn: 20,7 Prozent im Jahr 1999 bzw. 22,0 Prozent im Jahr 2007 sind zu diesem Personenkreis zu zählen. Der Frauenanteil liegt mit 82,8 bzw. 83,3 Prozent noch über dem der AWO SH, wenngleich er sich in ähnlicher Größenordnung wie der Frauenanteil an allen Beschäftigten der AWO Stormarn befindet. Damit ist weibliche Arbeitskraft in wachsendem Ausmaß von geringfügiger Beschäftigung betroffen.

Weil vermutet wurde, dass für die geringfügig Beschäftigten die Personalüberleitung in die AWO Service 24 Schleswig-Holstein GmbH bedeutsam ist, wurden die dortigen geringfügig Beschäftigten per 30.04.2008 noch einmal nacherhoben. Zu diesem Zeitpunkt waren dort 38,1 Prozent aller Beschäftigten geringfügig Verdienende. Dieser im Vergleich zur AWO SH deutlich höhere Wert ist aber nur bedingt auf früheres Personal der AWO SH zurückzuführen. Zum 01.01.2007 waren bei der AWO SH 464 Personen geringfügig beschäftigt, doch per 30.04.2008 befinden sich bei der AWO Service 24 Schleswig-Holstein GmbH nur 73 übergeleitete geringfügig Beschäftigte (gegenüber 141 neu eingestellten geringfügig Beschäftigten). Demnach muss der Großteil der geringfügig Beschäftigten bei der AWO SH verblieben sein und kann folglich nicht allein in den haushaltsnahen Nebenprozessen tätig sein. Daraus ergibt sich, dass in den haushaltsnahen Dienstleistungen und in den Primärprozessen sozialer Dienstleistungen zunehmend geringfügig genutzte Arbeitskraft eingesetzt wird.

Die Ausbildungsquote der AWO SH sank im Zeitraum 1999 bis 2007 von 6,1 auf 5,2 Prozent. Hierbei ist zu beachten, dass Sozialberufe schulgebundene Ausbildungen sind und in der Ausbildungsquote eher Verwaltungsberufe abgebildet werden. Unter den Auszubildenden steigern Männer ihren Anteil von 9,1 auf 32,1 Prozent. Bei der AWO Stormarn waren keine Auszubildenden verzeichnet.

Bestimmte Sonderformen sind in den vorgenannten Ausführungen noch nicht berücksichtigt, die für die AWO SH gleichwohl von Bedeutung sind. Praktikant_innen[59], Zivildienstleistende und FSJ-Teilnehmer_innen wurden gesondert betrachtet.[60] Diese Arbeitskräfte sind in bestimmten Feldern Sozialer Arbeit integraler Bestandteil, ihre Anzahl verdoppelte sich im betrachteten Reorganisationszeitraum bei der AWO SH. Gerade für den Männeranteil ist diese Personengruppe bedeutsam. 1999 waren 38,2 Prozent der Männer der AWO SH hier tätig. Auch nach der starken Zunahme der Gesamtbeschäftigten bis zum Jahr 2007 beträgt der Männeranteil immerhin noch 30,9 Prozent. Zum Vergleich: Bei den Frauen belaufen sich die Anteile lediglich auf 4,7 bzw. 3,0 Prozent (1999 bzw. 2007). Den größten Personenkreis in dieser Gruppe der Männer bilden jeweils die Zivildienstleistenden. Gerade der Zivildienst wird in seiner günstigen Kostenbedeutung[61] für die Träger der Freien Wohlfahrtspflege betont (BMFSFJ 2002: 113ff., 190ff.), doch auch die beliebter werdenden Freiwilligendienste erzielen sicherlich zunehmend Kostenersparnisse. Der Anteil der belegten Zivil-

---

59 Hierunter fielen im Untersuchungszeitraum Sozialpädagog_innen, Heilpädagog_innen, Erzieher_innen und Kinderpfleger_innen im Praktikum bzw. im Anerkennungsjahr. Allerdings zählten bei der AWO SH im Jahr 1999 nur 20 und im Jahr 2007 nur 28 Personen zu diesem Personenkreis.

60 Zunächst wurden auch Beschäftigte in Altersteilzeit betrachtet. Da aber deren Anzahl für eine belastbare Betrachtung zu gering war, wurde auf eine Auswertung verzichtet.

61 Anknüpfend an die Überlegung, die Wehrpflicht und den Zivildienst abzuschaffen, empfiehlt Scherl (2004) den Trägern der Freien Wohlfahrtspflege fiskalisch günstigere Personenkreise nach SGB II zu nutzen - eine problematische Empfehlung, denn dieser Personenkreis könnte nur kurzfristig beschäftigt werden, ohne dass sich daraus eine existenzsichernde Beschäftigung bei der AWO SH ergäbe.

dienstplätze am Gesamtpersonal der Träger der Freien Wohlfahrtspflege betrug im Jahr 2000 bundesweit 5,9 Prozent (BMFSFJ 2002: 191). Ein Wert, um den herum auch die Entwicklung bei der AWO SH pendelt. Zwar erhöhte sich die absolute Anzahl der Zivildienstleistenden im betrachteten Reorganisationszeitraum von 82 auf 145 Männer, aber da das Gesamtwachstum der Beschäftigung stärker ausfällt, sinkt der relative Anteil von 6,5 auf 4,5 Prozent der Gesamtbeschäftigten. Der Anteil der FSJ-Teilnehmer_innen bleibt mit rund drei Prozent stabil. Absolut betrachtet erhöht sich die Teilnehmer_innenzahl von 37 auf 96, wobei der Männeranteil von 5,4 Prozent im Jahr 1999 auf 44,8 Prozent im Jahr 2007 stark anwächst. Männliche Arbeitskraft hat also über Sonderformen (Zivildienst, Teilnahme am Freiwilligen Sozialen Jahr) eine hohe Bedeutung für die AWO SH. Aus anderen Untersuchungen (Meyer 2006; Tremel/Möller 2006a; 2006b) ist bekannt, dass Männer über den Zivildienst Zugang zur Sozialen Arbeit finden. Nunmehr zeigen die vorliegenden Daten, dass Männer verstärkt auch über die Freiwilligendienste Berührung mit den Feldern Sozialer Arbeit bekommen.

Arbeitszeit und Vollzeitäquivalent

Das Normalarbeitsverhältnis wird nach wie vor maßgeblich über eine Vollzeitbeschäftigung definiert. Der vertraglich vereinbarte Arbeitszeitumfang für die Vollzeitbeschäftigung bei der AWO SH betrug im gesamten Untersuchungszeitraum 38,5 Wochenstunden für tariflich Beschäftigte und 40 Wochenstunden für AT-Angestellte. Teilzeitverhältnisse wurden zur differenzierten Analyse in verschiedenen Wochenarbeitszeitgruppen erhoben: bis zehn Stunden, über zehn bis 20 Stunden, über 20 bis 30 Stunden, über 30 Stunden. Eine entsprechende Zusammenstellung der Ergebnisse zeigt Tabelle 7.

Tabelle 7: Häufigkeitsverteilung der Zeitumfänge der Beschäftigung bei der AWO Schleswig-Holstein (in Prozent)

	1999			*2007*		
Wochenarbeitsstunden	Frauen	Männer	Frauen und Männer	Frauen	Männer	Frauen und Männer
Vollzeit	39,7	58,3	43,8	27,0	47,0	31,4
Teilzeit über 30 h	6,2	6,7	6,3	6,7	3,4	6,0
Teilzeit über 20 bis 30 h	17,0	10,2	15,5	24,2	8,8	20,7
Teilzeit über 10 bis 20 h	15,4	9,9	14,2	23,1	7,5	19,6
Teilzeit bis 10 h	21,8	14,8	20,2	19,0	33,2	22,2
In der Summe rundungsbedingte Abweichungen von 100 Prozent.						

Während 39,7 Prozent der Frauen und 58,3 Prozent der Männer bei der AWO SH im Jahr 1999 Vollzeitbeschäftigte waren, liegen deren Anteile im Jahr 2007 nur noch bei 27,0 bzw. 47,0 Prozent. Entsprechend stärker verschiebt sich die Beschäftigung in die verschiedenen Teilzeitumfänge, wobei eine geschlechtliche Segmentierung auftritt. Im Jahr 2007 sind in den beiden Gruppen über zehn bis 20 Stunden und über 20 bis 30 Stunden zusammen knapp die Hälfte aller Frauen zu finden. Demgegenüber sind rund ein Drittel aller Männer lediglich bis zehn Stunden tätig und die Hälfte arbeitet in Vollzeit. Zwischen diesen beiden Arbeitszeitextremen finden sich kaum Männer.

In der deutlich überwiegenden Mehrheit sind Männer im Jahr 2007 entweder in Vollzeit oder in geringster Teilzeit beschäftigt. In diesem Zusammenhang ist interessant, dass die Anzahl der Männer, die lediglich bis zu zehn Wochenstunden arbeiten, deutlich über der Zahl der Männer liegt, die auf 400 Euro-Basis tätig sind; die geringste Teilzeit lässt sich also nicht allein durch 400 Euro-Kräfte erklären. Die Vollzeitform ist auch 2007 nach wie vor die gewichtigste Arbeitszeitform für Männer, aber sie verliert gegenüber 1999 signifikant an Bedeutung. Gleichzeitig mit der Zunahme der unbefristeten Beschäftigung (siehe Beschäftigungsarten) steigt für Männer die Bedeutung der Teilzeitarbeit bis zehn Wochenstunden. Für Frauen war und ist Teilzeitarbeit die häufigste Beschäftigungsform, aber gegenüber 1999 brechen die Vollzeitverhältnisse noch einmal deutlich ein. Bis auf die geringfügigste Teilzeitform nehmen alle Teilzeitformen zu, wodurch sich die Häufigkeitsverteilung über sämtliche Voll- und Teilzeitbeschäftigungsformen breiter verstreut, als dies bei den Männern der Fall ist.

Eine andere Ausgangssituation und Entwicklung findet sich im Referenzszenario. Bei der AWO Stormarn nahmen Vollzeitbeschäftigungsverhältnisse bereits im Jahr 1999 mit einer Quote von 17,1 Prozent eine Randstellung ein. 30,0 Prozent der Männer waren bei der AWO Stormarn im Jahr 1999 in Vollzeit tätig und diese Häufigkeit steigert sich auf 46,4 Prozent im Jahr 2007. In den Teilzeitgruppen sinkt die Männerhäufigkeit und ist im Jahr 2007 (auch aufgrund der geringen Fallzahlen) ohne spezifische Ausprägung. Damit tendieren Männer bei der AWO Stormarn stärker zum Vollzeiternährermodell. Waren Frauen schon im Jahr 1999 nur zu 15,0 Prozent in Vollzeit tätig, sinkt dieser Wert im Jahr 2007 auf 9,9 Prozent. Die größte Häufigkeit hat 2007 bei Frauen die Teilzeitgruppe bis 30 Stunden, aber auch die nachgelagerten Teilzeitformen sind annähernd so häufig. Somit finden sich Frauen bei der AWO Stormarn in deutlicher und steigender Ausprägung in Teilzeitformen.

Bei der AWO Service 24 Schleswig-Holstein GmbH sind die bis zum 30.04.2008 auf 561 angestiegenen Beschäftigten zu 83,2 Prozent Teilzeitkräfte. Die Teilzeitquote der 480 Frauen beträgt 82,7 Prozent, die der 81 Männer liegt mit 86,4 Prozent sogar darüber. Mit 45,8 Prozent sind fast die Hälfte der Teilzeitbeschäftigten zugleich Geringverdienende (400 Euro-Kräfte).

Arbeiten in Teilzeit wurde im Reorganisationszeitraum der AWO SH zum zentralen Arbeitskraftnutzungsumfang. Die sich hierbei einstellende zeitliche Polarisierung männlicher Arbeitskraftnutzung (in Vollzeit und in geringster Teilzeit) und die zunehmende Verteilung weiblicher Arbeitskraftnutzung über alle Zeitformen verweist auf eine Feminisierung der Arbeit als Anpassung nach unten (Jurczyk 2001: 25). Das personelle Wachstum der AWO SH geht mit einer deutlichen Zunahme der Teilzeitverhältnisse einher.

Abbildung 8: Indexentwicklung absolut Beschäftigung und Vollbeschäftigteneinheiten (VBE) [1999=100] bei der Arbeiterwohlfahrt Schleswig-Holstein

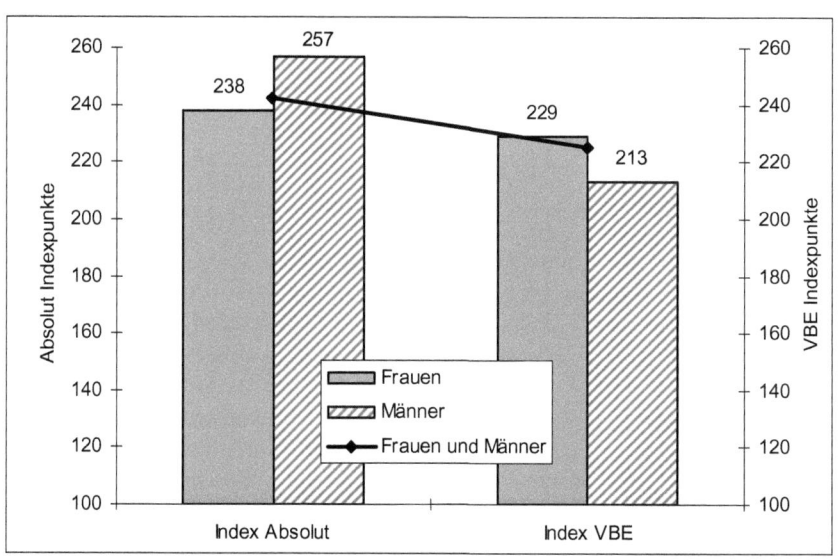

Um die Personalentwicklung auf standardisierter Basis zwischen 1999 und 2007 vergleichen zu können, wurden die verschiedenen Teilzeitumfänge entsprechend gewichtet und in Vollbeschäftigteneinheiten (VBE) überführt. Hiernach ergeben sich für die AWO SH 893 VBE im Jahr 1999 und 2.010 VBE im Jahr 2007. Bei der AWO Stormarn sind es 79 VBE bzw. 193 VBE. In der VBE-Betrachtung erhöht sich der Männeranteil gegenüber der Betrachtung absoluter Beschäftigtenzahlen leicht auf 23,6 (gegenüber 20,8) Prozent im Jahr 1999 und auf 24,9 (gegenüber 22,1) Prozent im Jahr 2007, weil verhältnismäßig mehr Männer als

Frauen in Vollzeitbeschäftigung arbeiten. Aber die im untersuchten Reorganisationszeitraum beobachtete leichte Zunahme der Männer relativiert sich, wenn die Entwicklung der Vollbeschäftigteneinheiten als Index berechnet wird. Auch dies lässt auf eine stärkere Zunahme geringfügiger Teilzeitbeschäftigung bei den Männern schließen. Die Indexentwicklung für Frauen und Männer gibt Abbildung 8 wieder. Werden die Entwicklungen bei den Sozialberufen[62] in Deutschland (IAB 2008), die Entwicklungen bei der AWO SH und bei der AWO Stormarn um Teilzeiteffekte bereinigt und miteinander verglichen, bleibt das überdurchschnittliche Wachstum der AWO SH (und der AWO Stormarn) erhalten (Tabelle 8).

Tabelle 8: Beschäftigtenentwicklung in den Sozialberufen in Deutschland und bei der AWO Schleswig-Holstein von 1999 bis 2007 (Index 1999 = 100) unter Berücksichtigung der Arbeitszeitumfänge

	‚Sozialpflegerische Berufe' bundesweit	AWO Schleswig-Holstein	AWO Stormarn
Bestandsentwicklungsindex	122	242	234
VBE-Bestandsentwicklungsindex	116	225	245
Vollzeitindex	98	178	221
Teilzeitindex	171	303	237
Eigene Erhebung und Berechnung. Bundesweite Daten auf der Basis IAB (2008) berechnet.			

Neben den in Tabelle 8 angeführten Daten wurden die Teilzeitgruppen bei der AWO SH noch detaillierter betrachtet. Innerhalb der Teilzeit ist eine starke Zunahme in den Gruppen über zehn bis 20 Stunden (Index 344) und über 20 bis 30 Stunden (Index 332) bei der AWO SH besonders ausgeprägt. Hier sind Frauen im Jahr 2007 deutlich häufiger vertreten als noch 1999. Bei der AWO Stormarn liegt der VBE-Index sogar noch über dem Beschäftigungsentwicklungsindex, was auf ein besonders deutlich aufgabenbedingtes Wachstum schließen lässt. Wird darüber hinaus bedacht, dass der bundesweite Beschäftigungsentwicklungsindex aller sozialversicherungspflichtig Beschäftigten mit einem Wert von 97 Indexpunkten für das Jahr 2007 sogar rückläufig ist und dass auch im Berufsbereich 3 aller ‚sekundären Dienstleistungsberufe' der Index lediglich auf 106 steigt (IAB 2008), wird offensichtlich, welcher Beschäftigungseffekt von den ‚Sozialpflegerischen Berufen' und besonders von der AWO SH ausgeht. Auch wenn zu berücksichtigen ist, dass in den produktorientierten primären und sekundären Berufen der Anteil der Teilzeitbeschäftigten (IAB 2008) nicht annähernd so stark steigt wie bei den ‚Sozialpflegerischen Berufen' oder wie bei der

---

62 Aus der IAB-Berufsgruppe 86 ‚Sozialpflegerische Berufe' wurde erneut die Berufsordnung 863 ‚Arbeits- und Berufsberater/innen' [sic!] herausgerechnet.

AWO SH, liegt der um Teilzeiteffekte bereinigte Beschäftigungseffekt der ‚Sozialpflegerischen Berufe' deutlich darüber. Die Beschäftigungswirkung der AWO SH übertrifft wiederum noch die ‚Sozialpflegerischen Berufe'. Die VBE-Bestandsentwicklungsindizes belegen dies.

Ein deutschlandweiter Vergleich mit den anderen Wohlfahrtsverbänden ist nur bedingt möglich, denn die Bundesarbeitsgemeinschaft der Träger der Freien Wohlfahrtspflege (BAG FW) erhebt Daten diskontinuierlich und mit nur bedingter Belastbarkeit.[63] Nach Angaben der BAG FW (2006: 13) stiegen die Beschäftigungszahlen bei den Mitgliedsverbänden im Zeitraum von 2000 bis 2004 um 22 Prozent. Auch diese Entwicklung ist in erster Linie auf einen Zuwachs der Teilzeitarbeitskräfte um über 39 Prozent zurückzuführen. Gleichzeitig steigt die Zahl der Vollzeitbeschäftigten um nur neun Prozent. Davon abweichend gibt Priller (2004b: 136f.) für die Caritas an, dass der Personalbestand dort nicht wächst, sondern seit dem Jahr 2000 um drei Prozent rückläufig ist. Für den Zeitraum 2004 bis 2007 gibt die Caritas (2008a; 2008b) selbst einen um sieben Prozent gestiegenen Personalbestand an, wobei die Zahl der Teilzeitbeschäftigten um 12 Prozent angestiegen ist. Die Diakonie veröffentlicht regelmäßig umfangreiches Statistikmaterial (Diakonie 1999; 2003; 2007). Auf Basis dieser Daten konnte errechnet werden, dass sich der Personalbestand zwischen 1998 und 2006 (jeweils zum 01.01.) wie folgt entwickelte (Tabelle 9):

Tabelle 9: Beschäftigtenentwicklung bei der Diakonie von 1998 bis 2002 und bis 2006 (Index 1998 = 100) ohne Berücksichtigung der Arbeitszeitumfänge

Stichtag	*01.01.2002*	*01.01.2006*
Gesamtindex	108	104
Vollzeitindex	99	91
Teilzeitindex	120	122
Eigene Berechnung auf der Basis Diakonie (1999; 2003; 2007)		

Insgesamt stieg also der Personalbestand im Beobachtungszeitraum, wenngleich das Gesamtwachstum der Diakonie nicht das Steigerungsniveau der AWO SH erreichte und sich zwischen 2002 und 2006 sogar eine rückläufige Tendenz einstellte. Dies geht auf die insgesamt negative Entwicklung der Vollzeitbeschäftigungsverhältnisse zurück. Demgegenüber stiegen die Teilzeitbeschäftigtenzahlen durchgehend. Personaldaten anderer Träger der Freien Wohlfahrtspflege konnten nicht analysiert werden. Das Deutsche Rote Kreuz wollte keine Personaldaten

---

63 So sind die Zuwächse bei den Wohlfahrtsverbänden nach Angaben der BAG FW (2006: 13, 63) teilweise auch auf eine verbesserte Erfassung zurückzuführen.

zur Verfügung stellen und der Bundesverband der Arbeiterwohlfahrt führt keine zentrale Personalstatistik.

Zusammenfassend ist zu konstatieren, dass bei der AWO SH immer mehr Arbeitskraft gebunden und immer häufiger in Teilzeit und geringfügiger Beschäftigung genutzt wird. Davon gehen eine gesellschaftliche und eine geschlechtliche Wirkung aus. Gesellschaftlich betrachtet werden häufiger Arbeitskräfte für die Erbringung sozialer Dienstleistungen eingesetzt. Dabei wird die soziale Arbeitskraft (weiter) vergeschlechtlicht. Zum einen wird zunehmend weibliche Arbeitskraft eingesetzt (Vollbeschäftigteneinheiten). Zum anderen wird die Arbeitskraft zunehmend in einer Art und in einem Umfang eingesetzt, deren Merkmale weiblich konnotiert sind und von denen auch Männer betroffen sind (Feminisierung der Arbeit).

Personalkosten und Entgelt

Für die Arbeiterwohlfahrt galt von 1977 bis 2004 ein Bundesmanteltarifvertrag (BMT AW II), der per Übergangstarifvertrag mit leichten Modifikationen bis zum 31.12.2006 Gültigkeit besaß und sich stark an dem damaligen Bundesangestelltentarifvertrag (BAT) orientierte. Nach Auslaufen des BMT AW II wirkten seine Regelungen bei der AWO SH noch 17 Monate nach,[64] bis es nach einem Arbeitskampf zu einem Haustarifvertrag mit Rückwirkung zum 01.06.2008 kam. Für die beiden erhobenen Stichtage 01.01.1999 und 01.01.2007 war der BMT AW II somit einheitliche Grundlage. Innerhalb des BMT AW II gab es ein dreigliederiges System: Vergütungsgruppen für Angestellte,[65] Lohngruppen für Arbeiter_innen[66] und Vergütungsgruppen für Angestellte im Pflegedienst.[67] Die Gruppe der Leitenden Angestellten umfasste der BMT AW II nicht, weil für sie außertarifliche Entgeltregelungen (AT) getroffen wurden. Für die Erhebung wurde zudem die Kategorie ‚ohne Vergütungsgruppe' geschaffen, in der die Auszubildenden, geringfügig Beschäftigten, Zivildienstleistenden, Teilnehmer_innen am Freiwilligen Sozialen Jahr und Praktikant_innen[68] zusammenge-

---

64   Neueinstellungen wurden allerdings zehn Prozent unter den tariflichen Entgelthöhen bezahlt.

65   Vergütungsgruppen von X (niedrigste Entgeltstufe) bis I (höchste Entgeltstufe).

66   Vergütungsgruppen von 1 (niedrigste Entgeltstufe) bis 9 (höchste Entgeltstufe).

67   Vergütungsgruppen von IX (niedrigste Entgeltstufe) bis I (höchste Entgeltstufe).

68   Allerdings gab es für Praktikant_innen im BMT AW II (und auch im BAT) eine eigene Vergütungsregelung, denn Sozialpädagog_innen mussten im Anschluss an das früher sechssemestrige Diplomstudiums ein Anerkennungsjahr zur staatlichen Anerkennung ableisten. Als fast ausgebildete Fachkraft erhielten sie über 1.300 Euro monatlich. Doch die Umstellung auf achtsemestrige Diplomstudiengänge führte dazu, dass aus dem Anerkennungsjahr zwei Praxissemester wurden und die angehenden Sozialpädagog_innen keinen Anspruch mehr auf ein tarifliches Entgelt hatten, weil sie nun als Studierende galten und nicht mehr unter den Personenkreis des BMT

fasst wurden. Deren Arbeitskraft ist Teil der gesamten Arbeitskraft innerhalb der Organisation, weshalb sie mit abgebildet wird.

Die Personalkosten der AWO SH wurden als monatliche Gesamtkosten je Vergütungsgruppe der Monate Januar 1999 und Januar 2007 inklusive aller Sozialabgaben und ohne anteilige Jahressonderzahlungen erhoben. Von der AWO Stormarn konnten aus Datenschutzgründen keine Angaben über Personalkosten zur Verfügung gestellt werden, denn der geringe Personenkreis und die Aufschlüsselung der Frauen- und Männeranteile je Gehaltsgruppe hätten personenbezogene Rückschlüsse ermöglicht. Im Untersuchungszeitraum steigen die monatlichen Personalgesamtkosten der AWO SH von rund 2,4 Mio. Euro auf rund 5,3 Mio. Euro. Während die durchschnittlichen Personalkosten pro Person um 122 Euro von monatlich 1.792 Euro auf 1.670 Euro auch teilzeitbedingt sinken, verringern sich die arbeitszeitbereinigten Durchschnittskosten je Vollbeschäftigteneinheit um 26 Euro von 2.777 auf 2.651 Euro. Demnach reduzieren sich die Personalkosten der AWO SH im betrachteten Zeitraum (1999 Index = 100) leicht auf den Indexwert 99. Dieser Rückgang (trotz bundesweiter Teuerung) lässt sich ggf. auch auf Senkungen der Lohnnebenkosten zurückführen, weshalb die Personalkostenentwicklung im Wirtschaftssektor des Gesundheits-, Veterinär- und Sozialwesens zu Rate gezogen wurde. Dort steigen nach Angaben des Statistischen Bundesamtes (2008) die Personalkosten je Vollzeitarbeitsplatz zwischen dem 01.01.2000 (Indexwert = 100) und dem 31.12.2006 auf den Indexwert 105. Im Vergleich zur bundesweiten Entwicklung verringern sich demnach die Personalkosten bei der AWO SH gegen den Trend.

Der leichte Personalkostenrückgang der AWO SH steht im Zusammenhang mit Verschiebungen im Entgeltsystem nach unten. In der Gruppe der Angestellten und in der Gruppe der Arbeiter_innen wächst die Häufigkeit unterer Vergütungsgruppen. Die Häufigkeit mittlerer und hoher Vergütungsgruppen geht entsprechend zurück. Beim Pflegepersonal wachsen untere und mittlere Vergütungsgruppen. Die Verschiebungen im Pflegebereich sind vor allem darauf zurückzuführen, dass die Fachkraftquoten in den Pflegeeinrichtungen an die gesetzlichen Vorgaben nach unten angepasst wurden.[69] Eine Übersicht enthält Tabelle 10, wobei zur besseren Übersichtlichkeit obere, mittlere und untere Vergütungsklassen gebildet wurden.

AW II (oder des BAT) fielen. Für die Vergütung der Diplomstudierenden gab es lediglich Empfehlungen zur Entlohnung, die rechtlich unverbindlich waren und weit unter der früheren Tarifgruppe lagen.

69 Nach Auskunft des Leiters des Unternehmensbereiches Pflege fand die Anpassung der Fachkraftquote nach unten bei einer gleichzeitigen Qualitätssteigerung der Pflege statt.

Tabelle 10: Häufigkeitsverteilung der Vergütungsklassen bei der AWO SH in
Prozent

	1999			2007		
	Frauen	Männer	Frauen und Männer	Frauen	Männer	Frauen und Männer
Angestellte	27,7	48,1	32,8	45,0	36,7	43,1
... *davon*						
AT	1,4	4,3	2,5	0,7	6,4	1,8
Obere Vergütungsklasse (III-I)	6,9	11,2	8,4	3,5	10,5	4,9
Mittlere Vergütungsklasse (Vc-IVa)	67,5	56,5	63,5	54,8	61,8	56,2
Untere Vergütungsklasse (X-VIb)	24,2	28,0	25,6	40,9	21,3	37,1
Arbeiter_innen	14,5	2,7	11,5	7,9	3,8	7,0
... *davon*						
Obere Vergütungsklasse (5-9)	2,8	55,6	5,8	2,1	28,6	5,4
Mittlere Vergütungsklasse (3-4a)	51,7	11,1	49,4	51,5	21,4	47,7
Untere Vergütungsklasse (1-2a)	45,5	33,3	44,8	46,4	50,0	46,8
Pflegepersonal	28,2	28,7	28,3	22,7	9,1	19,6
... *davon*						
Obere Vergütungsklasse (III-I)	40,8	15,6	34,4	28,5	12,1	26,8
Mittlere Vergütungsklasse (Va-IV)	50,7	77,1	57,4	62,4	75,8	63,8
Untere Vergütungsklasse (IX-VI)	8,5	7,3	8,2	9,1	12,1	9,5
Ohne Vergütungsgruppe	29,5	20,6	27,3	24,4	50,4	30,3

Tabelle 11: Rangfolge der fünf wichtigsten Vergütungsklassen für das Jahr 2007
bei der AWO SH (Rangfolge für 1999 in Klammern)

Frauen			*Männer*	
Vergütungsklasse	kumuliert	kumuliert	Vergütungsklasse	
1. Mittlere Angestelltenklasse (2.)	24,7	50,4	1. Ohne Vergütungsgruppe (3.)	
2. Ohne Vergütungsgruppe (1.)	49,1	73,1	2. Mittlere Angestelltenklasse (1.)	
3. Untere Angestelltenklasse (6.)	67,5	80,9	3. Untere Angestelltenklasse (4.)	
4. Mittlere Pflegeklasse (3.)	81,7	87,8	4. Mittlere Pflegeklasse (2.)	
5. Obere Pflegeklasse (4.)	88,1	90,2	5. Obere Angestelltenklasse (5.)	

Insgesamt wächst die Häufigkeit der Gruppe der Angestellten und die Kategorie
‚ohne Vergütungsgruppe'. Die Häufigkeit der Arbeiter_innen war bereits im Jahr
1999 nicht sehr hoch und geht bis 2007 auf 7,0 Prozent zurück. Auch die Häufigkeit der Pflegegruppe geht von 28,7 auf 19,6 deutlich zurück. Offenkundig
wächst der Personalbestand in der Pflege nicht im gleichen Ausmaß wie die
Gesamtbeschäftigung. Die Häufigkeit, mit der Männer unter den Angestellten
und im Pflegepersonal anzutreffen sind, bricht regelrecht ein. Unter den Arbei-

ter_innen sind Männer im gesamten Zeitraum selten zu finden.[70] Hingegen steigt deren Häufigkeit in der Kategorie ‚ohne Vergütungsgruppe' signifikant. Zugleich ist trotz der für Männer insgesamt abnehmenden Häufigkeit unter den Angestellten eine Zunahme der Männer bei den außertariflich Angestellten und bei den mittleren Angestellten zu beobachten. Hier geht ihr Häufigkeitswert bei der unteren Vergütungsklasse zurück. Zudem wurden die wichtigsten Vergütungsklassen nach Geschlecht ermittelt (Tabelle 11). Hier stimmt die Häufigkeitsverschiebung bei den Männern mit der Tendenz zunehmender Teilzeit überein. Insgesamt betrachtet, positionieren sich Männer bipolar entweder als Angestellte in gesicherter Vollzeitbeschäftigung oder als prekär Beschäftigte mit geringem Arbeitszeitvolumen und niedrigem Entgelt. Positionen zwischen diesen Extremen sind deutlich seltener.

Die Kategorie ‚ohne Vergütungsgruppe' avanciert bei den Männern zur wichtigsten Kategorie. Hierunter fallen Männer als Zivildienstleistende, als 400 Euro-Kräfte, als Auszubildende, als Teilnehmer am Freiwilligen Sozialen Jahr und als Praktikanten (in der Reihenfolge der Häufigkeit). Recherchen zum Personenkreis der 400 Euro-Kräfte ergaben, dass es sich hierbei insbesondere um Männer handelt, die im Geschäftsbereich Pflege als Fahrer oder Pfleger tätig sind. Ein Teil dieser Männer ist im Anschluss an den Zivildienst oder an das Freiwillige Soziale Jahr eher kurzfristig auf 400 Euro-Basis beschäftigt, um die Zeit bis zum nächsten Bildungs- oder Berufsabschnitt zu überbrücken. Berufsbiographisch gesehen ist geringfügige Beschäftigung bei diesen Männern also an einen recht frühen und kurzen Lebensabschnitt gebunden und hat somit temporären Charakter. Frauen der Kategorie ‚ohne Vergütungsgruppe' sind vornehmlich auf 400 Euro-Basis beschäftigt. Erst mit deutlichem Abstand folgen die Auszubildenden, Teilnehmerinnen am Freiwilligen Sozialen Jahr und Praktikantinnen. Bei den weiblichen 400 Euro-Kräften sind keine sonderlichen Anzeichen für die Überbrückung eines Lebensabschnittes erkennbar, zumal die Summe der Teilnehmerinnen am Freiwilligen Sozialen Jahr und Praktikantinnen nicht einmal ein Fünftel der weiblichen 400 Euro-Kräfte ausmacht, so dass hier kein überleitender Zusammenhang entsteht. Geringfügige Beschäftigung zieht sich bei Frauen eher durch weitläufige und mittlere Lebenszeitabschnitte, während sie bei Männern häufiger auf einen bestimmten Lebenszeitabschnitt angelegt ist. Bei der AWO SH zeigen geringfügige Beschäftigungen von Frauen und Männern einen unterschiedlichen berufsbiographischen Charakter. Dieses Ergebnis deckt sich mit einem Sonderbericht der Bundesagentur für Arbeit (2004: 18) zu geringfügig Beschäftigten in Deutschland. Demnach nehmen vor allem jüngere Männer (bis 24 Jahre) und ältere Männer (ab 60 Jahren) Formen ausschließlich geringfügiger

---

70 Hinter den relativ hohen Werten bei den mittleren und unteren Arbeitervergütungsklassen im Jahr 2007 standen faktisch nur sechs bzw. 14 Männer.

Beschäftigung auf, während dies bei Frauen besonders zwischen dem 34. und 44. Lebensjahr der Fall ist. Diese Altersabschnitte verweisen auf spezifische Lebenszusammenhänge: Während geringfügige Beschäftigung bei Männern mit deren eigenen Biografiestationen von Erwerbseintritt und altersbedingtem Erwerbsausstieg verknüpft ist, ist geringfügige Beschäftigung bei Frauen mit den Biografieverläufen anderer verbunden. Besonders Frauen nutzen geringfügige Beschäftigungsformen, um damit zeitintensive familiäre Betreuungsarbeit (Kindererziehung, Pflege) vereinbaren zu können (Bothfeld 2005: 134; Klenner 2005: 206).

Wie die Häufigkeitsverteilung der Vergütungsklassen (Tabelle 10) zeigt, steigerten Frauen ihre Häufigkeit in der Angestelltengruppe, aber innerhalb dieser nur in der unteren Vergütungsklasse. In Kombination mit der beobachteten Teilzeitzunahme entwickelte sich dies auf der Subjektebene zur Einkommensknappheit. Die Gruppe der Arbeiter_innen war im Jahr 1999 bereits verhältnismäßig klein und verliert weiter an Bedeutung, auch gibt es innerhalb dieser Gruppe keine auffälligen Veränderungen. Unter den weiblichen Pflegekräften steigt die Häufigkeit mittlerer Vergütungsgruppen, während die oberen Vergütungsgruppen seltener werden.

Insgesamt führt die Entwicklung zu Veränderungen in der Rangfolge der wichtigsten Vergütungsklassen (Tabelle 11). Trotz abnehmender Anzahl ist die mittlere Angestelltenklasse für Frauen noch die häufigste Vergütungsklasse und auch für Männer hat sie die zweithäufigste Bedeutung. Innerhalb der mittleren Angestelltenklasse haben Frauen aber in der geringsten Vergütungsgruppe (Vc) ihre Anteile am deutlich stärksten gesteigert, während Männer am oberen Ende (IVb) zulegten. Die untere Angestelltenklasse hat für Frauen deutlich an Bedeutung gewonnen, für Männer dagegen verloren.

Der Anstieg in der Kategorie ‚ohne Vergütungsgruppe' birgt generell die Gefahr, dass sich preiswerte Minijobs in einer neuen Niedriglohngruppe ohne Mindestlohnabsicherung etablieren (Bäcker 2006: 255ff.). Die hohe Bedeutung der Kategorie ‚ohne Vergütungsgruppe' bei den Männern ist auch von den Zivildienstleistenden und dem steigenden Männeranteil unter den FSJ-Teilnehmer_innen geprägt. Weil aber hierunter auch die ebenfalls gestiegenen geringfügigen Beschäftigungsverhältnisse fallen, haben die in dieser Kategorie gebündelten Arbeitskraftformen die mittlere Angestelltenklasse auf Platz zwei verdrängt und auf Platz drei folgt nun die untere Angestelltenklasse. Damit weist die Vergütungstendenz bei den Männern nach unten. Bei den Frauen entwickelt sich die Rangfolge uneinheitlicher, aber insgesamt ebenfalls mit nach unten weisender Tendenz. Die untere und die mittlere Angestelltenklasse haben jeweils an Bedeutung gewonnen. In absoluten Zahlen wächst die mittlere Angestelltenklasse um das Dreifache, womit sie die Kategorie ‚ohne Vergütungsgruppe' (Faktor 2) an der Spitze ablöst. Die Beschäftigtenzahl in der unteren Angestelltenklasse erhöht sich allerdings fast um das Siebenfache, hier ist im Jahr 2007 mittlerweile fast ein Viertel aller Frauen eingruppiert. Die mittlere und obere Pflegeklasse verlieren jeweils eine Rangstufe.

Werden die Vergütungsklassen je nach Statusgruppe (Angestellte, Arbeiter_innen, Pflegepersonal) nach den häufigsten Vergütungsgruppen – ohne die Kategorie ‚ohne Vergütungsgruppe' – betrachtet, zeigt sich das in Tabelle 12 zusammengestellte Bild.

Tabelle 12: Häufigste Vergütungsgruppen bei Angestellten, Arbeiter_innen und Pflegekräften [Häufigkeit je Statusgruppe in Prozent]

Angestellte 1999		Angestellte 2007	
Frauen [277 Personen]	Männer [161 Personen]	Frauen [1.109 Personen]	Männer [267 Personen]
Vc [24,9]	IVb [16,8]	Vc [26,8]	IVb [23,2]
VIb [18,1]	Vc [14,3]	VII [15,2]	Vb [21,7]
Vb [17,3]	Vb [13,0]	IVb [12,9]	Vc [10,5]
VIb [10,5]	IVa [12,4]	Vb [11,4]	VIb [9,4]
VIII [10,5]	VIb [9,9]	VIb [11,4]	IVa und AT [je 6,4]
Abdeckung 81,2 %	Abdeckung 66,5%	Abdeckung 77,6%	Abdeckung 77,5%
Arbeiter_innen 1999		**Arbeiter_innen 2007**	
Frauen [145 Personen]	Männer [9 Personen*]	Frauen [194 Personen]	Männer [28 Personen*]
3 [40,0]	5 [44,4]	3 [37,1]	1 [28,6]
2a [29,0]	2a [22,2]	2 [20,6]	5 und 2a [je 14,3]
2 und 3a [je 11,0]		2a [14,9]	
Abdeckung 91,0 %	Abdeckung 66,6 %	Abdeckung 72,7 %	Abdeckung 57,1 %
Pflegepersonal 1999		**Pflegepersonal 2007**	
Frauen [282 Personen]	Männer [96 Personen]	Frauen [558 Personen]	Männer [66 Personen]
III [23,4]	IV [61,5]	IV [26,6]	Va [33,3]
IV [18,8]	V [10,4]	Va [24,4]	IV [24,2]
V [18,8]	II [10,4]	V [13,4]	V [18,2]
II [13,8]	Va [5,2]	III [11,6]	VII [6,1]
Va [13,1]	VII [5,2]	I [9,0]	II [6,1]
Abdeckung 87,9 %	Abdeckung 92,7 %	Abdeckung 83,0 %	Abdeckung 87,9 %

* Aufgrund geringer Personenzahl nur sehr eingeschränkt aussagefähig.

Beide Stichtage ergeben, dass Frauen als Angestellte bei der AWO SH niedriger eingruppiert sind als Männer. Zudem hat sich das Entgeltgefüge für angestellte Frauen im Beobachtungszeitraum tendenziell nach unten entwickelt, während es sich bei den Männern tendenziell nach oben bewegt. Auch bei den Arbeiter_innen sind Frauen niedriger eingruppiert als Männer, allerdings ist die Statusgruppe der Arbeiter so klein, dass ein geschlechtsspezifischer Vergleich nur geringe Aussagekraft besitzt. Von Bedeutung ist eher, dass deutlich mehr Frauen als Männer in dieser Statusgruppe zu finden sind. Im Jahr 2007 erhöhen Männer ihren geringen Anteil und dies vor allem in der geringsten Vergütungsgruppe. Zwar sinkt auch bei den Frauen das Niveau der Entgeltgruppierung, aber nicht so stark wie bei den (wenigen) Männern. Die Anzahl der männlichen Pflegekräfte reduziert sich zwischen 1999 und 2007 um knapp ein Drittel. Sowohl die männlichen Pflegekräfte im Jahr 1999, als auch die verbliebenen im Jahr 2007 sind tendenziell niedriger eingruppiert als Frauen. Ihr Gehaltsgruppenniveau sinkt im Reorganisationszeitraum deutlich, insbesondere in der Gehaltsgruppe IV. Mit Ausnahme der Gehaltsstufe I bewegt sich auch bei den Frauen das Entgelt tendenziell nach unten. In der höchsten Gehaltsgruppe (I) haben weibliche Pflegekräfte ihre Repräsentanz gesteigert, in der Gehaltsgruppe III stagniert die absolute Anzahl, weshalb die relative Häufigkeit bei steigenden Pflegekräftezahlen deutlich sinkt. Die mittleren Gehaltsgruppen IV und Va sind im Jahr 2007 die häufigsten Gehaltsgruppen im Pflegebereich.

Unter Nichtberücksichtigung der Kategorie ‚ohne Vergütungsgruppe' ergibt sich für Männer, dass sie innerhalb des Entgeltsystems des Bundesmanteltarifvertrages BMT AW II bei der größten Statusgruppe der Angestellten besser positioniert sind als Frauen. Bei den (wenigen) Arbeitern und Pflegern ist dies nicht der Fall. Aber besonders ihr auf rund 50 Prozent gewachsener Anteil in der Kategorie ‚ohne Vergütungsgruppe' (siehe Tabelle 10) zeigt, dass diese Genusgruppe außerhalb der Angestelltengruppe des BMT AW II von prekärer Beschäftigung temporär betroffen ist.

Dadurch, dass im beobachteten Reorganisationszeitraum Beschäftigte häufiger in geringeren Vergütungsgruppen zu finden sind, aber immer mehr Arbeitskräfte in Sozialer Arbeit (in Teilzeit) tätig sind, wurde ein gesellschaftlich wachsendes Arbeitskraftvolumen auf der Personenebene abnehmend vergütet. In Kombination von Entgelt-, Arbeitszeit- und Beschäftigungsarttendenzen sind insbesondere diejenigen Arbeitenden von prekären Verhältnissen bedroht, die im Reorganisationszeitraum neu eingestellt oder eingruppiert wurden, die in Teilzeit tätig sind oder einer geringfügigen Beschäftigung nachgehen. Davon waren insbesondere Frauen betroffen, wobei allerdings ein signifikanter Männeranteil ‚ohne Vergütungsgruppe' in geringster Teilzeit zu beobachten ist.

5.1.2.2 Personaldaten auf Leitungsebene

Nachdem herausgearbeitet wurde, dass die Beschäftigtenanzahl und auch das daran gebundene Arbeitskraftvolumen bei der AWO SH stark angestiegen sind, dabei jedoch Reduzierungen in den Arbeitszeiten und Verschiebungen in der Entgeltstruktur nach unten auftraten, soll nun geklärt werden, welche Verhältnisse nach dem achtjährigen Reorganisationsprozess auf den Leitungsebenen herrschten. Zum Stichtag 01.01.2007 wurden auf der ersten Führungsebene, der Ebene des zentralen Managements bei der AWO SH gGmbH, acht Leitungs- und sechs Stellvertretungs*personen* gegenüber neun Leitungs- und sieben Stellvertretungs*positionen* gezählt. Positionen an der Managementspitze wurden also zum Teil personell identisch besetzt. Auf der zweiten Führungsebene, der Ebene der Einrichtungen, wurden für die 185 Einzeleinrichtungen der AWO SH insgesamt 129 Leitungspersonen ermittelt. Also leitete zum Teil ein und dieselbe Leitungsperson mehrere Einrichtungen. Um die Leitungsverhältnisse auf der ersten und zweiten Führungsebene der AWO SH wird es im Folgenden gehen.

Erste Führungsebene: Management

An der Spitze der Organisation hat der Reorganisationsprozess zu signifikanten Veränderungen geführt. Die ehemals durch Orts-, Kreis- und Landesgeschäftsstellen geführten Verbandseinheiten wurden zusammengefasst, wodurch eine Vielzahl an Geschäftsstellen und Leitungspositionen entfielen. Durch die Gründung zunächst eigenständiger gGmbHs im Jahr 2005 „(...) wurden wesentlich effizientere Strukturen durch die Besetzung der fünf Geschäftsführerstellen mit nur drei Personen für das gesamte Unternehmensmodell erzielt, während im alten Vereinsmodell 15 Geschäftsführungen bestanden." (Andresen/Geest 2005b: 14). Im weiteren Reorganisationsverlauf mussten die rechtlich eigenständigen Tochterunternehmen wieder zurückgeführt werden, so dass zum Stichtag 01.01.2007 an der Managementspitze der AWO SH die in Abbildung 9 gezeigten Einheiten vorgefunden wurden.

Wie bereits bei der Personaldatendarstellung wurden die beiden auf Neumünster bezogenen, kleineren Unternehmen nicht näher betrachtet. Die AWO Service 24 Schleswig-Holstein GmbH wurde von einem Geschäftsführer geleitet und unterhält selbst keine Einrichtungen oder ähnliche Untergliederungen.

Abbildung 9:   Managementebenen der Arbeiterwohlfahrt Schleswig-Holstein im Jahr 2007

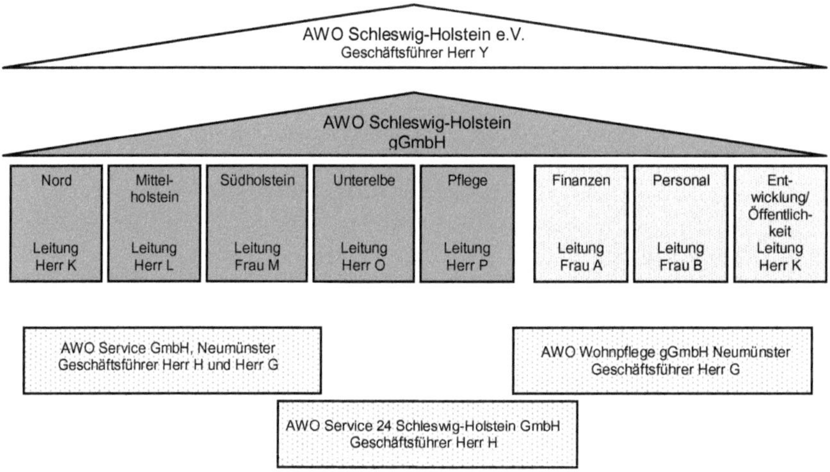

Bei der AWO Schleswig-Holstein gGmbH existierten zum Erhebungszeitpunkt die im Folgenden aufgeführten Führungspositionen:

- ▪ Managementleitung:
  - o Geschäftsführung
  - o Leitung Finanzen
  - o Leitung Personalwesen[71]
  - o Leitung Unternehmensentwicklung/Öffentlichkeitsarbeit[72]
  - o Leitung Region Nordverbund[73]
  - o Leitung Region Mittelholstein
  - o Leitung Region Südholstein
  - o Leitung Region Unterelbe
  - o Leitung Pflegebereich

---

71 Zum Stichtag 01.01.2007 stand der Personalabteilung noch eine Teamleiterin vor, die der Leiterin für Finanzen unterstand. Die explizite Leitungsposition Personalwesen wurde erst später geschaffen und zum 01.08.2007 mit einer Frau besetzt. Um die Position für diesen zentralen Bereich mit abbilden zu können, wurde (in Abweichung zur Stichtagsregelung) die Leiterin des Personalwesens hier bereits mit aufgenommen.

72 Dieser Bereich wurde im IV. Quartal aufgelöst und durch eine Arbeitsgruppe (bestehend aus Führungskräften) ersetzt.

73 Die Regionen Nordverbund und Mittelholstein fusionierten im IV. Quartal 2008. Die neue Regionalleitung übernahm der Nordverbundleiter und ehemalige Leiter der Unternehmensentwicklung/Öffentlichkeitsarbeit.

- Stellvertretendes Management:
  - o Stellvertretende Geschäftsführung
  - o Stellvertretende Leitung der Finanzen
  - o Zwei Stellvertretende Leitungen Region Mittelholstein
  - o Stellvertretende Leitung Region Südholstein
  - o Stellvertretende Leitung Region Unterelbe
  - o Stellvertretende Leitung Pflegebereich

Für das Personalwesen, für die Unternehmensentwicklung und Öffentlichkeitsarbeit sowie für den Nordverbund existieren keine Stellvertreterpositionen. Auf der Managementebene der AWO SH gGmbH weist das Geschlechterverhältnis insgesamt einen Frauenüberhang auf (acht Frauen gegenüber sechs Männern), doch zeigen sich dabei Unterschiede in der Hierarchie von Leitung und Stellvertretung. Von den acht Leitungspersonen sind drei Frauen (37,5 Prozent) und fünf Männer (62,5 Prozent). Damit befinden sich Frauen im Management nicht lediglich in ,Sandwichpositionen' (Doppler 2005: 274f.). Dieses Leitungsverhältnis entspricht der von Brader/Lewerenz (2006: 2) ermittelten Größenordnung für das westdeutsche Gesundheits- und Sozialwesen. Hiernach beträgt der Frauenanteil auf der ersten Führungsebene 37 Prozent. Aber: Von den sechs Stellvertretungspersonen sind fünf Frauen (83,3 Prozent) und ein Mann (16,7 Prozent). Somit weicht das leitende Management in zweierlei Form vom Geschlechterverhältnis in der Gesamtorganisation ab: Bei der Stellvertretung besteht ein Frauenüberhang, bei der Leitung ein Männerüberhang. Entsprechend ihrer Dominanz im obersten Führungsbereich sind fünf von sechs Männern außertarifliche Angestellte, die Frauen sind dies nur zur Hälfte. Die andere Hälfte der Frauen verteilt sich zu gleichen Teilen auf die Angestelltengehaltsgruppen II und IV des Tarifvertrages. Demgegenüber befindet sich nur ein Mann im Tarifsystem, dieser ist als Stellvertreter in der Gehaltsgruppe III eingeordnet.

Eine Vorerhebung (Wulf-Schnabel 2005b) zu den Veränderungen bei den Leitungsstrukturen zeigt, dass die vormalige Verbandsführung männerbündischen Charakter[74] hatte – etwa über Netzwerkausgrenzung (Günther 2004: 35f.), durch Exklusion von Frauen (Doppler 2005: 276f.), durch Sexualisierung (Rastetter 1994: 262), durch Festlegung von Frauen auf weiblich konnotierte Care-Tätigkeiten und durch maskuline Geschlechterrollenorientierung und änderungs-

---

74 Allerdings müssen zum Thema ,Männerbund' in der Sozialen Arbeit gewisse Spezifika bedacht werden. So sind die geschlechtsspezifischen Rekrutierungspfade, die strukturellen bzw. kulturellen Segregationsphänomene und die sozialen Schließungsmethoden des männerbündischen Managements in wirtschaftlichen oder politischen Führungsgremien (Liebig 1997) nicht ohne Weiteres übertragbar. Auch wird in der Wohlfahrtspflege weitestgehend auf Accessoires der (wirtschaftlichen) Macht verzichtet und es herrscht ein eigner Dresscode.

resistente Stereotype (Günther 2004: 243f., 261). Die fehlende Anerkennung weiblicher Eignung für das Management durch den früheren Vorstand bedeutete für Frauen in dem Wohlfahrtsverband stereotypbedingte Aufstiegsbarrieren. Weil sich der frühere Vereinsvorstand bei Personalentscheidungen weniger von funktionalen Erfordernissen leiten ließ, wurden tradierte Hierarchien im Geschlechterverhältnis aufrechterhalten und eine Loyalitätsstabilisierung männlicher (komplizenhafter) Beschäftigter erreicht (Müller 2002: 5f.). Die aus finanzieller Notwendigkeit erfolgte Fusion und Reorganisation übertrug die Personalhoheit nun allein dem zentralen Geschäftsführer der AWO SH. Eine Analyse des Biografieverlaufs bis in diese Führungsposition (Wulf-Schnabel 2005a) zeigt, dass die betreffende Person bei Übernahme des Geschäftsführerpostens bereits jahrzehntelang durch das Ehrenamt im Verband etabliert und mit männerbündischen Strukturen vertraut war. Doch bei dem Geschäftsführer haben Frauen eine deutliche Präferenz (Wulf-Schnabel 2005a: 23, 26). Nach Müller (2002: 8) gehört er damit zu dem Viertel der Männer, die gegenüber Gleichstellungsfragen aufgeschlossen sind. Vor allem begründet der Geschäftsführer die Präferenz aber damit, dass Frauen durchschnittlich über bessere Qualifikationsniveaus verfügen und sie durch ihre Fachlichkeit für die Leitung von Einrichtungen besser geeignet sind. Zur Überwindung der Krise und im Zuge der Reorganisation mussten also Stereotypien aufgrund der mit ihnen verbundenen betriebswirtschaftlichen Humankapitalverschwendungen (Littmann-Wernli/Schubert 2002: 22ff.) überwunden werden. Zudem ist mit einem höheren Frauenanteil in Führungspositionen auch tendenziell eine höhere Loyalität im Reorganisationsprozess verbunden, denn diese Frauen können mit den vorherigen männerbündischen Strukturen ja gar nicht verwoben sein.

Die Managementspitze im Referenzszenario AWO Stormarn umfasst zum Erhebungsstichtag drei Positionen der Geschäftsführung der jeweiligen gGmbHs. Die nach Beschäftigten- und Einrichtungszahlen größte gGmbH wird von einer Frau geleitet. Die beiden anderen gGmbHs, die auch zusammen diese Größe nicht erreichen, werden von einem Geschäftsführer geleitet. Die Frau ist in einer höheren Vergütungsklasse eingeordnet als der Mann.[75]

Der achtköpfige Aufsichtsrat der AWO SH gGmbH ist mit einer Frau und acht Männern besetzt. Der Vorsitzende des Aufsichtrates ist zugleich Vorsitzender des Landesverbandes AWO Schleswig-Holstein e.V. Zwei Aufsichtsratsmitglieder sind externe Personen, sechs sind AWO-interne Mitglieder, die ehrenamtliche Positionen auf Kreis- oder Landesebene bekleiden. Für die gGmbHs der AWO Stormarn bestehen keine Aufsichtsräte.

---

75 Auf detaillierte Angaben wurde aus Datenschutzgründen verzichtet.

Von Bedeutung ist die Personalunion der Geschäftsführung des Landesverbandes AWO SH e.V. und der Geschäftsführung der AWO SH gGmbH. Beide Positionen sind im gesamten Reorganisationsverlauf mit demselben Mann besetzt, der damit eine elementare Schnittstellenposition zwischen der AWO SH als unternehmerische und als sozialpolitische Akteurin einnahm. Seine Stellvertretung in der gGmbH wird von einer Frau bekleidet, die zugleich Leiterin des zentralen Finanzbereichs ist (Stellvertretung im Finanzbereich ebenfalls durch eine Frau). Auch der Personalbereich wird von einer Frau geleitet (ohne Stellvertretung). Der Bereich Unternehmensentwicklung und Öffentlichkeitsarbeit untersteht einem Mann (ebenfalls ohne Stellvertretung), der auch den relativ kleinen Nordverbund leitet und zugleich stellvertretender Geschäftsführer des Landesverbandes AWO SH e.V. ist. Die Leitung der vier Regionen und des Pflegebereichs haben insgesamt eine Frau und vier Männer inne. Stellvertretungspositionen sind hier mit vier Frauen und einem Mann besetzt. Die stellvertretenden Frauen sind in der Hauptsache jedoch Leiterinnen von Einzeleinrichtungen in der Region. Diese Personen werden also auch bei der nachfolgenden Betrachtung der Einrichtungsleitungen erneut berücksichtigt.

Für die erste Führungsebene lässt sich zusammenfassend festhalten, dass die AWO SH als Verein und als Unternehmen entscheidend von einem Mann als Doppel-Geschäftsführer geprägt wird, der auch den Reorganisationsprozess maßgeblich angestoßen und vorangetrieben hat. In seinem unmittelbaren Führungskreis auf Verwaltungsebene befinden sich zwei Frauen und ein Mann.

Auf der Regionalbereichsebene dominieren Männer die Leitungspositionen. Frauen bekleiden die Stellvertretungspositionen und sie sind zugleich als Einzeleinrichtungsleiterinnen tätig. Das Geschlechterverhältnis auf Leitungsebene ist damit eher umgekehrt proportional zum Geschlechterverhältnis aller Beschäftigten, wohingegen der Frauenanteil auf Stellvertreterebene über dem Frauenanteil bei allen Beschäftigten liegt. Entsprechend ihrer höheren Positionierungen sind Männer auf der ersten Führungsebene höher eingruppiert als Frauen. Besonders die von Männern dominierte Regionalleitungsebene ist für die nachfolgende Leitungsebene von Bedeutung, da Einrichtungsleitungen von Regionalleitungen bestimmt werden.

Zweite Führungsebene: Einrichtungsleitungen

Auf der zweiten Führungsebene, den Einrichtungsleitungen, wurden wiederum die Leitungspersonen und nicht die Leitungspositionen näher analysiert, denn die Positionen umfassen auch kleinste Einrichtungsgrößen, die mit denselben Personen besetzt sind. Daher ist die Betrachtung der Leitungspersonen deutlich aussagekräftiger. Die fünf Geschäftsstellenleitungen (Nord, Mittelholstein, Südholstein, Unterelbe, Pflege) und die Geschäftsleitung der AWO Service 24 Schleswig-Holstein GmbH sind nicht Teil der Einrichtungsanalyse, da sie bereits Teil der Analyse der ersten Führungsebene (Management) waren. Ohne diese Geschäftsstellen umfasste der Analyserahmen 185 Einrichtungen mit zusammen 2.760 Beschäftigten und 129 Leitungspersonen. Eine Gesamtschau der Geschlechterverhältnisse auf Einrichtungs- und Managementebene bietet Abbildung 10.

Abbildung 10: Geschlechterverhältnisse der Organisationsebenen der Arbeiterwohlfahrt Schleswig-Holstein im Jahr 2007

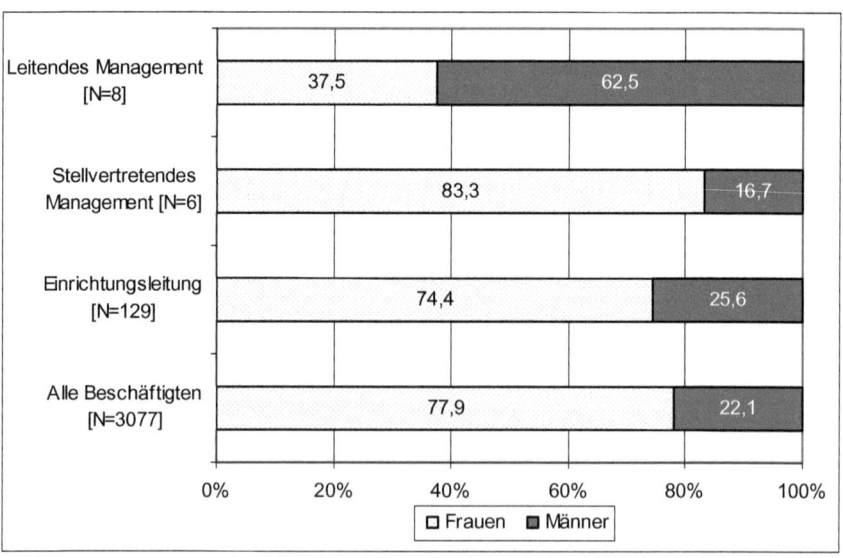

Das Geschlechterverhältnis aller Einrichtungsleitungspersonen im Jahr 2007 beträgt 74,4 Prozent Frauen im Vergleich zu 25,6 Prozent Männer, womit es mit nur 3,5 Prozentpunkten Abweichung dem Geschlechterverhältnis aller Beschäftigten der AWO SH (mit Geschäftsstellen) – 77,9 zu 22,1 Prozent – relativ nahe kommt. Auch reicht der hier vorgefundene Frauenanteil verhältnismäßig dicht an die von Brader/Lewerenz (2006: 2) für das westdeutsche Gesundheits- und Sozialwesen ermittelte Größenordnung. Dort betrug der Frauenanteil auf der zweiten Führungsebene 70 Prozent. Bei der AWO Stormarn verteilen sich die 25 Leitungspersonen zu 68,0 Prozent auf die Gruppe Frauen und zu 32,0 Prozent auf

Männer. Damit weicht das Verhältnis rund 15 Prozentpunkte zuungunsten der Frauen vom Geschlechterverhältnis aller Beschäftigten ab.

Um über die Leitungsebene genauere Aussagen treffen und die Geschlechterverhältnisse enger mit den Produktionsverhältnissen in Beziehung setzen zu können, wurden sie anhand verschiedener Merkmale näher analysiert. Dabei konnten vergleichende Rückgriffe auf die AWO Stormarn nur bedingt erfolgen, weil das deutlich kleinere Referenzszenario im Detail weniger belastbare Aussagen zuließ.

Einrichtungsarten und Einrichtungsgrößen

Wie unter den strukturellen Dimensionen aufgezeigt, weist die AWO SH ein breites Einrichtungsspektrum auf. Die größte Einrichtung umfasst 171 Beschäftigte und 13 der 185 Einrichtungen sind Ein-Personen-Einrichtungen, bei denen präziser von einer Eigenleitung zu sprechen wäre. Im Durchschnitt sind im Jahr 2007 bei der AWO SH 21,4 Personen je Leitungsperson beschäftigt (bei der AWO Stormarn 12,8).

Abbildung 11: Geschlechterverhältnis der 129 Einrichtungsleitungen nach Anzahl der Beschäftigten bei der Arbeiterwohlfahrt Schleswig-Holstein

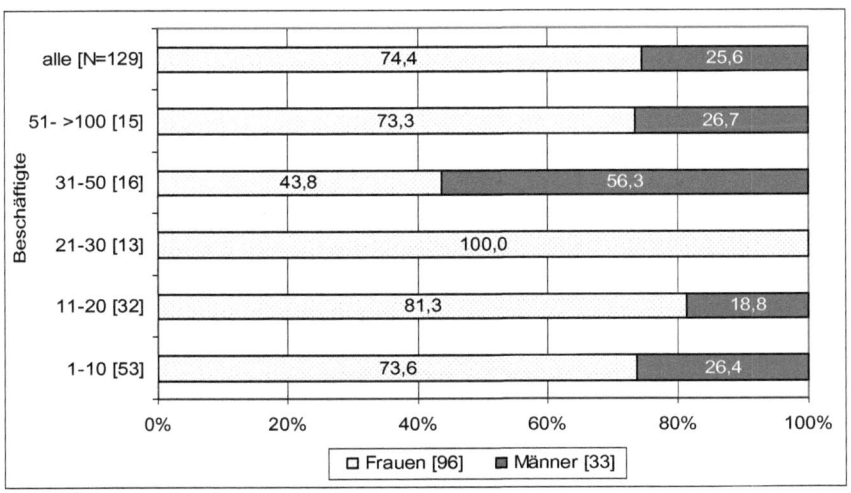

Männern sind mit durchschnittlich 24,2 (AWO Stormarn 18,1) mehr, Frauen mit 20,4 weniger (AWO Stormarn 10,4) Beschäftigte unterstellt. Aber durchschnittliche Angaben allein bilden die heterogenen Einrichtungsgrößenzusammenhänge nicht genügend ab. So werden 11 der 15 größten Einrichtungen (meist in der Pflege) der AWO SH von Frauen geleitet, womit deren Anteil in etwa dem Geschlechterverhältnis aller Leitungspersonen entspricht. Auch am anderen Ende der Größenskala, den Einrichtungen mit ein bis zehn Beschäftigten, zeigt sich ein ähnliches Geschlechterverhältnis. Einen Überblick gibt Abbildung 11.

Aufgrund der Vielzahl kleiner Einrichtungen sind auch die meisten Frauen und Männer als Leitungspersonen in diesen tätig. Weil aber Frauen die Leitungen bei Einrichtungen mit 21-30 Beschäftigten und Männer die Leitungen bei Einrichtungen mit 31-50 Beschäftigten dominieren, ergibt sich durch diese Verteilung das insgesamt durchschnittliche Ungleichgewicht der Beschäftigtenzahl je weiblicher oder männlicher Leitungsperson. Bei den 13 ausschließlich von Frauen geleiteten Einrichtungen der Größenklasse 21-30 Beschäftigte handelt es sich um acht Einrichtungen für Kinder, um drei Pflegeeinrichtungen, um eine sozialpsychiatrische Einrichtung und um eine Einrichtung der Aus- und Weiterbildung. Unter den neun von 16 Einrichtungen der Größenklasse 31-50 Beschäftigte, die von Männern geleitet werden, handelt es sich bei dreien um Pflegeeinrichtungen. Die übrigen sechs Einrichtungen verteilten sich auf fünf verschiedene Einrichtungsarten des breiten Spektrums im Geschäftsbereich ‚Soziale Dienste'.

Wird das Geschlecht der Einrichtungsleitung mit der Einrichtungsart in Verbindung gebracht, ergibt sich die in Tabelle 13 gezeigte Rangfolge. Einrichtungen für Kinder sind die mit Abstand häufigste Einrichtungskategorie für Frauen in Leitungsposition. Sie werden fast ausschließlich von Frauen geleitet (93,5 Prozent), denen im Durchschnitt verhältnismäßig wenig Beschäftigte unterstellt sind. Der hohe Frauenanteil liegt zwar deutlich über dem bei allen Beschäftigten der AWO SH, er korrespondiert aber mit den Statistiken für die Berufe, die in Einrichtungen für Kinder tätig sind (IAB 2008; Rohrmann 2005; 2006a). Hingegen sind Männer in Leitungspositionen am häufigsten in Pflegeeinrichtungen tätig. Der Männeranteil in der Pflegeleitung (36,0 Prozent) liegt über dem Männeranteil bei allen Beschäftigten der AWO SH und über den Werten, die für die Pflegeberufe angegeben werden (IAB 2008; Bartjes/Hammer 2005a). Damit sind die beiden Schwerpunkte in den Geschäftsfeldern der AWO SH geschlechtlich geprägt.

Tabelle 13: Rangfolge der fünf wichtigsten Einrichtungsarten[76] für weibliche und männliche Leitungspersonen bei der AWO Schleswig-Holstein

Frauen			
Rangfolge Einrichtungsart	Häufigkeit der Leitung (kumuliert)	Anzahl der Einrichtungen	Unterstellte Beschäftigte
1. Kinder	44,8	46	593
2. Pflege	61,5	16	934
3. Beratungen und Begleitung	72,9	11	47
3. Kinder und Jugendliche	84,4	11	135
4. Familienhilfe	90,6	6	72
Teilsumme		90	1.781
Durchschnitt			19,8
Männer			
1. Pflege	27,3	9	415
2. Beratungen und Begleitung	51,5	8	68
3. Jugendliche	63,6	4	49
4. Kinder und Jugendliche	72,7	3	81
4. Kinder	81,8	3	70
Teilsumme		27	683
Durchschnitt			25,3

Vergütung in Abhängigkeit von Beschäftigtenzahlen, Arbeitszeit, Alter und Qualifizierung

Die häufigsten Vergütungsgruppen[77] bei der AWO SH sind die Vergütungsgruppen IVa und IVb, welche Entgeltgrundlage für über 50 Prozent der Leitungspersonen bilden (Abbildung 12). Die Vergütungsgruppe IVa ist mit einer Häufigkeit von fast einem Drittel die für weibliche Leitungskräfte wichtigste Gruppe. In der hierarchisch niedrigeren Gruppe IVb findet sich ein Viertel der Leitungsfrauen. Kleinere Anteile finden sich sowohl in den höheren Gehaltsgruppen (III und II), als auch im außertariflichen Bereich und in den niedrigsten Gehaltsgruppen (Vb, Vc, VI, VII), wobei Letztere vorwiegend für leitende Erzieherinnen kleinerer Einrichtungen zutreffen. Bei den männlichen Leitungspersonen ist das Vergütungsniveau insgesamt höher. Sie sind in nahezu ähnlicher Anzahl jeweils in den

---

76 Bei der Betrachtung der Leitungspersonen nach den Einrichtungsarten kam es sehr vereinzelt zu dem Phänomen, dass dieselben Personen nicht nur mehreren Einrichtungen, sondern dabei auch verschiedenen Einrichtungsarten vorstanden. Um eine stringente Analyse der Leitungspersonen nach Einrichtungsarten zu gewährleisten, wurden diesen wenigen Einzelfälle danach gewichtet, welche Einrichtungsart überwog.

77 Unterscheidungen zwischen Angestelltenvergütungsgruppen und Angestelltenvergütungsgruppen für Pflegepersonal wurden hier nicht getroffen. Arbeiter_innen wurden nicht unter den Leitungspersonen vorgefunden.

Vergütungsgruppen IVb, IVa, III vertreten und auch unter den außertariflich Angestellten sind sie relativ häufig. In den niedrigsten Gehaltsgruppen (Vb, Vc, VI) findet man sie kaum und wenn, dann als Leiter unterschiedlicher Kleineinrichtungsarten.

Abbildung 12: Vergütungsgruppenverteilung bei Leitungspersonen der
Arbeiterwohlfahrt Schleswig-Holstein [N=129, 2 k.A.]

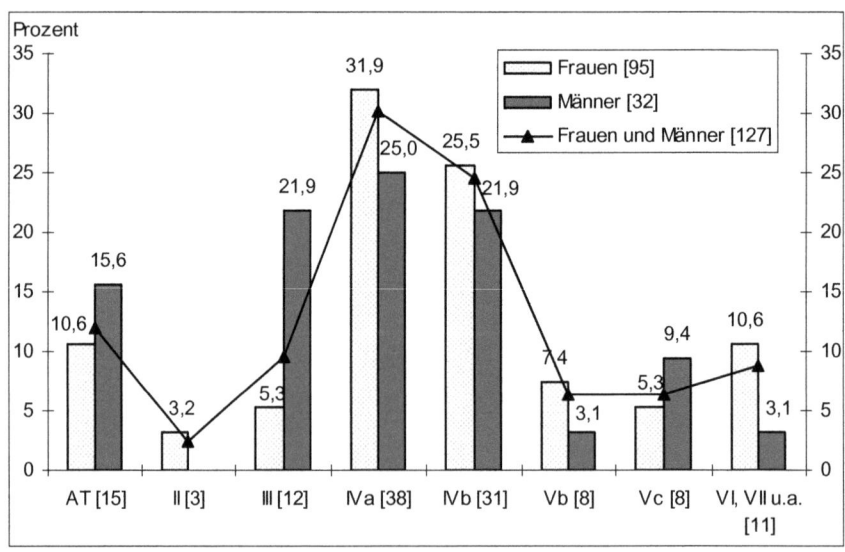

Mit höherer Vergütungsgruppe ist zwar im Durchschnitt auch eine zunehmende Beschäftigtenzahl an die Leitungsstelle gebunden, aber aufgrund der Datenvarianz lassen sich darüber hinaus keine geschlechtsspezifischen oder vergütungsgruppenbezogenen Punkte ableiten. Außertariflich Angestellten unterstehen im Durchschnitt 51 Beschäftigte (Standardabweichung 42), Angestellten der Gruppen II und III 40 Beschäftigte (Standardabweichung 30), Angestellten der Gruppe IVa 19 Beschäftigte (Standardabweichung 17), Angestellten der Gruppe IVb 13 Beschäftigte (Standardabweichung 9) und Angestellten der Gruppen Vb und Vc acht Beschäftigte (Standardabweichung 12).

Mit einer Häufigkeit von 78,1 Prozent bei den Männern und 64,9 Prozent bei den Frauen ist die Vollzeitarbeitsform (38,5 Stundenwoche) die dominierende Arbeitszeitumfang auf Einrichtungsleitungsebene. Die Teilzeitgruppen sind im Jahr 2007 bei den Leitungspersonen deutlich seltener vertreten als bei den Gesamtbeschäftigten. In der Teilzeitspanne von über 20 bis 30 Wochenstunden finden sich 18,1 Prozent der Frauen und 15,6 Prozent der Männer. Der Rest verteilt sich auf die anderen Teilzeitkategorien. Abbildung 13 vermittelt dazu einen Überblick.

Abbildung 13: Häufigkeit der Arbeitszeit der Einrichtungsleitungen der Arbeiterwohlfahrt Schleswig-Holstein [N=129, 3 k.A.]

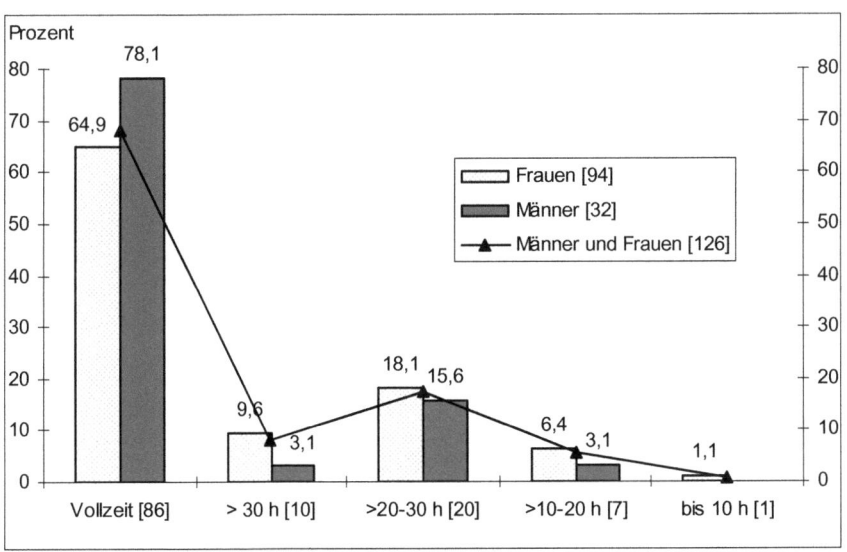

Unter den AT-Angestellten sind immerhin zwei von zehn Frauen Teilzeitbeschäftigte, von den fünf männlichen AT-Angestellten sind dagegen alle in Vollzeit tätig. Ähnliche Teilzeitquoten zeigt die Vergütungsgruppe IVa. Dort haben 19 Prozent der 31 Frauen und keiner der acht Männer reduzierte Arbeitszeiten. Die Angaben zu den Gruppen II und III sind aufgrund geringer Fallzahlen nicht belastbar. Insgesamt sind rund 60 Prozent aller Männer in Leitungspositionen in Vollzeit und in den Vergütungsgruppen IVa oder höher tätig. Bei den Frauen liegt die Quote mit knapp 43 Prozent deutlich darunter. Der Teilzeitschwerpunkt liegt bei den Vergütungsgruppen IVb und darunter, innerhalb derer es kaum noch geschlechtsspezifische Unterschiede gibt. Der dort vorgefundene Frauenanteil von 79 Prozent entspricht in der Größenordnung der Häufigkeit der Genusgruppe Frau bei der AWO SH. Von einer prekären Kombination aus Leitung in Teilzeit bei geringer Vergütungsgruppe sind also absolut mehr Frauen als Männer betroffen. In der Entgeltstufe IVb arbeiten 46 Prozent der Frauen und 43 Prozent der Männer in Teilzeit, in den Vergütungsgruppen Vb und darunter sind es 62 bzw. 60 Prozent. Von den 24 in den Vergütungsgruppen Vb und niedriger subsumierten Frauen arbeiten 17 lediglich zwischen 14 und 30 Wochenstunden. Aber auch immerhin sechs Männer arbeiten als Leiter vornehmlich kleiner Einrichtungen lediglich 19 bis 30 Wochenstunden und haben die Gehaltsstufen IVb und darunter.

Insgesamt sind rund 26 Prozent der Frauen und 19 Prozent der Männer in Teilzeit beschäftigt und befinden sich in der Vergütungsgruppe IVb oder niedriger. In Anbetracht dessen, dass diese Personen von der AWO SH zum Kreis der Einrichtungsleitungen gezählt werden, ist dies ein nicht unerheblicher Anteil.

Männer in Leitungspositionen sind mit durchschnittlich 49 Jahren zwei Jahre älter als Frauen (47 Jahre). Mittelwert und Median liegen jeweils dicht beieinander. Jedoch verteilen sich die Frauen in Leitungspositionen über ein breiteres Altersspektrum als die Männer. Die Altersstruktur zum 01.01.2007 zeigt Abbildung 14. Das Hauptfeld der Leitungspersonen liegt im Jahr 2007 zwischen dem 46. und 51. Lebensjahr; ein weiterer Schwerpunkt befindet sich um das 42. Lebensjahr. In der Altersklasse zwischen dem 42. und dem 51. Lebensjahr liegen 51,9 Prozent der Leitungskräfte, in dem Bereich darunter 15,5 Prozent und in dem Bereich darüber 32,6 Prozent.

Während Thiel (2005: 426f.) bei jungen Frauen und Männern im branchenübergreifenden Bundesvergleich noch keine Unterschiede in deren Anteilen an Führungspositionen ermittelte, und feststellte, dass Führungspositionen dann aber ab dem 30. Lebensjahr aufgrund der weiblichen Übernahme und Zuschreibung familiärer Sorgeleistungen immer seltener mit Frauen besetzt werden, ergibt die Altersstruktur der Leitungspersonen bei der AWO SH ein anderes Bild (Abbildung 14). Bis einschließlich 30 Jahren gibt es lediglich zwei Kindertagesstättenleiterinnen, der generelle Anstieg von Frauen und Männern in eine Leitungsposition beginnt erst allmählich ab Mitte Dreißig. Unter den 21 Personen, die über 30 bis 41 Jahre alt sind, befinden sich 18 Frauen, von denen 12 Einrichtungen für Kinder leiteten.

Zum Untersuchungsstichtag wurde auch erhoben, seit wann die Leitungsposition bekleidet wurde. Der Personenkreis, der bei Eintritt in die Leitungsposition 30 Jahre oder jünger war, besteht ausschließlich aus (wenigen) Frauen (siehe Abbildung 15). Sowohl Männer als auch Frauen sind zum Erhebungsstichtag seit durchschnittlich acht Jahren in einer Leitungsposition (Median: sieben Jahre). Frauen gelangen durchschnittlich mit 39 Jahren (Median 38) und Männer mit 41 Jahren (Median 41) in eine Leitungsposition. Hierbei ist die Datenvarianz zu bedenken, die schon aufgrund der Altersstruktur erheblich ist.

Abbildung 14: Altersstruktur der Einrichtungsleitungen der Arbeiterwohlfahrt
Schleswig-Holstein [N=129, 2 k.A.]

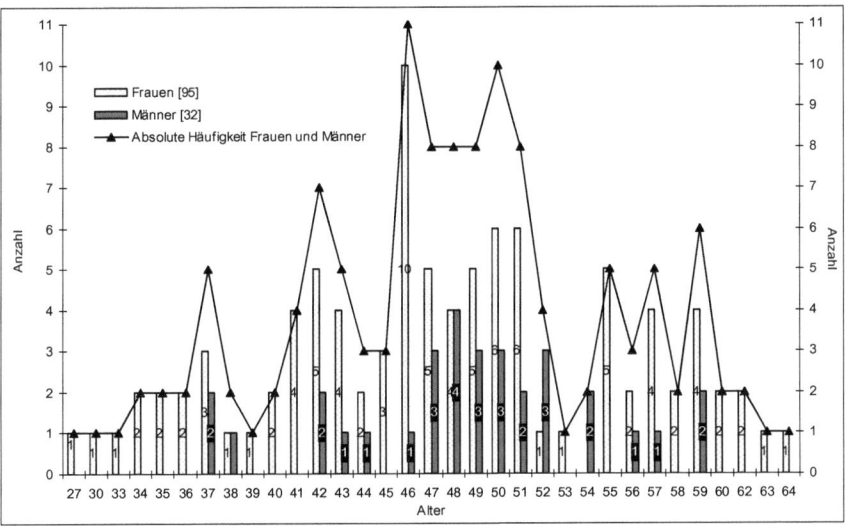

Abbildung 15: Eintrittsalter der Einrichtungsleitungen der Arbeiterwohlfahrt
Schleswig-Holstein [N=129, 9 k.A.]

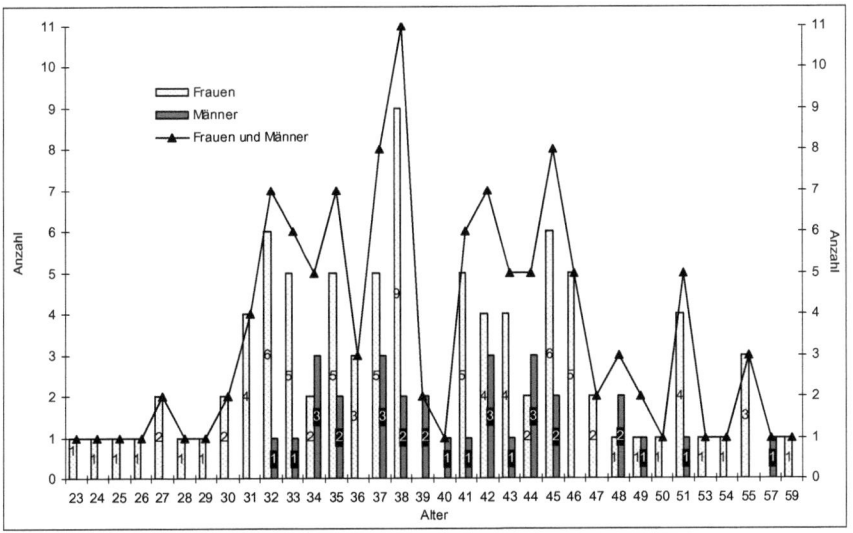

Wie die Abbildung 15 zeigt, übernehmen die meisten Personen zwischen dem 32. und dem 38. bzw. zwischen dem 41. und 45. Lebensjahr die Position der Einrichtungsleitung. Auffällig ist, dass Frauen deutlich früher in Leitungspositionen gelangen und dass hierbei eine Einrichtungsart dominiert. Von den 25 Frauen, die bis einschließlich zum 33. Lebensjahr in eine Führungsposition aufstiegen, leiten 20 Frauen Kindereinrichtungen. Bei den jüngeren Männern, die allerdings erst ab dem 32. Lebensjahr eine Einrichtungsleitung übernahmen, ist kein bestimmter Einrichtungstyp signifikant.

Die Verteilung der Eintrittsalter und die Altersverteilung der Personen in Führungspositionen verweisen auf eine altersgebundene Leitungsstruktur: Außer bei den Einrichtungen für Kinder beginnt der Führungsaufstieg meist erst zwischen dem 35. und dem 40. Lebensjahr, das Lebensalter der Leitungskräfte liegt meist zwischen dem 46. und 51 Lebensjahr. Vor dem 35. Lebensjahr gelingt es fast nur Frauen, eine Einrichtungsleitung zu übernehmen, und bis zum 41. Lebensjahr sind sie bei den Leitungspositionen überproportional präsent. Verursacht wird diese Dominanz überwiegend durch Leiterinnen für Einrichtungen für Kinder, in denen der Frauenanteil auch unter den Beschäftigten besonders hoch liegt. Männliche Einrichtungsleiter sind im Durchschnitt älter als Frauen, weil sie auch erst später in leitende Positionen gelangen.

Höhere Vergütungsgruppen weisen tendenziell auch einen höheren Altersdurchschnitt auf, allerdings ist dieser Zusammenhang nicht sonderlich ausgeprägt. Die AT-Angestellten und die Angestellten der Gehaltsgruppen II und III sind im Durchschnitt 51 Jahre alt. Angestellte der Gehaltsgruppe IVa sind kaum jünger (50 Jahre) und erst bei den Angestellten der Gehaltsgruppe IVb zeigt sich mit durchschnittlich 45 Jahren ein Alterssprung. Angestellte der Gehaltsgruppen Vc und Vb waren durchschnittlich 42 Jahre alt. Mediane und Mittelwerte liegen bei allen Gehaltsstufen recht eng beisammen, aber die Altersvarianz der jeweiligen Gehaltsstufe (insbesondere bei den Frauen der Gehaltsgruppe IVa) ist zum Teil erheblich.

Das Vergütungsniveau je Altersklasse der Führungspersonen im Jahr 2007 zeigt Abbildung 16. Hier wurde der Personenschwerpunkt zwischen dem 42. und 51. Lebensjahr als Hauptklasse (51,9 Prozent der Leitungskräfte) und die darunter bzw. darüber gelagerten Altersklassen in ihrer Vergütungszusammensetzung berechnet. Im personell stärksten Altersbereich von 42 bis 51 Jahren gibt es relativ mehr Männer als Frauen im außertariflichen Bereich und in den obersten Vergütungsgruppen (II und III). Weniger häufig als Frauen sind sie in den unteren Vergütungsgruppen und in der Gruppe IVb. Die Gruppe IVa ist bei Frauen (26 Prozent) und Männern (25 Prozent) ähnlich häufig. Frauen ab dem 52. Lebensjahr werden tendenziell besser vergütet als Männer, was insbesondere durch einen hohen IVa-Anteil bedingt ist. Allerdings sind Frauen in dieser Altersgruppe nicht in einer der Gehaltsgruppen zwischen AT und VIa eingruppiert. In der von Frauen dominierten Altersklasse bis 41 Jahren liegt das Gehaltsniveau am niedrigsten. Die drei Männer sind Leiter verschiedener Kleinsteinrichtungen, 14 der 20 Frauen sind relativ niedrig vergütete Leiterinnen von Einrichtungen für Kinder.

Abbildung 16: Alters- und Gehaltsgruppengefüge bei Leitungspersonen der Arbeiterwohlfahrt Schleswig-Holstein [N=129, 4 k.A.]

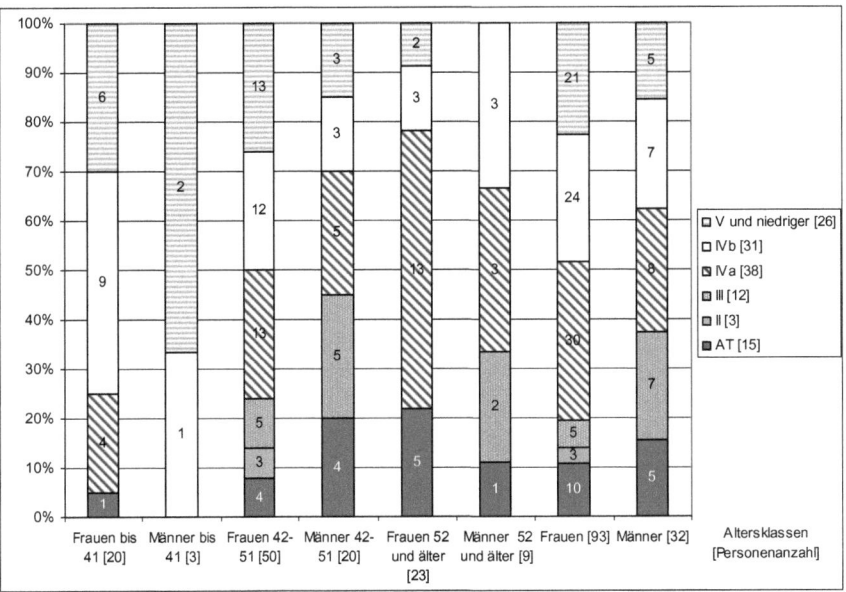

Zusammengenommen ist im personellen Altersschwerpunkt von 41 bis 51 Jahren das Vergütungsniveau für Männer am günstigsten und dort sind Männer in den höheren Gehaltsstufen relativ häufiger als Frauen. Frauen erreichen das relativ höchste Vergütungsniveau in der Klasse ab dem 52. Lebensjahr. In der jüngsten Altersklasse prägen relativ niedrig vergütete Leiterinnen von Kindereinrichtungen das Bild.

Um die Qualifizierung der Leitungspersonen mit den Vergütungsgruppen in Beziehung setzen zu können, wurden Qualifizierungsklassen gebildet. Diese waren:

- Diplom-Sozialpädagog_innen (und Diplom-Sozialarbeiter_innen)[78]
- Andere Diplome (Pädagog_innen, Psycholog_innen, Sozialwirt_innen, Sozialwissenschaftler_innen, Betriebswirt_innen, Volkswirt_innen, Theolog_innen, Physiker_innen und inklusive Lehrer_innen)
- Sozialpflegerische Ausbildungen (Erzieher_innen, Altenpfleger_innen, Krankenpfleger_innen, Heilerziehungspfleger_innen, Heilpädagog_innen, Fachwirt_innen für Kindertageseinrichtungen
- Andere Ausbildungen (Kaufmännische, technische und handwerkliche Berufe)

Mit 47 Sozialpädagog_innen und fünf Sozialarbeiter_innen bzw. 43,0 Prozent der Leitungskräfte stellt diese Gruppe die größte Leitungsklasse dar. Der Männeranteil in dieser Berufsgruppe liegt mit 36,5 Prozent über dem Anteil bei den Gesamtbeschäftigten. Mit 61,3 Prozent ist diese Berufsgruppe die für Männer als Einrichtungsleitung mit Abstand relativ häufigste Leitungsqualifikation. Bei den Frauen als Einrichtungsleitung liegen die Berufsgruppen Sozialpädagogin und Erzieherin fast gleichauf. Unter den sozialpflegerischen Ausbildungsberufen (49 Personen), finden sich 32 Erzieherinnen und drei Erzieher. Insgesamt liegt der Frauenanteil in dieser Berufgruppe bei 87,8 Prozent und sie ist mit einer Häufigkeit von 47,8 Prozent die für Frauen wichtigste Qualifizierungsklasse. Unter den anderen akademischen Abschlüssen haben Frauen zumeist einen Diplomabschluss der Bezugswissenschaften Sozialer Arbeit, während die Männer aus unterschiedlichen Wissenschaftsgebieten kommen. Die wenigen Leitungspersonen mit anderen Ausbildungsberufen stehen in vier von fünf Fällen kleinsten Einrichtungen vor. Abbildung 17 zeigt den Zusammenhang dieser Qualifikationskategorien mit den Vergütungsgruppen.

Wie die Abbildung 17 ebenso verdeutlicht, sind bei den AT-Angestellten und bei den Angestellten der Gehaltsgruppen II und III akademische Abschlüsse am häufigsten vertreten. Allerdings gibt es hier auch vereinzelt Personen, die mit sozialpflegerischer Ausbildung in die Leitungsposition aufgestiegen sind. Frauen in den Gehaltsgruppen AT und II sind entweder Diplom-Sozialpädagoginnen, Diplom-Pädagoginnen oder Diplom-Psychologinnen. Damit sind Abschlüsse der Bezugswissenschaften bei den Frauen in den oberen Entgeltstufen relativ häufig. Bei den Männern sind neben zwei Sozialpädagogen ein Diplom-Theologe, ein Diplom-Pädagoge und ein Heilerziehungspfleger im AT-Bereich zu finden. Während die Männer in den Gehaltsstufen III und IVa fast durchgängig Diplom-Sozialpädagogen sind, gelingt es Frauen darüber hinaus vor allem als Erziehe-

---

78   Wie im Methodenteil (Abschnitt 7.5.2) erläutert, werden unter dieser Bezeichnung auch Diplom-Sozialarbeiter_innen subsumiert, weil die Sozialpädagog_innen bei der AWO SH überwiegen und weil die Studiengänge des Sozialwesens beide Diplombezeichnungen umfassen.

rinnen, in diese Entgeltstufe zu gelangen. Umgekehrt sind Frauen als Sozialpädagoginnen in relativ ähnlicher Häufigkeit in der Gehaltsstufe IVb vertreten.

Abbildung 17: Qualifikationen in den Vergütungsstufen von Leitungspersonen
Arbeiterwohlfahrt Schleswig-Holstein [N=129, 9 k.A.]

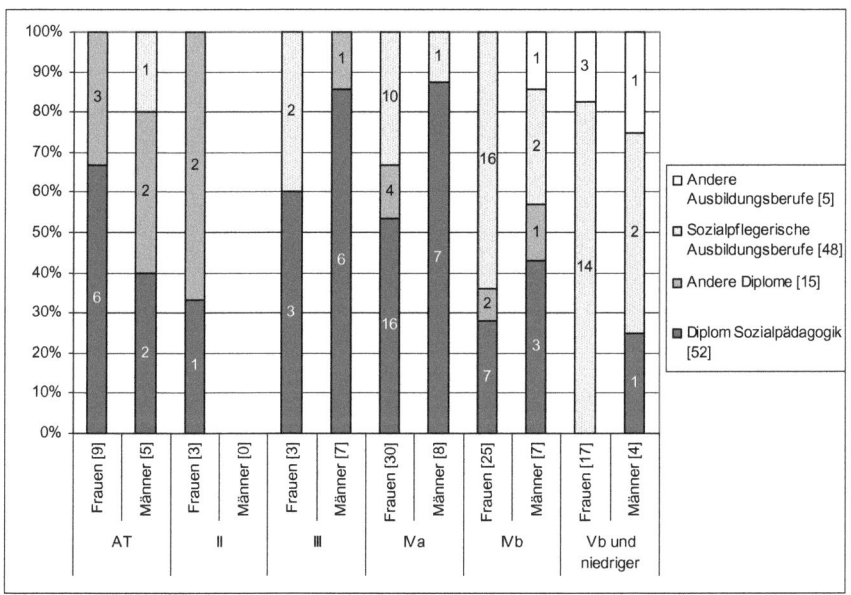

In der Gehaltsstufe IVa liegt der Anteil akademischer Abschlüsse bei 70 Prozent;
ein Wechsel in der Qualifikation findet zur Entgeltstufe IVb hin statt, denn ab
hier dominieren die sozialpflegerischen Ausbildungsberufe mit einem Anteil von
über 50 Prozent. Dabei handelt es sich bei den Frauen zumeist um Erzieherinnen,
die auch in den Vergütungsgruppen Vb und darunter das Bild prägen. Bei den
Männern ist keine berufsspezifische Tendenz feststellbar.

Insgesamt ist ein Zusammenhang von Entgelt- und Ausbildungsniveau zu
konstatieren. Je höher die Entgeltstufe, desto häufiger haben die Leitungskräfte
einen akademischen Abschluss. Neben den dominierenden Diplom-
Sozialpädagog-innen sind dies bei den Frauen auch Diplomabschlüsse der Bezugswissenschaften Sozialer Arbeit. Zudem gibt es vereinzelt auch Personen
(besonders Erzieherinnen), die mit einem sozialpflegerischen Ausbildungsberuf
in die hohen Gehaltsgruppen gelangen. Als Sozialpädagoginnen sind Frauen im
AT-Bereich relativ häufig, in der Vergütungsgruppe IVa sind sie in absoluten

Zahlen am stärksten vertreten. Bei den Männern sind Sozialpädagogen in den Vergütungsgruppen III und IVa absolut und relativ am häufigsten.

Mit diesen Darstellungen wurde ein komplexes Bild der erhobenen organisatorischen und personellen Entwicklung der AWO SH nachgezeichnet. Hierbei wurde aus der Arbeitskraftperspektive untersucht, wie sich die AWO SH als Organisation verändert hat. Hieraus lassen sich Anforderungen und Ausformungen der Ware Arbeitskraft formulieren, die in eine Art abstrakte Arbeitskraftfigur münden. Im Folgenden werden die organisatorischen und personellen Strukturen in ihren Wirkungen so zusammengefasst, dass dabei eine solche Arbeitskraftfigur entsteht, damit im darauf folgenden Forschungsschritt die Subjektivierungsanalyse erfolgen kann.

5.1.3 Die Folge der Reorganisation: Eine neue Arbeitskraftfigur

Der schleswig-holsteinische Landesverband der Arbeiterwohlfahrt hat sich in den betrachteten acht Jahren nachhaltig verändert. Die regionalen und lokalen Vereinsstrukturen wurden aufgrund rückläufiger Mitgliederzahlen und wegen der sich verschärfenden ökonomischen Rahmenbedingungen betriebswirtschaftlich betrachtet und in Unternehmensform umorganisiert. Zur Lösung wirtschaftlicher Probleme wurden organisatorisch-räumliche Fusionen getätigt und die Gesamtsteuerung auf der Landesebene konzentriert. Zugleich blieben die zahlreichen Einrichtungen bestehen und erhielten tendenziell größere Autonomie, denn zwischen den Einzeleinrichtungen vor Ort und der landesweiten AWO SH gGmbH gibt es deutlich weniger Zwischenstufen (Regional- und Pflegebereich statt Orts- bzw. Kreisebenen). Diese „(...) Konzentration der Macht ohne Zentralisierung" (Sennett 2000: 59) ist also durch flachere Hierarchien geprägt. In den zunächst geschaffenen Teilunternehmen (gGmbHs der Holding), aus denen dann re-integrierte Unternehmensbereiche gebildet werden mussten, ist die Aufgabenerfüllung den Einrichtungen dezentral zugewiesen. Über Sollvorgaben konzentriert sich die Macht jedoch an den Schaltstellen des Netzwerks. In der auf Dauer angelegten Reorganisation werden stetig veränderte Arbeitseinteilungen, Dienstleistungsfelder und Zuständigkeiten geschaffen. Unter den sich wandelnden ökonomischen und sozialpolitischen Rahmenbedingungen und auf der Suche nach optimierten Organisationsstrukturen ist der Reorganisationsprozess chronisch unabgeschlossen. Es ist zentraler Charakter der Reorganisation, dass sich die AWO Schleswig-Holstein diskontinuierlich weiter verändern muss. Doch der äußere, ökonomisch angetriebene Reorganisationszwang führt innerhalb der AWO SH zu Verwerfungen, die von den dort Arbeitenden ausgehalten werden müssen. Weder zwischen den Kostenträgern und der AWO SH, noch zwischen den Strukturvorgaben der AWO SH Landesebene und deren Umsetzungen im alltäglichen Betrieb der Einzeleinrichtungen gibt es Vermittlungs- oder Mitbestimmungsinstanzen. Die Menschen müssen unter sich diskontinuierlich wandelnden Organisationsstrukturen und Arbeitsbedingungen ihre Arbeitsleistungen erfüllen, ohne dass eine finale Organisationsform absehbar ist. Der permanente Umbau an verschiedenen Organisationsstellen erzeugt damit auch Unsicherheiten in den Zuständigkeiten und der Zugehörigkeit, zumal die Arbeitenden von Strukturvorgaben der ersten Führungsebene einseitig abhängig sind. Dies hat nicht allein Folgen für die Organisation, sondern auch Konsequenzen für die Arbeitskraft.

Die Organisations- und Personaldaten der Reorganisationsanalyse verleihen einer bestimmten Arbeitskraftfigur Erscheinungsbild und Gestalt, die sich nunmehr näher beschreiben lässt. Dabei geht es um Anforderungen der Organisation an die arbeitende Person. Im Sinne eines Idealtyps ist die Arbeitskraftfigur eine zielgerichtete Konstruktion, um vorgefundene Phänomene zu erfassen, zu bündeln und zu ordnen. Von der sozialen Realität des Einzelfalls ist daher schrittweise zu abstrahieren, denn in ihren Ausprägungen umspannt die Arbeitskraftfigur die gesamte AWO SH. Folglich geht es nicht darum, dass einzelne Personen dieser Arbeitskraftfigur vollständig entsprechen, vielmehr sind sie den unterschiedlichen Prägungen der Arbeitskraftfigur und ihren Kombinationen mehr oder weniger ausgesetzt. Wie diese neue Arbeitskraftfigur beschaffen ist, d.h. welche Merkmale sie in welchen Ausprägungen auszeichnet, soll im Folgenden zusammengefasst werden, um daran anknüpfend im nächsten Abschnitt dieser Arbeit die Subjektivierungsanalyse einleiten zu können. Die Formungen der Arbeitskraftfigur lassen sich in organisationale und personale Prägungen unterscheiden. Das Organisationale hat kontextuelle Wirkungen auf die Arbeitskraft, es ruft die Arbeitenden durch neue Kompetenzanforderungen an. Das Personale prägt die Beschäftigten vor allem in den Kategorien Beschäftigungsart, Arbeitszeit sowie Entgelt und hat Auswirkungen auf eine ganz bestimmte Form der Arbeitsverteilung zwischen den beiden Genusgruppen Frauen und Männer. Bei der personalen Prägung geht es um die Zusammensetzung der Arbeitskraftgestalt als Ganzes, die sich in den gewandelten Organisationsstrukturen zeigt.

5.1.3.1 Organisationale Prägung der Arbeitskraftfigur

Die Beschäftigten, die im Verein vormals in historisch gewachsenen und dauerhaft angelegten Strukturen tätig waren, erbringen ihre Arbeitsleistungen nun in dynamischen Unternehmensstrukturen, die sich diskontinuierlich verändern. Generell ist damit deren strukturelle Anpassungsbereitschaft gefordert. Neben den fachlichen Arbeitsanforderungen und den damit verbundenen gefangenen Subjektivierungsanforderungen im Arbeitsalltag sind sie einem organisatorischen Wandel unterworfen, der ihnen subjektive Strukturierungsleistungen innerhalb der Organisation abverlangt, um sich in der AWO SH (immer wieder) zurechtzufinden und um Soziale Arbeit auch unter veränderten Strukturbedingungen zu erbringen. Die rechtlichen Betriebsübergänge (vom Verein zur Holding mit Gründung von Tochtergesellschaften und deren Wiedereingliederung in eine gesamte gGmbH) sind mit einer Vielzahl einzelarbeitsvertraglicher Änderungen verbunden. Durch die wechselnden Zuschneidungen und Zuständigkeiten in den Geschäftsbereichen und Geschäftsfeldern müssen sich die Beschäftigten im Reorganisationsprozess mehrfach neu orientieren. Diese subjektiven Strukturierungsleistungen sind tendenziell wettbewerbsförmig, weil sie dem Handeln der AWO SH als unternehmerische Akteurin folgen. Zugleich ist im Reorganisationszeitraum ein überdurchschnittliches Personalwachstum zu verzeichnen. Damit wird von den Beschäftigten auch soziale Anpassungsbereitschaft gefordert. Die vorhandene Belegschaft muss sich auf mehr und neue Kolleg_innen einstellen. Neu hinzugekommene Beschäftigte sind in ihrer strukturellen und sozialen Anpassungsbereitschaft dadurch gefordert, dass sie auf eine hochgradig dynamische und wachsende Organisation treffen, in der sie sich erst einmal selbst Orientierungspunkte schaffen müssen, ohne auf verlässliche oder vertraute Personen oder auf Organisationserfahrungen zurückgreifen zu können. Art, Umfang und Umgang mit strukturellen und sozialen Anpassungsanforderungen also von der Betriebszugehörigkeit abhängig.

Zugleich fordert die Konzentration der Organisationsmacht auf der Landesebene (bei Wegfall der Kreis- und Ortsebenen) von den Arbeitenden eine erhöhte Autonomiefähigkeit bei der Aufgabenerfüllung. Der Reorganisationsprozess hat keineswegs zur Zentralisierung von Einrichtungen geführt, denn die Aufgabenerfüllung wird weiterhin dezentral in einer Vielzahl von Einrichtungen vor Ort erbracht. Durch die Auflösung der Orts- und Kreisgeschäftsstellen zugunsten einer landesweit zuständigen gGmbH-Geschäftsstelle und durch die räumliche Fusion der Unternehmensbereiche entfernte sich der steuernde Einfluss räumlich, während zugleich eine institutionelle Zwischenebene entfiel. Diese flachere Hierarchie führt quasi zwangsläufig zur Steuerung der Einzeleinrichtungen durch ökonomische Globalziele, weil sich auch die staatlichen Modelle der Refinanzierung Sozialer Arbeit daran orientieren und weil eine rigide Detailsteuerung bei der entwickelten Einrichtungsvielfalt organisatorisch gar nicht (mehr) möglich ist. Die wachsende Autonomie geht mit mehr Selbst-Kontrolle einher, denn sie dient schließlich der Erfüllung ökonomischer Sollvorgaben. Je nach Einrichtungsart und -größe und je nach Qualifikation und Position der Beschäftigten betrifft die Selbst-Kontrolle die Einrichtungsleitung und auch die in der Einrichtung arbeitenden Personen. Durch mehr Autonomie und Selbst-Kontrolle transportiert der Reorganisationsprozess das dominierende Effizienzziel in die Einzeleinrichtung bis zur arbeitenden Person. In der reorganisierten AWO SH sind der Topos des Selbstmanagements und die Konturen eines autonomen und eigenverantwortlich arbeitenden Menschen eingeschrieben.

Mit der neuen Verfasstheit der Einzeleinrichtung findet sich eine organisatorische Ausformung dessen, was Foucault (2004b: 210) eine Vervielfachung unternehmerischer Formen in der Gesellschaft nennt. Nach Foucault geht es einer neoliberalen Politik[79] darum, ein soziales Gebilde herzustellen, in dem auch die kleinsten Basiseinheiten die Form von Unternehmen haben. Der obersten Ebene obliegt dann ‚nur‘ noch die Führung der Selbst-Führung. Auf die Arbeitspraxis übertragen bedeutet dies: Weil die alltäglichen Arbeitsaufgaben weiterhin bei den Arbeitenden verbleiben, sie mit deren Bearbeitung und Lösung als autonome, ‚ermächtigte Akteur_innen‘ nun aber ‚allein‘ auf sich gestellt sind, obliegt der Transformationsprozess der Ware Arbeitskraft den Arbeitenden. Die Findung von Lösungen und die Schaffung von verwertbaren Ergebnissen wird somit eine Frage der Selbst-Technologie. In der Folge kommt es so zu einer neuen Logik und zu einer neuen Kultur bei der Erbringung Sozialer Arbeit, die sich auf drei Ebenen beschreiben lässt: Erstens ist die Ermächtigung autonom arbeitender Akteur_innen wechselseitig an individualisierte, eigenverantwortliche Personen gebunden. Dies steht im Gegensatz zum historischen Verständnis einer kollektiven, mitgliedergetragenen und einer auch innerverbandlich solidarisch arbeitenden AWO SH. Diese kulturelle Modernisierung kann von den arbeitenden Personen nicht bruchlos übersetzt werden. Soweit vorhanden, kommt daher zweitens dem Team als letzte vorhandene Kollektivinstanz nun maximale Kompensations- und Sicherheitsbedeutung zu. Aber in einem Team können Einzelne nicht nur Unterstützung, Anregung und Hilfe für die Aufgabenlösung finden, sondern über die Teamleistung wird nun auch das wirtschaftliche Ergebnis der Einrichtung maßgeblich bestimmt. In der Folge sind Ausfälle oder andere Teamstörungen fundamental. Das Team ist für den wirtschaftlichen Erfolg oder Misserfolg der Einzeleinrichtung und damit auch für die subjektive Arbeitsplatzsicherheit maßgeblich verantwortlich. So stellt das Team ein Unternehmen im Unternehmen dar. Mit dieser Anrufung des Teams über die arbeitenden Personen wird die wirtschaftliche Tragfähigkeit der Einrichtung eine Frage kollektiver Team-Technologie. Damit schwebt die unternehmerische Verantwortung zugleich zwischen den Einzelnen und dem Team und muss in einer Kombination von Selbst- und Team-Technologien beantwortet werden. Austragungsort ist die

---

79 Foucault (2004b: 117ff.) beschäftigt sich in der vierten bis sechsten Vorlesung im Februar 1979 mit dem deutschen Neoliberalismus und dem Vordringen der Mechanismen des Wettbewerbs und der unternehmerischen Prinzipien in alle gesellschaftlichen Bereiche.

Einzeleinrichtung; im Zweifel stehen ähnliche Einrichtungen vor Ort sogar in Konkurrenz zueinander. Drittens wird auf der zentralen Führungsebene der AWO SH die Führung der Selbst-Führung der Arbeitenden zur Managementtechnologie. Im Unterschied zum geschichtlichen Ideal und zum sozialpolitischen Verständnis der AWO SH obliegt der Leitung der AWO SH gGmbH nicht die Gestaltung des Gemeinwesens und die sozialpolitische Einflussnahme – dies ist Aufgabe der getrennt organisierten und operierenden Verbandsebenen – sondern das Management ist ein rein unternehmerischer Akteur. Das Management ermächtigt die Arbeitenden in ihren Einrichtungen und Teams, entlässt sie in die vorstrukturierte wirtschaftliche Freiheit – von der Akquisition bis zur effizienten Aufgabenerfüllung – und konzentriert sich auf die Überwachung des Globalziels, sprich: auf die Frage, ob sich eine Einrichtung mindestens kostendeckend refinanziert oder nicht.

Zusammengenommen sind diese organisationalen Prägungen Ausdruck einer Neuordnung des Sozialen. Die diskontinuierliche Reorganisation der AWO SH erfolgt aufgrund sozialpolitischer und wirtschaftlicher Zwänge, aber zugleich ist die AWO SH mehr als die bloße Widerspiegelung äußerer Machtverhältnisse. Sie ist Produkt und Produzentin und damit zugleich determiniert und aktiv, beeinflussbar und machtausübend, auf das Handeln anderer Einfluss nehmend und zur Selbstorganisation fähig. Der diskontinuierliche Reorganisationsprozess findet also in einem Wechselspiel von Machteinwirkungen und Selbstpraktiken statt und ist nur in seiner Duplizität zwischen Unterwerfungs- und Freiheitspraktiken zu verstehen. Somit ist die AWO SH handelnde und (mit)gestaltende Akteurin, auch die AWO SH regiert sich selbst. Lemke u.a. (2000: 31f.) betonen, dass neoliberale Individualisierungsstrategien nicht nur auf Einzelne zielen. Prozesse der Individualisierung, der Institutionalisierung und Organisierung greifen ineinander und umfassen individuelle und kollektive Akteur_innen gleichermaßen – also auch die AWO SH als Organisation.

> „Indem der Akzent auf dem integralen Zusammenhang zwischen mikro- und makropolitischen Ebenen (...) liegt, wird es möglich, die (Selbst-)Zurichtungs- und Herrschaftseffekte neoliberaler Gouvernementalität präziser in den Blick zu bekommen. Es handelt sich also weder um eine Reproduktion bestehender gesellschaftlicher Asymmetrien noch um ihre ideologische Verschleierung, sondern um eine Recodierung von Ausbeutungs- und Herrschaftsverhältnissen auf der Grundlage einer neuen Topografie des Sozialen" (Lemke u.a. 2000: 32).

Durch die Ökonomisierung des Sozialen befindet sich die AWO SH allerdings in einem Feld politisch-ökonomisch vorstrukturierter Handlungsalternativen. Innerhalb dieser arrangierten Freiheit (Lemke u.a. 2000: 15) kann sie zwar prinzipiell offen agieren und wiederum die Arbeitenden mit ihren Selbst-Regulierungstechniken programmatisch anrufen. Voraussetzung dafür ist aber, dass die AWO SH mit ihrem Reorganisations- und Managementkonzept anschlussfähig ist, also den gesellschaftspolitischen und vor allem ökonomischen Zielen folgt und diese in das eigene Selbstverständnis und die eigene Organisationskultur überträgt. Dies beinhaltet eine tendenzielle Verschiebung von einem solidaritätsbasierten Organisationsideal hin zu einer unternehmerischen Führung mittels individueller Selbststeuerung. Für die Träger der Freien Wohlfahrtspflege ist dabei von spezifischer Bedeutung, dass in den Reorganisationsprozessen die Mitgliedschaft und das Ehrenamt eingebunden werden müssen. Dies wurde bei der AWO SH zunächst vernachlässigt, doch nun entfaltet die Wiederzusammenführung von Haupt- und Ehrenamt besondere organisationale Wirkung.

Unter dem Diktat der Kostensenkung, bei deutlichem Beschäftigungswachstum und bei steigenden Aufgaben vollzog die AWO SH zum Beginn des Reorganisationsprozesses zunächst eine rigide Trennung von Haupt- und Ehrenamt. Die ehrenamtlich besetzten Orts-, Kreis- und Landesvorstände waren mit der Führung der wachsenden Anzahl der Einzeleinrichtungen Ende der 1990er Jahren zunehmend überfordert, denn der starke Aufgaben- und Personalanstieg der AWO SH war weder das Ergebnis einer strategischen noch einer verbandspolitischen Planung, sondern Resultat staatlicher Ausgliederungsbewegungen. Der Staat ,entkommunalisierte' seine sozialen Dienstleistungen in der Form, dass die Träger der Freien Wohlfahrtspflege diese Aufgaben und Einrichtungen immer häufiger übernahmen. Weil die Expansion der AWO SH als Träger professioneller Dienste und Einrichtungen ohne eine systematische Anpassung der organisatorischen Bedingungen an die qualitativ veränderten Anforderungen und ohne strategische Ausrichtung an ihnen erfolgte, entstanden gravierende Defizite. Wirtschaftliche Schwierigkeiten von Kreisverbänden und einzelnen Einrichtungen, für die die ehrenamtlichen Vorstände haftbar waren, waren letztlich für den Verbandsumbau ausschlaggebend. „Vorangegangen waren kurzatmige Kriseninterventionen, die durch den Einsatz erheblicher finanzieller Ressourcen zwar den ökonomischen Zusammenbruch von Verbandsgliederungen verhinderten, aber keine langfristig tragfähigen Lösungen boten" (Andresen/Geest 2005a: 15). Aus dieser Not heraus begann ein Verbandsumbau, der professionelle Soziale Arbeit von der Vereinsarbeit trennte. Die soziale Dienstleistungserbringung und alle damit verbundenen Aufgaben und Verantwortlichkeiten sind nunmehr vom Zugriff des Ehrenamtes entkoppelt. Die Professionellen in den Einrichtungen unterstehen seitdem nicht mehr den regionalen Vereinsgliederungen, also der Kreis- oder Ortsebene, sondern sind der landesweiten AWO SH gGmbH mit ihrem Geschäftsführer zentral unterstellt.

Zugleich haben sich die Aufgaben und Arbeitsgebiete für die Professionellen in der Sozialen Arbeit insgesamt verändert. Der trägerübergreifende Wandel birgt heterogene, sich gelegentlich widersprechende Entwicklungen. Dort, wo sich die Aufgabenfelder ausdifferenzieren, ist eine qualifizierte Spezialisierung notwendig. Hingegen ist eine fachliche Generalisierung da erforderlich, wo Aufgaben ausgeweitet werden oder Soziale Arbeit in ehemals berufsfremde Bereiche vordringt. Umgekehrt dringen aber auch andere Berufe oder Ehrenamtliche in Teilsegmente Sozialer Arbeit ein, so dass hier eine Marginalisierung der Profession möglich ist (Dahme u.a. 2005: 193ff.). Zudem schafft die zugewiesene Autonomie und Ermächtigung der Arbeitenden je nach Arbeitsfeld weitere Anforderungen und Verantwortungen, die nach Lindenberg (2004) Teile eines Managerialismus sind: Von der Steigerung der Verwaltungstätigkeiten (z. B. Evaluation, Qualitätsmanagement, Personalplanung) über die Akquisition und Abrechnung von Finanzmitteln bis hin zur Zerlegung in Teilaufgaben zur festen Einbindung ehrenamtlicher Arbeitskräfte.

Letzteres wird bei der AWO SH durch die Neuzusammenführung von Ehrenamt und Hauptamt forciert. Professionelle Soziale Arbeit soll durch qualifizierte ehrenamtliche Arbeitskräfte unterstützt und wirtschaftlich produktiver erbracht werden, dabei soll sich die negative Beitrags- und Spendenentwicklung durch die Erschließung neuer Ehrenamtskreise umkehren. Zugleich bietet ehrenamtliche Arbeitskraft einen Wettbewerbsvorteil auf den Quasi-Märkten, den private Dienstleister nicht erzielen können. Mit der Einrichtung regionaler Sozialbüros (in den ehemaligen Kreisgeschäftsstellen), dem Aufbau des landesweiten Geschäftsbereiches Verbandswesen (auf Vereinsebene) und der Schaffung von Fortbildungsangeboten für Ehrenamtliche hat die AWO SH damit begonnen, Strukturen aufzubauen, die gezielt auf eine verstärkte Nutzung ehrenamtlicher Arbeitskräfte abzielen. Aus dem Ergebnis der Reorganisationsanalyse, dass die AWO SH das Ehrenamt als semi-professionelle Arbeitskraft systematisch ökonomisch verwerten will, resultieren drei Konsequenzen für die Arbeitsanforderungen der betroffenen Professionellen: Erstens muss ökonomisch verwertbares Ehrenamt mindestqualifiziert, angeleitet, kontrolliert, koordiniert und verlässlich organisiert werden. Zweitens muss die ehrenamtliche Arbeit in fachlich sinnvoller Ergänzung zu den verschiedenen beruflichen und akademischen Qualifikationsstufen Sozialer Arbeit und den Sozialdiensten (Jugendfreiwilligendienst, Zivildienst) stehen. Neben fachlichen Fragen werden Professionelle hier in puncto Personalmanagement mit ganz neuen Anforderungen konfrontiert. Schließlich muss drittens gewährleistet werden, dass bestimmte gesetzliche Vorgaben und Qualitätsstandards nicht verletzt werden.

Insgesamt befindet sich die professionelle Arbeitskraftfigur im Spannungsfeld verschiedener Fachlichkeits- und Managementanforderungen, zwischen professionellem Umgang mit den Adressat_innen[80], der Akquisition neuer Fälle, dem Anleiten ungelernter Ehrenamtler_innen, der Profilierung der Einrichtung und der Wirtschaftlichkeit der Arbeitsergebnisse. Allerdings können und sollen nicht alle Arbeitskräfte dieses breite Arbeitsanforderungsrepertoire gleichermaßen füllen.[81] Ein Nebeneinander verschiedener oder eine Fokussierung bestimmter Arbeitskraftanforderungen erscheint geradezu notwendig, denn die gesamte Anforderungsarena für die professionellen Arbeitskräfte reicht von einer Zurückweisung von Care-Work an das ,neue' Ehrenamt (Marginalisierung) bis zur signifikant gestiegenen Fachlichkeit (Spezialisierung). Dazwischen schweben Aufgabenausweitungen (Generalisierung), die bis zur Anleitung, Koordination und Steuerung (Management) reichen. Vor allem überlagert aber die zentrale Wirtschaftlichkeitsanforderung die gesamte Anforderungsarena. Im Endeffekt zählt immer stärker das wirtschaftliche Ergebnis der erbrachten Arbeitsleistung. Neue Refinanzierungsmodelle verlangen eine hohe Auslastung, ein geschicktes Aushandeln der Kostensätze (z. B. Fachleistungsstunde) sowie geringe Personal- und Sachkosten, d.h. einen möglichst geringeren Personalschlüssel bei der Arbeit mit den Adressat_innen. Dieser Maßstab zielt auf ökonomische Effizienz. Ein Ziel, das bei outcome-orientierter Arbeit entweder zur Arbeitsverdichtung oder zu weniger nachhaltigem Outcome führt.

Doch der diskontinuierliche Reorganisationsprozess ist damit nicht zwangsläufiges Resultat neoliberaler Gouvernementalitäten. In ihn sind auch bestimmte Widerstandsmöglichkeiten und Widerstandspraktiken eingelassen. Der alleinige Bezug auf den äußeren Zwang neoliberaler Programmatik würde zu kurz greifen; die eigene, in die AWO SH historisch eingeschriebene Programmatik ignorieren, die Kämpfe und widerspenstigen Praktiken der AWO SH übersehen und auch das (zumindest partielle) Scheitern der Ökonomisierung des Sozialen vernachlässigen. Aus ökonomisch-rationeller Perspektive präsentiert sich das ausführlich dargestellte bunte Potpourri unterschiedlichster Geschäftsfelder, Einrichtungen und sozialer Dienstleitungen als ein widerständiges Gegenstück. Würden hier allein Effizienzkriterien gelten, wäre die vorhandene Vielzahl von Einrichtungen und sozialen Dienstleistungen kaum vertretbar, wären unrentable Einrichtungen

---

80 Wobei Ausführungen zu den Veränderungen in Art und Ausmaß sozialer, psychischer usw. Problemlagen bei den Adressat_innen hier den Rahmen sprengen würden und auch nicht im Fokus dieser Arbeit stehen.

81 Beispielsweise ist die Zusammenarbeit mit dem Ehrenamt für die Arbeitskräfte in den Bereichen Suchttherapie, Supervision, Mediation, Jugendhilfe- und Sozialrecht oder systemische Beratung nicht möglich, denn diese Bereiche ist eine fachliche Spezialisierung notwendig. In anderen Geschäftsfeldern wie der Kinder- oder Schulbetreuung, in der Pflege oder in den Begegnungsstätten, kann ehrenamtliche Arbeitskraft wesentlich leichter eingesetzt werden. Die dort hauptamtlich Tätigen müssen in diesem Fall fachliche Mobilität beweisen, wollen sie nicht marginalisiert werden, oder sie müssen Managementqualifikationen entwickeln, um das Ehrenamt anzuleiten.

schon geschlossen und eine Konzentration auf das ‚lohnende Kerngeschäft' wäre unabdingbar. Auch die sozialökologischen Konzeptelemente und die organisatorischen Rekurse, die eine verbesserte soziale Infrastruktur, die Sozialpolitik und die AWO SH insgesamt (wieder) stärker als sozialpolitische Akteurin in den Blick nehmen, zeugen vom Widerstand gegen eine Dominanz ökonomischer Prinzipien im Sozialen. Hieraus resultiert, dass eine kritische Haltung zum wettbewerblichen Wandel und zu den Wirtschaftlichkeitsanforderungen an Soziale Arbeit ebenfalls Teil der Organisationskultur und Teil der Anforderungsarena ist. Dadurch, dass widerständige Positionen und Praktiken von den arbeitenden Personen eingenommen und zugleich organisational angelegt und vornehmlich von der sozialpolitischen Akteurin eingefordert werden, ist in der Organisation AWO SH ein produktives Potential von Subversion und Widerstand selbstbezogen angelegt.

Gerade auf der direkten Adressat_innen-Ebene treffen organisationale Prägungen des Wettbewerbs auf Widerstand. Soziale Arbeit an, für und mit Menschen kann von den Arbeitenden nicht konsequent den Wettbewerbsanforderungen untergeordnet werden. Hier treten Antagonismen zwischen wettbewerblichen und gefangenen Subjektivierungen zutage und in der direkten, alltäglichen Auseinandersetzung mit den Menschen wird gegen ‚fernere' organisationale Anforderungen opponiert. Letztere werden eher als Rahmen und Bedingungen wahrgenommen, gegen die im Zweifel für die Arbeit mit den Adressat_innen verstoßen wird. Die Autonomien und Ermächtigungen können von den Arbeitenden auch genutzt werden, um der Fürsorge das ökonomisch-rationale Kalkül der Effizienz im Arbeitsalltag unterzuordnen. Aber auch aus der Ferne bleiben Wettbewerbsanforderungen wirksam, so dass die arbeitenden Personen in einem auf Dauer angelegten organisationalen Konflikt bleiben.

Diesen vielfältigen und streckenweise widersprüchlich anmutenden organisationalen Prägungen der Arbeitskraftfigur gilt es im qualitativen Studienteil auf die Spur zu kommen. Doch neben den ausgeführten organisationalen Merkmalen lässt sich die Arbeitskraftfigur auch in ihrer personalen Prägung näher beschreiben, was im folgenden Abschnitt geschieht.

5.1.3.2 Personale Prägung der Arbeitskraftfigur

In den personalen Kategorien Beschäftigungsart, Arbeitszeit sowie Personalkosten und Entgelt finden Konkretisierungen und Veränderungen der Arbeitskraftfigur statt, wobei geschlechtsspezifische Merkmalsausprägungen von Bedeutung sind. In komprimierter Zusammenfassung der bereits ausgeführten Personaldatenergebnisse lässt sich die Arbeitskraftfigur hinsichtlich sicherer und unsicherer

Beschäftigung sowie hinsichtlich der Geschlechterkategorien charakterisieren. Abbildung 18 fasst die zentralen Ergebnisse stichwortartig zusammen.

Abbildung 18: Personale Prägung der Arbeitskraftfigur

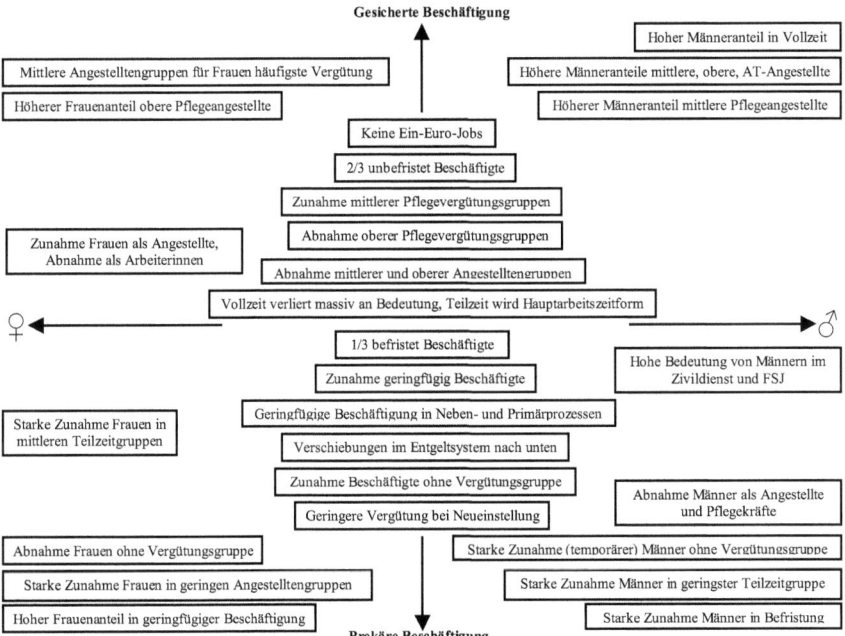

In der Abbildung ist erkennbar, dass im Reorganisationszeitraum hinlänglich bekannte Statuspositionierungen von Frauen und Männern erhalten geblieben sind, aber labil werden, weil neue Dynamiken und Verschiebungen auftreten. Männer gehören nach wie vor häufiger zu den Statusgewinnern. Sie positionieren sich überproportional in Vollzeit und in den besser vergüteten Beschäftigtengruppen. Frauen hingegen sind überproportional in geringfügiger Beschäftigung, in Teilzeit und in geringen Vergütungsgruppen zu finden. Soweit spiegelt die gegenwärtige Arbeitskraftfigur bei der AWO SH ein personales Bild wider, das auf das Geschlechterverhältnis Sozialer Arbeit insgesamt rekurriert (vgl. u.a. Cloos/Züchner 2005; Drake 1980; Feldhoff 2006; Fröschl 2001; ISA 2005; Meinhold 1993; Rabe-Kleberg 1987; 1990; 2005; Simmel-Joachim 1992; 2003.).

Auffallend ist, dass es in Zeiten einer bundesweiten Destabilisierung von Beschäftigung (Struck u.a. 2006: 8ff., 20ff.) und trotz der Ökonomisierung des Sozialen bei der AWO SH nicht zu einer relativen Zunahme befristeter Beschäftigungsverhältnisse kommt. Dies ist für den Sozialsektor insofern von besonderer Bedeutung, weil bereits 47,6 Prozent aller im Jahr 2006 bei der Bundesagentur für Arbeit gemeldeten Stellen befristet waren, bei den Neumeldungen im Laufe des Jahres sogar 88 Prozent der Stellen (ZAV 2007: 10).

Hinzu kommt, dass sich das Geschlechterverhältnis innerhalb der befristeten Beschäftigungsverhältnisse deutlich zuungunsten der Männer verschiebt. Insgesamt sackt das Beschäftigungsniveau Richtung prekäre Beschäftigung ab. Aber während der vorgefundene hohe Frauenanteil an der geringfügigen Beschäftigung ein auch über die AWO SH hinaus bekanntes Phänomen darstellt (Bothfeld 2005: 133ff.), geht er bei der AWO SH zugleich mit einem hohen Frauenanteil an den Einrichtungsleitungen einher. Einigen Frauen gelingt es also, sich auf Leitungsebene zu etablieren. Auffällig ist ferner, dass mittlerweile auch ein bestimmter Anteil der Männer von prekären Beschäftigungsformen betroffen ist. Dieser Personenkreis war vor der Reorganisation so noch gar nicht vorhanden. Hierbei handelt es sich um auf 400 Euro-Basis beschäftigte Männer, die (temporär) vornehmlich im Pflegebereich als Fahrer oder Pfleger tätig sind, und um Männer, die in Teilzeit lediglich bis zu zehn Wochenstunden arbeiten. Diese Entwicklung verweist darauf, dass der Anteil der Männer, die bei der AWO SH als Haupteinkommensbezieher beschäftigt sind, abnimmt. In Kenntnis dessen, dass bundesweit die Anzahl der Männer, die dem Familienernährermodell entsprachen, zwischen 1991 und 2006 deutlich rückläufig war und dass Frauen eher unfreiwillig zu Familienernährerinnen werden, weil die Partner nicht oder prekär beschäftigt sind (Klenner/Klammer 2009: 3), bekommen auch das Entgeltniveau und die Entgeltungleichbehandlung von Frauen eine neue Bedeutung. Während früher geschlechtsspezifische Entgeltungleichheiten eher noch durch den Verdienst des Partners kompensiert werden konnten oder Frauen als Zuverdienerinnen betrachtet wurden, sind nicht nur immer mehr Frauen als Alleinerziehende auf ein existenzsicherndes Entgelt angewiesen, sondern wächst auch in Partnerschaften der Anteil jener Frauen, die mindestens 60 Prozent zum Familieneinkommen beitragen: „Diese machen im Osten inzwischen 13,1 Prozent der Familienernährerinnenhaushalte aus, in Westdeutschland 9,5 Prozent" (Klenner/Klammer 2009: 3). Frauen und ihre Partner sind also zunehmend darauf angewiesen, dass Frauen existenzsichernde Einkommen erzielen und im Erwerbsleben auch tatsächlich gleichgestellt werden.

Die sicherste Art, bei der AWO SH beschäftigt zu sein, ist die Kombination von Vollzeit, unbefristeter Beschäftigung und langjähriger Betriebszugehörigkeit (um einer geringeren Eingruppierung bei Neueinstellung zu entgehen). Diese Kombination war und ist vornehmlich eine Domäne der Männer. Allerdings konnte sich auch ein erheblicher Anteil Frauen etablieren, die in der Leitung, in den mittleren Angestelltengruppen oder bei den oberen Pflegekräften zu finden sind. Während auf der ersten Führungsebene (Management) Männer häufiger in Leitungspositionen zu finden sind, positionieren sich Frauen zumindest bei den Einrichtungsleitungen relativ proportional zum gesamten Geschlechterverhältnis der AWO SH. Zugleich hat sich die Sicherheitspositionierung der Genusgruppe Männer durch Zunahmen bei den Merkmalen Teilzeit und Befristung verschlechtert sowie dadurch, dass sie in signifikantem Maß ein Entgelt außerhalb des Vergütungsgruppensystems erzielen (müssen).

Insgesamt treten bei der AWO SH parallel heterogene Entwicklungen auf, die zur Folge haben, dass Statuspositionierungen innerhalb einer Genusgruppe signifikant an Relevanz gewinnen, so dass sich Arbeitende derselben Genusgruppe zum Teil bipolar gegenüberstehen, und die auf einen Teilhabekontext verweisen. Die Tatsache, dass Teilzeitarbeit bei der AWO SH die Hauptarbeitszeitform wurde, deutet auf eine bestimmte Beschäftigtenentwicklung im Sozialbereich und beinhaltet mehrere Potentiale. Die Teilzeitzunahme bei der AWO SH geht mit steigenden Beschäftigtenzahlen einher, wovon die meisten Frauen sind. In der Folge sind immer mehr Frauen bei der AWO SH tätig und teilen sich das Mehr an Arbeit untereinander. In der Klasse der geringsten Teilzeitform (bis zehn Wochenstunden) ist hiervon auch die Gruppe der geringfügig beschäftigten Männer betroffen, während Frauen sich stärker über die verschiedenen Teilzeitumfänge verteilen. Damit ist die Arbeitskraftfigur personal vergeschlechtlicht. In Anlehnung an Jurczyk (2001: 25) kann die verstärkte Nutzung der Arbeitskraft in Teilzeit bei der AWO SH als eine Feminisierung der Arbeitskraftfigur und Anpassung nach unten verstanden werden. Davon sind zunehmend auch Männer betroffen.

Teilzeit als Normalarbeitszeitform bei der AWO SH entfaltet zwei potentielle Wirkungspfade: Zum einen geht die steigende Teilzeittendenz mit einer Entwicklung zu mehr prekären Beschäftigungen einher. Zum anderen ermöglicht Teilzeit aber auch eine bessere Vereinbarkeit von Familie und Beruf und kann zu einer geschlechtergerechteren Arbeitsteilung beitragen. Fest steht, dass die abnehmenden Arbeitszeitvolumen in Kombination mit den Verschiebungen im Entgeltgefüge tendenziell nicht existenzsichernd sind. Steht ein zweites Teilzeiteinkommen aus einer Partnerschaft zur Verfügung, bietet diese Kombination Chancen zur Vereinbarkeit von Familie und Beruf sowie zu einer (geschlechter)gerechten Arbeitsteilung innerhalb einer Partnerschaft. Auch beinhaltet diese Kombination ein ausgewogenes Risikoabsicherungspotential gegenüber einem möglichen Arbeitsplatzverlust bei einer oder einem der beiden Partner_innen. Allerdings enthalten Teilzeitkombinationen auch besondere Risiken: Nach Angaben des Statistischen Bundesamtes (2007) erhalten Teilzeitbeschäftigte im Dienstleistungsbereich einen um 24 Prozent geringeren Stundenlohn als Vollzeitbeschäftigte und Teilzeit bedeutet immer auch Karriereverzicht (Klenner/

Pfahl 2008: 6, 34). Stammt hingegen das Partnerschaftseinkommen aus einem Vollzeitbeschäftigungsverhältnis, nimmt das Teilzeiteinkommen bei der AWO SH den Status des Hinzuverdienstes ein. Entfällt der Hauptverdienst oder liegt gar keine Partnerschaft vor, macht das Teilzeiteinkommen tendenziell ergänzende staatliche Unterstützung notwendig. Somit enthält die Arbeitskraftfigur bei einer Kombination von Teilzeit und Entgeltniveau eine Tendenz zum Angewiesensein auf partnerschaftliche oder staatliche Kofinanzierung.

5.1.3.3 Prägung der Arbeitskraftfigur auf Leitungsebene

Auf der ersten (Management) und zweiten (Einrichtungsleitung) Führungsebene konkretisiert sich die Arbeitskraftfigur in spezifischer Weise. Wie sich zeigt, werden geschlechtliche Prägungen dabei erst aus der Ferne wirksam, denn im reinen Verhältnis der Geschlechter (verstanden als Relationen auf den Leitungsebenen) hat sich vieles angenähert. Erst unter Hinzuziehung (re)produktiver Verhältnisse werden geschlechtliche Zusammenhänge deutlich. Abbildung 19 bildet die zentralen Ergebnisse stichwortartig ab.

Auf der ersten Führungsebene ist die Arbeitskraftfigur vornehmlich männlich; die Stellvertretung ist weiblich geprägt, aber bereits hier leiten auch Frauen zentrale Organisationsbereiche. Auf der zweiten Ebene der Einrichtungsleitung finden sich keine signifikanten Abweichungen vom Geschlechterverhältnis aller Beschäftigten. Während die überproportional-männliche Dominanz an der Managementspitze die geschlechtliche Minderheit der AWO SH zur Mehrheit bei der Steuerung und Leitung macht und damit einer arbeitsfeldübergreifenden Regulierung bzw. Geschlechterordnung entspricht (Bothfeld 2005: 164ff.; Thiel 2005: 426ff.), spiegeln die Ergebnisse für das stellvertretende Management und für die Einrichtungsleitung nicht das Bild wider, das in anderen Veröffentlichungen zum Geschlechterverhältnis Sozialer Arbeit beschrieben wird (Drake 1980: 46; Feldhoff 2006: 50 ff.; Fröschl 2001: 288; ISA 2005; Meinhold 1993; Rabe-Kleberg 1987: 40; 1990: 65; 2005; Simmel-Joachim 1992; 2003) und demzufolge Frauen ein Führungsaufstieg grosso modo nicht gelingt, weil „(...) Frauen jenseits der direkten Arbeit mit Kindern und Jugendlichen eher Beratungsaufgaben als Leitungspositionen" (Cloos/Züchner 2005: 726) innehaben bzw. ausführend arbeitende Frauen von den konzeptionell tätigen Männer abhängig sind (Jacob 2004: 60ff.). Allerdings geben die angeführten Forschungen und Veröffentlichungen zum einen Verhältnisse wieder, die teilweise mehrere Jahre oder sogar Jahrzehnte zurückliegen.

Abbildung 19: Die Arbeitskraftfigur auf Leitungsebene

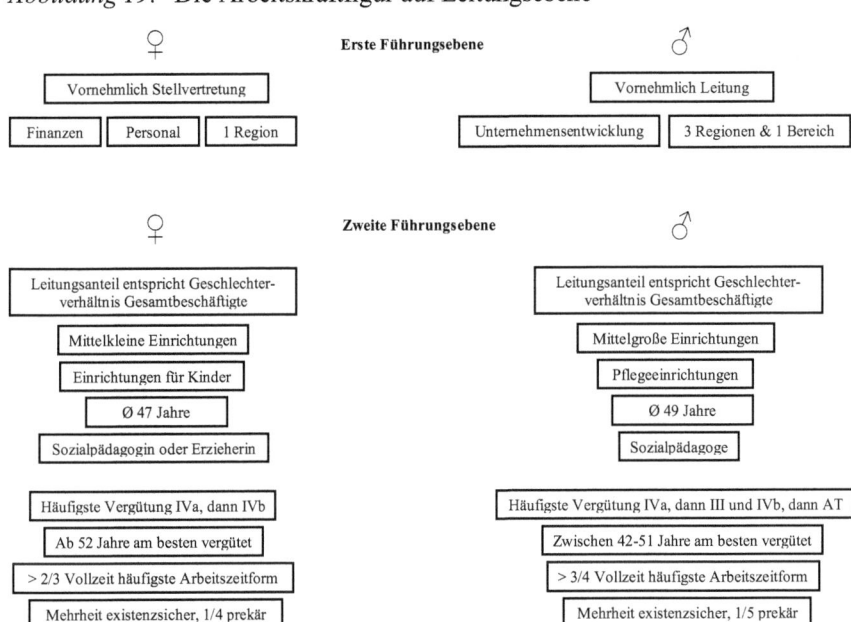

Zum anderen wurde bislang kein Träger der Freien Wohlfahrtspflege derart intensiv auf die im inne wohnenden Geschlechterverhältnisse untersucht, so dass eine Beziehungssetzung zwischen den genannten Quellen und den Ergebnissen der vorliegenden Arbeit nicht pauschal erfolgen sollte. Die Diskrepanz zeigt aber auch, wie wenig dienlich Verallgemeinerungen sind und wie wichtig detaillierte Geschlechteranalysen unter sich verändernden (Re)Produktionsbedingungen sind.

Geschlechtliche Prägungen der Arbeitskraftfigur auf Leitungsebene zeigen sich erst bezogen auf die Art der Führungsbereiche. Frauen sind als Leiterinnen auf der ersten Führungsebene eher in verwaltungsbezogenen Organisationsaufgabenfeldern aktiv; auf der zweiten Führungsebene leiten sie am häufigsten Einrichtungen für Kinder. Männer treten auf der ersten Führungsebene als Gesamtleiter und in der Bereichs- bzw. den Regionalleitungen auf. Auf der zweiten Führungsebene leiten sie am häufigsten Pflegeeinrichtungen. Die Art der Einrichtung prägt auch den Einrichtungsgrößenunterschied und die Abweichungen zum hauptsächlichen Qualifizierungsberuf Sozialpädagog_in, denn Frauen sind zudem als Erzieherinnen in Leitungspositionen von Einzeleinrichtungen für Kinder tätig. Qualifikationen, Einrichtungsarten und -größen haben dann wiederum Konsequenzen für den Arbeitszeitumfang und das Vergütungsniveau. Die tendenziell niedrigere Eingruppierung, die etwas geringere Vollzeithäufigkeit und das altersmäßig spätere Erreichen der besten Vergütungsgruppe von Frauen gegenüber Männern verweist auf mögliche Adaptionen und Kombinationen, Unterbrechungen oder Einschränkungen in der Erwerbskarriere aufgrund familiärer Aufgaben, womit Teilhabefragen erst aus der Ferne wirksam erscheinen, denn objektiv entspricht das Geschlechterverhältnis auf der Einrichtungsebene ja fast dem der Gesamtbeschäftigten. Bezeichnend ist ferner, dass eine kleine Minderheit von Beschäftigten selbst auf der Ebene der Einrichtungsleitung wenig bis nicht existenzsichernd tätig ist und dass dies sowohl Frauen als auch Männer betrifft. Diese Personen in Kleinsteinrichtungen arbeiten zum Teil in Teilzeit und unterscheiden sich auch sonst nicht von den nicht-leitenden Beschäftigten in prekärer Lage. Zusätzlich zu den Polarisierungen innerhalb einer Genusgruppe kommt es also auch zu Polarisierungen innerhalb der Statusgruppe Einrichtungsleitung.

Damit ist ein weites Feld der Arbeitskraftfigur vermessen. Es reicht von organisationalen und personalen Prägungen für die Gesamtbeschäftigten bis zu den Facetten auf den Leitungsebenen. Die analytische Fortsetzung auf der Subjektebene erfolgt nun, auch aufgrund der Beschäftigtenvielfalt und des Umfangs von Beschäftigung bei der AWO SH, anhand einer ausgewählten Berufsgruppe: den Sozialpädagog_innen.

5.2 Subjektivierungsanalyse

Nachdem die strukturellen und personellen Dimensionen der veränderten AWO SH geklärt sind, gilt es nun, sich den Beschäftigten direkt zuzuwenden. Um die Wirkungen der Reorganisation auf sie und anschließend ihre Verarbeitungsstrategien, Handlungsmuster oder Widerstände zu beforschen, wurde eine zweischichtige Subjektivierungsanalyse durchgeführt. Die ausgewählte Beschäftigtengruppe der Sozialpädagog_innen wurde per Fragebogen befragt und aus den Zwischenergebnissen dann ein Personenkreis für intensive Expert_innen-Interviews ausgewählt. Im Folgenden werden die ausgewerteten Interviews und die ausgewerteten Fragebögen gemeinsam diskutiert, d.h. im Analyseprozess werden qualitative und quantitative Ebene verbunden. Dazu wird die Beschäftigtengruppe der Sozialpädagog_innen anhand der quantitativen Fragebogendaten näher beschrieben, der hieraus hervorgegangene Personenkreis für die Interviews vorgestellt und zur Beschäftigtengruppe insgesamt wiederum in Beziehung gesetzt. Anschließend werden die Anforderungen an die Arbeitskraft von Frauen und Männern in verschiedenen Dimensionen beschrieben, es wird der Umgang

der Arbeitenden mit eben diesen Anforderungen betrachtet und das Spannungsfeld gefangener und wettbewerblicher Subjektivierungen, in dem sich die Professionellen befinden, konkretisiert. Abgeschlossen wird das Kapitel mit der Bilanz
zur Antagonismus-These wettbewerblicher versus gefangener Subjektivierungen.
Um jedoch zunächst von der Organisations- auf die Subjektebene wechseln zu
können, wird das Kapitel mit einem kurzen Abschnitt eröffnet, der sich den
Wechselwirkungen und Übergängen an der Schnittstelle zwischen Organisation
und Person widmet.

5.2.1 Zur Schnittstelle zwischen Organisation und Person

Wie im vorherigen Kapitel erläutert, ist in der Folge der Reorganisation eine Art
‚ideale Arbeitskraftfigur' entstanden. Vor dem Hintergrund der kontextuellen
Wirkungen auf die Arbeitskraft (organisationale Prägungen) und in individueller
Kombination der in der Arbeitskraftfigur enthaltenen Merkmale (personale Prägungen) erbringen die Arbeitenden ihre jeweiligen Arbeitsleistungen. Je nachdem, in welchen Arbeitsfeldern, in welchen Beschäftigungsarten und auf welchen Hierarchieebenen sich die Arbeitenden befinden, werden dabei Anforderungen an ihre Person gestellt. Da diese Kategorien zugleich Auswirkungen auf
die Ordnung und das Verhältnis zwischen den beiden Genusgruppen Frauen und
Männer haben,[82] gilt es geschlechtsbezogene Dimensionen bei der Subjektivitätsanalyse kontinuierlich mit einzubeziehen.

Um zu verstehen, welche subjektivierenden Anforderungen an die Beschäftigten der Sozialpädagogik gestellt werden, muss zunächst geklärt werden, wie
Subjektivierung ausgelöst wird oder, anders ausgedrückt: Wie kommen die Sub-

---

82 Die genannten Kategorien betreffen die Relationen der Genusgruppen Frau und Mann zueinander (Geschlechterverhältnis) und somit das gesellschaftliche Organisationsprinzip bzw. die
Macht- und Herrschaftsverhältnisse (Becker-Schmidt/Knapp 1995: 18), denn Geschlecht wirkt
als soziale Strukturkategorie, positioniert die Genusgruppen (Geschlechterordnung) und drückt
jene in der Sozialstruktur eingelagerten Abhängigkeiten aus, auf denen die gesellschaftlichen
Stellungen als Frau oder Mann beruhen (Becker-Schmidt 1992: 7). Die geschlechtlichen Zuschreibungen (beispielsweise Emotionalität versus Rationalität) stehen als Geschlechtersymbole
nicht einfach für sich, sondern haben in ihrer Wirkung eine feste Position innerhalb des kulturellen Wertemusters der Zweigeschlechtlichkeit (Hagemann-White 1984: 78ff.), mit der sie zur
Konstruktion und Rekonstruktion der Geschlechterhierarchie (Geissler 1998: 115) und Segregation auf dem Arbeitsmarkt (Rabe-Kleberg 1993: 49, 117, 126ff.) sowie zur Vergeschlechtlichung
von Berufsarbeit (Wetterer 1995a: 11 und 1995b: 228) beitragen. Die symbolische Konstruktion
der Zweigeschlechtlichkeit (Hagemann-White 1984: 77ff.) bedeutet, dass Geschlecht etwas Spezifisches ist, das sich je nach Alter, sozialer Schicht bzw. Position, Bildungsstand und anderen
sozialen ‚Platzanweisern' verändert. Die Arbeitsanforderung an die Person hat als ein solcher sozialer Platzhalter eine geschlechtliche Wirkung und zugleich ist die Arbeitsanforderung in ihrer
Geschlechtsspezifik Resultat einer gegenwärtigen Ordnung.

jektivierungsaufforderungen zu den Individuen? An der Schnittstelle zwischen Organisation und Person treten eine Fülle von Vermittlungs- und Übersetzungsleistungen auf. Soziale Arbeit als interpersonelle Arbeit verlangt eine gewisse Handlungs- und Gestaltungsautonomie der Arbeitenden, weshalb diese an die Organisation persönliche Ansprüche für die Freiheit ihrer Arbeit stellen. Umgekehrt setzt die Organisation nicht nur den Arbeitsrahmen, sondern stellt auch Anforderungen an die Subjektivität der Arbeitenden. Dies formuliert die AWO SH beispielsweise in ihrem Leitbild, indem sie die Qualität der Arbeit als ein sehr persönliches Einbringungsverhältnis „Von Mensch zu Mensch" (AWO SH 2005: 7) versteht. Subjektivierung von Sozialer Arbeit als interaktiver Prozess zwischen Person und Organisation beinhaltet also ein wechselseitiges Konstruktionsverhältnis. Es werden aktive und kreative Herstellungsleistungen der Person gefordert und eingebracht, so dass die Genese von Subjektivität in den Blick gerät. Hier geht es einerseits um handlungsleitende Ressourcen und Fähigkeiten, andererseits um die Funktionen, d.h. um die Verwendungen und Wirkungen der personalen Einbringung in der Organisation.

Gefangene Subjektivierung als Reaktion auf die chronisch unscharfe Umweltsituation Sozialer Arbeit schafft eine persönliche Strukturierung in den alltäglichen Arbeitsbeziehungen. Verwendung, Wirkung und Nutzen der Arbeit lassen sich als vornehmlich auf die Adressat_innen ausgerichtet bestimmen. Dies sind jedoch keine losgelösten Einzelleistungen, denn sie werden in Organisationen erbracht. Professionelle Soziale Arbeit benötigt den institutionellen Rahmen. Im Verlauf des Reorganisationsprozesses der AWO SH haben sich die Funktionen der Organisation Sozialer Arbeit gewandelt und erweitert. An der Schnittstelle zwischen Organisation und Person wird deutlich, dass die Organisation die an sie gestellten neuen Anforderungen an die Arbeitenden durchzureichen versucht, indem sie ihren funktionalen Bedarf nach mehr subjektiven Leistungen erhöht. Zugleich wollen auch die Arbeitenden vermehrt persönliche Ansprüche in die Arbeit hineintragen und mehr Subjektives aus der Arbeit gewinnen. Die gegenseitigen Anforderungen und Ansprüche müssen umgeformt und ausgehandelt werden, wobei das Subjektivität involvierende Wechselverhältnis zwischen Organisation und Person dynamisch und tendenziell gegensätzlich erscheint:

1. Interessenkonflikt von Organisation und Person: Der Subjektivierungsprozess befindet sich im Zentrum zwischen verschiedenen Personen und der Organisation. Das, was die jeweiligen Personen an Leistungen einbringen wollen, ist nicht unbedingt deckungsgleich mit den Leistungen, die von der Organisation gefordert werden. Es stoßen unterschiedliche Interessen im Subjektivierungsprozess aufeinander (Kleemann u.a. 2003: 58ff.).

2. Ressourcenkonflikt zwischen Arbeitenden und Adressat_innen: Die subjektivierenden Anforderungen an die Person müssen bei chronisch knappen Ressourcen für Soziale Arbeit und mit den menschlich beschränkten Fähigkeiten der Professionellen gegenüber der schier unendlich anmutenden Bedarfslage der Adressat_innen erbracht werden.
3. Subjektivierungskonflikt: Vor allem aber stehen sich in den Wechselverhältnissen von Organisation und Person sowie von Arbeitenden und Adressat_innen zugleich zwei unterschiedliche Subjektivierungsarten (gefangen versus wettbewerblich) gegenüber.

Wie sich dies auf der Ebene der Arbeitenden ausformt und wie diese damit umgehen, soll im Folgenden analysiert werden. Hierzu folgt nun eine Beschreibung der untersuchten Berufsgruppe, an die sich die Ergebnisdarstellung anschließt.

5.2.2 Dimensionen der Anforderungen an die Arbeitskraft von Frauen und Männern

5.2.2.1 Die Beschäftigtengruppe der Sozialpädagog_innen

Die per Fragebogen und Interview untersuchte Stichprobe konzentriert sich auf die Beschäftigtengruppe der Sozialpädagog_innen, wobei die dem Daten- und Persönlichkeitsschutz unterworfene Erhebungsmethode der AWO SH die Definitionshoheit für die Beschäftigtengruppe zuwies. Die AWO SH identifiziert als Sozialpädagog_innen solche Personen, die als Sozialpädagog_innen tätig sind. Im Jahr 2007 waren dies 240 Beschäftigte. Aus dem Rücklauf (N= 80) ergibt sich, dass hierunter zu 80 Prozent ausgebildete Diplom Sozialpädagog_innen,[83] zu rund 11 Prozent ähnliche Berufsbilder (wie Sozialtherapeut_in, Diplom-Pädagog_in, Diplom-Heilpädagog_n) und zu knapp neun Prozent andere Berufsabschlüsse (Diplom-Sozialwirt_in, Diplom-Sozialwissenschaftler_in, Diplom-Psycholog_in, Ärzt_in) vertreten sind. Unter der ‚Beschäftigtengruppe Sozialpädagogik‘ ist also eine heterogene Zusammensetzung von beruflichen Qualifizierungen zu verstehen, die jedoch eindeutig von Diplom-Sozialpädagog_innen dominiert wird. Die interviewten Personen (N=10) waren fast alle ausgebildete Diplom Sozialpädagog_innen, nur eine war Diplom-Pädagogin.
Während das Geschlechterverhältnis im Fragebogenrücklauf (66,3 Prozent Frauen und 33,7 Prozent Männer) das Geschlechterverhältnis der Beschäftigtengruppe (67,9 Prozent Frauen und 32,1 Prozent Männer) recht gut repräsentiert,

---

83 Wie im Methodenteil (Abschnitt 7.5.2) erläutert, fallen hierunter auch einige Diplom-Sozialarbeiter_innen.

wurde für die Expert_innen-Interviews hiervon bewusst etwas abgewichen. Dieser Personenkreis weist einen überproportionalen Männeranteil auf (sechs Frauen und vier Männer), um die verhältnismäßig wenigen Männer auf unterschiedlichen Ebenen und in verschiedenen Einrichtungen qualitativ besser darstellen zu können.

Das durchschnittliche Alter von Frauen und Männern der Beschäftigtengruppe unterscheidet sich kaum, es liegt etwa beim 42. Lebensjahr. Obwohl Mittelwert und Median eng beieinanderliegen, ist das Altersspektrum der Beschäftigtengruppe vom 25. bis 62. Lebensjahr weit gestreut. Im interviewten Personenkreis ist das durchschnittliche Alter von Frauen und Männern wiederum nahezu identisch, liegt allerdings rund drei bis vier Jahre höher. Insgesamt reicht das Altersspektrum dort vom 28. bis 57. Lebensjahr. Während die Beschäftigungsdauer der Beschäftigtengruppe bei der AWO SH ebenfalls ein weites Spektrum umfasst, sind Männer tendenziell schon etwas länger bei der AWO SH; unter den Berufseinsteiger_innen sind sie entsprechend etwas seltener vertreten. Dies korrespondiert mit dem rückläufigen Männeranteil im Studium Sozialer Arbeit (Klein/Wulf-Schnabel 2007a). Bei Frauen ist ein signifikanter Häufigkeitsrückgang zwischen fünf und zehn Jahren Trägerzugehörigkeit festzustellen, was auf Berufsausstiege nach der beruflichen Etablierungsphase verweist, die durch die überwiegend von Frauen erbrachten Kinderbetreuungsleistungen in der Familiengründungsphase bedingt sein könnten. Im Gesamtdurchschnitt liegt die Beschäftigungsdauer bei der AWO SH zwischen acht und zehn Jahren. Unter den Interviewten reicht das Berufsjahrespektrum von vier bis 36 Jahre, weil einerseits bewusst langjährige Mitarbeiter_innen ausgewählt wurden, um deren Erfahrungen mit länger zurückliegenden Veränderungsprozessen der AWO SH einzubeziehen. Andererseits wurden auch geringere Zahlen an Berufsjahren bei der AWO SH einbezogen, um ausdrücklich auch jüngere Erfahrungen in den Blick zu nehmen, wobei aber eine gewisse Mindestdauer Voraussetzung für das Sammeln von Erfahrungen ist. Regulär findet der Berufseinstieg in Soziale Arbeit in einem Alter von Mitte bis Ende der zwanziger Lebensjahre statt; aufgrund von Beschäftigungswechseln liegt das durchschnittliche Eintrittsalter bei der AWO SH etwas höher, nämlich bei Anfang der dreißiger Lebensjahre. Die Unterschiede zwischen den befragten Frauen und Männern sind an dieser Stelle vernachlässigbar, da die Spannweite innerhalb der Genusgruppen deutlich größer ist. Die Abweichungen reichen jeweils vom zweiten bzw. dritten bis fünften Lebensjahrzehnt. Insgesamt decken die ausgewählten Interviewpartner_innen die skizzierte Diversität der Beschäftigtengruppe in den Punkten Alter, Berufseinstiegsalter und Trägerzugehörigkeitszeit gut ab.

Ein Drittel der Männer und ein Viertel der Frauen in der Beschäftigtengruppe Sozialpädagogik geben an, keine Kinder zu haben. Weit über die Hälfte aller

Frauen und ein weiteres Drittel der Männer geben ein bis zwei Kinder an. Drei und mehr Kinder haben knapp acht Prozent der Frauen und 15 Prozent der Männer. Auffallend viele Männer (knapp 19 Prozent) machen keine Angabe zu Kindern (Frauen knapp acht Prozent). Unter den männlichen Interviewpartnern ist die Kinderanzahl extrem verteilt: Ein Mann hat mehr als drei Kinder, aber drei Männer haben gar keine Kinder. Von den interviewten Frauen haben drei keine Kinder und drei Frauen haben zwei Kinder. Bei der Partnerschaftsform wird lediglich nach den beiden Kategorien „Single bzw. alleinstehend" und „feste Partnerschaft" unterschieden, damit keine bestimmte Partnerschaftsform (Ehe, Verpartnerung, eheähnliche Gemeinschaft) betont wird und damit speziell bei den Interview-Partner_innen keine Identifizierung über bestimmte Lebensformen erfolgen kann. Während in der Beschäftigtengruppe 70 Prozent der Männer bzw. 73 Prozent der Frauen in einer festen Partnerschaft leben, sind von den Interview-Partner_innen alle Männer, aber nur die Hälfte der Frauen einer Partnerschaft zuzuordnen. Die Aufteilung der privaten Haushaltsarbeiten wurde von den interviewten Männern zur Hälfte nicht thematisiert. Ein Mann beschrieb eine egalitäre Aufteilung innerhalb einer festen Partnerschaft, ein anderer Mann beschrieb sich als Hauptverdiener und seine Frau als Zuverdienerin, die sich in der Hauptsache um die Kinder kümmert und den Großteil der privaten Haushaltsarbeiten leistet. Bei den Frauen sind zum überwiegenden Teil tradierende Systeme erkennbar oder sie wurden überwunden. In Partnerschaften mit Kindern übernehmen die Frauen den Hauptanteil des privaten Caring. In zwei Fällen geschieht dies neben einer Vollzeit-Berufstätigkeit und Partnerschaftstrennung, in einem Fall durch Unterbrechung der Erwerbsbiografie und anschließend mittels einer Verschiebung von unbezahlt-privaten Hausarbeiten zu extern-bezahlten Haushaltshilfearbeiten nach der Wiederaufnahme und Intensivierung der Berufstätigkeit. In einer Partnerschaft ohne Kind übernimmt ebenfalls die Frau den Hauptteil privater Hausarbeiten. Hier findet die geschlechtsspezifische Arbeitsteilung vor dem Hintergrund einer geringeren Vergütung und mit der Begründung kürzer Arbeitszeit statt. Durch die Biografie einer alleinstehenden Frau ziehen sich private Pflegeleistungen für die Eltern, eine andere alleinstehende jüngere Frau lebt in einer Wohngemeinschaft.

Im Fragebogenrücklauf der Berufsgruppe Sozialpädagogik sind Frauen innerhalb der Entgelthierarchie des BMT AW II mit den oberen Gruppen AT, IIb und III besser positioniert als Männer. Hingegen finden sich Männer überproportional häufig in der Entgeltgruppe IVa. In der prominentesten Gehaltsgruppe IVb, in der jeweils mehr als die Hälfte der Frauen bzw. Männer vertreten sind, entspricht das Geschlechterverhältnis etwa dem der gesamten Beschäftigtengruppe. In der Entgeltgruppe Vb sind Männer etwas unterrepräsentiert, so dass also Frauen an beiden Enden der Entgelthierarchie stärker auftreten. Bemerkenswert ist ferner, dass Frauen und Männer von der mittlerweile aufgehobenen Schlechterstellung für Neueingestellte in ähnlichem Umfang betroffen waren: Knapp 16 Prozent der Frauen bzw. 15 Prozent der Männer erhielten zum Erhebungszeitpunkt nur 90 Prozent des BMT AW II. Dies betraf vor allem Personen in der Entgeltgruppe Vb. In dieser Tarifgruppe war jeder zweite Mann und fast jede zweite Frau von der 90 Prozent-Regelung betroffen. Offenkundig wurden einige neu eingestellte Sozialpädagog_innen also nicht nur pauschal prozentual geringer vergütet, sondern auch in eine relativ niedrige Gehaltsgruppe eingruppiert. Mit dem neuen Haustarif in Anlehnung an den Tarifvertrag des Öffentlichen Dienstes (TvÖD) ist die pauschale Schlechterstellung auf 90 Prozent-Basis entfallen, aber wie die Interviewauswertungen ergeben haben, besaß die Schlechterstellung für die vorangegangene Tarifauseinandersetzung besonderes Konfliktpotenzial. Auch sollte das Vb-Niveau bei einer Interviewten nur vorläufigen Charakter haben, doch ihre höhere Eingruppierung steht auch nach dem neuen Tarifsystem weiterhin aus. Der Personenkreis der interviewten Frauen zeichnet die polarisierte Entgeltsituation der Berufsgruppe zum Erhebungszeitpunkt recht eng nach. Die Hälfte der Frauen sind in der häufigsten Gruppe IVb zu finden und je eine Frau befindet sich in den Entgeltgruppen Vb (90 Prozent), IVa und III. Die interviewten Männer erhalten alle die häufigste Entgeltgruppe IVb.

Die wöchentliche Arbeitszeit in der Berufsgruppe der Sozialpädagog_innen reicht von geringer Teilzeit (neun Stunden) bis zur Vollzeit, wobei eine geschlechtsspezifische Präzisierung notwendig ist. Nicht ganz die Hälfte der Frauen arbeitet in Vollzeit (47 Prozent). Jeweils etwa ein Viertel arbeitet in Teilzeit bis 20 Stunden bzw. in Teilzeit über 20 Stunden. Bei den Männern arbeiten 85 Prozent in Vollzeit und in den Teilzeitformen bis 20 bzw. über 20 Stunden finden sich lediglich vier bzw. 11 Prozent. Diese geschlechtsspezifischen Ausformungen konnten im Personenkreis der Interviewten nicht ganz widergespiegelt werden. Zwei der sechs interviewten Frauen arbeiten in Teilzeit. Eine Frau arbeitet im Umfang von 30 Wochenstunden, eine andere hat ihre frühere Arbeitszeit von 30 auf 35 Wochenstunden erhöht. Alle männlichen Gesprächspartner befinden sich in Vollzeitbeschäftigung.

Diese etwas stärkere Gewichtung der höheren Teilzeit bzw. Vollzeit wurde zugunsten einer Abdeckung verschiedener Einrichtungsarten und Positionen innerhalb der AWO SH in Kauf genommen, um so einen Einblick in verschiedene Geschäftsfelder und unterschiedliche Organisationsebenen der AWO SH zu erhalten. Von den zehn Interviewten sind sechs Personen in der direkten Betreuung (adressat_innen-nah) tätig, vier Personen arbeiten auf der Leitungsebene (Einrichtung oder Fachbereich). Von den interviewten Männern ist ein Mann, von den interviewten Frauen sind drei in Leitungsposition. Keine interviewte

Person arbeitet in derselben Einrichtung wie eine andere interviewte Person. Neun der zehn Einrichtungsarten haben ihren Schwerpunkt im Geschäftsbereich Soziale Dienste. Entsprechend diffus ist der Grenzverlauf zwischen den Hilfearten und somit den Geschäftsfeldern, sie reichen von ambulanten oder stationären Jugend-, Kinder- und Familienhilfen über die ambulante Behindertenhilfe bis hin zum klar abgrenzbaren Gebiet der Kindertagesstätte. Zwar gehört lediglich eine ambulante Pflegetageseinrichtung zu dem in seiner Größe bedeutenden Pflege-Geschäftsbereich der AWO SH, aber bei den Interviews ging es grundsätzlich weniger um Repräsentativität als um Vielfalt, damit die Vielschichtigkeit der sozialen Dienstleistungen der AWO SH und die daraus resultierenden Arbeitsanforderungen umfassend Berücksichtigung finden.

Nach der Beschreibung der Beschäftigtengruppe und des Personenkreises der interviewten Sozialpädagog_innen werden nun die aus den Interviewmaterialien gewonnenen qualitativen Profile (siehe zusammenfassend Anlage 4) gemeinsam mit den quantitativen Fragebogenergebnissen diskutiert. Zur besseren Orientierung tragen die interviewten Personen in den folgenden Abschnitten Namen, die aus Datenschutz- und Vertauensschutzgründen selbstverständlich nicht den realen Namen entsprechen. Die nachfolgende Systematik arbeitet sich an verschiedenen Biografiestationen entlang, weiter zu den spezifischen Arbeitscharakteristika und den subjektiven Haltungen, Zielen und Arbeitsbedingungen, dann weiter zum einrichtungsspezifischen Rahmen und zu den internen Strukturen der AWO SH bis hin zu den Aspekten und Zielen des Reorganisationsprozesses. Abschließend werden subjektive Zukunftsprognosen und -haltungen ausgewertet und die Identifikation der Arbeitenden mit der AWO SH insgesamt in den Blick genommen. Hieran schließt sich die Diskussion wettbewerblicher und gefangener Subjektivierungen an.

Zugänge zur Sozialen Arbeit

Bei der Genese von Subjektivität spielen Ressourcen und Fähigkeiten der Individuen eine handlungsleitende Rolle. Für die Betrachtung der Beschäftigtengruppe unter diesen Aspekten bieten Biografiestationen und Positionierungen in der Arbeitswelt im Geschlechterkontext den inhaltlichen Einstieg. Die Sozialpädagogik stellt für fast zwei Drittel der Personen in der Berufsgruppe nicht den beruflichen Ersteinstieg dar. Allerdings gibt es hier einen signifikanten Unterschied zwischen den Frauen und Männern in der Berufsgruppe der Sozialpädagog_innen. 58,5 Prozent der Frauen und 74,1 Prozent der Männer haben eine oder mehrere weitere Berufsqualifikationen, die bei den Frauen einen engen sozialen (zumeist Ausbildung als Erzieherin) oder medizinischen Bezug aufweisen. Bei Männern ist das vorgelagerte Berufsspektrum uneinheitlich. Nach dem Studium gelang fast allen Frauen und Männern ein ausbildungsadäquater Einstieg in die Felder Sozialer Arbeit.

Werden die persönlichen Werdegänge individuell betrachtet, zeigen sich geschlechtlich konnotierte Zugänge zur Sozialen Arbeit. Bei den zehn Interviewten wurden für neun Personen eher tradierende Arbeitsteilungen in deren Herkunftsfamilien identifiziert. Während einige interviewte Frauen frühzeitig eine Fortschreibung geschlechtsspezifischer Rollen begonnen haben (beispielsweise familiäres Caring für den Bruder, Babysitting), ist bei allen interviewten Männern ein mehr oder weniger ausgeprägter Bruch mit männlichen Rollenerwartungen oder väterlichen Vorbildern in ihren Biografien erkennbar. So gibt Herr Möller den Beruf der Mutter als eigenen beruflichen Bezug an. Herr Stegt entwickelte seine Berufsbiografie zunächst in enger Orientierung an der sozialen Ausbildung der älteren Schwester, lernte hierüber seine Partnerin kennen, mit der er dann zusammenlebt und gemeinsam Soziale Arbeit studiert, bis beide schließlich im Sozialbereich tätig werden. Zwei weitere Männer haben sich zwar zunächst eng an der traditionellen Männlichkeitsrolle ihres Vaters orientiert, sich dann aber in unterschiedlicher Form und Intensität davon losgesagt. Herr Postel versuchte sich im Handwerksberuf des Vaters, scheiterte aber aufgrund von körperlichen Einschränkungen und fehlendem Interesse. Er ließ sich dann über sein ehrenamtliches Engagement in der Jugendarbeit von seiner Mutter zum beruflichen Sozialbereich lotsen. Es dauerte lange, bis sein Vater diese Richtungsänderung akzeptierte. Auch der andere Mann, Herr Wolenski, lernte zunächst den Beruf des Vaters, wurde selbst recht frühzeitig Vater und nahm die Rolle des Familienernährers ein. Doch noch als junger Vater wechselte er aus dem Erwerbsbereich in das Studium Sozialer Arbeit. Hier liegt eine Kombination neuer und alter männlicher Rollenmerkmale vor, denn als Sozialpädagoge ist er nun weiterhin Haupternährer einer Familie mit mehreren Kindern, aber Herr Wolenski folgte bewusst nicht der kaufmännischen Karriereleiter seines Vaters. Somit haben sich einige Männer frühzeitig weiblich leiten lassen und sind so in den Sozialbereich gelangt, andere Männer haben diesen Zugang erst nach einer vollzogenen Abkehr vom väterlichen Vorbild gefunden.

Spiegelbildlich dazu hat Frau Lage zunächst ein technisches Studium begonnen, weil sie sich als junge Frau den Sozialbereich trotz starkem Interesse – gespeist aus sozialem Engagement in der Schule und dem persönlichen Kontakt zu einer Sozialpädagogin – nicht zugetraut hat. Nach Abbruch des Technikstudiums und anderen beruflichen Versuchen wandte sie sich doch dem eigentlich bereits frühzeitig bevorzugten Sozialbereich zu. Hier ging der Weg also zunächst in die Technik und beinhaltete damit einen Bruch mit dem stereotypen Berufsrollenverständnis. Aber durch das dortige Scheitern führte der Berufsweg (wieder) zum weiblich konnotierten und ursprünglich favorisierten Sozialbereich. Bei Frau Görgner spielten familiäre Prägungen, Erfahrungen aus einem Ehrenamt oder Einflüsse aus einer peer group keine Rolle. Sie musste als junge Frau den erlernten Beruf als technische Angestellte aus gesundheitlichen Gründen aufgeben und wandte sich an das damalige Arbeitsamt. Die dort vorgenommene Profilbildung lotste sie zum Sozialbereich.

Generationsbedingte Verstärkung erhalten die Zugänge zur Sozialen Arbeit bei einer Frau und bei einem Mann (Frau Krämer und Herr Stegt). Beide sind in etwa gleich alt und geben an, während der Schulzeit über die Lehrkräfte, die relativ jung waren und aus der 1968er Bewegung stammten, politisiert worden zu sein. Im Zuge der 1968er Bewegung wurde der Sozialbereich als politisches Handlungsfeld entdeckt, wie beispielsweise die Heimkampagne zeigt (Meinhof 2002; Wensierski 2006). In dieser Zeit der Politisierung Sozialer Arbeit gelangten insbesondere Männer zum Studium der Sozialpädagogik (Klein/Wulf-Schnabel 2007a: 140f.). Eine ähnliche Politisierung erfuhr auch das Lehramtsstudium und beeinflusste in der Folge einige der damaligen Schüler_innen. Einen altersmäßig in diese Umbruchszeit passenden, aber gänzlich anderen Zugang zur Sozialen Arbeit weist Frau Hansen auf, die ausdrücklich keine familiären oder ehrenamtlichen Prägungen benennt, sondern den Wunsch zur Nonkonformität. Ausgelöst durch die Initiative einer Freundin suchte sie den Sozialbereich als persönliches Abenteuer auf, den Frau Hansen und ihre Freundin als kollektives Betätigungsfeld für und mit benachteiligten Jugendlichen verstanden.

Zugänge zur Arbeiterwohlfahrt und Statuspositionierungen in der Organisation

Im Durchschnitt sind die Personen der Berufsgruppe Sozialpädagog_innen 42 Jahre alt und sind seit 15 Jahren im Sozialbereich tätig, wovon sie seit zehn Jahren bei der AWO SH beschäftigt sind. Entsprechend beginnt der berufliche Einstieg durchschnittlich mit dem 27. Lebensjahr, das Eintrittsalter bei der AWO SH liegt bei 32 Jahren. Die Unterschiede zwischen Frauen und Männern sind bei diesen Daten recht gering. Männer sind etwa ein bis zwei Jahre länger im Sozialbereich tätig und etwa ein Jahr älter. Die Spannweiten innerhalb der Genusgruppen sind deutlich ausgeprägter. Für die Differenzen zwischen der Gesamtzeit der Berufstätigkeit und der Zugehörigkeit zur AWO SH sind unterschiedliche Wechselmotive oder Unterbrechungsgründe ausschlaggebend: Rund 80 Prozent der Beschäftigtengruppe der Sozialpädagog_innen geben an, ihre Berufstätigkeit bereits ein- oder mehrmals unterbrochen zu haben. Die befragten Frauen und Männer nennen hierfür unterschiedlich häufig verschiedene Gründe. Während Frauen mit Abstand am häufigsten wegen der Geburt eines Kindes und der anschließenden Erziehungszeit ihren Berufsverlauf unterbrechen, sind bei Männern die Aufstiegs- und Entwicklungschancen deutlich prioritär. Bei beiden Genusgruppen ist das Phänomen Befristung der zweithäufigste Unterbrechungs- bzw. Wechselgrund. Einen ähnlich häufigen Grund zum Arbeitsplatzwechsel stellen bei den Männern die Arbeitsinhalte dar, während auf Platz drei bei den Frauen, und erst mit deutlichem Abstand, mangelnde Aufstiegs- und Entwicklungschancen folgen.

In der Gesamtschau der sozialpädagogischen Berufsgruppe sind die Umstände für den Zugang zur AWO SH einerseits von einer insgesamt hohen Fluktuation im Feld Sozialer Arbeit geprägt. Die individuelle Beschäftigungsstabilität wird auf organisatorischer Ebene durch Befristung gefährdet. Bei den Frauen beeinflussen vornehmlich die Kindererziehungszeiten als familiärer Faktor die Beschäftigungsstabilität. Bei den Männern sind es eher karriere- und entwicklungsorientierte Faktoren; sie benennen Aufstiegs- und Entwicklungsgründe sowie Arbeitsinhalte. Andererseits spricht die im Vergleich überdurchschnittliche Organisationszugehörigkeit von zehn Jahren für eine hohe Beschäftigungsstabilität innerhalb der AWO SH, denn im branchenübergreifenden Vergleich wurden für Westdeutschland rund sechs Jahre ermittelt (IAT 2005: 3f.). Da bei der Zugehörigkeitsdauer kein Unterschied zwischen Frauen und Männern in der Berufsgruppe der Sozialpädagogik gefunden wurde, kann hier eine generell instabilere Beschäftigungssituation für Frauen (IAT 2005: 6; Stuck u.a. 2006: 10), in Westdeutschland maßgeblich verursacht durch Erziehungszeiten (IAT 2005: 6), nicht bestätigt werden. Dies könnte ein Indiz dafür sein, dass Frauen bei der AWO SH die Vereinbarkeit von Familie und Beruf besser gelingt. Immerhin geben zwei Drittel der befragten Frauen ein oder mehrere Kinder an (Männer lediglich 48 Prozent).

Die interviewten Personen decken das weite Alters- und Zugehörigkeitsspektrum der Berufsgruppe gut ab. Nachdem die Berufsgruppe oben beschrieben wurde, erlauben ihre Schilderungen nun einen tieferen Einblick in die Zugänge zur AWO. Alle Interviewten geben an, dass sie sich die AWO nicht gezielt ausgesucht haben. Zumeist ist die Eigenbeschreibung vom Wort ‚Zufall' bestimmt oder davon, dass es sich ‚irgendwie' ergeben hat. Dies betrifft selbst die Personen, bei denen ein biographisch angelegter Zugang unverkennbar ist. So hat Herr Stegt bereits sein Anerkennungsjahr als Erzieher bei derselben Einrichtung der AWO absolviert, in der schon seine Schwester arbeitete. Er erläutert, dass er über diese persönliche Beziehung zur AWO kam, in der Einrichtung seiner Schwester auch seine Partnerin kennengelernt hat, dass er seinen Zivildienst ebenfalls bei der AWO ableistete und es nach dem Studium dann nahelag, erneut zur AWO zu gehen:

„(...) danach musste ich mir ja eine feste Stelle suchen und dann hat sich das mit der AWO so ergeben, weil wenn man vorher schon bei der AWO war, man hat Zeugnisse und so weiter, dann guckt man im Telefonbuch auch erst mal, (...) und dann ist es ganz selbstverständlich, dass man dann erst mal bei der AWO auch guckt, weil man auch /äh/ hofft und --- oder zumindest denkt, dass man bessere Chancen hat, wenn man sowieso schon mal drin war und gute Zeugnisse vorlegt" (Herr Stegt).

Bei Herrn Postel wurde aus einer beruflichen Beziehung eine persönliche Freundschaft. Über das sich aus der Freundschaft ergebende Netzwerk konnte er unkompliziert auf einen ‚gatekeeper' zugreifen:

„Und da habe ich mit dem privat schon einiges zu tun gehabt. Und habe dann nach dem Studium einfach gefragt: Habt ihr einen Platz? So. Und dann, so bin ich zu dem Job gekommen. Habe mich also überhaupt gar nicht beworben, sondern habe .. dadurch, dass ich ihn privat kannte, einfach gefragt: Habt ihr bei der AWO einen Job für mich als /äh/ Anerkennungsjahr dann vom Studium her? Und schon ging das. Sagt er: Ja, kannst anfangen" (Herr Postel).

Aber nicht nur Männer, auch Frauen behaupten sich als aktive Netzwerker_innen. Persönliche Beziehungen ermöglichten Frau Lage, Frau Krämer und Frau Hansen den Zugang zur AWO. Frau Lage befand sich am Ende ihres Studiums in einer schwierigen Situation, weil durch die Umgestaltung der Diplom-Studiengänge kaum noch Plätze für ein Anerkennungsjahr zur Verfügung standen.[84] Über eine private Beziehung gelingt ihr dennoch der Arbeitsmarktzugang und das sogar in dem fachlich gewünschten und auf dem Arbeitsmarkt generell seltenen Bereich:

„(...) die Frau eines Freundes von mir, die /ähm/ kannte eine in einer .. Position bei der AWO. Und /ähm/ die hat dann meine Bewerbungen verteilt an unterschiedliche .. Leute, die dafür zuständig sind bei der AWO" (Frau Lage).

Frau Hansen begann ihre Berufstätigkeit in einer Zeit, zu der die AWO zu wenige Fachkräfte hatte; ihren Zugang ermöglichte einer ihrer Dozenten:

„(...) da hat ein Psychologe gearbeitet nebenbei (...) der gleichzeitig Dozent an der Fachhochschule war (..). Den kannte ich auch ganz gut. (...) das war natürlich dann auch wieder eine besondere Situation, weil das da eigentlich kaum ausgebildete Leute gab damals bei der AWO. (...) in vielen Bereichen war die AWO also viel weiter zurück" (Frau Hansen).

---

84 Das relativ gut bezahlte Anerkennungsjahr wurde in Zeiten der Studiengangsumstellung von sechs auf acht Semester durch zwei unbezahlte bis gering bezahlte Praxissemester abgelöst. Entsprechend favorisierten die Arbeitgeber_innen die neueren Absolvent_innen. Im Bachelorsystem wurde nunmehr zur früheren Regelung des staatlichen Annerkennungsjahrs mit entsprechender eigener Vergütungsgruppe zurückgekehrt (KAV 2009).

Um an den fachlich gewünschten und auch aufstiegsorientierten Arbeitsplatz bei der AWO zu gelangen, nutzte Frau Krämer gezielt ihre beruflich entwickelten Verbindungen:

> „(...) dann bot sich im (.), damals noch Kreisverband der Arbeiterwohlfahrt, eine Möglichkeit. Und da hatte ich /äh/ .. berufliche Beziehungen über die Jugendamtsarbeit. Die wollten mich. Das hatten sie mir auch gesagt. Und dann habe ich mich beworben" (Frau Krämer).

Diese gesammelten persönlichen Beziehungen sind Ressourcen, die auf der Zugehörigkeit zu einer Gruppe beruhen, und stellen demnach soziales Kapital dar (Bourdieu 1992: 63). Bei Herrn Stegt und Frau Krämer war das soziale Kapital mit politischer Identifikation angereichert.[85] Beide wurden von Lehrkräften aus der 1968er Bewegung geprägt und trafen auf eine zu ihrem sozialpolitischen Verständnis passende AWO:

> „Und klar ist, von meiner /äh/ von meinem Gesellschaftsbild, von meinem Menschenbild her fühlte ich mich der Arbeiterwohlfahrt auf jeden Fall sehr viel näher [als einem anderen Träger, *d. Verf.*]" (Frau Krämer).
> „(...) vom Politischen auch schon in, in meine Jugendzeit passt das. AWO und meine Person und mein, mein politisches Denken, da, da gibt es viele Parallelen. Da fühle ich mich zu Hause" (Herr Stegt).

Damit ist die Teilhabe am Netz der sozialen Beziehungen, des Kennens und Anerkennens, mit politischen Werten verbunden. Im Lebensverlauf akkumuliert dieser Personenkreis sein soziales Kapital innerhalb der AWO bis eine gewisse berufliche Etablierung erreicht ist. Diese Etablierung kann recht früh beendet sein, wie bei Frau Lage und Frau Hansen, die sich in ihrer spezifischen Einrichtung in der direkten Arbeit mit den Adressat_innen auf der richtigen Ebene sehen. Sie kann aber auch von lang anhaltender Dauer sein, wie bei Herrn Stegt, der Karriere machte, bis ein Burnout-Syndrom ihn stoppte. Dennoch pflegt und nutzt er weiterhin seine Beziehungen, denn zum einen hat er einen latenten, wenn auch noch unkonkreten Wechselwunsch innerhalb der AWO SH. Zum anderen verschafft ihm seine Beziehungsarbeit eine hohe Handlungsautonomie:

> „Darum habe ich auch viel Gestaltungsmöglichkeiten, weil ich die ganzen Strukturen --- also ich kenne ja jeden im Landesverband. Ich (...) weiß, wie .. wie wer entscheidet" (Herr Stegt).

---

85 Hieraus ergibt sich jedoch kein politisches Kapital, weil aus der Identifikation beispielsweise keine Privilegien oder Machtansprüche erwachsen.

Frau Krämer beschreibt einerseits ihren bisherigen Karriereverlauf eher als passives Ereignis, hat aber andererseits stets klare Schritte verfolgt, benennt auch für die Zukunft Entwicklungsfelder und verhält sich gegenüber guten Karriereangeboten offen. Auch sie nutzt gezielt ihre sozialen Verbindungen für ihre Autonomie:

> „Das ist eine sehr reizvolle Arbeit. Und da auch viel steuern zu können. Also ich habe viel Handlungsautonomie hier, was den Bereich der Fachlichkeit anbelangt. (...) Aber es gibt eine, eine hohe Toleranz hier und auch Akzeptanz dessen, was ich tue. So habe ich den Eindruck. Und /ähm/ von daher gesehen stoße ich auch auf wenig Widerstände, wenn ich irgendwas Neues will. Im Gegenteil" (Frau Krämer).

Der Akkumulationsgrad des sozialen Kapitals, die Karriereambitionierung und die Selbstbestimmung gehen also Hand in Hand. Das soziale Kapital, das auf persönlichen Beziehungen beruht, verschafft mehr Möglichkeiten, innerhalb der Organisation aktiv zu handeln. Es ist damit auch für Statuspositionierungen relevant. Es erscheint von daher nur konsequent, dass sich sowohl Frau Krämer als auch Herr Stegt in Leistungspositionen befinden (wenngleich Letzterer nach einem Burnout-Syndrom auf eine niedrigere Leitungsebene wechselte).

Um in eine Leitungsstelle zu gelangen, sind neben der aktiven Akkumulation des sozialen Kapitals offenkundig noch weitere Aspekte relevant. Ein Viertel aller Personen der Berufsgruppe befinden sich in einer Leitungsposition. Dies betrifft Frauen und Männer gleichermaßen, allerdings sind Männern zumeist doppelt[86] so viele Mitarbeiter_innen unterstellt. Es ist eher unwahrscheinlich, dass all diese Leitungspersonen durch soziales Kapital aufgestiegen sind. Einen Beleg dafür bieten die qualitativen Ergebnisse: Ohne dass sie auf persönliche Beziehungen zurückgreifen konnten, sind Frau Bollert und Frau Görgner von außen direkt in eine Leitungsposition eingestiegen. Ihre AWO-Zugänge erfolgten jeweils in einem engen Zusammenhang mit ihren familiären Lebensumständen. Frau Görgner wechselte den Arbeitsort, um privaten Pflegeleistungen nachkommen zu können. Frau Bollert hatte mehrere Jahre für die Kinderbetreuung beruflich pausiert. Beide waren auf der Suche nach einer fachlich- und positionsadäquaten Stelle. Für die Bewerbung von Frau Bollert ist zudem von Bedeutung, dass sie sich nicht nur durch die ausgeschriebene Stelle angesprochen fühlte, sondern dass sie sich mit der AWO SH politisch identifizieren konnte.

Ebenfalls ohne persönliche Beziehungen, aber zugleich ohne Leitungsorientierung ist Herr Möller zur AWO SH gelangt. Er war unzufrieden mit den schlechten Arbeitsbedingungen beim vorherigen Arbeitgeber und er hatte sich im

---

86 Dies betrifft Mittelwert und Median gleichermaßen. Zu beachten ist, dass hier die Spannweite bei der Anzahl der Mitarbeiter_innen enorm ist. Sie reicht von einer/einem bis zu 570 Mitarbeiter_innen (allerdings ist dies ein extrem hoher Wert der Regionalleitung).

Berufsverlauf fachlich spezialisiert, so dass er sich derart motiviert gezielt auf ein Stellenangebot der AWO SH bewarb. Auch Herr Wolenski kam aufgrund unbefriedigender Arbeitsbedingungen zur AWO SH. Es waren die familienunfreundlichen Arbeitsbedingungen bei seinem früheren Arbeitgeber, die seinen Wechselwunsch auslösten. Auf der Suche nach einer fachlich innovativen Einrichtung und aufgrund der landschaftlichen Attraktivität des schleswigholsteinischen Standorts wechselten er und seine Familie für die Arbeitsstelle bei der AWO SH den Wohnort. Besonders die fachlich-innovative Einrichtungsausrichtung, aber auch die Attraktivität des Standortes spielte für Frau Ehmke eine ausschlaggebende Rolle. Wie Herr Wolenski nahm auch sie dafür einen weiteren Umzug in Kauf. All die Personen, die nicht über ein Beziehungsnetzwerk zur AWO SH gelangten, reagierten auf Stellenausschreibungen in verschiedenen Zeitungen. Eine Ausnahme bildet die jüngste Interviewpartnerin. Frau Ehmke kam über eine gezielte Recherche im Internet zu ihrem gewünschten Arbeitsplatz.

Zusammengefasst lässt sich eine Gruppe (I) identifizieren, die primär über ihr soziales Kapital zur AWO SH kommt. Eine andere Gruppe (II) findet primär über denn allgemeinen Arbeitsmarkt ihren Zugang zur AWO SH. Hier ist das Bildungskapital ausschlaggebend.[87] Dies bedeutet nicht, dass die erste Gruppe ohne Fachlichkeit zur AWO SH gelangt. Im Gegenteil: Die interviewten Personen verdeutlichen, dass ein Mindestmaß an Bildungskapital Zugangsvoraussetzung ist, auf das dann soziales Kapital aufgesetzt werden kann. Persönliche Netzwerke allein reichten bei keiner der in Gruppe I versammelten Personen. Zum Teil ist erhebliche Fachlichkeit vorhanden und über Fortbildungen wird weiteres Bildungskapital erzeugt. Dies ist beispielsweise bei Frau Krämer der Fall, die über ihr gestiegenes Bildungskapital viel leichter soziales Kapital gewinnt. Zum Teil entwickelt sich soziales und inkorporiertes Kulturkapital im gemeinsamen Zeitverlauf, wie bei Herrn Stegt. Umgekehrt ist aber zu konstatieren, dass ein AWO-Zugang ohne soziales Kapital auch allein mittels Bildungskapital möglich ist. Die Interviewten gehören je zur Hälfte der Gruppe I und II an.

Quer zum Primärzugang über soziales Kapital (I) oder über Bildungskapital (II) sind in den Gruppen unterschiedliche Positionierungen auf der Adressat_innen- oder Leitungsebene zu beobachten. Bei Teilen der Gruppe I verschafft primär die Akkumulation des sozialen Kapitals den Leitungsaufstieg. Hingegen sind die Leitungspersonen der Gruppe II als Externe quer in die Organisation eingestiegen. Hier ist das Bildungskapital ausschlaggebend. Folglich ist nicht nur für den Zugang, sondern auch für die Positionierung innerhalb der Hierarchie

---

87   Nach der Lesart von Bourdieu (1983: 187f.) ist Bildung Teil des inkorporierten Kulturkapitals.

festzustellen, dass Bildungskapital Voraussetzung und soziales Kapital hilfreich, aber nicht allein bestimmend ist.

Damit wird deutlich, dass Bildung als inkorporiertes Kulturkapital für den generellen Arbeitszugang zur AWO SH und für die Positionierung in der Hierarchie von unerlässlicher Bedeutung ist. Die ‚dauerhafte Disposition' durch erworbene Bildung als individueller Bestandteil der Person erfordert Zeit. Bei fehlendem Bildungskapital entsteht doppelt verlorene Zeit (Bourdieu 1992: 56), weil zur Korrektur erneut Zeit aufgewendet werden muss. Bei einer karriereambitionierten Haltung sind also Bildungsbereitschaft und Zeit unerlässlich. Für die Entwicklung der Karriere in der Organisation ist dann der Akkumulationsgrad des sozialen Kapitals elementar. Dies verdeutlichen die Biografien aller Leitungspersonen, egal ob sie der Gruppe I oder II angehören. Unter Weiterentwicklung ihres Bildungskapitals auf der Leitungsebene können sie sich, ihre Selbstbestimmung und ihre Karriere nur im Netzwerk persönlicher Beziehungen weiterentwickeln, d.h. ihre Fachlichkeit muss auch sozial sichtbar und bekannt werden. Ansonsten verharren sie in den aktuellen Aufgabengebieten und auf den jetzigen Positionen. In diesem Prozess muss das soziale Kapital also dem Eigenmarketing dienen. Ob die Arbeitenden damit aber eine Selbst-Ökonomisierung betreiben (Pongratz/Voß 2003: 25), kann erst beurteilt werden, wenn damit a) eine kontinuierliche und gezielte Herstellung fachlicher Fähigkeiten und Leistungen nach den wettbewerblichen Maßstäben (Produktionsökonomie des Arbeitsvermögens) einher geht und b) die eigene Arbeitskraft auf innerbetrieblichen wie außerbetrieblichen Märkten aktiv angeboten wird (individuelle Marktökonomie). Es sind also die persönlichen Arbeits- und Berufsziele sowie die Haltungen der Arbeitenden (nicht nur bei den Leitungspersonen) für die Frage der wettbewerblichen Subjektivierung besonders zu beachten.

Arbeits- und Berufsziele

Bei der Frage, was sie mit ihrem Beruf und ihrer Arbeit für sich selbst erreichen möchten, nennen auffallend viele Beschäftigte keinen unmittelbaren Eigenbezug. Acht von zehn interviewten Personen geben an, dass sie etwas für andere, nämlich für die Adressat_innen, erreichen möchten und dass genau dies ihr eigenes Ziel sei. Die eigene Arbeit zielt primär auf einen Fremdzweck und erst diese Zweckerfüllung ist das eigene Ziel. In den Antworten kommt ein Eigenbezug zum Teil gar nicht zustande:

> „Ja, ich möchte hier zum Beispiel in diesem Bereich, da möchte ich ganz gerne Leuten helfen, ja, Hilfe zur Selbsthilfe, dass sie ihr Leben eigentlich selber so in den Griff kriegen" (Herr Möller).

Mal fällt es den Arbeitenden regelrecht schwer, für sich selbst zu antworten:

> „Mhm. Hm? Für mich selbst? ((lacht)) Das ist ja schwer. ((lacht)) /Ähm/ .. für mich selbst würde ich Zufriedenheit, dass ich gerne zum Job hingehe, dass ich /ähm/ Spaß dran habe. Dass /ähm/ .. ((holt tief Luft)) hm .... ja .. (...)" (Frau Ehmke).

So werden die benannten Ziele wie persönliches Wohlergehen, Spaß an der Arbeit oder die eigene fachliche und persönliche Entwicklung in Abhängigkeit von und in tendenzieller Unterordnung zu den Interessen und Bedürfnissen der Adressat_innen genannt. Lediglich bei einer Frau (Frau Bollert), die ihre Fachlichkeit und einen eigenen beruflichen Gestaltungsspielraum verfolgt, und bei einem Mann (Herr Postel), der seine berufliche Etablierung und den Aufstieg benennt, zielt die Arbeit primär auf einen Eigenzweck für die Arbeitenden.

Die Interviewten verbinden ihre Arbeitsziele mit positiven Emotionen. Die Arbeit an, mit und für Menschen ist mit gemischten Gefühlen verbunden, aber erzielt werden sollen möglichst positive Emotionen. Die Arbeitsziele, Freude an der Arbeit zu haben, eigenes Wohlbefinden zu erreichen oder die eigene Persönlichkeit zu entwickeln, motivieren die Interviewten. Diese Ziele zu erreichen, gibt ein gutes Gefühl. Den Spaß oder den Reiz an ihrer Arbeit leiten acht der zehn Interviewten über die Zufriedenheit oder sogar das Glück der Adressat_innen ab. Ausnahmen hiervon sind diesmal nicht Frau Bollert und Herr Postel, sondern Frau Krämer und Herr Stegt. Letztere ziehen ihre Arbeitsfreude aus der Autonomie, die sie für mehr Aufträge oder neue Projekte einsetzen können. Alle anderen erfreuen sich an der Entwicklung der Adressat_innen oder daran, dass sich die Adressat_innen und deren Angehörige freuen. Auch Frau Bollert und Herr Postel, deren Arbeitsziele primär auf sie selbst gerichtet sind, bewerten diejenigen Arbeitselemente positiv, die sich an den Adressat_innen und deren Angehörigen orientieren. Wie bedingungslos die eigene Freude von anderen abhängig sein kann, veranschaulicht eine Schilderung von Frau Lage:

> „Also da ist eben ein Beispiel, da haben wir eine Besucherin, die .. sehr große Angangsschwierigkeiten hat, wenn sie Sachen wieder alleine machen soll. Also .. sie .. /ähm/ besitzt einen E-Rollstuhl, wollte den anfangs gar nicht benutzen, weil sie große Angst davor hatte. Und dann habe ich eben irgendwann gesagt, dass wir sie nicht mehr fahren, wenn sie zur Krankengymnastik soll, sondern sie selbst fahren. Also wird nicht mehr von uns gefahren. Da war sie zuerst .. fürchterlich erbost darüber, wie ich mir so was einbilden könnte und das kann ja nicht angehen, alle anderen werden gefahren, nur sie nicht. Und ja, jetzt ist sie glücklich und f/äh/rt immer danach noch einkaufen, macht alles Mögliche, also hat wieder ein großes Stück Selbstständigkeit wiedergewonnen und sagt mir zwar nicht: Toll, dass du das gemacht hast, ne? Aber man merkt schon, dass sie glücklich ist. Ja, also nicht, nicht dass sie jetzt --- also sie ist mir jetzt nicht dafür dankbar, aber sie hat selber das Gefühl, sie hat was erreicht. Und das hat sie ja auch. Und das zeigt mir ja schon, also das ist für mich schon genug Lohn dann eigentlich" (Frau Lage).

Hier kommt die spezifische Subjektivierung sozialer Dienstleistungen in einem gewichtigen Ausmaß zum Ausdruck. Wie bei der Interaktionssequenz ‚Waschen von Frau M' (Dunkel 1988: 74f., *zit. n.* Dunkel/Rieder 2004: 215f.) dreht sich die gefangene Subjektivierung immer wieder um die Erschließung subjektiver Fähigkeiten für die Zwecke Sozialer Arbeit. Die empathische Perspektive auf die eigensinnige Problemsicht der Adressat_innen (Thiersch 2002: 215) fordert die gesamte Persönlichkeit, wobei die Gefahr besteht, dass die eigenen Ziele, Wünsche und Ansprüche verlorengehen. Arbeit für andere schafft einen Arbeitscharakter, in dem sich das arbeitende Selbst mit seinen Bedürfnissen und Zielen aufzulösen und den Adressat_innen unterzuordnen droht. Folgt man Burkhard Möller (1991, *zit. n.* Thiersch 2002: 216) ist es ja auch geradezu notwendig, den ‚sozialen Tod' zu sterben, d.h. die eigenen Normen und Werte hinter sich zu lassen und sich ganz auf die Lebenswelt der Adressat_innen einzustellen. Zugleich soll dies aber nur ein vorübergehender Prozess sein. Professionelle als relational Handelnde (Dewe/Otto 2002: 191) nehmen im Idealfall die Position von ‚Dritten' ein. Sie treten aus sich heraus, ohne sich jedoch in der Lebenswelt der Adressat_innen zu verlieren.

Werden die Arbeits- und Berufsziele im Zusammenhang mit den Arbeitsmotivationen betrachtet, lässt sich festhalten, dass die Arbeitenden zumeist auf die Adressat_innen bezogen sind. Tabelle 14 gibt einen Überblick über die Zuordnung der Personen.

Tabelle 14: Personenzuordnung zur Zielausrichtung und Reizorientierung der Arbeit

Kategorie	Ausrichtung der Kategorie	Frauen	Männer
Ziel der Arbeit	Fremdzweck	Frau Ehmke Frau Hansen Frau Görgner Frau Krämer Frau Lage	Herr Möller Herr Stegt Herr Wolenski
	Eigenzweck	Frau Bollert	Herr Postel
Motivation der Arbeit	Adressat_innen-Orientierung	Frau Bollert Frau Ehmke Frau Hansen Frau Görgner Frau Lage	Herr Möller Herr Postel Herr Wolenski
	Autonomieorientierung	Frau Krämer	Herr Stegt

Die Arbeit in und mit Beziehungen zu Menschen macht deren Lebensbewältigung zur persönlichen Angelegenheit. Ziel und Motiv der Arbeit sind adressat_innenorientiert, originär eigene Zwecke stechen kaum hervor. Trägerbezogene oder gar marktförmige Zielzusammenhänge lassen sich bei keiner der interviewten Personen ableiten. Ihre Ziele sind vornehmlich auf den Alltagsnutzen der Adressat_innen gerichtet, der Gebrauchsnutzen der Arbeitskraft für die Entwicklung der Adressat_innen steht im Vordergrund. Daraus ergibt sich: Die Arbeitenden nehmen bei ihrer eigenen Arbeits- und Berufszielbestimmung eine lebensweltökonomische Perspektive ein. Hinweise auf eine primäre Selbst-Ökonomisierung ergeben sich nicht.

Dass die Benennung der eigenen Arbeits- und Berufsziele von der Sphäre des Lebens und von der Formung der Persönlichkeit nicht zu trennen ist, verdeutlichen zwei Interviews in besonderer Weise. Frau Görgner und Herr Wolenski geben als ihr Arbeitsziel an, die eigene und die Persönlichkeiten der Adressat_innen entwickeln und verändern zu wollen. Dadurch wird die Formung der Persönlichkeit durch die Arbeit und die Formung des Arbeitsgegenstandes durch die Persönlichkeit als aktive Leistung deutlich. Hier ist die Sphäre der Erwerbsarbeit längst verlassen, denn die Persönlichkeit umfasst das ganze Leben. Insofern gilt es nun, das berufliche Handeln der Beschäftigten im Kontext ihrer Lebenszusammenhänge zu analysieren.

5.2.2.2 Rationalisierung von Arbeit und Leben in biographischer Perspektive

Durch das Eindringen Sozialer Arbeit in die Persönlichkeit und durch das Einbringen der Persönlichkeit in Soziale Arbeit werden die Zusammenhänge von Arbeit und Leben wechselseitig strukturiert. In welcher Form das private und berufliche Handeln der Menschen deren Arbeits- und Lebenszusammenhänge durchdringt, soll in diesem Abschnitt geklärt werden. Hierzu wird untersucht, wie die Arbeitenden die Sphären von Arbeit und Leben im Gesamtzusammenhang subjektiver Bedürfnisse, Ansprüche und Haltungen formen, ob eine Trennung dieser Sphären erfolgt oder ob eine zweckgerichtete Ausrichtung individueller Lebensressourcen stattfindet, d.h. ob sie ihr Leben zunehmend auf den Erwerbszweck ausrichten. Damit zielt die Analyse auf die Rationalisierung im Lebenszusammenhang; weil der Lebenszusammenhang ein biographischer ist, wird dabei eine lebensgeschichtliche Perspektive eingenommen.

Wie die Arbeits- und Berufszielbetrachtung verdeutlicht hat, werden die berufliche Zielsetzung und das Handeln durch den emotionalen Wert des Sachverhalts geprägt. Jedoch ist dies kein Wert an sich. Die Emotionalität ist vom Erfolg bzw. der Interpretation als Erfolg abhängig und dieser Erfolg gründet auf einer spezifischen Leistung. Das soziale Handeln der Arbeitenden (Weber 1972: 11ff.) zielt auf ein erwartetes Verhalten der Adressat_innen unter Abwägung der Mittel und Nebenfolgen. Das Handeln ist damit zumindest in seinen Mitteln zweckrational, auch wenn es durch die konsequente Adressat_innenorientierung wertrational geleitet erscheint. Zugleich lassen sich durch die Emotionalität der Arbeit einige affektuelle Elemente identifizieren. Zur Auflösung der Vielschichtigkeit des Handelns mit seinen Mitteln und in seiner Ausrichtung bedient sich Weber einer einfachen Formel:

> „Sehr selten ist Handeln, insbesondere soziales Handeln, nur in der einen oder der anderen Art orientiert. Ebenso sind die Arten der Orientierung natürlich in gar keiner Weise erschöpfende Klassifikationen der Arten des Handelns, sondern für soziologische Zwecke geschaffene, begrifflich reine Typen, denen sich das reale Handeln mehr oder minder annähert oder aus denen es – noch häufiger – gemischt ist. Ihre Zweckmäßigkeit für uns kann nur der Erfolg geben" (Weber 1972: 13).

Aus eben dieser Zweckmäßigkeit wird hier der Begriff Fürsorgerationalität (Waerness 2000: 54ff.) aus dem theoretischen Abschnitt dieser Arbeit benötigt. Die für Soziale Arbeit charakteristische Vielschichtigkeit des Handelns umfasst die Kategorie der Fürsorgerationalität, weil sie den Handlungsrahmen der Lebenserfahrung, Empathie, Fachkenntnisse und Fertigkeiten einschließt. Fürsorgerationalität erfordert das Selbstverständnis, sich in die Situation der Adressat_innen hineinzuversetzen, die berufliche Fachlichkeit und Professionalität damit zu verbinden und so als ‚Dritte/r' zu handeln. Die empirischen Befunde belegen, dass das Handeln der Arbeitenden auf eine Fürsorge zielt, die die Alltagswirklichkeit der Sorge-Empfänger_innen einbezieht. Es geht nicht um das Helfen als Wert an sich, vielmehr orientiert sich das gezielte Einbringen subjektiver Fähigkeiten an dem Wohlbefinden, der Entwicklung und der selbstständigen Lebensbewältigung der Adressat_innen. Über die Individualebene hinaus hat dieser Zweck eine gesellschaftliche Dimension, wie die Arbeitszielbeschreibung von Frau Hansen verdeutlicht. Ihr Ziel ist es, die Chancen von gesellschaftlich Benachteiligten zu verbessern.

> „Also jetzt nicht mit diesem Helfersyndrom, das habe ich nicht drauf. /Ähm/ wichtig war mir immer jetzt so, so Kids wirklich Unterstützung zu geben, die /äh/ .. ja, einfach keine Chance hatten, sich vor /äh/ /äh/ sagen wir mal, realistisch entwickeln zu können. Ne, die chancenlos sind da. Aber die wirklich ganz anders, wenn sie anders gefördert worden wären, dass sie einen ganz anderen Weg .. hätten gehen können in der Gesellschaft dann da" (Frau Hansen).

Bei der Zielbeschreibung und bei der Reflexion ihrer rund 36 Jahre Organisationszugehörigkeit während des Interviews setzt sie sich und ihr Handeln in einen gesellschaftlichen Kontext. Im Einklang mit einer professionellen Abgrenzung bringt auch sie ihre Persönlichkeit umfassend in die Arbeit ein:

„Also Familienersatz können wir nicht geben, aber soweit wie möglich immer. Das war schon auch Ziel, ne, also so auch was von sich zu erzählen. (...) das ist ganz wichtig. Denn das ist nicht ein Stück Brot, mit dem ich da arbeite, ne? Das sind Menschen genauso wie ich auch. Und dann dürfen sie auch gerne von mir was wissen" (Frau Hansen).

Eine ähnliche familiäre Nähe zur Arbeit beschreibt auch Herr Wolenski, der ebenso wie Frau Hansen eigene Kinder hat:

„Es geht hier nicht immer nur um die Arbeit, sondern es sind einfach auch viele persönliche Dinge, die eine Rolle spielen. Lebenssituationen, eigene Befindlichkeiten (...) auch die eigene Erfahrung im Zusammenleben mit meiner Frau und den Kindern, wo man schon natürlich Erfahrungswerte mitnimmt, Ideale, Wertvorstellungen, die hier eine große Rolle spielen. (...) Also das ist ja quasi eine zweite Familie, die man hat. Nun ist meine Ehefrau hier ein Mann. Nee, das macht auch nichts. ((lacht)) Aber ansonsten ist es /ähm/ schon dadurch, dass ich ja hier acht Stunden täglich bin, einfach eine zweite Familie. Soll es für die Kinder sein in vielen Fällen. Und für uns als hier Arbeitende ist es so" (Herr Wolenski).

In dieser Aussage verwischen sich die Sphären von Arbeit und Leben in besonderer Weise, weil zugleich Familien- und Geschlechterkonstruktionen brüchig werden. Auch wenn Herr Wolenski nicht so weit geht, sich selbst als soziale Frau in der ‚Arbeitsfamilie' zu beschreiben, betitelt er seinen Kollegen als seine ‚Ehefrau der Arbeit'. Er hat offenbar keine homophobischen Ängste und er betrachtet die Arbeitsteilung im Team unter sozialen Geschlechterrollenaspekten.

Fürsorgerationalität schafft also eine konstruktive Verbindung zwischen den Sphären von Arbeit und Leben. Gefangene Subjektivierungsleistung ist es, mit der Person den gesamten Lebenszusammenhang einfließen zu lassen und die Adressat_innen (in professioneller Distanz) am eigenen Leben teilhaben zu lassen. Rationalitätsmaßstab sind die subjektiven Bedürfnisse, Ansprüche und Haltungen. Aus dieser Perspektive wird entschieden, wie eine Vereinbarkeit von Arbeit und Leben gelingt. An der Biografie und den individuellen Ressourcen von Frau Hansen zeigt sich ausnehmend deutlich, wie eng das eigene Leben und das Leben der Kinder mit der Arbeit wechselseitig verflochten sind. Sie und Frau Görgner repräsentieren den Typus der ausgeprägten Fürsorgerationalität des Lebens. In biographischer Perspektive ist es so die Fürsorgerationalität, die das eigene Handeln im verbindenden Arbeits- und Lebensverlauf prägt. Zeitweise hat Frau Hansen mit ihren Kindern auf dem Einrichtungsgelände gelebt, in unmittelbarer Nähe zur Einrichtung gewohnt und in den Sommerferien mehrwöchige Freizeitfahrten mit ihren Kindern und den Adressat_innen unternommen. Im Fall von Frau Hansen erfasst die gefangene Subjektivierung sogar die Kinder der alleinerziehenden arbeitenden Mutter.

„Also meine Kinder haben natürlich --- sind /äh/ relativ selbstständig .. geworden dadurch auch. /Ähm/ was natürlich schwierig war, die mussten immer ganz viel teilen letztendlich. Also mit der Gruppe noch letztendlich teilen. Also meine Zeit vor allen Dingen
(...) Die waren auch --- manchmal war auch mal einer von denen mit auf Ferienfahrt zum
Beispiel, ne, wir haben ja --- früher sind wir drei Wochen gefahren. (...) Und da muss
man natürlich höllisch aufpassen, dass man da nicht /äh/ sagt --- dass die nachher sagen:
Ja, aber dein Kind, ne? So. Also ich glaube, da war ich immer ein bisschen härter zu meinen als zu denen dann. Und /äh/ sonst ... ja .. ich glaube so für meine Kinder .. das hat
denn --- also es hat zwei Seiten. Einmal wie gesagt so, dass man viel weg war, auch über
Nacht weg war, solche Sachen. Dass sie eigentlich gar nicht so /äh/ dieses normale Familienleben haben meine Kinder gar nicht kennengelernt. Überhaupt glaube ich nicht" (Frau
Hansen).

Frau Hansen hat die Erziehung und Entwicklung der eigenen Kinder in gewisser
Weise kollektiviert, weil sie in einem Feld Sozialer Arbeit lebte und arbeitete, als
ihre Kinder kleiner waren. Die Ontogenese verlief in Auseinandersetzung mit
den Adressat_innen und dabei wurden die Kinder von Frau Hansen quasi zu Co-
Leistenden der gefangenen Subjektivierung. Eine Position, die die Kinder besonders forderte und prägte, wie Frau Hansen betont. Auch die Biografie von Frau
Görgner, die in ihrem Leben ihren Wohnort zweimal aufgrund von familiären
Pflegeleistungen wechselte und sich dafür beruflich anpasste, weist eine ausgeprägte Fürsorgerationalität des Lebens aus, die Frau Görgner jedoch nicht groß-
artig betont:

„(...) ich wollte von [Süddeutschland, *d. Verf.*] wieder hier nach Norddeutschland, weil
mein Vater so schwer krank war und deswegen habe ich mich dann überall so beworben.
(...) bin ich auch jetzt zu meiner Mutter gezogen, weil die jetzt krank ist" (Frau Görgner).

Gleichwohl kommt es aber auch bei der gefangenen Subjektivierung zu Synchronisationsproblemen zwischen Sozialer Arbeit und Familienleben. Dies betrifft vornehmlich die Hauptzuständigen für familiäre Sorgeleistungen bzw. diejenigen, die aktiv an der Entwicklung und Erziehung ihrer Kinder teilhaben wollen.

Bei näherer Betrachtung der einzelnen Biografieverläufe der Interviewten
wird offensichtlich, dass auch andere Rationalisierungstypen das Leben prägen
oder dominieren können. Diese werden nachfolgend vorgestellt und miteinander
verbunden. Nach dem bereits von Frau Hansen und Frau Görgner vertretenen
Typus der ‚ausgeprägten Fürsorgerationalität des Lebens' folgen nun die Typen
‚karriereambitionierte Selbst-Rationalisierung des Lebens', ‚passive Selbst-
Rationalisierung des Lebens' und ‚ausgeprägte Segmentierung von Arbeit und
Leben'.

Die Synchronisationsproblematik zwischen Sozialer Arbeit und Familienleben wird besonders beim Typus der karriereambitionierten Selbst-Rationalisierung des Lebens deutlich. Dort, wo die Übernahme familiärer Sorgeleistungen mit Karrierebestrebungen zusammentrifft, wird das Leben verstärkt auf den Erwerbszweck ausgerichtet und adaptive Lebensmodelle werden beschränkt. Dies ist bei Frau Bollert und Frau Krämer der Fall. Beide weisen eine stark betrieblich orientierte Organisation des Privatlebens auf, sie waren bzw. sind Hauptzuständige für die Kindererziehung und verfolgen im Biografieverlauf eine Berufskarriere. Ursprünglich folgten beide dem Typus der Fürsorgerationalisierung, doch der Versuch einer konstruktiven Verbindung von Arbeit und Leben scheiterte. Auch als ihre Kinder noch betreuungsbedürftig waren, war Frau Krämer voll erwerbstätig. Ihr Partner war ebenfalls in Vollzeit berufstätig, aber im Gegensatz zu ihm war Frau Krämer zugleich Hauptzuständige für das familiäre Care Work. Sie führte ein anstrengendes Leben unter der Doppelbelastung:

> „Ja, ich bin immer ganztags berufstätig gewesen. Ich habe sozusagen Kinder mit /ähm/ Beruf immer irgendwie vereinbart. Aber es war immer schwer, das zu tun. Und es war immer <u>Stress</u>, das zu tun" (Frau Krämer).

Daher stellte Frau Krämer ihre Karrierebestrebungen zunächst zugunsten ihrer Kinder zurück. Sie betont, dass ein Arbeiten unter Doppelbelastung nur auf einer geringeren betrieblichen Hierarchiestufe möglich ist:

> „(...) von daher gesehen /ähm/ kann man das auch nur dann auf einem bestimmten Level machen. Und das, was ich im Moment brauche sowohl an Zeitressourcen als auch an Gedankenressourcen, das hätte ich damals nicht machen können" (Frau Krämer).

Die Familie dominierte ihr Leben bis zu der Trennung vom früheren Partner und bis zum Heranwachsen ihrer Kinder. Ab da nimmt sie gezielt berufliche Fortbildungen wahr, sie wechselt zur AWO SH und steigt dort in eine Führungsposition auf. In ihrer heutigen, bereits langjährigen Partnerschaft, in der die häuslichen Arbeiten unter Gleichheitsannahme nach Geschlecht und im gegenseitigen Einverständnis geteilt werden, kann sie zudem bei beruflichen Belastungen auf Verständnis vertrauen und Fachgespräche führen, denn der Partner ist ebenfalls im Sozialbereich tätig. Diese veränderten Lebenszusammenhänge ermöglichen ihr ein hohes Maß privater Elastizität. Sie ist in der Lage, Arbeitsbelastungen zeitlich auf die Privatsphäre auszudehnen (Überstunden, zum Teil ohne Ausgleich), sie hat ein ausgeprägtes Fortbildungsinteresse für Themen, die weitere Karriereschritte ermöglichen (Organisationsentwicklung, Projekt- und Sozialmanagement), und auch ihre weiteren beruflichen Planungen und Projektideen lassen sich unter einer karriereorientierten Management-Haltung subsumieren. Die heutige Dominanz der Erwerbsarbeit tritt insbesondere bei der flexibleren Arbeitszeit zutage, die zugleich mit einer hohen Autonomie verknüpft ist:

> „Ich kann auch mal sagen, also ich habe heute Abend einen Arbeitskreis, der geht bis 21 Uhr, und dafür komme ich dann erst um halb elf, ne?" (Frau Krämer).

Wichtig hierbei ist, dass sie stets in Vollzeit berufstätig war und keinen Wiedereinstieg bewältigen musste. Im Gegensatz dazu unterbrach Frau Bollert ihre Erwerbsbiografie zugunsten ihrer Kinder für mehrere Jahre. Zunächst dominierte auch bei Frau Bollert die Familie das Leben; mit dem beruflichen Wiedereinstieg geriet sie in eine Doppelbelastung.

> „Also ich denke /ähm/ sicherlich, mit kleinen Kindern, die relativ --- also die waren drei und sechs, als ich /äh/ diese Stelle übernommen habe. War es natürlich /ähm/ schon .. also wirklich eine Doppelbelastung, ne. (...) Und /ähm/ da habe ich schon --- manchmal denke ich, meine Familie eher zurückgeschoben für den Job. Also das war im ersten Jahr relativ hart, weil /ähm/ ich fand diesen Job total reizvoll und ich habe dann gesagt, so eine Gelegenheit hier vor Ort in dieser Region, ja? Gibt es kein zweites Mal" (Frau Bollert).

Im Gegensatz zu Frau Krämer wurde bei Frau Bollert die Karriere bereits zu einem Zeitpunkt begonnen, als ihre Kinder noch jünger waren. Frau Bollert arbeitete zunächst in Teilzeit, musste ihre Stundenzahl aber aufgrund von Aufgabenzuwächsen aufstocken und überführte einen Teil ihrer unbezahlten Familienarbeiten schließlich in bezahlte Haushaltshilfearbeit:

> „Also mit kleinen Kindern auch ohne Großeltern vor Ort zu haben, die --- ne, auch Kinder abnehmen können. /Ähm/ hat es unheimlich viel Organisationstalent erfordert, Tagesmutter organisieren, wenn die ausfällt, sofort Ersatz zu finden, um dem Job dann auch gerechtzuwerden. (...) wir haben uns dann tatsächlich den Luxus gegönnt, uns einmal die Woche auch eine Haushaltshilfe zu holen. Das war .. <u>sehr</u> entlastend für die Beziehung" (Frau Bollert).

Die alltägliche Vereinbarkeitsorganisation und die Beziehungsentlastung, die Frau Bollert initiiert hat, bestätigt das, was Behnke und Meuser (2005: 287ff.) bei anderen Doppelkarrierepaaren vorgefunden haben. Unter Gleichheitsannahmen werden Familienzuständigkeiten so arrangiert, dass die Hauptzuständigkeit weiter der Frau obliegt und sie als ‚Vereinbarkeitsmanagerin' ihre Karriere den jeweiligen Bedingungen anpasst. „Das Vereinbarkeitsmanagement umfasst sowohl die Ebene der symbolischen Konstruktion als auch diejenige der alltäglichen Arbeitsorganisation" (Behnke/Meuser 2005: 301). Frau Bollert leistet die Integrationsarbeit zur Verbindung von Familie und Beruf, indem sie Haushaltshilfe, Tagesmutter und ggf. Ersatz organisiert, und sie leistet die symbolische

Inszenierungsarbeit, indem sie den egalitären Gehalt der Beziehung beschreibt und zugleich den Partner auf die Unterstützerrolle im Haushalt reduziert:

> „(...) ich hatte aber dann einfach auch Unterstützung vom Partner, der versucht hat, da auch mit aufzufangen im ersten Jahr. (...) ich denke, das ist noch relativ ausgewogen zwischen uns beiden. Also mein Lebensgefährte ist da schon fulltimemäßig auch /äh/ beruflich eingebunden (...) dass er gesagt hat: Ich bin auch fulltimemäßig am Arbeiten, habe noch meine Abendveranstaltungen, wie soll ich denn das jetzt auch noch schaffen? Und /äh/ es blieb dann schon viel an mir hängen. So, ne? Und dann habe ich gesagt: Okay, dann müssen wir halt gucken, wie wir es anders lösen. Und jetzt kriegen wir die Unterstützung, und das, was übrig bleibt, das teilen wir uns denke ich ganz gut. Aber das war auch .. war ein <u>wichtiger Schritt</u>, ne? Zu sagen, die holen wir uns, das uns --- das war --- das ist es uns wert, ne?" (Frau Bollert).

Es liegt maßgeblich an Frau Bollert, ob die Doppelkarriere gelingt. Sie muss nicht nur die alltägliche Familienorganisation, sondern auch den Familienzusammenhalt gewährleisten. Diese doppelte Form familienbezogener Beziehungsarbeit plus eigener Karriereorientierung im Erwerbsleben gerät damit zur Dreifachbelastung. Zwar wird damit die enge Trennung ‚male breadwinner – female homemaker' verlassen, doch stellen sich geschlechtsspezifische Muster in veränderter Form wieder ein. Der männliche Beitrag kann auf die Bereitschaft reduziert werden, außerhäusliche Unterstützungsleistungen und doppelte Karrieren zuzulassen, während familiäre Verknüpfungs- und Vernetzungsleistungen von den Frauen verlangt und auch erbracht werden (Behnke/Liebold 2001: 141ff.; Behnke/Meuser 2005: 302).

Ebenso wie Frau Krämer hat auch Frau Bollert Fortbildungen abgeschlossen. Aufgrund der Dreifachbelastung ist ihre aktuelle Fortbildungsbereitschaft zur Zeit eingeschränkt. Sie wünscht sich stärker von der Erwerbsarbeit abzugrenzen und neigt damit zu einer gewissen Segmentierung von Arbeit und Leben:

> „So, und jetzt muss ich mich hier lernen abzugrenzen, weil das hat für mich, weil ich aber auch so drin aufgegangen bin, ne, also /ähm/ war ich ja auch bereit, das zu tun. Und /äh/ das war mir auch <u>wichtig</u> /äh/ in diese Stelle zu investieren. Und /äh/ das zu festigen so" (Frau Bollert).

Ob ihr diese Abgrenzung gelingt ist ungewiss, denn sie entwickelt engagiert neue Projekte und erlebt einen Aufgaben- und Arbeitszeitzuwachs. Ihre auf die Zukunft gerichtete berufliche Ausrichtung lässt sich als etablierende Management-Haltung in einer Leitungsposition beschreiben. Gemeinsam ist Frau Bollert und Frau Krämer das Bemühen um gezielte Verbesserungen von Erwerbschancen im Erwerbsverlauf. Bei beiden wurde die Erwerbskarriere durch den Wechsel zur AWO SH über den überbetrieblichen Arbeitsmarkt ermöglicht, aber es sind weniger konkrete Positionen als fachspezifische Aufgabenbereiche, die den individuellen Ansprüchen genügen müssen. Bei Frau Bollert ist der berufliche Gestaltungsspielraum zentrales Arbeitsziel, bei Frau Krämer machen Autonomie und freie Gestaltung eine hohen Reiz der Arbeit aus.

Auch für Herrn Stegt ist die autonome Arbeitsgestaltung von hoher Wichtigkeit und auch er gehört zum Typus der karriereambitionierten Selbst-Rationalisierung. Aber sein Leben wurde weder durch elterliche Pflege noch durch Kinderbetreuung geprägt und schon deshalb unterscheidet er sich deutlich von den vorgenannten Frauen gleichen Typs. Der Biografieverlauf von Herrn Stegt ist eher konträr zu denen von Frau Bollert und Frau Krämer zu sehen. Sein Arbeitsleben folgte einer klassischen Laufbahnkarriere, die innerhalb der AWO SH stringent verlief.

> „Und diese Stelle, also ich bin dann praktisch /äh/ weg von der Basisarbeit, also das typische /ähm/ als Sozialpädagoge und (...) die Leitung übernommen von meiner alten Abteilung (..) und habe dann /äh/ zusätzliche Bereiche dazu gekriegt, war [Leiter bestimmter Einrichtungen, *d. Verf.*]" (Herr Stegt).

Zunächst ist der Erwerbsverlauf klar karrieregeprägt, doch wegen Arbeitsüberlastung erleidet Herr Stegt ein Burnout-Syndrom:

> „Ich hatte also /äh/ diverse Abteilungen noch. Und /ähm/ wie es halt dann so ist, ich habe sehr viel gearbeitet, habe /äh/ auch einen, ich sage mal, etwas schwierigen Vorgesetzten gehabt. (...) ich bin dann an, an 50 / 60 Stunden, also habe am Wochenende auch gearbeitet. Das wurde immer mehr und mehr. (...) So nach dem Motto: Machen Sie das auch mal noch. /Äh/ und habe nicht /äh/ Stopp sagen können und /äh/ habe dann ein Burnout-Syndrom bekommen" (Herr Stegt).

Der von Herrn Stegt als Leistungsträger begrüßte und angenommene Effizienz- und Innovationsdruck ging derart auf Kosten seiner Gesundheit und seiner Ressourcen, dass selbst er als ambitionierte Arbeitskraft überfordert war. Damit ist Herr Stegt nicht allein, wie Haubl und Voß (2009) in einer Studie belegen:

> „Gerade Leistungsträger haben den steigenden Effizienzdruck zunächst begrüßt, weil sie sich dadurch eine größere Leistungsgerechtigkeit versprachen. Tatsächlich aber ist mit ihrem Einsatz der Effizienzdruck weiter gesteigert worden, so dass nunmehr auch sie, weil sie nicht selten selbst überfordert sind, auf der Strecke bleiben" (Haubl/Voß 2009: 4).

Herr Stegt wechselte innerhalb der AWO SH auf eine niedrigere Hierarchiestufe. Zwar ist er nun eher darauf bedacht, mehr Zeit für sich und sein Leben als Ganzes zu haben, jedoch ist sein Leben weiterhin auf die Erwerbsarbeit ausgerichtet:

„Also das /äh/ ich schleppe mein Büro --- ich habe ein Büro, das ist mein .. meine Tasche, da ist alles drin. Und diese Tasche habe ich auch immer zu Hause. (...) so dass das schon ins Privatleben mit reinfällt. Aber /äh/ das ist für mich .. ich sage mal, so wie Urlaub, wenn ich vergleiche, wie ich vorher gearbeitet habe. (...)Und da /äh/ schimpft meine Frau immer so, ((lacht)) dass ich dann am Wochenende auch am Telefon bin. Oder /äh/ .. so um 18 Uhr noch ein Telefonat führe. Also das, das ist so bisschen fließender. Ist nicht so, wie so .. Feierabend und dann ist gut gewesen. Das geht in diesem Job nicht. (...) obwohl das nicht gut ist für die Erholung, eigentlich" (Herr Stegt).

Er führt dieses Leben so, weil eine Trennung von Arbeit und Leben zur Belastungszunahme in der Erwerbswelt führen würde. Zugleich hat er (wieder) maßgeblichen Anteil daran, dass er auch in seiner jetzigen Arbeitsposition eine Aufgabenzunahme erfährt, denn er hat dafür gesorgt, dass sich die Fallzahl seiner Einrichtung nahezu verdoppelt hat:

„(...) also ich, ich bin eigentlich für 30 Mitarbeiter hier angestellt (...) Also ich mache das Doppelte. Und /äh/ dann hat man gesagt, Herr [Stegt, *d. Verf.*], ist doch Ihr Ding. Warum sind Sie so hoch gegangen? ((lacht)) Dann gehen Sie doch wieder runter. So. Ne? Und /äh/ darum, also ich hatte damals den Auftrag von meinem /äh/ einen Vorgesetzten: Erweitern Sie die Maß- /äh/ die, die Abteilung, ne? Das habe ich hingekriegt" (Herr Stegt).

Zugleich stehen die Entlastungen, die Herr Stegt zwischenzeitlich durchgesetzt hat, in keinem günstigen Verhältnis zum Einrichtungs- und Aufgabenwachstum.

Einen gewissen Subtyp der karriereambitionierten Selbst-Rationalisierung des Lebens stellt Frau Ehmke dar. Sie ist (noch) nicht aufstiegsorientiert, zumal sie noch recht jung ist und gerade erst ihre berufliche Etablierung vollzieht. Ihr Leben hat sie in der relativ kurzen Erwerbszeit allerdings schon sehr aktiv auf die Erwerbsarbeit ausgerichtet und dafür verändert. Von ihrem fachlichen Interesse geleitet hat Frau Ehmke bereits zum Ende des Studiums deutschlandweit nach passenden Einrichtungen recherchiert (Internet). Sie ist dann gezielt an eine Einrichtung der AWO SH herangetreten und hat für ihr originäres Arbeitsinteresse den Wohnort gewechselt. Auch ihre aktuelle berufliche Haltung ist von einer hohen räumlichen und zeitlichen Flexibilität geprägt. Die künftige berufliche Ausrichtung richtet sich stark nach sozialpädagogisch-fachlichen Aspekten, weil Frau Ehmke klare Fortbildungs- und Arbeitsfeldvorstellungen formuliert. Deutlich weniger als bei Frau Bollert oder Frau Krämer sind es bei Frau Ehmke konkrete Positionen, die sie anstrebt, aber umso mehr folgt sie ihren fachspezifischen Ambitionen, die ihre aktive Lebensgestaltung prägen. Sie betrachtet es als Flexibilitätsgewinn, partnerschaftlich ungebunden zu sein und keine Kinder zu haben:

„Ich habe keine Kinder (...) ich bin ungebunden. Ich kann auch, wenn ich hier den Job verlieren würde, könnte ich auch in den Süden ziehen, könnte ich auch nach München ziehen. Also .. da habe ich nichts Hinderliches" (Frau Ehmke).

Dies ist der entscheidende Unterschied zu den anderen Frauen desselben Typs, aber auch zu denen des Typus der ausgeprägte Fürsorgerationalität des Lebens. Sollte sich Frau Ehmke im weiteren Lebensverlauf für Kinder entscheiden, hängt es von der Übernahmegestaltung privater Betreuungs- und Pflegetätigkeiten ab, ob und wie sich Frau Ehmke innerhalb der Typologie neu positioniert.

Frau Lage, die keine Kinder hat und in fester Partnerschaft lebt, repräsentiert den Typus der passiven Selbst-Rationalisierung. Frau Lage vertritt diesen Typus allein.[88] Markantes Merkmal ist eine gewisse Passivität, d.h. im Leben wird auf die schwierigen Produktionsverhältnisse eher reagiert als dass aktive Gestaltungsleistungen auftreten. Ihre private Anpassung an die Arbeitszeit und ihre Haltung zur beruflichen Gegenwart und Zukunft sind Ausdruck einer passiven Selbst-Rationalisierung. Neben Frau Lage tendiert auch Herr Möller teilweise zu diesem Typus. Bei Herrn Möller zeigt sich die Passivität in einer Status quo-bewahrenden Haltung und in einer hoffend passiven Haltung gegenüber den Arbeitsbelastungen. Befragt nach Veränderungen antwortet er:

„Ja, da --- keine Ahnung. Ich denke, ((lacht)), das muss man alles auf sich zukommen lassen so. Das ist hier /ähm/ aber ich hoffe aber, dass vielleicht /ähm/ hoffe, hoffe, dass man irgendwann .. hier diese .. diese Arbeit wirklich dann irgendwie ausfhört und dass man .. hier .. einfach Zeit hat, ja, die Arbeit richtig gut zu machen irgendwie. Nicht immer diese Hektik und .. und hetzen von einem Termin zu dem anderen, so, das .. wär, wäre meine Hoffnung so" (Herr Möller).

Diese Belastungen grenzt er jedoch strikt vom Privatleben ab, denn er richtet sein Leben nicht nach der Erwerbswelt aus und betreibt somit keine Selbst-Rationalisierung des Lebens. Dies ist jedoch bei Frau Lage der Fall. Sie arbeitet in einer Teilzeitform, bei der sie einen Tag in der Woche freihat. Welcher Tag das ist, wird von der Einrichtungsleitung recht kurzfristig vorgegeben. Frau Lage erläutert, dass von den Mitarbeiter_innen zeitliche Flexibilität verlangt wird, damit „wir immer einspringen können, wenn irgendwas ist" (Frau Lage). Es ist Frau Lage damit nicht möglich, eigene Aktivitäten für ihren freien Tag einzuplanen, obwohl sie das gerne möchte:

---

88 Als beobachteter Einzelfall (‚token') erscheint sie als ein Exemplar einer neuen Ordnung (‚type'), die in Auseinandersetzung mit dem Datenmaterial entstanden ist (Reicherts 2000: 278ff.). Dadurch, dass andere ‚token' Tendenzen zu diesem ‚type' aufweisen, wird der sinnhafte Aufbau der Ordnung gestützt.

„Was ich mir wünschen würde, wäre, dass dieser Tag ein fester Tag ist, dass man dann eben vielleicht auch woanders arbeiten könnte. Also ich hätte kein Problem, mehr zu arbeiten. Wenn es was anderes wäre. (...) Also ich muss immer flexibel sein. Und dementsprechend kann ich keine andere Tätigkeit, außer am Wochenende, annehmen. Und das möchte ich dann wegen der Partnerschaft nicht" (Frau Lage).

Zwischen partnerschaftlichen und betrieblichen Gegebenheiten eingezwängt bleibt Frau Lage kein Gestaltungsspielraum. Aus der betrieblichen Arbeitsorganisation heraus wird dann auch die private Arbeitsteilung in der Partnerschaft begründet:

„Also überwiegend erledige ich das. Das liegt aber auch daran, dass ich eben eine 30-Stunden-Woche habe, also häufig einen Tag in der Woche freihabe. Dann habe ich natürlich mehr Zeit dafür." (Frau Lage)

Das Normative des Faktischen bestimmt das Handeln. Dabei wäre ein fester Tag oder eine andere Art von Arbeit für Frau Lage wichtig. Doch auch diese Wichtigkeit ist eine auf andere gerichtete Größe. So stellt sich der freie Tag als eine persönliche Reproduktionszeit von Sozialer Arbeitskraft dar, damit Frau Lage ihrer ausgeprägten Adressat_innen-Orientierung besser gerecht werden kann:

„Und ich merke, dass mir dieser eine Tag in der Woche, den ich frei habe, (...) eben sehr gut tut. Also einfach auch, um den Besuchern auch gerecht zu werden. Weil man sonst freitags nachmittags doch sehr .. genervt auch ist. Also das ist sehr schwierig dann" (Frau Lage).

Wie Herr Möller möchte Frau Lage ihren beruflichen Status quo halten. Die spezifische Ausrichtung ihrer Einrichtung trifft optimal auf ihr sozialpädagogisches Fachinteresse, so dass ein Wechsel oder Fortbildungen von ihr als unwahrscheinlich beschrieben werden. Insgesamt wird ihr Leben eher von anderen auf den Erwerbszweck ausgerichtet, sie reagiert auf externe Gestaltungsansprüche mit Anpassungsleistungen.

Ausschließlich Männer vertreten den Typus der ausgeprägten Segmentierung von Arbeit und Leben. Herr Möller, Herr Postel und Herr Wolenski trennen die Sphären Arbeit und Leben mehr oder minder strikt. Unter den interviewten Männern findet sich lediglich bei einem Mann ein Bezug zur aktiven Familienarbeit. Dies ist Herr Wolenski, der Vater von mehreren Kindern ist. Weil aber seine Partnerin Hauptzuständige für das familiäre Care Work ist, sind ganz andere Lebensumstände für seine Erwerbsbiografie von Bedeutung, als es bei den vorgenannten Frauen mit Kindern der Fall ist. Zwar lässt er eigene familiäre Erfahrungen in die Erwerbsarbeit einfließen, aber in der Strukturierung seines Lebens trennt er Privates und Arbeit. Er ist der Haupternährer der Familie und unterstützt seine Partnerin bei der Familienarbeit nach Feierabend und am Wochenende. Seine Partnerin ist Zuverdienerin, weil die Kinderzahl dies nötig macht. Biographisch betrachtet hat Herr Wolenski seine Rolle früh übernommen und nie verlassen, auch wenn er zwischenzeitlich studierte und den Beruf wechselte. Zugleich ist Herr Wolenski einerseits familienorientiert, weil ihm familienfreundliche Arbeitsbedingungen wichtig sind. Er hat dafür bereits den Arbeitsplatz und dabei auch den Wohnort gewechselt. Andererseits ist er zugleich karriereorientiert, denn der Ortswechsel folgte auch seinem fachspezifischen Interesse. Zusammen mit seiner innovativen Einstellung gegenüber neuen Angeboten, seinen Qualifizierungen und seinem Fortbildungsinteresse ist die künftige berufliche Ausrichtung mit einer sozialpädagogisch-fachlichen und leitenden Haltung verbunden. Es ist gut möglich, dass Herr Wolenski künftig eine karriereambitionierte Segmentierung von Arbeit und Leben betreibt.

Für Herrn Möller und Herrn Postel besteht eine Notwendigkeit zur Abgrenzung von Arbeit und Leben:

> „Ich nehme die Arbeit nie mit nach Hause. (...) man muss sich da irgendwie --- das im Kopf verarbeiten so und Erklärung zu finden" (Herr Möller).
> „Also erst mal .. insgesamt muss ich sagen, habe ich einfach gelernt, zu Hause abzuschalten. Das musste ich lernen. Das hat lan- lange gedauert. (...) früher habe ich dann, bin ich dann abends so, was weiß ich, in die Kneipe gegangen und so, habe mich so abgelenkt und das hat --- irgendwann habe ich gesagt, das kann es ja auch nicht sein. (...) dann ist es einfach für mich ganz wichtig, eine stabile Beziehung zu Hause zu haben. Das hilft ungemein. Und /äh/ ja, ansonsten einfach .. zu Hause zu sagen, also ganz strikt zu sagen: Ich rede nicht mehr über die Arbeit" (Herr Postel).

Während Herr Möller seinen aktuellen Status bewahren möchte, tendiert Herr Postel zu einer künftig eher verwaltend-leitenden Ausrichtung im Beruf. Er zeigt Fortbildungsinteressen, erwägt einen Arbeitsfeld- oder Trägerwechsel, auch eine Selbstständigkeit im Sozialbereich wäre für ihn durchaus vorstellbar. Dass Herr Postel Veränderungen in Angriff nehmen wird, formuliert er eindeutig, nur sind Art und Richtung noch unklar. Insgesamt tendiert auch er künftig zu einer karriereambitionierten Segmentierung von Arbeit und Leben. Hingegen zeigt Herr Möller keine Veränderungsbestrebungen, auch wenn unter den Männern dieses Typus gerade er recht häufig zeitlichen Flexibilitätsanforderungen ausgesetzt ist, die sein Privatleben und seine Partnerschaft belasten:

> „(...) so die Arbeitsgestaltung hier setzt sehr hohe Flexibilität voraus. Und das ist manchmal schon schwierig so mit dem Pri- Privaten zu vereinbaren, so wenn man vielleicht abends hier arbeiten muss (..). Wenn man erst vielleicht um, um sieben oder acht nach Hause kommt oder so" (Herr Möller).

Zu diesem Punkt ergänzt Herr Möller, dass er dennoch über verhältnismäßig mehr Flexibilität verfügt:

> „(...) verglichen mit meiner Kollegin, die alleinerziehend ist so, sie ka-, sie ist einfach nicht so unbedingt so viel flexibel als ich. Was die Arbeitszeitgestaltung anbelangt. So" (Herr Möller).

Insgesamt versucht Herr Möller den Einfluss der Arbeit von seiner Person abzugrenzen und macht diesen Prozess mit sich aus. Künftige Veränderungen zu einem anderen Typus sind nicht erkennbar. Eine Gesamtschau der Rationalisierungstypen, ihrer Ausrichtung und die Zuordnung der interviewten Personen enthält Tabelle 15.

Tabelle 15: Personenzuordnung zu den Rationalisierungstypen

Rationalisierungstyp	*Typausrichtung*	*Frauen*	*Männer*
Ausgeprägte Fürsorgerationalität des Lebens	Konstruktive Verbindung von Arbeit und Leben	Frau Hansen Frau Görgner	
Karriereambitionierte Selbst-Rationalisierung des Lebens	Karriere- bzw. entwicklungs-ausgerichtetes Leben	Frau Bollert Frau Krämer Frau Ehmke (Subtyp)	Herr Stegt
Passive Selbst-Rationalisierung des Lebens	Reaktive Anpassung des Lebens an den Erwerbszweck	Frau Lage	
Ausgeprägte Segmentierung von Arbeit und Leben	Trennung der Sphären von Arbeit und Leben		Herr Möller Herr Postel Herr Wolenski

Bei den Männern überwiegt eine traditionelle Trennung von Arbeit und Leben. Dies ist auch bei Herrn Wolenski der Fall, der sich als biologischer Vater seiner Familie und als sozialer Vater seiner Arbeitsfamilie versteht. Seine Partnerin als Reproduzentin verhilft ihm als Produzenten zur Erwerbsarbeit und umgekehrt. Die gesteigerte materielle Versorgungsnotwendigkeit aufgrund der Kinderzahl kann vom Gehalt eines Sozialpädagogen nicht abgedeckt werden. Deshalb ist die Reproduzentin auch als Hilfsproduzentin gefragt und der Familienverbund als Ganzes kommt ohne aktive Vaterschaftsleistung nicht aus. Familienfreundliche Produktionsbedingungen sind für Herrn Wolenski daher keine Wunschoption, sondern eine zwingende Notwendigkeit. Künftig tendieren er und Herr Postel eventuell zu karriereambitionierten Rationalisierungen, aber bei beiden Männern sind die Karriereplanungen weiterhin mit Segmentierungen verbunden. Dagegen weist Herrn Stegts Lebensverlauf eine enorme Elastizität der Privatsphäre zugunsten beruflicher Belange auf, die bereits zum Burnout-Syndrom führte. Er ordnet sein Privatleben den Erwerbsbelangen unter, teils zum Leidwesen seiner Partnerin.

Auch bei den meisten Frauen dringt die Erwerbsarbeit tief in die Privatsphäre ein. Besonders bei Frau Bollert und Frau Krämer, die als Mütter einer Dreifachbelastung ausgesetzt waren bzw. sind, kann von einer zweckgerichteten Ausrichtung individueller Lebensressourcen gesprochen werden. Sie geraten im Lebenszusammenhang unter Rationalisierungsdruck. Gerade weil sie Mütter sind, ist ihre Elastizität aber besonders beschränkt. Als immer noch stark vergeschlechtlichte Hürde wirkt hier die konkrete Übernahme von privaten Sorgearbeiten (Andresen/Völker 2005: 92ff.). Die Vereinbarungsproblematik von Beruf und Familie befördert kein auf die Erwerbssphäre ausgerichtetes Leben (Selbst-Rationalisierung), sondern beschränken eine solche Lebensausrichtung. Dass dies beiden Frauen dennoch gelingt (was ihre Karrieren belegen), ist mit erheblichen Anforderungen an ihre Subjektivität verbunden. Deutlich leichter gelingt dies Frau Ehmke, die ohne feste Partnerschaft und Kinder wesentlich flexibler ist und die betreffende Haltung auch gerne lebt. Bei Frau Lage hingegen bestimmen Zwänge die Arbeits- und Lebenssituation. Ansprüche der Partnerschaft, Flexibilitätsanforderungen der Einrichtung und besonders die Adressat_innen-Bedürfnisse dringen in ihr Leben ein, so dass sie eigene Wünsche und Lebensvorstellungen zurückstellt.

Im Gegensatz zu all diesen Fällen scheint es lediglich zwei Frauen (und keinem Mann) im Lebensverlauf geglückt zu sein, Arbeit und Leben derart miteinander zu verbinden, dass ihre subjektiven Bedürfnisse, Ansprüche und Haltungen im Gesamtzusammenhang geformt werden. Frau Hansen und Frau Görgner haben weder das Leben zunehmend auf den Erwerbszweck ausgerichtet, noch eine strikte Trennung zwischen den Sphären Arbeit und Leben vollzogen. Im Lebensverlauf wurden familiäre Betreuungs- und Pflegeleistungen gleichzeitig mit professionell-beruflichem Care Work erbracht. Ihre Lebensbedürfnisse finden in der Arbeit ihren Platz und die Arbeit gehört zu den Lebensbedürfnissen. Umso schwieriger ist es, dieses Lebensmodell aufrechtzuerhalten, wenn die Erwerbsarbeitsbedingungen zur Belastung werden. Dieser Schwierigkeit widmet sich der nächste Abschnitt.

5.2.2.3 Arbeitsbelastungen

Arbeitsbelastungen verbinden die Interviewten mit negativen Gefühlslagen. Die Arbeits- und Berufsziele geraten massiv in Gefahr, wenn negative Emotionen auftreten. Schlechte Gefühle sind den Interviewten ein Indikator dafür, dass die Arbeitsbestrebungen vergeblich sind oder waren. Diese Gefühlslage motiviert nicht, sie frustriert. Deshalb ist der Umgang mit Gefühlen bei den Interviewten auch davon abhängig, um welche Gefühle es sich handelt. Über die Arbeitszielperspektive hinaus berühren Arbeitsbelastungen aber auch das Arrangement von Arbeit und Leben. Als belastend und strapaziös werden zum einen die Arbeitsbedingungen und zum anderen die Adressat_innen genannt.

Belastungen über Adressat_innen

Genau genommen sind es nicht die Adressat_innen als Personen, die Belastungen erzeugen. Daher wurde hier die Belastung nicht als Belastung durch, sondern über die Adressat_innen bezeichnet. Es ist nicht die Person als Ganzes, sondern es sind Teile des persönlichen Verhaltens, die zur Belastung werden können. Wie die Interviews zeigen, ist es die Zunahme der Schwere der Fälle oder es sind Situationen, in denen eine Wohlgefährdung der Adressat_innen zu befürchten ist, die Stress und schlechte Gefühle erzeugen. Emotionale Belastungen in Situationen der Wohlgefährdung von Adressat_innen erleben Leitungskräfte und Beschäftigte auf der ausführenden Ebene, weil Wohlgefährdung im weiteren Sinn ein prägender Teilaspekt vieler Felder Sozialer Arbeit ist.

> „Mhm, also wir sind /ähm/ stark konfliktbelastet, unser Bereich einfach. Wir haben junge (.), psychisch kranke, suchtkranke [Adressat_innen, *d. Verf.*] Ähm/ da ist Stress eigentlich sobald ich denke: Oh, [den Adressat_innen, *d. Verf.*] geht es nicht gut, die [sind, *d. Verf.*] irgendwie gerade aus-, am Austickern oder so und ich weiß, die Kinder sind in der Wohnung" (Frau Ehmke).
> „(...) der andere Punkt ist, dass der emotionale Druck sehr groß ist, wenn es hier um Krisenfamilien geht. Also wenn irgendwo die Hütte brennt in den Familien" (Frau Krämer).
> „Aber so andere Gefühle, so wenn man --- ja, wenn man vielleicht mit .. /äh/ ja, vielleicht /äh/ alkoholkranken Eltern zu tun hat, dann ist das einfach manchmal traurig" (Herr Möller).

Wie die Arbeitenden eine Trennung von Person und Verhalten auch bei schwerer Adressat_innen-Belastung vollziehen, wird exemplarisch an der Abfolge von Schilderungen von Frau Hansen deutlich:

> „Also was mich am meisten stresst, sind, (...) das sind eigentlich so Borderline-Menschen" (Frau Hansen).

Hier ist noch von der Person (Mensch) die Rede, aber unmittelbar nach diesem Satz wechselt Frau Hansen zum Verhalten und beschreibt es:

„Die sofort auf Hundert gehen, bei jeder Kleinigkeit dann da rumschreien oder so richtig hysterisch dann auch irgendwie durch die Gegend schreien da und .. das war /äh/ man kann --- nach zehn Minuten ((schnippst)) den Schalter umlegen, da ist es vorbei" (Frau Hansen).

Unmittelbar anschließend erfolgt die Erläuterung der Belastung – interessanter weise wiederum nicht aus dem eigenen, sondern aus dem Gruppenzusammenhang der Adressat_innen:

„Und das dann tagtäglich. Und dann nicht nur eine, sondern vielleicht noch jemand dabei und die ganze Gruppe, die kann es nicht mehr ertragen" (Frau Hansen).

Dann schildert Frau Hansen zugleich, dass sie fachlich überfordert ist und die Belastung ein solches Maß erreicht, dass derartige Probleme nicht mehr aus der eigenen Profession bearbeitet werden können:

„(..) aber das ist mehr so /äh/ /äh/ kann man überhaupt nicht einschätzen, wenn was passiert. (...) dass eine andere Hilfe /äh/ kommen muss oder anderweitig untergebracht werden muss. Und dann kommt der in die Psychiatrie" (Frau Hansen).

Damit ist der Fall aber keineswegs abgeschlossen, denn Frau Hansen berichtet davon, dass die Adressat_innen aus der Psychiatrie oftmals wieder an die Einrichtung Sozialer Arbeit zurückverwiesen werden:

„(...) mit ihnen [der Psychiatrie, *d. Verf.*] zusammenzuarbeiten, ist auch nicht gerade sehr angenehm dann und, und die --- wenn die nicht weiterkommen, ist es ein pädagogisches Problem. Dann schmeißen sie die auch raus, dann haben wir sie wieder genauso. Und es dauert unheimlich lange, bis man sie wirklich unterbringen kann" (Frau Hansen).

Von schwer psychisch erkrankten Adressat_innen berichten alle interviewten Arbeitenden in Familien- oder Jugendhilfeeinrichtungen. Bei Herrn Postel machen junge Menschen mit Psychiatrieerfahrungen den Großteil der Adressat_innen aus.

„Und /ähm/ viele von denen haben auch /ähm/ Psychiatrieerfahrungen. Also wir haben zwölf Plätze und davon sind --- ja, momentan sind zehn mit Psychiatrieerfahrung. (...) Also die haben ja dann noch so psychische Störungen, dass sie dann tatsächlich auf einen losgehen oder auf andere losgehen, was man unterbinden muss" (Herr Postel).

Dabei bemängelt Herr Postel einerseits, dass nicht ausreichend kompetente Fachkräfte zur Verfügung stehen und die Einrichtung fachlich überfordert ist.

> „Wo die Kinder so .. wo --- oder <u>ein Kind</u> so ausgeflippt ist, /äh/ dass wir das auch in die Psychiatrie dann akut bringen mussten. Oder teilweise auch den Krankenwagen rufen mussten und dann mit Polizei und so was" (Herr Postel).

Andererseits werden vorhandene Fachkräfte wegen geringer Personalressourcen fachfremd eingesetzt:

> „(...) es gibt so .. Gruppenzusammensetzungen, wo man .. eigentlich sagen müsste, man braucht noch mehr Personal. (...) oder eben unser Psychologe, der eben einmal die Woche zusätzlich kommt, der macht dann auch einfach mal /äh/ geht mit den [Adressat_innen, *d. Verf.*] schwimmen oder so, obwohl er eigentlich mehr für Einzelarbeit da zuständig wäre oder für, für Supervision so. Also man nutzt dann da manchmal Re- Ressourcen, die eigentlich nicht dafür vorgesehen sind." (Herr Postel)

Von der Ebene der direkten Arbeit mit den Adressat_innen berichten die Beschäftigten, dass sie durch die zunehmende Schwere der Fälle an ihre Professions- und Belastungsgrenzen geführt werden und eine gute Arbeit im Sinne ihrer Arbeits- und Berufsziele kaum zu leisten ist.

> „Für eine gute Arbeit <u>hier</u> bräuchten wir eigentlich, also bräuchten wir [Adressat_innen, *d. Verf.*], die noch nicht so schwer gestört sind, /ähm/ dass man von vornherein schon <u>ahnt</u>, dass die Maßnahme hier nicht ausreichend sein wird" (Herr Wolenski).

Hier geraten die an der Entwicklung der Adressat_innen orientierten Ziele in Konflikt mit den Zielen der öffentlichen Träger.

> „Das (.)Amt [X, *d. Verf.*] ist zufrieden, wenn wir (.) betreuen. Ob schlussendlich dabei <u>die Dinge</u> herauskommen, die wir gerne erreichen möchten, das ist dann relativ egal. Bei einigen. Das ist <u>böse</u> formuliert. Hauptsache, ist in eine Betreuung. Um zu sagen, wenn irgendwie was sein sollte, ja, da ist aber ein (.)Träger involviert. Da ist eine Maßnahme. Und wir haben was getan. Was da schlussendlich bei rauskommt, das ist dann quasi unser Job" (Herr Wolenski).
> „Es gibt auch Leute vom (.)Amt [X, *d. Verf.*], die ihre Leute (...) loswerden wollen, wo sie nicht wissen, wohin damit, und die reden alles schön. (...) wenn die Mitarbeiter <u>schlecht</u> mit dem (.)Amt [X, *d. Verf.*] umgehen, sage ich mal so, da muss man sehr vorsichtig mit umgehen." (Frau Hansen)

Es kommt zu Zielkonflikten in einseitiger Abhängigkeit vom Kostenträger. Diese Schieflage stößt mit einer weiteren Asymmetrie zusammen, da die Adressat_innen von den Arbeitenden abhängig sind. Für die Arbeitsbeziehung ist eine bestimmte berufliche Haltung in persönlicher Verbindung mit den Adressat_innen notwendig. Besonders die interviewten Frauen und Männer, die auf der unmittelbaren Adressat_innen-Ebene arbeiten, bringen eine stark wertschätzende Haltung zum Ausdruck. Sie formulieren Wertschätzung als ihr wichtigstes Können:

„Aber so den Kids zu vermitteln, dass sie nicht irgendwie schlecht sind und dumm sind und --- sondern dass sie alles vollwertige Menschen sind, die eben bloß eine andere Unterstützung brauchen als sonst so" (Frau Hansen).
„(...) Empathisch sein, einfühlend sein. Wertschätzend. Das ist bei den [Adressat_innen, *d. Verf.*] ganz wichtig. Die kriegen das ganz schnell mit sonst. ((lacht))" (Frau Ehmke).
„Das heißt /äh/ flexibel reagieren in verschiedenen Situationen, die sich hier einfach jeden Tag neu ergeben. Das ist das eine. Das andere ist .. eine gewisse Form von Empathie und Zugewandtheit den [Adressat_nnen, *d. Verf.*] gegenüber zu ermöglichen, trotz ihrer schwierigen Verhaltensweisen. Das dritte ist, denke ich, /ähm/ eine persönliche Abgrenzung, die hier jeden Tag zu leisten ist. Also man muss schon einiges einstecken" (Herr Wolenski).

Den Adressat_innen gegenüber wird eine wertschätzende Haltung in professioneller Distanz eingenommen. Es ist den Arbeitenden nicht egal, wie es den Adressat_innen geht und welche Probleme oder Belastungen diese haben, denn die Arbeitenden haben als Arbeits- und Berufsziel formuliert, die Lebensbewältigung der Adressat_innen zu verbessern. Zugleich müssen sie darauf bedacht sein, den Interessen der öffentlichen Träger gerecht zu werden. Dies ist eine gegensätzliche Interessenlage, so dass an dieser Stelle auf die Analyseebene der Arbeitsbelastungen durch die Arbeitsverdichtung gewechselt werden muss, denn mit den öffentlichen Trägerinteressen werden Zusammenhänge berührt, die die Adressat_innen-Ebene verlassen.

Belastungen durch Arbeitsverdichtung

Die Arbeitsverdichtung setzt sich aus den Faktoren Fallzunahme, Personalmangel, und Bürokratie zusammen und führt zu einem Arbeiten in Zeitnot. Die Beschäftigten in der Gruppe der Sozialpädagog_innen empfinden sich als stark ausgelastet, denn die hohe Auslastung rangiert auf Platz eins der Aspekte, die nach Meinung der Befragten weniger oder deutlich weniger den Arbeitsalltag bestimmen sollten (Tabelle 16).

Hinter der hohen Auslastung verbergen sich Fallzunahmen, die teilweise durch neue Refinanzierungsmodelle oder durch schlechte Verhandlungsergebnisse nach der Finanzierungsumstellung entstanden sind. Herr Möller berichtet davon, dass es bei der ambulanten Familienhilfe nach der Umstellung von der Pauschalfinanzierung auf Fachleistungsstunden zu erheblichen Problemen kam. In einer Leistungsvereinbarung zwischen der AWO SH und dem Kostenträger wurden die Fälle je Vollzeitstelle um die Hälfte erhöht, aber die bewilligte Stundenzahl um die Hälfte reduziert. Zugleich wurden die Hürden für die Genehmigung einer Hilfe erhöht, was eine Zunahme der Schwere der Fälle bedeutet.

> „(...) da musste so viel /ähm/ passiert sein, dass die endlich mal .. dass die Familienhilfe so genehmigt bekommen (...) nur die schwierigen Fälle bekommen Familienhilfe, wo es richtig so kriselt (...) schwere Alkoholerkrankung oder Missbrauch" (Herr Möller).

Tabelle 16: Die drei häufigsten Nennungen der Beschäftigtengruppe der Sozialpädagog_innen zu der Frage: Was sollte weniger oder deutlich weniger und was mehr oder deutlich mehr den Arbeitsalltag kennzeichnen?

Ranking „deutlich weniger und eher weniger"			
Platz	Frauen	Platz	Männer
1	Auslastung	1	Auslastung
2	Berichte/Evaluation/Dokumentation	2	Berichte/Evaluation/Dokumentation
3	Arbeitszeit	3	Arbeitszeit
Ranking „deutlich mehr und eher mehr"			
Platz	Frauen	Platz	Männer
1	Verdienst	1	Verdienst
2	Qualifizierung/Weiterbildung	2	Qualifizierung/Weiterbildung
3	Anerkennung	2	Anerkennung

Im Ergebnis bedeutet die Entwicklung eine „(...) ganz erhöhte Arbeitsverdichtung" (Herr Möller). In der stationären Einrichtung, in der Frau Ehmke arbeitet, sind es vor allem Mängel im Personalmanagement, die zu einer chronischen Personalunterbesetzung geführt haben.

> „(...) wir haben sehr viel /ähm/ Personalmangel. Vakante Stellen. Und das ist schon sehr stressig. Also (...) wurden die Stellen nicht früh genug ausgeschrieben. Dann sind Mitarbeiterinnen gegangen. /Ähm/ eine musste umziehen wegen familiären Gründen, andere /ähm/ .. /äh/ die hatte nicht das bekommen, was sie sich gewünscht hatte, als der Vertrag verlängert wurde" (Frau Ehmke).

Auch aus den stationären und ambulanten Jugendhilfebereichen (Frau Hansen, Herr Wolenski und Herr Postel) wird von einer Fallzunahme bei gleichzeitiger Reduzierung des Personalbestandes berichtet.

> „Nein, vor sechs Jahren gab es einen Kahlschlag. Da mussten wir [eine Adressat_in, d. *Verf.*] mehr betreuen, also von acht auf neun und /ähm/ die zweite Vollzeitstelle, die hier war, wurde reduziert auf 29 Stunden. Also 9,5 Stunden weniger" (Herr Wolenski). „Also diese Gruppe ist mit sechs angefangen, wir sind jetzt bei acht, ne? Damit das dann auch kostendeckend ist. Und /äh/ aber personalmäßig ist, ist es nicht mehr geworden. Genau das Gleiche. Im Gegenteil, die wollten noch mal abknapsen bei uns, bzw. die wollten die Nachtbereitschaft nicht mehr bezahlen. (...) Und dann haben die uns echt eine halbe

Planstelle genommen. Aber das war dann für die auch nicht gut. Dann waren es immense Überstunden" (Frau Hansen).

Frau Hansen, die sich über die Tagessätze mit stationären Einrichtungen anderer Träger austauscht, hält das Vorgehen der AWO SH bei den Kostenverhandlungen für ungenügend. Sie hält der AWO SH vor, in den Jugendhilfeverhandlungen nicht auf Basis des § 35a des SGB VIII (Eingliederungshilfen für seelisch behinderte Kinder und Jugendliche) von Beginn an höhere Refinanzierungssätze durchzusetzen. Stattdessen werden ihrer Ansicht nach ungünstige Fachleistungsstunden abgeschlossen. Bei der Schwere der Belastung müssten dann im Einzelfall nachträglich Zusatzmittel beim Kostenträger beantragt werden, die dieser zumeist ablehnt.

Unabhängig vom Hilfebereich und den Einrichtungsarten gehen bei Frau Bollert, Frau Krämer und Herrn Stegt in ihren Positionen als Vorgesetzte die Fallzunahmen auch mit einer Zunahme an Mitarbeiter_innen einher. Hier ist das in der Reorganisationsanalyse quantifizierte Wachstum der AWO SH in seinen subjektivierenden Dimensionen nachvollziehbar:

„Ja, also .. dadurch, dass ich das alleine mache und /ähm/ die .. Maßnahmen so zugenommen haben (...) also ich brauche eigentlich auch noch einen Sozialpädagogen, der mich vertritt" (Herr Stegt).
„Also für die (.)Hilfe ist das zum Beispiel so, da betreuen wir 43 [Adressat_innen]. Und wenn die /äh/ Mitarbeiterinnen da an Grenzen (...) Das heißt, da bin ich auch unmittelbar noch in Fallarbeit mit drin" (Frau Krämer).
„Also ich habe /äh/ knapp 60 Betreuungsfälle (...) mit knapp 20 Mitarbeitern (...) die natürlich unterschiedliche Bedürfnisse haben (...) schwierige Fälle wirklich angemessen im Blick zu haben, auch inhaltlich drum zu wissen, also Dokumentationen zu lesen, immer auf dem neuesten Stand zu sein (...), das ist manchmal halt sehr, sehr viel. Und in /äh/ wenn dann noch /ähm/ ja, kurzfristige Termine dazwischen (...) mit dem Kreis, weiß ich, wir führen gerade eine Verhandlung wegen einem neuen Projekt, (...) Oder es kommt noch kurzfristig ein Hilfeplan dazu, wo mir auch gesagt wird: Mensch, das ist ein Krisengespräch, ne? Das also das ist dann /äh/ manchmal einfach /äh/ zuviel, wo ich dann wirklich manchmal denke, kann ich dem allen noch gerecht werden? (...) Und dann wird es halt länger auch im Büro und /ähm/ ich hetze dann wieder zum Privaten. Ich habe noch zwei kleine Kinder zu Hause und das ist so die Zerrissenheit, die ich dann manchmal spüre" (Frau Bollert).

Herr Stegt hat in nur zweieinhalb Jahren eine Verdoppelung der Maßnahmen erlebt und Frau Bollert verzeichnet einen deutlichen Betreuungs- und Aufgabenzuwachs. Beide haben dafür nur relativ geringe Verwaltungsentlastungen durchgesetzt. Sie müssen in gleicher Arbeitszeit deutlich mehr leisten. Frau Bollert hat zudem ihre Arbeitzeit erhöht, doch der Aufgabenzuwachs wird dadurch nicht genügend kompensiert. Sie arbeitet unter Zeitnot und spürt eine Zerrissenheit

zwischen den Bedürfnissen ihrer Kinder, der Mitarbeiter_innen und der Adres-
sat_innen.

Bei Frau Görgner ist die Zunahme der Verwaltungsaufgaben maßgeblich
für ihre Arbeitsbelastungen verantwortlich. Zwar empfindet sie es auch als belastend, wenn sie Krisengespräche mit den Eltern und den Mitarbeiter_innen mode-
rieren muss; aber während dies noch ein von ihr akzeptierter Teil der Arbeit ist,
empfindet sie die Verwaltungsaufgabenzunahme als unverhältnismäßig und
frustrierend.

> „Also so wie, so wie sich das heute darstellt, /äh/ sollte man jemand sein, der Spaß an Bü-
> roarbeit hat, der Spaß an Verwaltung hat und der Spaß an Buchführung hat. Ich kann
> nicht sagen, dass ich es nicht gerne mache, aber es ist einfach eben nicht --- ich meine,
> dann hätte ich gleich Buchhalterin lernen können" (Frau Görgner).

Den Verwaltungsanteil ihrer Leitungsstelle gibt Frau Görgner mit 60 bis 70 Pro-
zent an, während sie diese Prozentsätze zu Beginn ihrer Leitungszeit vor zehn
Jahren noch für ihre Mitarbeiter_innen verwendete. Der Verwaltungsaufgabenanstieg wird von der Beschäftigtengruppe der Sozialpädagog_innen als markante
Veränderung während des Berufsverlaufs angegeben. Lediglich ein Drittel der
Männer und nur ein Viertel der Frauen geben an, der Aufwand für Berichte,
Evaluationen oder Dokumentationen sei im Berufsverlauf in etwa gleich geblieben. Hingegen geben 59,2 Prozent der Männer und 62,3 Prozent der Frauen
einen gestiegenen Aufwand an. Davon nennen 32,1 Prozent der Frauen sogar
einen deutlich gestiegenen Aufwand (Männer 14,8 Prozent). Dabei sind Berichte, Evaluationen oder Dokumentationen an sich keine ausschließlich negativ
besetzten Tätigkeiten. Nur ein Viertel der Frauen und ein Fünftel der Männer
finden diese Verwaltungsaufgaben unangenehm. Die Mehrheit hat ein ambivalentes Verhältnis zur Verwaltungsarbeit (37,7 Prozent der Frauen, 55,6 Prozent
der Männer). 28,3 Prozent der Frauen und 18,5 Prozent der Männer bewerten
diese Arbeiten sogar als angenehm. Der Verwaltungsaufgabenanstieg wird also
besonders von Frauen benannt, die diesen Aufgaben zugleich aufgeschlossener
gegenüberstehen.

Umgang mit Belastungen und Kompensationen

Als Folge der Belastungen über Adressat_innen und durch Arbeitsverdichtung
geben die Interviewten Gewissenskonflikte, Überforderungen, Frustrationen und
Erschöpfungen an. Schon an sich ist Soziale Arbeit potentiell persönlichkeitsbe-
drohend, weil Wohlgefährdungen der Adressat_innen oder Krisen in der Arbeit
mit den Adressat_innen auch die Persönlichkeit der Arbeitenden berühren. Be-

lastungen, die über die Arbeit mit den Adressat_innen empfunden werden, können Selbstzweifel auslösen und einen hohen emotionalen Druck erzeugen. Bei zunehmender Schwere der Fälle werden die Arbeitenden an die Grenzen ihrer Fachlichkeit oder sogar darüber hinaus geführt. Für einen reflexiven Umgang sind Räume und Zeiten notwendig, damit eine professionelle Distanzierung und eine Erholung gelingt. Hierfür müssen mehr Kapazitäten zur Verfügung stehen, wenn die Adressat_innen schwieriger werden. Tatsächlich werden die Anzahl der Fälle und die Arbeitsaufgaben aber zahlreicher. Die Arbeitenden berichten von Personalknappheit, zudem hat sich der Verwaltungsaufwand erhöht. Diese Belastungsformen treten situativ unterschiedlich stark auf und die verschiedenen Arbeitsfelder und Positionen erzeugen differente Belastungskombinationen. Bei gemeinsamer Zeitnot sind die Belastungsmuster individuell verschieden. Im Umgang mit den Belastungen handeln die Arbeitenden mehrheitlich für sich allein und kompensieren ihre Belastungen in der Reproduktionssphäre. Erst in zweiter Linie nennen die Interviewten kollektive Bearbeitungs- und Kompensationsformen. Solche Nennungen betreffen das Team, welches als Entlastung und gegenseitige Sicherung hoch geschätzt wird. Als kollektive Interessensgruppe gegenüber Dritten hat das Team jedoch nur vereinzelt Bedeutung.

Auf der Ebene des individuellen Lebenszusammenhangs zeigen sich verschiedene Umgangsstrategien bei Arbeitsbelastungen. Frau Bollert und Herr Stegt reagieren mit Flexibilisierungen auf Kosten des privaten Lebenszusammenhangs. Bei Herrn Stegt findet die Arbeit auch am Wochenende und nach Feierabend zuhause statt, Frau Bollert hat ihre Arbeitszeiten ausgeweitet und ihre Familienarbeiten eingeschränkt. In der Folge berichten beide von Konflikten. Bei Herrn Stegt ist es die Partnerin, die seine Arbeitsverfügbarkeit kritisiert. Hingegen hat Frau Bollert selbst Bedenken, ob sie ihrer Familie genügend Zeit einräumt. Sie befindet sich im Gewissenskonflikt. Für den Umgang mit Belastungen benennen Herr Postel und Frau Krämer individuelle und kollektive Kompensationen im Privaten (Sport, Freundeskreis, Partnerschaft, Selbstaushandlung).Vornehmlich mit sich allein bewältigen Frau Görgner (Entspannungsübungen), Frau Lage (Abschalten am freien Tag in der Woche) und Frau Ehmke (innere Fallmitnahme nach Hause) belastende Situationen.

Auch Herr Möller bewältigt Belastungen allein, aber er trägt diese Auseinandersetzung nicht in Lebenssituationen außerhalb der Erwerbsarbeitswelt. Er bearbeitet Belastungen ausschließlich auf der individuellen Ebene des Erwerbszusammenhangs. Im Erwerbszusammenhang findet sich bei zwei Frauen und zwei Männern, die alle auf der direkten Adressat_innen-Ebene arbeiten, dieselbe Strategie, um sich kurzfristig aus belastenden Situationen zu lösen: Sie ziehen sich in das Büro der Einrichtung zurück und nutzen es so als Schutzraum. Einen präventiven Umgang mit belastenden Situationen im Erwerbszusammenhang zeigt Frau Görgner, indem sie sich durch Meditation auf konflikthaltige Arbeits-situationen vorbereitet.

Bei den kollegialen Umgangsstrategien im Erwerbszusammenhang hat das Team zentrale Bedeutung. Die Rückversicherung bei Kolleg_innen, die Reflexi-on im Team und Supervision geben Frau Ehmke, Frau Hansen, Herrn Postel und Herrn Wolenski Sicherheit, Orientierung und Entlastung bei Auseinandersetzun-gen mit den Adressat_innen. Bei Frau Hansen ist zudem eine ausgeprägte kolle-giale Solidarität im Team erkennbar. Die Kolleg_innen unterstützen sich gegen-seitig bei der Dienstplanerstellung und beim Überstundenabbau, wenn jemand aus dem Team eine Phase geringerer Arbeitsbelastung benötigt, und sie treten kollektiv-aktiv an den Vorgesetzten heran, wenn eine Kollege_in zu stark be-lastet ist und geschützt werden muss. Hierbei treten deutlich widerständige Prak-tiken zutage, beispielsweise wenn das Team bei zu starker Adressat_innen-Belastung selbst Doppeldienste beschließt und durchführt, ohne vorab die Ge-nehmigung des Vorgesetzten abzuwarten, oder wenn gemeinsame Beschwerden zur Arbeitssituation beim Betriebsrat eingebracht werden. Auch im individuellen Erwerbszusammenhang sind widerständige Praktiken erkennbar. Allerdings sind individuelle Vorgehensweisen kennzeichnend für Leitungspersonen, beispiels-weise indem Frau Bollert ihren Vorgesetzten durch eine Arbeitsplatzanalyse von einem Verwaltungsmehrbedarf überzeugt hat:

> „Dadurch, dass ich gesagt habe, ich bin so überlastet, ich brauche noch mehr Stunden, ich brauche noch mehr Verwaltung. Ich bin auch bereit, /äh/ deswegen eine Arbeitsplatzana-lyse zu machen. Ich habe die selber dann erstellt. Also mit Gewichtung, netten Diagram-men, was ich noch dazu geschrieben habe und /äh/ ne, gefertigt habe, wie viel es über-wiegt /äh/ an Verwaltungstätigkeiten" (Frau Bollert).

Ähnlich ging Herr Stegt vor, der ebenfalls durch steigende Aufgaben- und Fall-zahlen unter Druck geriet und erst seinen Vorgesetzten überzeugen musste, da-mit er Entlastung erzielte. Bei Frau Bollert und Herrn Stegt sind die erreichten Entlastungen aber im Verhältnis zur Aufgabenzunahme relativ gering, bei Frau Bollert sind es sieben und bei Herrn Stegt zwei Stunden pro Woche.

Es ist also eine Fülle von individuellen und kollektiven, nach innen (intro-vertierte) bzw. nach außen gerichteten (extrovertierte) Modi erkennbar, die sich jeweils auf die Privat- und Erwerbssphäre erstrecken. Abbildung 20 enthält eine Zuordnung der interviewten Personen zu den Modi.

Das häufige Auftreten privat-individueller Bewältigungsmodi ist ein Kenn-zeichen für die Flexibilisierungen der Reproduktionszusammenhänge. Frau Lage passt ihre Reproduktionszeit den flexiblen Arbeitseinsätzen an, Herr Stegt weitet seine Arbeitszeit flexibel auf die Feierabendstunden und Wochenenden aus und Frau Bollert verlängert ihre Arbeitszeit und verkürzt ihre Familienzeit nach dem

Bedarf der Einrichtung. Aber auch andere passen ihre Privatzusammenhänge an die Arbeitsanforderungen an: Herr Möller schränkt sich privat für Termine mit den Adressat_innen ein und Frau Ehmkes Leben ist stark von den Dienstzeiten geprägt

Abbildung 20: Verteilung auf die Bewältigungsmodi der Arbeitsbelastung

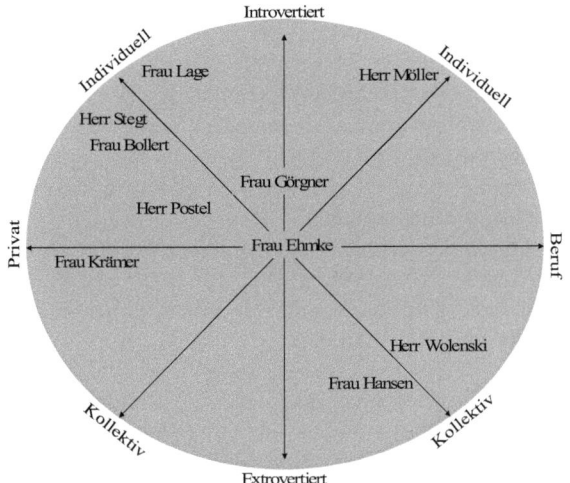

Ein Beispiel für die Flexibilisierung der Reproduktionszusammenhänge innerhalb der Erwerbsarbeit gibt Frau Krämer, indem sie von den Erholungspausen während der Arbeitszeit berichtet:

> „Also zu sagen (...) wollen wir mal eine halbe Stunde irgendwo essen gehen? Das schaffen wir heute kaum noch. Wenn wir es schaffen, schaffen wir eine Mittagspause da [zeigt auf Büroraum, *d. Verf.*] zu machen und vielleicht auch gemeinsam, und häufig wird dann auch über /äh/ Dienst noch geredet. (...) Erst mal wird es dann zur Sitzung" (Frau Krämer).

An anderer Stelle berichtet Frau Krämer davon, dass private Erzählungen nach der Rückkehr aus einem Urlaub deutlich weniger gegenseitige Akzeptanz finden, weil die Arbeitsübergabe in Zeitnot bewältigt werden muss. Der Umgang mit den Belastungen passt zum Typ der karriereambitionierten Selbst-Rationalisierung des Lebens. Von den Belastungszunahmen über die Adressat_innen und durch die Arbeitsverdichtung sind allerdings alle Typen betroffen.

Soziale Beziehungen der Arbeit werden funktionalisiert, Lebenszusammenhänge geraten in den Hintergrund oder werden ausgeblendet und Reproduktions-
zeiten der Arbeitskraft werden zu Produktionszeiten. Insgesamt ist die Flexibilisierung der Erwerbs- und Privatzusammenhänge eher als Reaktion auf die Arbeitsverdichtung zu sehen; entsprechend enthalten die Beschreibungen der Interviewten vornehmlich Durchdringungen persönlicher Lebensbereiche durch die
Arbeit. Umgekehrte Bewegungen und aktive Gestaltungen der Arbeits- und Lebenszusammenhänge sind eher die Ausnahme. Lediglich Frau Hansen und Frau
Görgner lassen ein konstitutives Leben und Arbeiten erkennen. Bei allen Interviewten erfordern die Arbeitsbelastungen umfangreiche Anpassungsleistungen,
die für das Leben potentiell gefährlich sind. Die Schilderung von Frau Hansen,
die von einem Burnout-Syndrom und Kurbedarf im Kolleg_innen-Kreis berichtet, und die Burnout Erfahrungen von Herrn Stegt zeigen, dass die Bewältigung
von Arbeitsbelastungen scheitern kann.

Auf der anderen Seite sind die Arbeitenden in der Beschäftigtengruppe der
Sozialpädagog_innen in einem hohen Maß mit ihrer Arbeit zufrieden, wobei
Vorgesetzte zufriedener sind als Mitarbeiter_innen und Frauen zufriedener als
Männer (siehe Abbildungen 21 und 22).

Abbildung 21: Arbeitszufriedenheit insgesamt: Verteilung bei Vorgesetzten
[N=21] und Mitarbeiter_innen [N=59]

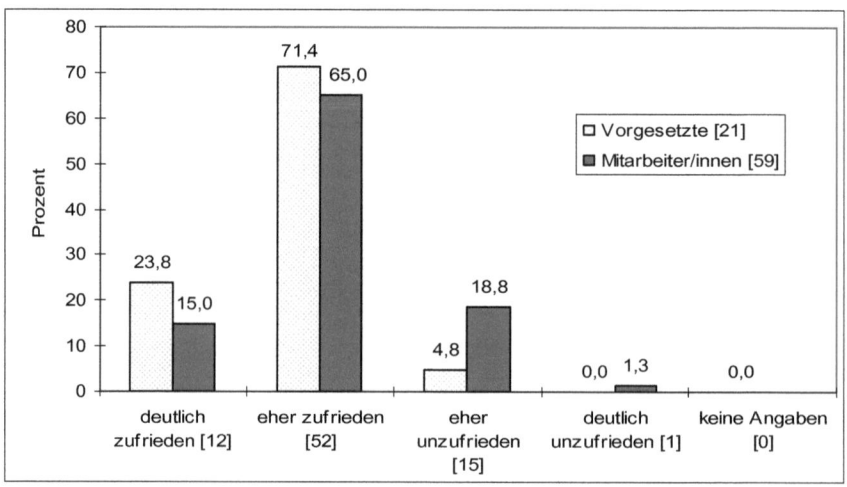

Die Zufriedenheitsaspekte überwiegen offenkundig insgesamt die gestiegenen
Arbeitsbelastungen. Über die Elastizität der Privatsphäre hinaus kompensieren

die Arbeitenden Arbeitsbelastungen und -unzufriedenheiten mit anderen Facetten der Arbeit. Ein Teil der Arbeit erzeugt Stress, Zeitnot, Gewissenskonflikte, negative Gefühle und Unzufriedenheiten, aber ein anderer Teil schafft Freude, Glücksgefühle, Spaß und einen Ausgleich. Der positiv besetzte Teil überwiegt bei den meisten. Hieraus ziehen sie die Kraft, schwerere Fälle und Arbeitsverdichtungen zu bewältigen und Unzufriedenheiten zu kompensieren. Dieses Kompensationsphänomen lenkt den Blick auf den Wert der Arbeit. Für die Arbeitenden haben ihre Tätigkeiten einen spezifischen Eigenwert, der Belastungen überdauert.

Abbildung 22: Bewertung der Arbeitszufriedenheit insgesamt: Geschlechterverteilung

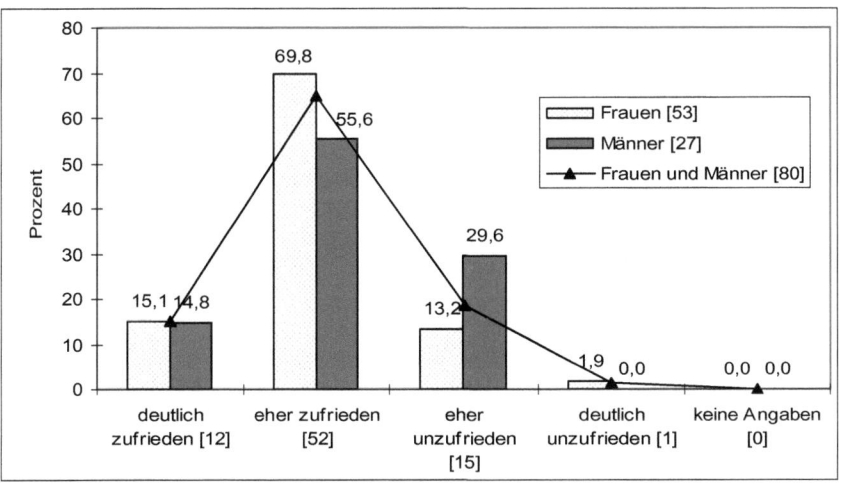

5.2.2.4 Wert der Arbeit

Um welche Werte es sich handelt, die Arbeitende im Gegenzug zur Einbringung ihrer Arbeitskraft erhalten, ist gegenwärtig noch wenig geklärt. Zur Wertklärung muss analytisch über die ökonomisch beschränkte Kapitalsicht hinausgegangen werden, denn es ist offensichtlich geworden, dass sich der Wert Sozialer Arbeit für die Arbeitenden aus weiteren Werten zusammensetzt. Zu diesem Zweck erfolgt nun ein Rückgriff auf das Kapitalkonzept von Bourdieu, wobei dieses im Analyseverlauf unter Einbeziehung gefangener und wettbewerblicher Subjektivierungen notwendigerweise etwas modifiziert wird. Die Angaben der Befragten zum Wert der Arbeit lassen sich in symbolische, ökonomische und emotionale Kapitalien unterscheiden.

Symbolisches Kapital

Symbolisches Kapital ist eine Art Oberkategorie (Bourdieu 1985: 10f.); es ist die wahrgenommene und als legitim anerkannte Form der ökonomischen, sozialen und kulturellen Kapitalien (Bourdieu 1983). Bourdieu (1985; 1987; 1993) verwendet den Begriff gezielt, um die gesellschaftlichen Beziehungen zwischen den Agent_innen und dem Produkt zu analysieren, denn anstatt den ökonomischen Zweck direkt einzugestehen, heben die Agent_innen oft den symbolischen Gehalt ihrer Akte hervor. Sie verschleiern den ökonomischen Zweck. So ist institutionalisiertes kulturelles Kapital in Form von Bildungstiteln zugleich symbolisches Kapital. Hierarchie und Häufigkeit von Bildungsabschlüssen sind mit gesellschaftlichen Statuspositionierungen verbunden; sie verleihen Prestige, Reputation und Privilegien. Dabei sind die Kapitalformen in gewissem Umfang gegenseitig transferierbar und konvertierbar. Aus hohen Bildungstiteln kann soziales und ökonomisches Kapital geschlagen werden und ein Hochschulzugang ist mit geringer sozialer und ökonomischer Kapitalausstattung schwer oder unmöglich. Symbole verleihen Macht und sind Zeichen sozialer Anerkennung. Um Anerkennung geht es auch den Arbeitenden bei der umfassenden Einbringung ihrer Arbeitskraft:

> „(...) man hat eigentlich das Gefühl, man investiert eine ganze Menge, auch emotional, und man kriegt nie so viel Anerkennung, wie man das gerne hätte. Ich glaube, das gehört irgendwie zu diesem Bereich dazu" (Frau Krämer).

Es geht um die soziale Wertschätzung der Arbeitsleistungen, d.h. um einen nach außen gerichteten sozialen Ertragsanspruch an Dritte. Grundlage dessen ist der Wert der Arbeit im Verhältnis zur Gesellschaft. Nach der Selbstbewertung der Arbeitenden leistet Soziale Arbeit einen wichtigen Beitrag für die notwendige gesellschaftliche Ordnung, denn, befragt nach der Notwendigkeit und Nützlichkeit für die Gesellschaft (Abbildung 23), stufen die Befragten der Beschäftigtengruppe der Sozialpädagog_innen ihre eigene Arbeit hoch bis sehr hoch ein. Diesem Wert wird aus Sicht der Arbeitenden nicht angemessen entsprochen, denn es besteht für 72,6 Prozent der Befragten ein mehr oder weniger starker Veränderungsbedarf (Abbildung 24), der bei den Männern etwas ausgeprägter ist als bei den Frauen.

Abbildung 23: Gesellschaftliche Notwendigkeit und Nützlichkeit der eigenen
Arbeit: Geschlechterverteilung

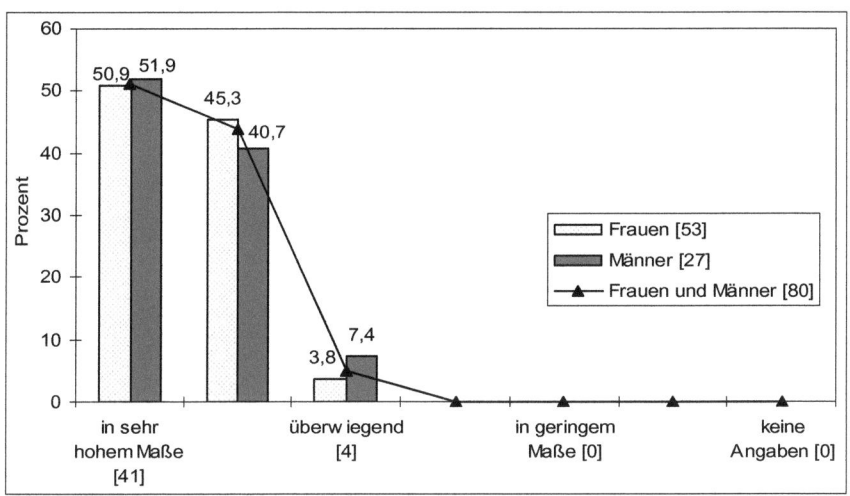

Abbildung 24: Veränderungsbedarf zum Punkt Anerkennung:
Geschlechterverteilung

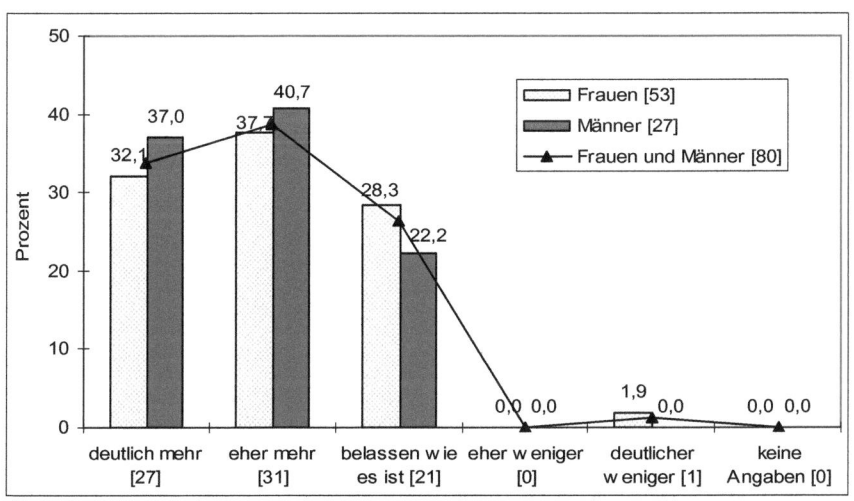

Die hohe Eigenbewertung findet sich auch in den Interviews, wobei in den Gesprächen der Wertbegriff bewusst offen abgefragt wurde. Auch ergibt sich eine deutliche Differenz zwischen Aufwand und Ertrag. Frau Krämer „investiert eine ganze Menge" und sie vermutet, dass es zum Sozialbereich dazugehört, zu wenig Wertschätzung zu erfahren. Auch alle anderen Befragten vermissen Anerkennung. Nach Meinung von Herrn Möller ist während seiner Berufslaufbahn sogar ein Schwund gesellschaftlichen Ansehens Sozialer Arbeit zu verzeichnen und Frau Görgner meint, dass im Zuge der Ökonomisierung „die ganze Soziale Arbeit, das geht den Bach runter". Sie beklagt einen Wertverlust. Hingegen bemerkt die jüngste Befragte unter Bezugnahme auf das geringe Ansehen Sozialer Arbeit eine nunmehr gestiegene Wertschätzung:

> „(...) früher war es ja immer, Sozialpädagogin, oh, das ist irgend so ein Klischee wie nur Kaffee trinken und so. Aber das, finde ich, hat sich geändert. Also viele sagen dann so: Oh, das ist bestimmt eine harte Arbeit" (Frau Ehmke).

Soziale Arbeit als harte und nicht (mehr) als weiche Arbeit zu bezeichnen, zielt auf die Anerkennung der Anstrengungen. Innerhalb des engeren sozialen Umfeldes erleben die Befragten mehrheitlich eine hohe Wertschätzung durch Partner_innen oder Freund_innen. Wertschätzungsprobleme im Umfeld eines Mannes zeigen sich bei Herrn Postel: Er musste lange auf die väterliche Anerkennung warten und im weiteren sozialen Umfeld (Sportverein) erlebt er subtile Abwertungen seiner Männlichkeit, wenn er berichtet, dass er im Sozialbereich arbeitet.

Einen Schritt aus dem sozialen Nahbereich heraus, erfahren die Arbeitenden innerhalb der AWO SH nicht unbedingt eine adäquate Wertschätzung. Zugleich betreiben sie eine Selbstvergewisserung darüber, dass ihre Arbeit viel wert ist. Sie leisten Widerstand gegen eine ‚stille Abwertung' durch Nichtnennung und fehlende Symbolik

> „Also ... es wird ab und zu mal was Positives gesagt, aber dieser Teil Wertschätzung /äh/ das ist etwas, was hier im Alltag auch manchmal untergeht" (Frau Krämer).
> „Ja. Also ich weiß schon, dass meine Arbeit geschätzt wird. Ich merke nur nichts davon (...) ich /äh/ gehe gerne zur Arbeit, weiß ich /äh/ .. weiß, dass es eine sehr wichtige Arbeit ist. /Äh/ und .. insofern ist sie .. auch viel wert, ja" (Herr Stegt).
> „Meine Arbeit ist ganz viel wert. ... Gewertschätzt wird man sicher manchmal" (Frau Ehmke).

Innerhalb der Organisation zeigen die Arbeitenden im Team untereinander die höchste und häufigste Wertschätzung. Dort erhalten und geben sie viel Anerkennung. Hier und auf der nächsten hierarchischen Ebene der Vorgesetzten hat Wertschätzung oft etwas mit Rückmeldungen zu tun. Den Arbeitenden geht es nicht so sehr um Lob, sondern um kritische Anerkennung und Rückversicherung, damit sie wissen, was sie gut oder weniger gut gemacht haben, und damit sie sich verbessern.

> „Ach, man, man will eigentlich gar keine Wertschätzung, sondern eher eine Rückmeldung. (...) War das jetzt in Ordnung? Hätte man das besser machen können? Hätte man es anders machen können?" (Frau Ehmke).

Mit den Vorgesetzten werden unterschiedliche Erfahrungen gesammelt. Frau Lage berichtet von guten Rückmeldungen und davon, dass ihr immer mehr Vertrauen entgegengebracht wird. Mehr Aufgaben in verantwortungsvoller Selbstbestimmung sind für Frau Lage ein Symbol der Anerkennung, für das sie unbezahlte Mehrarbeit leistet. Verantwortung und Selbstbestimmung sind ihr also viel wert. Hingegen interpretiert Herr Stegt fehlende Rückmeldung als sein Symbol der Anerkennung. Der hohe Grad seiner Selbstbestimmung ist für ihn ein Vertrauensbeweis. Er arbeitet hauptsächlich allein und ohne Team, so dass eine Rückmeldung von außen von ihm als eine Art Einmischung in seine Angelegenheiten gesehen wird. Solange er isoliert arbeitet, macht er alles richtig und gut. Ähnlich verhält es sich bei Herrn Wolenski. Er erläutert, dass er von der direkten Vorgesetztenebene zwar recht selten Rückmeldungen und explizite Wertschätzungen erhält, dass er diese Extensität aber auch selbst so wünscht, weil er in der Einrichtung viele Freiräume hat und den Kontakt zu dieser Ebene jederzeit intensivieren könnte. Im Ergebnis bedeuten diese Schilderungen, dass für die Arbeitenden Autonomie ein Symbol sozialer Wertschätzung ist. Auch darf aus Autonomie kein verantwortungsloses ‚Sich-selbst-Üüberlassen' werden, denn das hat negative Anerkennungsfolgen.

Mehr Selbstständigkeit und eine höhere Verantwortung ist allerdings für die meisten der Befragten in der Beschäftigtengruppe der Sozialpädagog_innen nicht sonderlich attraktiv. Mehrheitlich zeigen sie sich eher bewahrend und wollen keine Veränderungen (Abbildungen 25 und 26). Frauen und Männer unterscheiden sich in ihren Angaben hier kaum. Allerdings steht diese Positionierung im Widerspruch zum Veränderungswunsch bei den Aufstiegschancen (Abbildung 27). Diese sind deutlich stärker gewünscht, doch können Aufstiege bei stagnierender Verantwortung und Selbstständigkeit nicht hinlänglich erzielt werden. Frauen und Männer zeigen den Wunsch nach sozialem und ökonomischem Aufstieg ohne entsprechende Positionsbereitschaft gleichermaßen.

Abbildung 25: Veränderungswunsch zum Punkt Verantwortung [N=80]

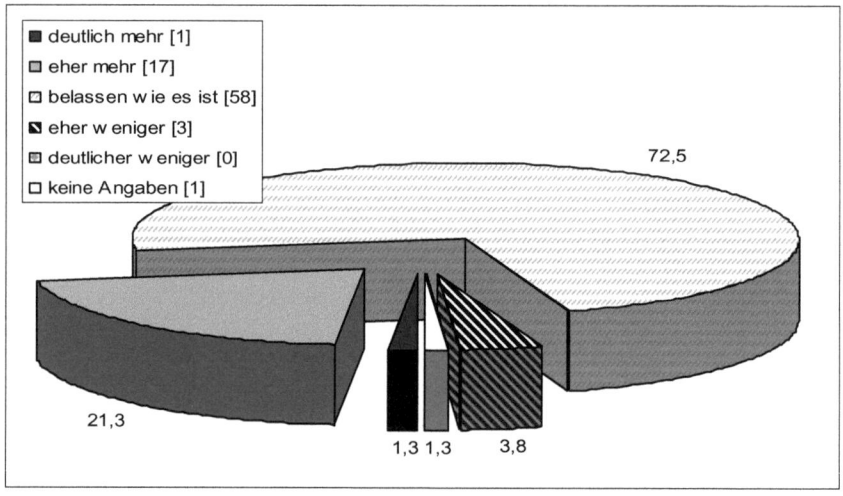

Abbildung 26: Veränderungswunsch zum Punkt Selbstständigkeit [N=80]

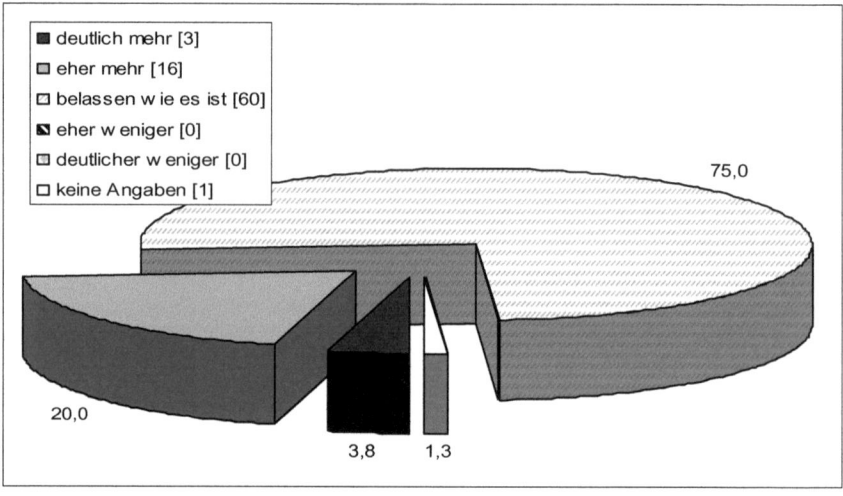

Abbildung 27: Veränderungswunsch zum Punkt Aufstiegschancen [N=80]

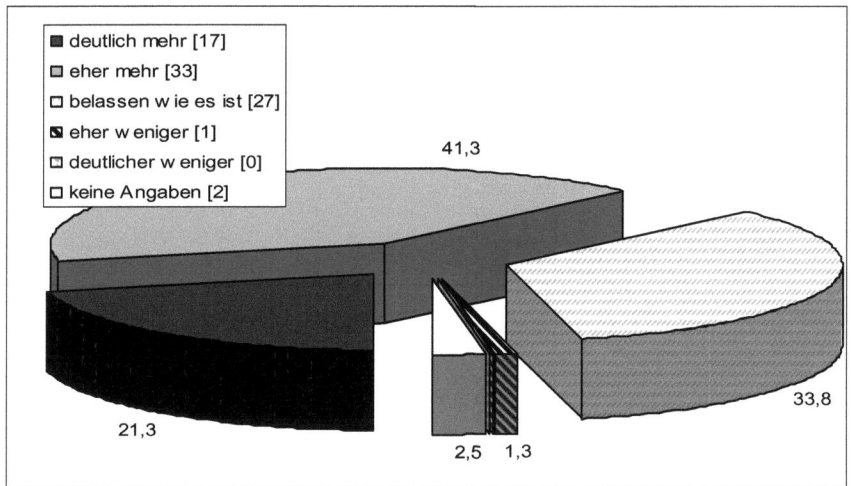

Die interviewten Personen, die selbst in einer Vorgesetztenposition sind, zollen ihren Mitarbeiter_innen hohe Wertschätzung und versuchen sich um sie zu kümmern:

> „(...) also für mich ist auch wichtig, Mitarbeiter zu loben und /äh/ ihnen auch --- sie zu bestärken in ihrer Tätigkeit, also ich /äh/ habe absolut /äh/ Hochachtung vor dem, was die machen, da tagtäglich." (Frau Bollert)

Dass eine solche Haltung nicht durchgängig besteht oder gegenüber den Mitarbeiter_innen nicht immer in gelingendes Handeln übersetzt werden kann, legen die Schilderungen von Frau Ehmke, Frau Krämer, Herrn Möller und Herrn Postel nahe. Sie berichten von zu geringer Wertschätzung und zu seltenen Rückmeldungen der direkten Vorgesetzten. Ein ambivalentes Verhältnis zum direkten Vorgesetzten beschreibt Frau Hansen, die zwar selbst ausreichend fachliche Rückmeldungen erhält, aber für sich und ihr Team unzureichende Wertschätzung und Fürsorge bemängelt. Sie kritisiert, dass mit ihr in 36 Berufsjahren bei der AWO SH erst ein Personalentwicklungsgespräch stattgefunden hat, welches bereits vier Jahre zurückliegt. Hingegen führt Frau Görgner als Vorgesetzte jährliche Entwicklungsgespräche mit ihren Mitarbeiter_innen und empfindet ihnen gegenüber (ebenso wie die anderen interviewten Personen in Vorgesetztenpositionen) eine hohe Wertschätzung. Aber sie leidet darunter, aufgrund der Zeitnot nicht genügend Kapazitäten für Mitarbeiter_innen-Gespräche zu haben.

Abbildung 28: Zufriedenheit der Vorgesetzten mit den Mitarbeiter_innen:
Geschlechterverteilung [N=21]

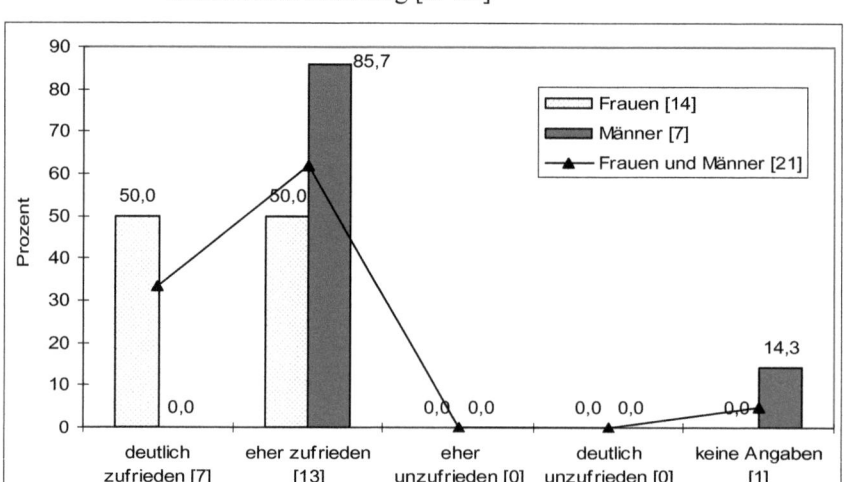

Das Vorgesetzten-Mitarbeiter_innen-Verhältnis und die Kollegialität wurden
auch in der Beschäftigtengruppe der Sozialpädagog_innen abgefragt. Während
die Vorgesetzten mit ihren Mitarbeiter_innen durchweg zufrieden bis deutlich
zufrieden sind, die weiblichen Vorgesetzten sogar noch zufriedener als die
männlichen (Abbildung 28), und sie auch die Kollegialität und das Klima der
Zusammenarbeit in ihrer Einrichtung durchgängig positiv bewerten, sind 20,3
Prozent der Mitarbeiter_innen eher unzufrieden und 10,2 Prozent sogar deutlich
unzufrieden mit ihren Vorgesetzten (Abbildung 29). Unter den deutlich Unzufriedenen liegt der Männeranteil mit 66,7 Prozent signifikant über ihrem Anteil
an der Grundgesamtheit der Sozialpädagog_innen und auch in der Gruppe der
eher Unzufriedenen sind die Männer mit 41,7 Prozent stark vertreten. Abbildung
29 gibt die Verteilung der Genusgruppen wieder. Sie zeigt aber auch, dass
zugleich auffällig viele Männer deutlich zufrieden mit ihren Vorgesetzten sind,
während Frauen mehrheitlich angeben, eher zufrieden zu sein. Also haben die
meisten männlichen Beschäftigten entweder ein Vorgesetztenproblem oder ein
gutes Vorgesetzenverhältnis. Die Kollegialität und Zusammenarbeit bewerten
knapp neun von zehn Befragten positiv. Frauen und Männer differieren hier
kaum.

Abbildung 29: Zufriedenheit der Mitarbeiter_innen mit den Vorgesetzten:
Geschlechterverteilung [N=59]

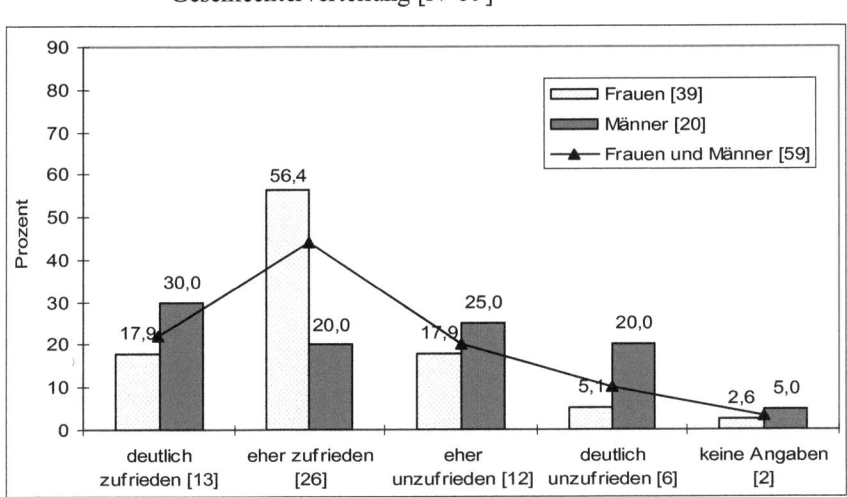

Den Verhältnissen unter den Mitarbeiter_innen und zu den Vorgesetzten kommt also eine große Bedeutung für die soziale Wertschätzung zu. Dabei ist sowohl auf der Teamebene unter den Kolleg_innen als auch in Beziehung zur Vorgesetztenebene erkennbar, dass Rückmeldungen der Reflexion dienen und Anerkennung bieten. Rückmeldungen sind für die Arbeitenden also Formen sozialer Wertschätzung.

Von positiven Rückmeldungen und Wertschätzungen durch die Angehörigen oder aus der unmittelbaren Zusammenarbeit mit den Ämtern berichten fast alle Interviewten. Diese Anerkennung basiert auf einer guten und zuverlässigen Fallarbeit (Frau Hansen, Herr Möller, Herr Postel, Herr Stegt); sie muss erkämpft (Frau Görgner) oder durch Profilierung und Spezialisierung (Frau Bollert, Frau Krämer, Herr Wolenski) immer wieder neu hergestellt werden. Sie findet in Abhängigkeit statt, denn die öffentlichen Träger bestimmen maßgeblich über die Auslastung der Einrichtung.

„Muss man auch ein bisschen immer /äh/ wie soll ich sagen? ((lacht)) Bisschen nett sein und sagen: Sie machen gute Arbeit und prima und so ein bisschen bepinseln. Und dann kann man mit denen eigentlich auch ganz gut zusammenarbeiten. Wenn man da von denen also ein bisschen oben herab, dann ist vorbei" (Frau Hansen).

Dieses symbolische Kapital erhalten die Arbeitenden also nur, wenn sie es auch selbst anderen zuteilen.

Zu weiteren Organisationsebenen der AWO SH besteht eine kritische Haltung, da von einer mangelnden Anerkennungskultur bei der AWO SH die Rede ist (Frau Görgner, Frau Krämer) oder davon, dass die Mitarbeiter_innen vom Management nur als Kostenfaktor gesehen werden (Frau Lage, Herr Möller). Für Frau Hansen symbolisiert die fehlende Würdigung bei Dienstjubiläen die mangelnde Anerkennung im Umgang mit ihr und anderen langjährigen Mitarbeiter_innen.

> „Ich hatte jetzt 35-jähriges Jubiläum und /äh/ da ist nicht mal irgendwie ein Brief vom Landesverband oder irgendwas, das finde ich also richtig Scheiße von denen. Also ich erwarte keine große Feier. Die mussten wir sowieso immer selbst finanzieren. (...) Das ist .. hohl. Das ist keine Wertschätzung, weil das wirklich eine schwierige Arbeit ist (...) wir machen, sage ich mal, die Drecksarbeit letztendlich dann da. Und das sollte man schon wertschätzen" (Frau Hansen).

Herr Wolenski hält es für einen systematischen Wertschätzungsfehler, dass die AWO SH ihre Einrichtungen nach quantitativen Aspekten wie der Auslastungsquote bemisst, dabei aber qualitative Aspekte unberücksichtigt lässt. Insgesamt findet das Management der AWO SH in puncto Wertschätzung ausschließlich negative Erwähnung.

Je weiter sich die Betrachtung vom engeren sozialen Umfeld, vom Arbeitsalltag und vom Team löst, desto stärker wird die Kritik an der mangelnden Wertschätzung. Von den Freund_innen und Partner_innen und besonders von den Kolleg_innen erhalten die Arbeitenden die größte Wertschätzung, aber diese Anerkennung ist mit einem geringen symbolischen Kapitalertrag im Bordieuschen Sinne verbunden, da sie nicht mit hoher sozialer Macht (Prestige, Renommee usw.) einhergeht. Auch bei den öffentlichen Trägern und den unmittelbaren Vorgesetzten tritt keine manifestierte Symbolik zutage. Autonomie und Rückmeldungen besitzen keine Symbole. Rückmeldungen werden zumeist verbal erbracht; sie sind recht flüchtig, stets erneuerungsbedürftig und sie statten die Arbeitenden nicht mit mehr Macht aus. Hingegen ist Autonomie ein Zustand, der durch Kompetenzen oder Positionen erreicht wird. Die Kompetenzzuschreibung wird aber ebenso wenig symbolisiert und bedeutet keine höhere ökonomische oder soziale Kapitalausstattung. Positionsbedingte Autonomie ist eine Folge der Organisationshierarchie, in die Arbeitende durch inkorporiertes Kulturkapital (Bildung) und soziales Kapital ein- oder aufsteigen. Ferner findet sich auch auf den unteren Hierarchiestufen Autonomie, die also nicht an Positionierungen gebunden ist und kein ökonomisches, soziales oder kulturelles Kapital zur Folge hat. Nicht jedes Symbol sozialer Wertschätzung ist symbolisches Kapital. Für die Arbeitenden sind Rückmeldungen und Autonomie zwar Symbole der Anerkennung, aber sie erfüllen nicht die Kriterien symbolischen Kapitals, weil sie nicht in andere Kapitalien transferierbar und konvertierbar sind. Die erhaltene soziale Wertschätzung ist individuell verschieden, auf das Individuum beschränkt und diffus. Zwar schätzen die Personen in der Beschäftigtengruppe der Sozialpädagog_innen den Wert ihrer Arbeit hoch ein, aber sie erhalten kaum Anerkennung und keinen symbolischen Kapitalertrag. Eine hohe Arbeitszufriedenheit lässt sich hieraus nicht ableiten, im Gegenteil; dennoch ist sie ja insgesamt vorhanden. Wenn die nach außen gerichteten Ertragsansprüche sozialer Anerkennung versagt bleiben, ist dies eher ein Grund für Unzufriedenheit. Ein weiterer Grund für Unzufriedenheit, der im Zusammenhang mit der mangelnden Anerkennung genannt wird, ist die geringe Entlohnung der Arbeit. Den ökonomischen Kapitalertrag betrachtet der nun folgende Abschnitt.

Ökonomisches Kapital

Die ökonomische Kapitalausstattung der Gruppe der Sozialpädagog_innen und ihre Entwicklung wurden bereits anhand der Entgeltdaten in der Reorganisationsanalyse diskutiert. Tabelle 17 zeigt, dass Sozialpädagog_innen bundesweit verhältnismäßig schlecht entlohnt werden. Für den tabellarischen Bruttoentgeltvergleich wurden Berufe gewählt, die wie Soziale Arbeit an Fachhochschulen studiert werden können. Die Gegenüberstellung setzt die Genusgruppe Frau und den Beruf Diplom-Betriebswirt_in als Basis. Aus den errechneten Vergleichen ergibt sich, dass Männer als Sozialpädagogen rund 11,3 Prozent mehr erhalten als ihre Berufskolleginnen, jedoch nur 70,4 Prozent des Niveaus eines Betriebswirtes erreichen. Frauen als Sozialpädagoginnen verdienen unter diesen Vergleichsbedingungen mit Abstand am schlechtesten. Sie erhalten nur 72,2 Prozent des Gehalts einer Betriebswirtin und rund ein Drittel weniger als eine Maschinenbauingenieurin. Außerhalb ihrer Genusgruppe ist das Entgeltniveau jeweils noch einmal deutlich höher. Die in Tabelle 17 enthaltenen Daten sind auf Vollzeit-Arbeitsverhältnisse bezogen. Aufgrund der hohen Teilzeitquote bei Frauen dürfte das real zur Verfügung stehende Einkommen sogar noch weiter auseinander liegen.[89] Weil die bisher schon besonders hohe Teilzeitquote in den Sozialberufen weiter steigt und dort jeweils mit die höchsten Frauenanteile zu verzeichnen sind, verschärft sich die damit verbundene Einkommensungleichheit weiter (Klein/Wulf-Schnabel 2007a: 139f.).

---

89 Dies ist ein EU-weites Phänomen. In den EU-Ländern, in denen eine hohe Zunahme der weiblichen Erwerbstätigenquote zu verzeichnen ist, wächst die weibliche Teilzeitbeschäftigung ebenfalls (Klein 2006a). Zu befürchten ist eine Entwicklungsbeschleunigung in Zusammenhang mit der europäischen Beschäftigungsstrategie (Klein 2006a; 2006 b).

Tabelle 17: Bruttoentgeltvergleich akademischer Berufe

Beruf	Frau	Mann
Diplom-Sozialpädagog_in ♀72,2% ♂70,4%	2.577 €	2.867 € +290 € +11,3%
Diplom-Betriebswirt_in ♀100% ♂100%	3.567 €	4.073 € +506 € +14,2%
Diplom-Maschinenbauingenieur_in ♀109,0% ♂104,9%	3.887 €	4.273 € +386 € +9,9%
Eigene Berechnung auf der Basis von Lohnspiegel (2009). Vergleichsbasis: Zehn Jahre Berufserfahrung, tätig in Westdeutschland, keine Führungsposition, Vollzeit, über 500 Beschäftigte im Betrieb, ohne Zuschläge.		

Abbildung 30: Veränderungsbedarf zum Punkt Verdienst:
Geschlechterverteilung [N=80]

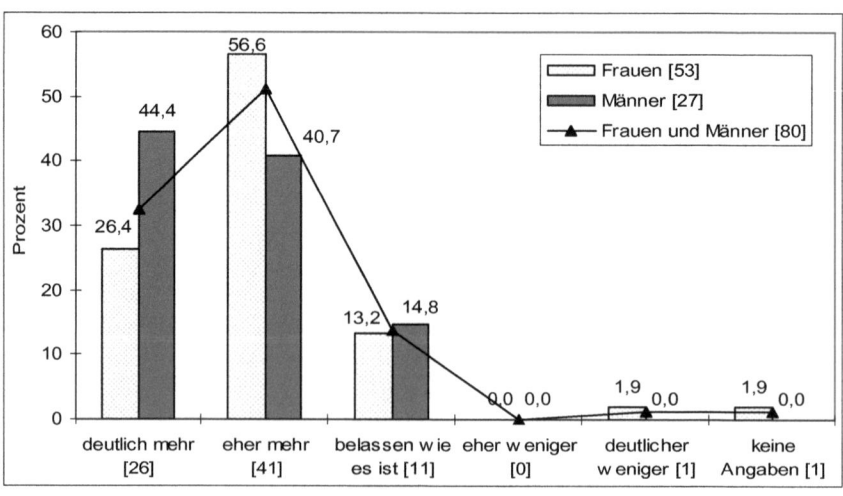

Die Befragung der Beschäftigungsgruppe Sozialpädagog_innen der AWO SH ergab beim Entgeltniveau eine häufige Unzufriedenheit. Frauen und Männer unterscheiden sich in dieser Bewertung nicht. 58,8 Prozent der Befragten geben an, mit ihrer derzeitigen Vergütung unzufrieden zu sein; mehrheitlich wird künftig sogar eine Verschlechterung der Entgeltsituation erwartet. Noch höher ist der Veränderungsbedarf (Abbildung 30). Hier ist die geschlechtsspezifische Ausprägung relevant, denn Männer geben einen signifikant höheren Veränderungsbedarf an als Frauen.

Aus der Entgeltsituation lässt sich insgesamt eindeutig keine extrinsische Motivation zur Arbeitsaufnahme unter den skizzierten Bedingungen ableiten, sondern eher eine extrinsische Demotivation, zumal auch keine leistungsbezogenen Vergütungskomponenten identifiziert und selbst Zielvereinbarungen nur vereinzelt benannt wurden. Im Sommer 2008 kam es zum ersten Mal in der Organisationsgeschichte der AWO SH zu unbefristeten Streiks. Hintergrund der Tarifauseinandersetzung war, dass zuvor ein gemeinsamer ‚Tarifvertrag Soziales' zwischen der Vereinigten Dienstleistungsgewerkschaft (ver.di) und einer Tarifgemeinschaft der Arbeitgeber_innen[90] gescheitert war, dass die letzte Entgelterhöhung vier Jahre zurücklag, seit Beginn des Jahres 2006 ein tarifloser Zustand bestand und die Verhandlungen über einen Haustarifvertrag stagnierten. Der ursprünglich von beiden Seiten favorisierte Tarifvertrag Soziales hatte einheitliche Entgeltbedingungen bei den sozialen Dienstleistungsorganisationen zum Ziel, damit der Quasi-Wettbewerb nicht über die Entgelte ausgetragen würde. Allerdings bestand keine Einigkeit unter den Arbeitgeber_innen und mit ver.di über die Entgelthöhe. Nach dem Scheitern dieser Verhandlungen, im Spiegel der Aufgabe des Bundesangestellten-Tarifvertrages (BAT), an dem sich der frühere BMT AW II orientierte, und unter Kostendruck durch die veränderten Refinanzierungsmodelle, erfolgten Neueinstellungen bei der AWO SH pauschal zehn Prozent unter dem bisherigen Entgeltniveau. Nach Warnstreiks und einer Urabstimmung mit 94 Prozent Zustimmung der ver.di-Mitglieder (ver.di 2008a) begann am 18. Juni 2008 ein unbefristeter Streik (ver.di 2008b). Bereits zwölf Tage später wurde der Streik durch ein vorläufiges Verhandlungsergebnis ausgesetzt (ver.di 2008c) und durch eine anschließende Urabstimmung mit 87,3 Prozent Zustimmung zum Verhandlungsergebnis beendet (ver.di 2008d). Unter anderem wurde eine zum 01.06.2008 rückwirkende Entgelterhöhung von 3,1 Prozent zuzüglich 50 Euro-Sonderzahlung, ein weiterer Anstieg um 2,8 Prozent ab dem 01.04.2009 zuzüglich einer 225 Euro-Sonderzahlung exklusiv für ver.di Mitglieder sowie ab dann die Einführung der Entgelttabelle des Tarifvertrags des öffentlichen Dienstes (TVöD) vereinbart (AWOcado 2008b: 18).

Nach Meinung aller interviewten Personen[91] war der Streik notwendig. Mehrheitlich und selbst von Personen auf der Leitungsebene wurde das Verhandlungsergebnis als unbefriedigend bewertet.

---

90 Die Tarifgemeinschaft bestand aus: Arbeiterwohlfahrt Schleswig-Holstein, Deutsches Rotes Kreuz Schleswig-Holstein, Unternehmensverband Kiel für die Lebenshilfe Ostholstein, Ostholsteiner Behindertenhilfe, Lebenshilfe Steinburg, Kommunaler Arbeitgeberverband Schleswig-Holstein für Pflegeeinrichtungen.

91 Die Interviews wurden mit einem deutlichen Zeitabstand von acht Monaten nach der Tarifeinigung geführt, so dass die Aussagen aus einer gewissen Distanz getroffen werden konnten.

„Also ich .. habe es für notwendig gefunden, dass eine Erhöhung .. durchgeboxt wird" (Herr Stegt).
„Also ich glaube, dass es dringend notwendig war, die Gehälter an der Stelle anzuheben. /Äh/ ich hätte mir auch noch andere Ergebnisse gewünscht. (...) ich bin insgesamt mit diesem Tarifwerk nicht zufrieden" (Frau Krämer).
„Na ja, also wenn ich es böse formulieren würde, dann würde ich ja sagen: Welche Gehaltserhöhung? Also das ist ja nicht viel. (...) Dafür aber Einbußen auf der anderen Seite. Kein Urlaubsgeld, eine Weihnachtssonderzahlung von 60 Prozent von 80 Prozent statt 82 Prozent von 100 Prozent. (...) Das .. gibt bei mir Unzufriedenheit. Weil ich nicht so arbeite. Bisher" (Herr Wolenski).

Herr Möller bemängelt sogar eine Gehaltskürzung:

„Also zum Beispiel, da habe ich im letzten Jahr weniger verdient als das Jahr davor. Durch das gekürzte Weihnachtsgeld. ((lacht)) das gekürzte Weihnachtsgehalt sollte nicht dazu führen, dass wir weniger brutto, Jahresbrutto haben, aber in meinem Fall war das so. Ein- eindeutig so" (Herr Möller).

Frau Ehmke, die bei ihrer Einstellung von der zehnprozentigen Kürzungspauschale betroffen war, erlebt durch den neuen Haustarifvertrag eine erneute Form der Benachteiligung.

„Mir wurde eigentlich --- das war --- mir wurde eigentlich versprochen, dass ich hochgestuft werde nach zwei Jahren Berufserfahrung und /ähm/ da wurde jetzt aber gesagt, dass das nicht mehr klappt, weil wir den neuen Tarifvertrag haben" (Frau Ehmke).

Selbst nachdem die Unzufriedenheit über die Entgeltbedingungen zu einem unbefristeten Arbeitskampf führte, was für den Sozialbereich als recht außergewöhnlich bezeichnet werden kann, wurde kein Verhandlungsergebnis erzielt, das den ökonomischen Werterwartungen der Arbeitenden entspricht. Durchgehend wird von einem zu geringen Entgeltniveau gesprochen. Aber ebenso ausnahmslos wird Verständnis für die Position der AWO SH als Arbeitgeberin gezeigt, denn die quasi-marktförmige Situation der AWO SH wird als Zwangslage und Dilemma beschrieben:

„Das ist immer die --- es ist immer die Frage, Mensch /ähm/ /äh/ okay, wenn wir die Einrichtung nicht tragen können, dann wird die abgestoßen und dann /ähm/ dann ist sie weg. Und die Arbeitsplätze sind auch weg. Das ist klar. (...) Also ich verstehe die AWO auch" (Frau Ehmke).
„Also .. natürlich .. finde ich es auch wichtig, mehr Geld zu bekommen und ((lacht)) aber andererseits habe ich auch Angst, dass das Arbeitsplätze gef/äh/rdet. Also gerade, wenn mir dann eben erz/äh/lt wird, so, was weiß ich, wir haben jetzt rote Zahlen" (Frau Lage).

Zwar erzeugt das Entgeltniveau Unzufriedenheit, es wird aber zugleich als noch relativ hoch eingestuft, wenn es mit anderen Organisationen verglichen wird:

> „Und /ähm/ es gibt Anbieter, die andere Berufsgruppen für diese Arbeit einstellen oder die ihre vergleichbaren Berufsgruppen schlechter bezahlen. /Ähm/ insofern ist der Druck für die AWO schon enorm, sich in diesem Markt platzieren zu können mit einem Leistungsentgelt, wo ihnen quasi ihr Angebot noch abgekauft wird. Das weiß ich auch. Das ist schwierig" (Herr Wolenski).
> „Also /ähm/ ich habe jetzt gerade wieder eine Fortbildung, eine Inhouse-Veranstaltung /äh/ gehabt für meine Abteilung, wo der Dozent, (...) gesagt hat: Wow, das ist finde ich ja beachtlich. Das kenne ich in [der ganzen Region, *d. Verf.*] nicht, /äh/ wir arbeiten hier nur mit Honorarverträgen" (Frau Bollert).

In diesen Äußerungen ist die Information enthalten, dass andere unter schlechteren Bedingungen arbeiten müssen. Zu vermuten wäre, dass daraus Passivität und Verharren resultiert, um nicht womöglich entlassen zu werden und dann auch unter schlechteren Bedingungen arbeiten zu müssen, oder dass die eigenen Bedingungen entskandalisiert werden. Dennoch werden von der AWO SH ausdrücklich und überraschend deutlich besonders von Vorgesetzten bessere Refinanzierungsverhandlungen für verbesserte Entgelte gefordert.

> „Da ist auch /äh/ die, die Pflicht des Arbeitgebers und der Arbeiterwohlfahrt, dafür zu sorgen, dass, dass unsere Mitarbeiter, die gute Arbeit machen, /äh/ auch dementsprechend entlohnt werden. (...) durch Verhandlungen mit Leistungsträgern /äh/ drauf hinzuwirken, dass das anders läuft. Und dass es .. auch oft Managementfehler sind, zeigt sich hier in der /äh/ dieser Abteilung, denn wir haben mit viel zu .. geringen Sätzen gearbeitet" (Herr Stegt).
> „(...) das hat was mit Qualität zu tun. (...) Also da sollen sie /äh/ /äh/ besser verhandeln und besser anbieten, besser nachweisen, was, was gemacht wird" (Frau Hansen).
> „Sonst müssen wir einen Notlagen-Tarifvertrag machen" (Frau Krämer).

Kritik ist also bei den Arbeitenden auch dann gegeben, wenn es anderen schlechter geht; sie erscheint innerhalb der AWO SH möglich, denn Hinweise auf Ängste ergeben sich nicht. Im Gegenteil: Eine Interviewte äußerte zu den Anonymisierungshinweisen vor Aufnahmebeginn, dass gerne alle ihre Ansichten hören könnten.

An den Punkten Unzufriedenheit und Verständnis knüpft ein vom Betriebrat der AWO SH initiierter Bündnisversuch an. Zunächst wurde eine Gemeinschaft der betrieblichen Mitbestimmungsorgane Norddeutschlands geschaffen, die nun versucht, mit den Arbeitgeber_innen ein strategisches Bündnis für verbesserte Finanzierungsbedingungen einzugehen (Krause 2008). Ein gemeinsames Positionspapier der Landesarbeitsgemeinschaft der Freien Wohlfahrtsverbände in Schleswig-Holstein, dem Bündnis Betriebsräte und Mitarbeitervertretungen [sic!] und ver.di Nord wurde am 20.10.2009 unterschrieben und auf einer Pressekonferenz vorgestellt (ver.di 2009). Auch in anderen Regionen zeichnet sich ein breiter werdender Konsens darüber ab, dass Soziale Arbeit zu niedrig bewertet ist. Öffentlich haben sich die Träger der Freien Wohlfahrtspflege in Bayern gemeinsam mit der Gewerkschaft ver.di für eine Erhöhung der Entgelte positioniert (LAGFW Bayern 2008). Für eine gemeinschaftliche und verbandsübergreifende Initiative zur Verbesserung der Arbeitsbedingungen und der ökonomischen Lage spricht, dass stellenweise von einem prekarisierenden Entgeltniveau berichtet wird.

> „(...) wenn man dann noch alleinerziehend ist, ich weiß das eben von unseren Mitarbeitern, dass sie gleichzeitig noch zum <u>Sozialamt</u> müssen. Und /äh/ obwohl sie halbtags hier arbeiten" (Herr Stegt).
> „Es ist immer die Frage, Mensch /ähm/ /äh/ okay, wenn wir die Einrichtung nicht tragen können, dann wird die abgestoßen und dann /ähm/ dann ist sie weg. Und die Arbeitsplätze sind auch weg. Das ist klar. /Ähm/ ... ach, nur ich kenne einfach so viele, die dadurch .. irgendwie noch <u>weniger</u> verdienen. Und /ähm/ die dadurch einfach in ihrem Lebensunterhalt gefährdet sind. Die, die sagen, oh, pfft, eigentlich lohnt es sich nicht zu arbeiten. ((lacht)) Was ich jetzt arbeite, das kriege ich von der ARGE eigentlich, wenn ich mich jetzt arbeits-, vom Arbeitslosengeld, wenn ich mich jetzt arbeitslos melden würde. Das wäre viel besser für mich" (Frau Ehmke).

Möller (2007) betont, dass im Sozialsektor zunehmend paradoxe Situationen erzeugt werden. Einerseits sollen Professionelle Menschen in prekären Lebenslagen helfen, andererseits sind sie selbst Prekarisierungen ausgesetzt:

> „Eine weitere Konsequenz besteht darin, dass zweierlei Gruppen von Professionellen existieren: die eine arbeitet in unbefristeten Regelarbeitsverhältnissen, die andere in u.U. wiederkehrenden befristeten Arbeitsverhältnissen; die Angehörigen der letzten Gruppe befinden sich also in prekären Lebenslagen. Die Situation wird schließlich absurd, wenn Projektmittel für die sozialpädagogische Bearbeitung der Probleme von Menschen in prekären Lebensverhältnissen eingesetzt werden. Dann sind die sozialpädagogischen Professionellen Teil der Lösung bzw. Minderung der Prekaritätsfolgen in der Gesellschaft, wie durch ihre eigene prekäre Lebenssituation auch Teil des Problems ,Prekarisierung'" (Möller 2007: 390f.).

Wenn der Sozialbereich für die Arbeitenden weder mit ausreichenden ökonomischen noch symbolischen Kapitalien ausgestattet ist, ist eine nach innen gerichtete Kapitalform vonnöten, um das psychische Wohlbefinden zu gewährleisten. Die positiven Aspekte der Arbeit und der Reiz der Arbeit sind bei den Arbeitenden mit guten Gefühlen verbunden und diese sind derart stark, dass eine insgesamt ausgeprägte Arbeitszufriedenheit erreicht wird. Fernab der fehlenden Symbolik und der unzureichenden ökonomischen Situation erzeugt Soziale Arbeit einen hohen emotionalen Kapitalertrag.

Emotionales Kapital

Um bei bedrohlichen Gefühlslagen, bei zu geringer Wertschätzung und Entlohnung und bei belastenden Arbeitsbedingungen dennoch insgesamt zufrieden zu sein, ist ein Ausgleich in der Person erforderlich. Der bei den Arbeits- und Berufszielen dokumentierte Fremdbezug ist Beleg dafür, dass sich die Arbeitszufriedenheit primär aus dem Wohl der Adressat_innen ergibt. Frau Lage verdeutlicht dies beispielhaft, indem sie nicht nur von einer Zielerreichung, sondern von einer sich ergebenden ,Entlohnung' spricht, weil einer Adressatin ein Entwicklungsfortschritt gelingt:

> „(...) also sie ist mir jetzt nicht dafür dankbar, aber sie hat selber das Gefühl, sie hat was erreicht. Und das hat sie ja auch. Und das zeigt mir ja schon, also das ist für mich schon genug Lohn dann eigentlich" (Frau Lage).

Soziale Arbeit ist einerseits Emotionsarbeit in sozialen Beziehungen, andererseits erzeugt Soziale Arbeit auch Gefühle. Der Umgang mit Gefühlen und das Einbringen von Gefühlen in die Arbeit ist Teil der subjektiven Fähigkeiten, die professionelle Soziale Arbeit verlangt. Zugleich erzeugt die Arbeit etwas in den arbeitenden Personen. Frau Lage fühlt sich gut, wenn ihre Adressatin die beschriebene Selbstentwicklung erreicht. Die Ebenen der Emotionsarbeit und der Emotionalität der Arbeit sind (nur) analytisch zu trennen, weil Letztere offenkundig für Befriedigung sorgt. In der Praxis treten beide Ebenen miteinander auf.

Eine Arbeitszufriedenheit trotz hoher Arbeitsbelastungen und auch bei tendenziell eher undankbaren Adressat_innen zu spüren, zeugt von einer hohen Persönlichkeitseinbringung in die Arbeit und von einer hohen ,Ausschüttung' der Arbeit für die Persönlichkeit. Die ausgeprägte Ausrichtung der eigenen Arbeitskraft an den Interessen und an dem Wohlergehen Dritter (Adressat_innen, Angehörige, Mitarbeiter_innen) erbringt ,Lohn'. Obwohl Frau Lages Adressatin im Koproduktionsprozess Anregungen und Provokationen benötigt, auch negative Gefühle erzeugt und im Nachhinein keinen Dank für die erfolgreich erzielten Entwicklungsschritte zollt, interpretiert Frau Lage die gestiegene Selbstständigkeit der Adressatin als ihre Entlohnung. Diese Lohnform ist Teil des gefangenen Subjektivierungsprozesses, wird von der Arbeitenden gefühlt und gründet auf der Interpretation des Arbeitsergebnisses. Damit ist die Erzeugung und Zuteilung eines emotionalen Kapitals Sache der Arbeitenden. Es zu erzielen hängt vom Einbringen der Persönlichkeit ab und wird erst durch subjektive Interpretationsleistung möglich. Doch auch dann herrscht keine Gewissheit über das Eintreten und den Umfang der emotionalen Entlohnung. Die Adressat_innen können den Koproduktionsprozess verweigern; die Fachlichkeitsgrenzen, menschlichen Beschränkungen und Arbeitsbedingungen können Fortschritte verhindern und somit die emotionale Rendite konterkarieren. Die Organisation stellt lediglich den Rahmen dar, in dem der emotionale Ertrag hervorgebracht und selbst zugeteilt wird. Dennoch profitiert die Organisation davon, denn die Arbeit an, mit und für Menschen erzeugt einen vergleichsweise hohen emotionalen Lohn, der ökonomisches und symbolisches Kapital zumindest teilweise substituieren kann.

Emotionales Kapital ist nach Illouz (2006: 97ff.) Teil des inkorporierten kulturellen Kapitals. Es ist ein Besitztum, das zum festen Bestandteil des Habitus der Person geworden ist. Aus ,Haben' wird ,Sein'. Bei der wettbewerblichen Subjektivierung ist das Selbstmanagement der Gefühle ein kulturelles Programm, bei dem es darum geht, Gefühle für ökonomische Zwecke zu nutzen – beispielsweise wenn Flugbegleiter_innen durch Lächeln Kundenzufriedenheit erzeugen sollen (egal, ob das im Interesse der Passagier_innen ist oder deren Lebenslage trifft). Wird nicht nur das Emotionale, sondern auch das Geschlecht verwertet, weil Attraktivität, Sexualität und Erotik der Arbeitenden mit vermarktet werden, leisten die Personen darüber hinaus sexualisierte Arbeit. Diese als typisch weiblich geltende Aufgabe greift in dem Maß auf männliche Emotionsarbeiter über, wie Männer und Frauen als Kund_innen von Männern verführt werden sollen (Rastetter 2008: 190).

In diesem Sinne wird das Geschlecht in der Sozialen Arbeit nicht vermarktet, auch wenn weiblich konnotierte Aufgaben zu erledigen sind. Während Illouz (2006: 103) einen ,Emotionalen Kapitalismus' im Blick hat, in dem der emotionale Stil zunehmend wichtig für die Netzwerkzugänge wird und das emotionales Kapital den Aufbau und die Umwandlung des sozialen Kapitals in Karrieren und Reichtümer bestimmt, ist das emotionale Kapital Sozialer Arbeit Produkt der gefangenen Subjektivierung. Das gewonnene emotionale Kapital Sozialer Arbeit kann gerade nicht zur verbesserten Umwandlung sozialen Kapitals in ökonomisches Kapital genutzt werden. Die interviewten Sozial_pädagog_innen erzeugen Gefühlslagen nicht, damit diese vermarktet werden, sondern sie arbeiten mit und in Beziehungen, bringen dabei ihre Emotionen für ein authentisches Verhalten ein und gewinnen hierüber Zufriedenheit. Zwar können auch Flugbegleiter_innen über Kundenzufriedenheit eine eigene Zufriedenheit gewinnen, aber diese Zufriedenheit ist für den Beruf nicht konstitutiv und die Sozialbeziehung zu den Kund_innen hält lediglich einen Flug lang an. Auch prägen in der Sozialen Arbeit nicht einseitige, sondern wechselseitige Gefühlslagen den Koproduktionsprozess. Die Emotionsarbeit Sozialer Arbeit wird durch die Einfühlung in die Lebenswelten und Lebenslagen der Adressat_innen produktiv und erzeugt währenddessen bei den Arbeitenden Gefühle, die wiederum in die Arbeit eingehen. Dies kann zu einem Lächeln führen, muss aber nicht. Neben Freude und Spaß berichten die Interviewten von Wut und Trauer. All diese Gefühlslagen bringen sie mehr oder weniger in ihre Arbeit ein. Bei den Sozialpädagog_innen ist die Zufriedenheit über das Wohlergehen und die Entwicklung der Adressat_innen elementar. Die emotionalen Arbeitsfelder sind durch emotionale Kompetenzen reguliert. Nicht jeder Mensch verfügt über das Vermögen, Soziale Arbeit auszuhalten und zu gestalten. Dafür ist Professionalität erforderlich, die durch Bildung erworben werden muss. Als Teil des inkorporierten kulturellen Kapitals ist professionelles emotionales Kapital also durch Bildung eng mit der Person verwoben und geht verloren, wenn die Person vergeht. Bedrohlich für die Person und für das geschaffene emotionale Kapital wird es, wenn aus der Erschöpfung an der emotionalen Arbeit Depressionen entstehen oder durch ein Burnout-Syndrom das persönliche Gefühlsleben zeitweise verarmt.

Emotionales Kapital aus Sozialer Arbeit prägt den Habitus der Arbeitenden. Es ist Produkt der Arbeit und Handlungsweise zugleich. Während Bildung als inkorporiertes Kulturkapital für den Arbeitszugang zur AWO SH und für die Positionierung in der Hierarchie bedeutsam ist, erzeugt emotionales Kapital einen Ausgleich zum verhältnismäßig geringen ökonomischen und symbolischen Kapitalertrag der Arbeit.

Für die Erbringung Sozialer Arbeit ist charakteristisch, dass kaum Unterscheidungen zwischen produktiver und unproduktiver Arbeit gemacht werden, dass Ursachen und Wirkungen nur schwer in Beziehung zu setzen sind, die Ergebnisse nicht-materiellen Charakter haben und eher nicht-quantifizierbare Wirkungen als konkrete Produkte sind. Die Beziehung zwischen der Tätigkeit und dem Ergebnis ist diffus und verschleiert, aber nicht um einen ökonomischen Zweck im Hintergrund zu halten oder zu verbergen. Wird Soziale Arbeit explizit der beschränkten Definition des ökonomischen Interesses unterworfen, werden die emotionalen Interessen verdeckt, die Teil des Produktionsprozesses und der gesellschaftlichen Zirkulation sind. Soziale Arbeit hört auf, ein zu leistender Tribut für eine notwendige gesellschaftliche Ordnung zu sein (genauso wie andere Arbeiten dies auch sind bzw. sein können), wenn sie auf ökonomische Ziele reduziert und Geld Maßstab aller Dinge wird.

Ökonomisches Kapital ist jedoch nicht einfach nur eine Kapitalform, die im Kapitalismus besondere Relevanz erfährt. Folgt man Foucaults (2004a; 2004b) Regierungsverständnis und seiner historischen Analyse der ,Gouvernementalität', sind Staat und Gesellschaft primär entlang des dominierenden Marktprinzips organisiert und die Menschen werden zunehmend als rationale, unternehmerische, also auch wettbewerbsorientierte Individuen angerufen. Der Markt wird zur formierenden Kraft der Gesellschaft (Foucault 2004b: 210ff.). Auch der in der Analyse des Reorganisationsprozesses beschriebene Zusammenhang von neuen Refinanzierungsmodellen und Organisationsentwicklungen zeigt, dass der Markt alle Ebenen der AWO SH durchdringt. Die Vermittlung und Verhandlung zur arbeitenden Person erfolgt vor allem auf der örtlichen Einrichtungsebene. Die Einrichtungen sind der zentrale Ort, an dem die Arbeitenden von wettbewerblichen Subjektivierungsanforderungen im Alltag wirksam angerufen werden, wobei der Zusammenhang von Reorganisation, Refinanzierung und anderen ökonomischen Interessen für sie verschleiert bleibt.

5.2.2.5 Produktivität der Einrichtung

Die Arbeitenden, die auf der unmittelbaren Adressat_innen-Ebene tätig sind, bringen den Reorganisationsprozess nicht unmittelbar mit sich und ihren Arbeitsanforderungen in Verbindung. Die Reorganisation ist etwas Abstraktes und Fernes, was eher außerhalb der Einrichtung abläuft.

> „Also es gab mehrfach .. organisatorische Veränderungen, ich kann sie jetzt aber nicht mehr genau benennen. (...) ich weiß jetzt nicht mal genau, wie wir jetzt heißen (...) bis auf, dass ich eben gucken muss, dass ich den richtigen Briefkopf habe" (Frau Lage).
> „(...) also wir haben das als Scherz, die Mitarbeiter als Scherz immer, [welche] Visitenkarte ist eigentlich noch gültig?" (Herr Postel).
> „Fachbereiche und .. /ähm/ .. ((holt tief Luft)) dieser Strukturwandel. /Ähm/ .. was war denn das noch mal? Da waren wir beim Betriebsrat und da wurde das alles genau aufgezeigt. Aber so richtig hat es mich gar nicht .. ange- ((lacht)) angeregt, weil ich dachte, so, ((lacht)) was, was bringt es für mich? (...) wenn sich irgendwas oben in der AWO-Struktur verändert, das .. kriege ich eigentlich nicht mit" (Frau Ehmke).

Auf der Vorgesetztenebene sind die Kenntnisse ausgeprägter, die Auswirkungen konkreter spürbar und die Veränderungen der Arbeitsanforderungen werden unmittelbarer mit der Organisation verbunden. Die Reorganisation betrifft den Arbeitsalltag derer, die leiten, weil auch die Zuständigkeiten und Aufgaben der Leitungspersonen mit verändert werden. Auf der direkten Arbeitsebene sind es hingegen die Fallzahlen und die Schwere der Fälle, die zunehmen. Selbst wenn Aufgaben von den Vorgesetzten auf die Mitarbeiter_innen übertragen werden, wird dies nicht als Reorganisationsschritt gesehen, sondern davon losgelöst als gestiegene Verantwortung und mehr Autonomie. Sowohl von Mitarbeiter_innen als auch von Vorgesetzten wird der sich wandelnde Finanzierungsrahmen zwar unmittelbar als wirtschaftlicher Druck wahrgenommen, jedoch werden die neuen Refinanzierungsmodelle kaum mit der Reorganisation in Beziehung gesetzt. Fehler und als unnötig erachtete Schritte im Reorganisationsprozess werden dem

Management zugeschrieben. Entsprechend wird auch der wirtschaftliche Druck hauptsächlich dem Management der AWO SH zugeordnet, obwohl beispielsweise die Auslastungsfrage vor Ort in erster Linie zwischen den Einrichtungen und den Kostenträgern geklärt wird. Die zentralen Manager_innen der AWO SH werden in ihrer Funktion als unternehmerische Akteur_innen kritisch bewertet, weil sie die Einrichtungen regieren. Dies zum einen wegen der Verhandlung der Refinanzierungssätze durch die Regional- und Fachbereichsleitungen mit den Kostenträgern, zum anderen wegen der enger gewordenen Überwachung der Wirtschaftlichkeit der Einrichtungen. Beides wird als Fremdbestimmung mit negativen Folgen wahrgenommen.

Fusion und Expansion der AWO SH sind auf ein starkes Finanzcontrolling angewiesen, wenn sich die Steuerungsprobleme der Verbandsvergangenheit nicht wiederholen sollen. Die Konzentration der Macht benötigt ohne Zentralisierung der Einrichtungen Machtinstrumente zur Überwachung und Gestaltung der Wirtschaftsabläufe in den vielen verschiedenen Geschäftsfeldern und Einzeleinrichtungen. Früher wurden Globalhaushalte am Ende des Jahres abgerechnet, sie waren vertraglich mit bestimmten Defizitdeckungen versehen, die ggf. über Nachverhandlungen eingelöst wurden. Zudem wurden sie durch organisationsinterne Subventionierungen (durch Mitgliedsbeiträge) gesichert. Heute dominieren Auslastungsquote und Refinanzierungssatz pro Fall das Geschehen. Mit diesen Instrumenten kann das zentrale Controlling der AWO SH Aufwand und Ertrag der Einzeleinrichtungen zeitlich dichter, kontinuierlich und vergleichend erheben und bewerten. Aus Sicht der unternehmerischen Akteurin stellen die Einrichtungen die elementare und die kleinste, in sich geschlossene Wirtschaftseinheit der AWO SH da. Sie sind etwas Ähnliches wie Filialen, nur erzeugen sie höchst Unterschiedliches (wie die Geschäftsbereichs- und Geschäftsfeldanalysen gezeigt haben). Im Gegensatz zu den standardisierten Angeboten der Handelsketten in den Einkaufszentren sind die ‚Filialen' im Geschäftsfeld Soziale Dienste regional besonders verschieden. Dessen ungeachtet muss jede Einrichtung für sich genommen wirtschaftlich sein und ihr bleibt nur eine begrenzte Zeit, um unerreichte Soll-Vorgaben auszugleichen. Da eine wirtschaftliche Selbstverantwortung der Regionen (oder gar der Einzeleinrichtungen als Kleinstunternehmen) im Reorganisationsprozess aus juristischen und steuerlichen Gründen fehlschlug, regiert das zentrale Management mit dem Controlling bis tief in die Regionen hinein. Damit entsteht eine Machtauseinandersetzung zwischen der Zentrale und den Regionen, deren Ursache und gemeinsame Basis die Ökonomisierung ist.

Die damit verbundenen Wirtschaftlichkeitsanforderungen haben die Arbeitenden internalisiert. Sie benötigen keine Einzelvorgaben für ihre Person, sondern erkennen über die Auslastung der Einrichtung selbst, ob die Voraussetzungen für Wirtschaftlichkeit gegeben sind. Entsprechend setzen sie sich auch selbst unter Druck. Ihnen ist bewusst, dass es unter den ökonomisierten Verhältnissen nicht genügt, wenn Arbeit an, für und mit Menschen erbracht wird, sie muss zugleich im Einklang mit den wirtschaftlichen Einrichtungszielen geleistet werden, d.h. sie muss produktiv sein. Die Internalisierung findet durch einrichtungsferne (externe) und einrichtungsnahe (interne) wettbewerbliche Anrufungen statt.

Einrichtungsferne Anrufungen

Die Umwelt der Einrichtung wird als Markt unter Konkurrenzbedingungen mit anderen Anbietern beschrieben.

> „Also wir müssen jetzt wirklich gucken, dass wir schwarze Zahlen schreiben, weil sonst immer droht, dass .. der Betrieb geschlossen wird"(Frau Lage).

Diese Konkurrenz bezieht sich nach Herrn Stegt nicht allein auf private Anbieter, sondern umfasst ausdrücklich auch die anderen Träger der Freien Wohlfahrtspflege.

> „Man sagt zwar, im sozialen Bereich gibt es keine Konkurrenz und so eine Zusammenarbeit, aber letztendlich geht es auch darum, /äh/ auch die Arbeitsplätze zu erhalten und .. /äh/ das ist .. ein knallhartes Geschäft" (Herr Stegt).

Mit den Folgen der Konkurrenz auf den Quasi-Märkten machen die Arbeitenden auf der Adressat_innen-Ebene unmittelbare Erfahrungen. Frau Hansen berichtet von der Schließung einer Einrichtung in unmittelbarer Nähe, die dann mit einem neuen Angebotsschwerpunkt neu aufgebaut wurde. Selbst von einer solchen Entwicklung betroffen ist Herr Postel. Er musste den Arbeitsbereich Familienhilfe verlassen, weil aufgrund des Kostendrucks die Anzahl der Mitarbeiter_innen in seinem Team innerhalb von vier Jahren von 30 auf acht reduziert wurde:

> „(...) dann ging es irgendwie bergab, weil auch die Konkurrenz einfach größer wurde. (...) als diese (.) Teams von den (.)Ämtern eingefordert wurden. /Ähm/ weil da gleichzeitig auch ein großer Sparkurs gefahren wurde. Und /ähm/ die Konkurrenz einfach billiger war" (Herr Postel).

Dort, wo es zu Schließungen von Einrichtungen und Diensten kam, wurden bislang keine Beschäftigten entlassen, sondern die Personalumbildung gelang durch Versetzungen. Einige Arbeitende haben sich allerdings auch in dem Bereich selbstständig gemacht, aus dem sich die AWO SH zurückgezogen hat. Herr Postel berichtet, dass dies einem seiner Kolleg_innen derart gut gelang, dass dieser nun zum Arbeitgeber wurde.

„Also ein Kollege, der sich vor zwei Jahren selbstständig gemacht hat, hat jetzt 20 Mitarbeiter" (Herr Postel).

Auf der Leitungsebene werden an die Arbeitenden konzeptionelle und profilierende Anforderungen gestellt

„(...) Veranstaltungen im Jugendamt /äh/ mehrere freie Träger kommen zusammen, es geht natürlich auch darum, sich ein Stück zu profilieren, zu zeigen, hey, wir machen gute Arbeit. (...) wenn es um Akquise und neue Aufträge geht, neue Projekte ranzuholen und da vielleicht auch noch ein bisschen mehr mit Ellbogen durchzusetzen. (...) Also Konkurrenzdruck ist auch größer geworden" (Frau Bollert).
„Und immer das Ohr irgendwie an der Zeit haben. Also zu gucken, wo gibt es neuere Entwicklungen? (...) Wo gibt es Konkurrenzen? (...) Na ja, es gibt hier im (.) Bereich zum Beispiel einen großen neuen /äh/ Träger (...) Und da kommt es auch immer auf Profilschärfung an" (Frau Krämer).

Die Profilierung geht über die Einzelfallakquisition hinaus, mit der zumeist die Arbeitenden auf unmittelbarer Adressat_innen-Ebene in ihren Teams befasst, und so direkt für die Auslastung der Einrichtung hauptzuständig oder zumindest mitverantwortlich sind. Die Profilbildung der Einrichtungen verschärft die Diversifikation in den Geschäftsfeldern der AWO SH, die für sich genommen ja schon regional höchst unterschiedlich sind. Spezifische Zielgruppenarbeit und komplexe Problemlagen erfordern modifizierte oder neue soziale Dienstleistungsangebote. Die entsprechenden Einrichtungen der AWO SH wachsen und entwickeln die neuen Angebote selbst (Angebotsdiversifikation), wie Frau Krämer erläutert:

„Also wir haben --- ich habe in den letzten Jahren hier mit meinem Team den --- eher den Schwerpunkt [X und Y, *d. Verf.*], so meinen Schwerpunkt /äh/ entwickelt, ne? Einen Krisendienst für [X und Y, *d. Verf.*]. Und zu gucken, dass das Profil so ist, dass sich das auch ein Stückchen von den anderen absetzt. Also dass wir auch immer noch Alleinstellungsmerkmale haben" (Frau Krämer).

Entsprechend werden die Einrichtungen geschlossen oder die Geschäftsfelder reduziert, die sich nicht weiterentwickeln, denn über die Personalkosten können andere Anbieter den Preis deutlich drücken und somit die AWO SH verdrängen, wie die Analysen zum ökonomischen Kapital gezeigt haben. Diversifikation ist eine risikoreiche Wachstumsstrategie, weil sie neue oder zumindest modifizierte Angebote und aktualisierte Quasi-Markterschließungen erfordert.

„Da haben sie dann was anderes installiert. Mutter-Kind wurde dann gemacht und betreutes Wohnen. (...) Das boomt. Das ist das Geschäft zurzeit, also Mutter-Kind ist ein großes Geschäft (.) Betreutes Wohnen ist immer abhängig davon, wie viel Jugendliche man hat, wie viel man wieder weitergeben kann. Das ist immer /ähm/ ist kein sicheres Geschäft, sage ich mal" (Frau Hansen).

Am Beispiel des Wandels von Jugend- und Familienhilfeangeboten zeigt sich der Umstellungs- und Entwicklungsprozess. Offensichtlich gelingt der AWO SH diese Diversifikationsstrategie insgesamt gut, denn die Reorganisationsanalyse zeigt: Das Wachstum geht über den fusionsbedingten Anstieg klar hinaus. Die Expansion der AWO SH ist nicht vornehmlich dadurch begründet, dass sie einfach mehr der bestehenden sozialen Dienstleistungsangebote angeboten hat und diese auch abgenommen wurden, denn der regionale Bedarf des Kostenträgers ist schnell gesättigt (Durchdringung des Quasi-Marktes). Vielmehr müssen die Einrichtungsleitungen dafür sorgen, dass neuen Ansprüchen der Kostenträger mit speziellen Angeboten entsprochen wird. Weil sich frühere Dienstleistungen an pauschalisierten Refinanzierungsformen orientierten und nun neue Angebote auf den neuen Quasi-Märkten erforderlich sind, müssen Angebotsentwicklung und Quasi-Markt-Erweiterungen gedacht, geplant und umgesetzt werden. Diese strategisch-konzeptionellen Notwendigkeiten stellen wichtige Arbeitsanforderungen an die Frauen und Männer auf der Leitungsebene dar. Den Arbeitenden auf der Adressat_innen-Ebene obliegt es dann (auch), für entsprechende Auslastungen der Einrichtungen zu sorgen. Externe Wirtschaftlichkeit allein schafft noch keine Subjektivierung. Sie muss als Anrufung formuliert, von den Arbeitenden aktiv übersetzt und auf ihre Situation übertragen werden.

Interne Anrufungen

Subjektivierung ist also ein Prozess, der zwischen Anrufung, Übersetzung und Umsetzung in einer Einrichtung vollzogen wird. Das Subjektivierende geschieht in der Person, zwischen Übersetzung und Umsetzung, weil aus der Anrufung selbst noch kein konstitutives Feld des Menschlichen wird (Butler 2001: 121). Damit obliegt der arbeitenden Person die Transformation und es ist graduell unbestimmt, welche Effekte externe wettbewerbliche Anrufungen auslösen. Zeitgleiche Anrufungen der Menschlichkeit erzeugen ein Spannungsfeld wettbewerblicher und gefangener Subjektivierungen. Einerseits bedarf es in den Einrichtungen also eines gewissen Zwangs, damit sich wettbewerbliche Subjektivierung durchsetzen und wirtschaftliche Interessen zum Zuge kommen. Doch die strukturelle Fragilität des Subjektivierungsprozesses wird durch Zwang möglicherweise noch erhöht, weil Menschen sich Zwängen auch verweigern. Also darf der Zwang in den Einrichtungen anderseits nicht totalitären Charakter haben. Anrufungen benötigen die bereitwillige Zuwendung und Übersetzung der

Angerufenen, sie müssen ein Handeln innerhalb verschiedener Möglichkeiten zulassen oder sogar erzeugen. Mit anderen Worten: Die Angerufenen benötigen Freiheit als Subjektivierungsmöglichkeit.

In dieser recht offenen Situation gehören Missverständnisse und Widersprüche genauso zum Subjektivierungsprozess wie Verständnisse und Zustimmungen. Der Zwang zur Subjektivierung wird vom Quasi-Markt über Unsicherheiten erzeugt. Neun der zehn Befragten beschreiben die Einrichtungssicherheit in primärer Abhängigkeit von der Wirtschaftlichkeit. Nach Frau Hansen steht ‚gute Arbeit' außerhalb wirtschaftlicher Fakten; entscheidender äußerer Maßstab und eigene Wichtigkeit klaffen auseinander.

> „Also wir werden eigentlich immer gemessen (...) Nicht, ob wir gute Arbeit /äh/ leisten. Das, das wissen sie vielleicht. Aber [das] ist letztendlich uninteressant. Interessant sind die Zahlen, die nachher rauskommen. (...) Und ihr müsst damit rechnen, dass wir euch dicht machen. Wir schließen! Das wird immer wieder gesagt" (Frau Hansen).

Für die Beschäftigten der Gruppe der Sozialpädagog_innen sind für den Arbeitsalltag (weiterhin) sozialpädagogische Kenntnisse mit Abstand am wichtigsten und wirtschaftliche Kenntnisse (Tabelle 18) und Tätigkeiten (Abbildung 31) haben eine zumeist marginale Bedeutung.

Tabelle 18: Ranking der Kenntnisbereiche nach besonderer Wichtigkeit für den Arbeitsalltag [N=80]

Frauen [53]	*Männer* [27]
1. Sozialpädagogik (75,5%)	1. Sozialpädagogik (85,2%)
2. Psychologie (56,6%)	2. Psychologie (44,4%)
3. Recht (26,4%)	3. Recht (29,6%)
4. Übergreifend (22,6%)	4. Übergreifend (18,5%)
5. Gesellschaft (20,8)	4. Gesellschaft (18,5%)
6. Verwaltung (11,3%)	4. Verwaltung (18,5%)
6. Wirtschaft (11,3%	5. Medizin (11,1%)
7. Medizin (5,7)	6. Wirtschaft (7,4%)
7. Politik (5,7%)	k.N. Politik (0,0%)
Gefragt wurde nach besonders wichtig, eher wichtig, eher unwichtig und nicht wichtig. Häufigkeitsangabe hier nur zur Kategorie ‚besonders wichtig' (k.N. = keine Nennung).	

Nicht wirtschaftliche Kenntnisse prägen das berufliche Handeln, vielmehr wirkt Wirtschaftlichkeit über Anrufungen durch Instrumente des Controllings oder des Marketings (Profilierung) auf die Arbeitenden ein.

> „Bis dann jede Tagesgruppe für sich .. in puncto Wirtschaftlichkeit immer stärker in den Fokus rückte und wo auch jede Tagesgruppe für sich /ähm/ Profile entwickeln sollte. (...) Wir wurden dazu aufgerufen, sich untereinander abzugrenzen, um einfach /ähm/ be-

stimmte Merkmale, die von außen herangetragen worden sind, in der Arbeit zu berücksichtigen" (Herr Wolenski).

Abbildung 31: Tätigkeitshäufigkeit Projekt- und Stellenfinanzierung &
Abrechnungen: Geschlechterverteilung [N=80]

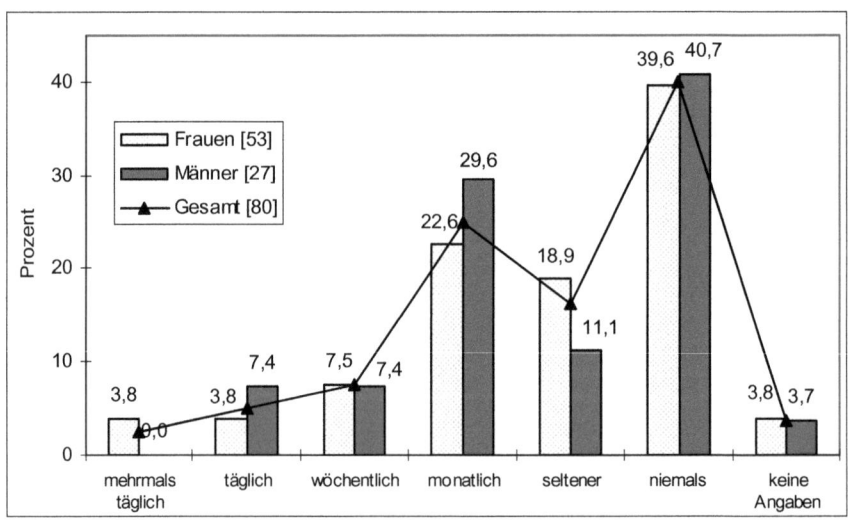

Wie die Aussage von Herrn Wolenski exemplarisch zeigt, wird die bessere Wirtschaftlichkeit der Einrichtung über die sozialpädagogische Fachlichkeit erzeugt. Wirtschaftlichkeit bestimmt das Binnenverhältnis von den Arbeitenden in den Einrichtungen zum Management, aber umgekehrt determinieren sozialpädagogische Leistungen, die Grundlage des Wirtschaftens sind, das Handeln im Wirtschaftsbereich der AWO SH weniger. Sie werden vorausgesetzt und wirtschaftlich genutzt. In Form von sozialpädagogischer Qualität, Innovation und Spezialisierung erzielen sozialpädagogische Leistungen höhere wirtschaftliche Werte in den Verhandlungen mit den Kostenträgern. Im Gegensatz zu der Einrichtung, bei der Herr Postel ursprünglich tätig war, verbesserte sich bei einer anderen Familienhilfeeinrichtung mit dem Einstieg von Frau Bollert als Leiterin die wirtschaftliche Situation, denn die Verhandlungen, die sie gemeinsam mit dem Management gegenüber dem Kostenträger führte, bewirkten eine wirtschaftlichere und mittlerweile expandierende Entwicklung.

„Also als ich diese Abteilung übernommen habe, waren es rote [Zahlen, *d. Verf.*], also haben wir Verhandlungen über den Fachleistungsstundensatz geführt und /ähm/ der ist dann halt auch so akzeptiert worden. Und es heißt immer noch, wir sind die Teuersten am Markt. Aber die Auftragslage spricht für uns und dass Qualität dann doch auch was wert sein darf" (Frau Bollert).

Selbige Entwicklung prägt die Einrichtung der ambulanten Behindertenhilfe von Herrn Stegt; Frau Krämer, die in ambulanten und stationären Familienhilfebereichen tätig ist, verzeichnet ein wirtschaftlich tragfähiges Wachstum dank der Innovationsleistungen im Team:

> „(...) es schwebte über Jahre das Damoklesschwert der Schließung über diesem Dienst. Und /ähm/ ich denke, es ist mir mit dem Team durch Weiterentwicklung der Einrichtung, auch durch /äh/ klarere Rahmenbedingungen //äh/ durch Zielvereinbarungen mit dem Team, aber auch durch Kostenverhandlungen (...) mit dem öffentlichen Träger /ähm/ gelungen, den, den Dienst ins Plus zu bringen sozusagen" (Frau Krämer).

Lediglich Frau Görgner, die eine Kindertagesstätte leitet, verfügt (noch) über einen Globalhaushalt, bei dem jedoch ein gedeckelter Budgetvertrag den Defizitdeckungsvertrag abgelöst hat, so dass auch diese Einrichtung von wirtschaftlichen Auslastungen und sozialpädagogischen Profil- und Angebotsentwicklungen abhängig ist. Letzteres versuchen die interviewten Leitungspersonen über Qualität herzustellen, womit sie den Anspruch erfüllen, den Frau Hansen an die AWO SH insgesamt richtet.

> „Und konkurrenzfähig verbinden sie immer mit kostengünstig. (...) eben /äh/ billiger zu sein als andere Träger, um den Zuschlag zu kriegen so. Und ich denke, das ist nicht unbedingt ein richtiges Denken. Man muss Qualität anbieten da und dann ist das eben mal teurer." (Frau Hansen)

In puncto Qualität zeigen nicht nur die Aussagen der Interviewten, sondern auch die Angaben der Personengruppe der Sozialpädagog_innen, dass in den Einrichtungen Optimierungen für notwendig erachtet werden. Qualitätsanforderungen befinden sich auf Platz drei der Aspekte, die in den Einrichtungen künftig stärkere Berücksichtigung finden sollten (Tabelle 19 im Abschnitt 5.2.2.6).

Bis hierhin lässt sich festhalten, dass die Umstellungen auf die neuen Refinanzierungsmodelle und die Umsetzungen der Reorganisationsschritte nicht immer reibungslos verlaufen. Schwächen bei der Verhandlung und Festsetzung der Kostensätze können Angebote und Arbeitsplätze gefährden, wobei es der AWO SH aber gelingt, diese intern aufzufangen. Erkennbar ist jedoch vor allem, dass durchaus (und auch nachträglich) höhere wirtschaftliche Werte über sozialpädagogische Leistungen durchsetzbar sind. Dieses einrichtungsspezifische sozialpädagogische Leistungsprofil muss interne wirtschaftliche Bewährungsproben bestehen und permanenten Anforderungsänderungen des jeweiligen Kostenträ-

gers entsprechen. Auffallend ist, dass solche Innovationen von neuen Leitungspersonen ausgelöst werden, die ihre Position in einer Einrichtung mit oder nach
Beginn neuer Refinanzierungsmodelle übernehmen. Ihnen gelingt es, mit dem
zentralen Management zusammenzuarbeiten und wirtschaftliche Fehlentwick-
lungen umzukehren.

Exkurs: Die Neueinbindung des Ehrenamtes

In Ergänzung zu den beschriebenen Produktivitätsanforderungen ist ein kurzer
Exkurs zum Ehrenamt notwendig, da die Reorganisationsanalyse eine Trennung
und Neuzusammenführung von Haupt- und Ehrenamt aufzeigt. In den jeweiligen
Einrichtungen stellt sich die Zusammenarbeit mit dem Ehrenamt höchst unter-
schiedlich dar. Bei den interviewten Personen reicht die Spanne von keiner und
auch keiner geplanten Zusammenarbeit (in drei Fällen) über geringe Ehrenamts-
leistungen (Vorlesestunde in einer Kindertagesstätte) weiter zum sporadischen
Ausgleich von hauptamtlichen Personalbelastungsspitzen durch ehrenamtliche
‚Springer‘ bis hin zur festen Einbindung ehrenamtlicher Arbeitskraft mit einer
Substitution von hauptamtlicher Arbeitskraft.

Auslöser für den Einsatz ehrenamtlicher Kräfte kann sowohl die AWO SH
als auch die Kommune sein. Geht die Initiative allein von der Kommune aus und
wird die betroffene Einrichtung dabei nicht von Beginn an eingebunden, scheitern solche Vorhaben oder stoßen auf Ablehnung. So berichtet Herr Postel von
einem ehrenamtlichen Patensystem für Jugendliche, das aufgrund der geringeren
Zuverlässigkeit und Belastbarkeit der Pat_innen und wegen anderer Umgangsre-
geln der Pat_innen mit den Jugendlichen (als in der Einrichtung) einen Mehraufwand durch zusätzliche Abstimmungsarbeit erzeugt und daher von den Arbeitenden abgelehnt wird. Frau Bollert berichtet von einem ähnlichen Systemver-
such der Kommune in der Familienhilfe, der jedoch aufgrund der fehlenden
Professionalität der Pat_innen gescheitert ist. Hingegen berichtet Frau Lage von
einem gemeinsam entwickelten und getragenen Inklusionsprojekt, bei dem Ehre-
namtler_innen mit den Adressat_innen die Einrichtung verlassen, um gemeinsame Freizeitaktivitäten zu unternehmen.

Besonders weit entwickelt ist die ehrenamtliche Mitarbeit in bestimmten
Bereichen der Familienhilfe. Hier unterbreitete die AWO SH der Kommune ein
Ehrenamtprojekt zur eigenen Profilierung und Stärkung. Ziel ist es, dass ehrenamtliche Kräfte in der Familienhilfe Aufgaben der Kinderbetreuung übernehmen, damit die Hauptamtlichen entlasten und diese sich stärker der Arbeit mit
den Adressat_innen widmen können. In der Praxis wird das so auch erreicht und
von Frau Ehmke begrüßt. Bei den Beschreibungen stellt sich zudem heraus, dass

die ehrenamtlichen Kräfte in geringerem Umfang Adressat_innen betreuen, weil die Aufgabengebiete im Arbeitsalltag ineinandergreifen und sich die Anforderungen an das Ehrenamt spontan konstituieren. Auf hauptamtlicher Seite wird dieser Tätigkeitsmix bislang vornehmlich von sozialpädagogischen Assistent_innen geleistet, so dass der Einsatz ehrenamtlicher Arbeitskraft an dieser Stelle zu Substitutionen des relativ gering qualifizieren Hauptamtes führt, also bei Berufsbildern mit Grenzschließungsproblemen zwischen professioneller und (immer noch vornehmlich) häuslich bewerteter Arbeit. Insgesamt ist für die Sozialberufe eine Niveauerhöhung durch einen Anstieg der Fachkräfte bei einem gleichzeitigen Rückgang Ungelernter, durch eine Zunahme von Fachhochschulstudiengängen und eine Differenzierung universitärer Studiengänge zu konstatieren (Karsten 2000: 85). Zugleich sind nicht nur die Qualitätsanforderungen gestiegen, sondern auch der quantitative Bedarf an sozialen Dienstleistungen. Allerdings wird der wachsende Bedarf nicht adäquat öffentlich refinanziert, so dass bestimmte Teile Sozialer Arbeit (wieder) privat erbracht werden (müssen) und andere Teile bei den Trägern ehrenamtlich substituiert werden (müssen). In diesen Feldern schweben neue Formen hilfsberuflicher Arbeit, die erlernt werden müssen. Bislang sind die dort eingesetzten Ehrenamtler_innen noch nicht entsprechend qualifiziert, aber in einem bestimmten Feld der Familienhilfe berichtet Frau Krämer von der Entstehung und beginnenden Umsetzung eines Fortbildungscurriculums. Für die Einwerbung, Anleitung, Qualifizierung und Einsatzplanung wurde jüngst ein Teil einer hauptamtlichen Stelle (Sozialpädagog_in) abgetrennt.

Während Frau Ehmke und Frau Krämer ein positives Resümee aus der durch die AWO SH initiierten Zusammenarbeit in der Familienhilfe ziehen, lehnt Frau Bollert die gescheiterten Versuche der Kommune ab, weil sie die ehrenamtlichen Arbeitskräfte für zu unprofessionell hält. Es hängt also weniger davon ab, in welchen Hilfebereichen Ehrenamt eingesetzt wird, sondern vielmehr davon, wie dies gemeinsam geplant und so organisiert wird, dass hauptamtliche Arbeitskräfte Entlastungserfahrungen machen. Grundsätzlich ist so eine Expansion in vielen Geschäftsfeldern der AWO SH denkbar, woraus sich Wirkungen für das Selbstverständnis und für das Profil Sozialer Arbeit ergeben. In bestimmten Tätigkeitssegmenten innerhalb ein und derselben Einrichtung entstehen dann zunehmend eher ausführende, vom gesamten Verständnis bereinigte und lediglich betreuende Tätigkeiten. Auf der anderen Seite erfordert dies, die lediglich ausführenden Teilsegmente zu koordinieren und zu überwachen. Die bislang nur in einem Interview vorgefundene Einwerbung, Anleitung, Qualifizierung und Einsatzplanung ehrenamtlicher Arbeitskraft symbolisiert nach Lindenberg (2004: 8f.) einen aufkommenden Managerialismus der Sozialpädagog_innen. Ob bei der AWO SH mit der Einbindung ehrenamtlicher Arbeitskraft ein Managerialismus oder ein den Zielen Sozialer Arbeit verpflichtetes Sozialmanagement entsteht, kann aufgrund der erst beginnenden Entwicklung und der geringen Datenlage noch nicht beantwortet werden. Bei der zunehmenden Einbindung des Ehrenamtes werden aber sicherlich planerische und steuernde Elemente benötigt.

Aufgrund der steigenden Segregation Sozialer Arbeit (Klein/Wulf-Schnabel 2007a) und auf Basis der vorgetragenen Datenlage ist eigentlich erwartbar, dass der steigende soziale Managementbedarf vornehmlich von Frauen erbracht wird. Das Gesamtprojekt ‚neues Ehrenamt' bei der AWO SH wird auf zentraler Ebene durch den Geschäftsbereich Verbandswesen koordiniert, in dem aber ausschließlich Männer die vier hauptamtlichen Verbandsposten besetzten (AWO SH 2007: 10; AWO SH 2008a). Insgesamt liegen für den sich abzeichnenden Einsatz ehrenamtlicher Arbeitskraft allerdings noch zu wenig belastbare Daten mit Berücksichtigung der Geschlechterperspektive vor. Hier ergibt sich weiterer Forschungsbedarf, zumal von staatlicher Seite ehrenamtliches Engagement protegiert wird. Nach Häcker und Knaier (2009: 22) ergibt sich für den Staat bei der Förderung ehrenamtlichen Engagements ein Wertschöpfungsvorteil im Verhältnis von Eins zu Sechs bis Eins zu Sieben. Es würde jedoch den Rahmen der vorliegenden Arbeit sprengen, auch noch die Anforderungen an die neue ehrenamtliche Arbeitskraft zu bestimmen, so dass sich hier ein zukünftig abzuarbeitendes Forschungsfeld ergibt. So kehrt diese Arbeit nach diesem Exkurs wieder zur Betrachtung der Subjektperspektive der Arbeitenden zurück und verlässt nun den Einrichtungsrahmen, um sich der Gesamtorganisation zuzuwenden.

5.2.2.6 Dimension der Gesamtorganisation

Nicht nur die Arbeitenden werden von der AWO SH angerufen, auch sie selbst stellen Ansprüche und Anforderungen an die Arbeit und an die AWO SH als Organisation. Im Gegensatz zu den wirtschaftlichen Anrufungen durch die Organisation rangieren bei den Arbeitenden Anforderungen an die Wirtschaftlichkeit der AWO SH auf dem letzten Platz. Tabelle 19 zeigt auf, was nach Ansicht der Gruppe der Sozialpädagog_innen in den Einrichtungen der AWO SH stärkere Beachtung finden muss.

In erster Line nennen sie eine Stärkung der AWO SH als sozialpolitischer Akteurin, dann folgen innerorganisatorische Zusammenhänge und Qualität. Da dies keine losgelösten und einrichtungsbeschränkten Aspekte sind und damit der interaktive Subjektivierungsprozess zwischen Person und Organisation vollständig abgebildet werden kann, ist es erforderlich, den Blick der Person auf die Organisation einzubeziehen. Das Subjektivität einfordernde, wechselseitige Konstruktionsverhältnis ist entscheidend davon abhängig, welches Bild sich die

Person von der Organisation macht und welche Akzeptanz damit verbunden ist. Die Herstellung der Subjektivierungsleistung, d.h. die Übersetzung und Umsetzung der Anrufung, ist eine originäre Angelegenheit der arbeitenden Person inmitten ihrer Beziehung zur Organisation. Zur umfassenden Klärung der personen- und organisationsbezogenen Interessen im Subjektivierungsprozess und dazu, wie diese verhandelt werden, gehört die Subjektperspektive auf die Organisation im Spiegel wettbewerblicher und gefangener Subjektivierungen von Sozialer Arbeit. Die Betrachtung der Organisationssicht beginnt aufgrund der besonderen Relevanz für die Arbeitenden mit dem Personalwesen und bezieht anknüpfend daran die Strukturen und Machtverhältnisse der Gesamtorganisation ein. Anschließend wird die persönliche Identifikation mit den Wettbewerbsbedingungen und der Organisation insgesamt analysiert.

Tabelle 19: Ranking: Was in der Einrichtung deutlich und eher mehr Beachtung finden muss [N=80]

	Frauen [53]	*Männer* [27]
1. Sozialpolitische Einflussnahme [60]	75,0%	77,4%
2. Strukturierung der Zuständigkeiten und Befugnisse [50]	67,9%	51,9%
3. Qualitätsanforderungen [43]	49,1%	63,0%
4. Organisation der Arbeitsaufgaben und Arbeitsabläufe [41]	52,8%	51,9%
4. Fachlichkeitsanforderungen [41]	52,8%	48,1%
6. Anforderungen an die Wirtschaftlichkeit [25]	32,1%	29,6%

Personalwesen

Der Personalbereich der Organisation hat für die Arbeitsanforderungen eine konstitutive Bedeutung: Zum einen sind Anzahl und Schwere der Fälle in Abhängigkeit zum Personalschlüssel zu sehen, denn hierüber werden Arbeitsbelastungen und Arbeitsentlastungen betrieblich organisiert. Da der Personalschlüssel maßgeblich von den finanziellen Voraussetzungen der Einrichtung, d.h. von den ausgehandelten Refinanzierungssätzen abhängt, ist er strukturell von externen Vorgaben und dem erzielten Wirtschaftsrahmen abhängig. Hier besteht eine Verbindung zwischen Personal- und Finanzwesen in der Organisation. Zum anderen ist das Personalwesen die planerische Ebene innerhalb der AWO SH, über die vorhandene Ressourcen verplant und verteilt werden. Das Personalwesen ist somit von Außenverhältnissen (Refinanzierungsmodelle, Verhandlungsergebnisse) abhängig und hat für das Innenverhältnis an der Schnittstelle von Organisation und arbeitender Person hohes Gewicht.

Einen eigenständigen Personalbereich hat die AWO SH im Verlauf des Reorganisationsprozesses erst relativ spät geschaffen. Eine Zentralisierung der

Personalzuständigkeiten hat zunächst im Finanzbereich stattgefunden; erst seit der zweiten Hälfte des Jahres 2007 ist das Personalwesen ein aus dem Finanzbereich organisatorisch herausgelöster Managementbereich mit eigener Leitung. Die Interviews, die rund eineinhalb Jahre nach dieser organisatorischen Umstellung geführt wurden, ergeben, dass die Zuständigkeitsregelungen für die Personalplanung und Stellenbesetzung innerhalb der AWO SH nicht klar sind bzw. nicht stringent befolgt werden. Mit der Schaffung eines zentralen Personalwesens auf der Verwaltungsebene des obersten Managements sollten die Personalangelegenheiten der Regionen weiter zusammengefasst und die Zuständigkeiten konzentriert werden. Insbesondere die Leitungspersonen berichten jedoch von einer abweichenden Praxis in der Form, dass in den reorganisierten Strukturen neben- und gegeneinander gearbeitet wird. Das zentrale Personalwesen der AWO SH wird als deutlich unflexibler und bürokratischer beschrieben als vor der Konzentration der Macht und diese Problematik wird in der Dimension der Gesamtorganisation und der Reorganisation gesehen.

> „Seit der Fusionierung /äh/ (..) sitzt die Personalabteilung in [der Zentrale, *d. Verf.*]. (...) Es gibt aber trotzdem zwei /ähm/ also einmal [die Regionalleitung, die da eine, *d. Verf.*] Personalakte führt und natürlich viele Informationen und Unterlagen auch bekommt. Und dann werden die sozusagen noch mal kopiert und wieder [zur Zentrale, *d. Verf.*] gegeben, wo noch mal, ne, eine zweite Personalakte geführt wird über die Mitarbeiter. Also die Wege sind schon relativ lang" (Frau Bollert).
> „Wie schon gesagt, einiges, habe ich den Eindruck, ist noch gar nicht richtig geregelt. Ich habe so den Eindruck /äh/ schon bei der ersten Fusion, wie wir Kreise zumindest --- dass wie --- wir wollen erst mal zusammenkommen und dann überlegen wir uns, geht das überhaupt? (...) Es gibt zum Beispiel eine [Person, *d. Verf.*], die sitzt in [der Region, *d. Verf.*], die eigentliche Personalabteilung ist aber in [der Zentrale, *d. Verf.*]. Jetzt .. war für uns klar, wenn da die Personalabteilung ist, schicken wir alles, ob das Einstellungen sind oder irgendwelche Krankmeldungen oder, oder, oder --- uns wurde auch gesagt, die Personalakten sind in [der Zentrale, *d. Verf.*]. Schicken wir also [in die Zentrale, *d. Verf.*]. Kriegten wir einen Anruf aus [der Region, *d. Verf.*]: Also wir sind ja noch hier und das soll alles erst mal über [die Region, *d. Verf.*] laufen" (Frau Görgner).

Es wird eine strukturelle Entfremdung mit doppeltem Charakter beschrieben. Erstens sind die Personen, die miteinander in Kontakt treten, nicht (mehr) persönlich miteinander bekannt. Dies war zu Zeiten der Kreisgeschäftsstellen anders. Ehemals vertraute Strukturen, die mit persönlichen Beziehungen einhergehen, werden in der Rückschau höher bewertet und erzeugen eine engere Bindung, als dies bei den neuen Strukturen der Fall ist.

> „Der persönliche Kontakt war einfach da. Deswegen konnte man auch alles ganz schnell regeln. Ging ruckzuck, dass --- ne? Man hatte auch zwischendurch mal schon ein persönliches Gespräch, dass man sich schon zu Geburtstagen traf" (Frau Görgner).

Zweitens wird die Beziehung zum Personalwesen als ein bürokratisches und ökonomisiertes Binnenverhältnis von Leistung und Gegenleistung beschrieben, in dem allerdings die Kenntnisse darüber, was gegenseitig geleistet wird, eher vage und tendenziell brüchig sind.

> „Und jetzt ist es so, dass man wirklich immer wieder auch /äh/ sich erklären muss. Über seine Tätigkeiten, über seine Abläufe, über die Möglichkeiten, /ähm/ und dann wird es trotzdem, sage ich mal, /äh/ nicht weiter berücksichtigt, ne? (...) Und /ähm/ das ist schon, ja, man hört dann von denen, Arbeitsaufwand durch uns ist ja so immens hoch und das ist eine Belastung. /Äh/ ich meine, davon mal ab, dass wir natürlich da auch unsere Präsenz-sätze für bezahlen und, ne, abdrücken müssen, /äh/ die unseren Haushalt belasten" (Frau Bollert).

In der Zentrale werden Personalhauptakten und in den Regionen werden Neben-akten geführt. Frau Görgner kritisiert, dass dadurch zwei verschiedene Akten-formate erfüllt werden müssen, wodurch es zu Mehraufwand komm; auch ist die Zeit zwischen Stellenbedarf und Stellenbesetzung deutlich zu lang. Nach einer Stellenausschreibung, der Vorauswahl der Bewerber_innen, den Bewerbungsge-sprächen und der Endauswahl in der Einrichtung dauert eine Personaleinstellung im Idealfall weitere vier bis sechs Wochen, wobei Krankheit oder Urlaub diese Zeitspanne noch verlängern. Der Aktenweg der Einstellungsunterlagen geht von der Einrichtung an die Personalstelle der Region, dort an die Regionalleitung und den Betriebsrat, dann weiter zum zentralen Personalwesen, damit dort nach Prü-fung ein Arbeitsvertrag ausgestellt und der Einrichtung die Zustimmung zur Einstellung mitgeteilt wird. Die Verwaltungszeiten bis zur Personaleinstellung und die Befristungen der Arbeitsverträge verursachen belastende Fluktuationen und Personalunterbesetzungen, denn Bewerber_innen springen zwischenzeitlich wieder ab und befristet Angestellte sehen sich nach unbefristeten Alternativen um. Für die Auftragsakquisition der Einrichtungsleitungen ist die Personalbe-schaffung ein besonders neuralgischer Punkt, denn von den Auftraggeber_innen wird ein Neu- oder Zusatzbedarf oft sehr kurzfristig bekannt gegeben. Soll dieser nicht durch die konkurrierenden Träger gedeckt werden, sind die Einrichtungs-leitungen auf eine flexible Personalplanung und zügige Stellenbesetzung ange-wiesen. Da sich gerade hier Schwächen in der Zusammenarbeit mit dem zentra-len Personalmanagement ergeben, kommt es zu einer insgesamt negativen Situa-tionsbewertung.

> „Also ich erlebe das eher zum Nachteil für die Arbeit hier vor Ort. (..) Also was wir ein-gebüßt haben, ist /äh/ hohe, hohes Maß an Flexibilität auch unserem Auftraggeber gegen-über. Das heißt, ich konnte vorher relativ schnell /ähm/ mit der [Region, d. *Verf.*] kurz-fristige Einstellungen vornehmen und dann natürlich auch ein /äh/ Angebot an das /äh/ (.)Amt machen, also natürlich können wir übermorgen einen Fall beginnen. Wo es heute

/ähm/ sehr viel längere Wege sind. Das heißt, die Personalabteilung in [der Zentrale, *d. Verf.*] ist da sehr viel statischer und /ähm/ langsamer /ähm/, weil die natürlich, ne, für ganz Schleswig-Holstein sozusagen alles abdecken müssen. Es ist auch eine besondere Belastung in meiner Abteilung. Wenn ich jetzt nur mit fest angestellten Mitarbeitern arbeiten würde, dann /ähm/ müsste ich nicht ständig auch Verträge verändern" (Frau Bollert).

Frau Bollert beschreibt, dass Befristungen einerseits zentral vorgegeben sind, andererseits zusätzlichen Personalverwaltungsaufwand in der Region und in der Zentrale erzeugen. Sie würde die bestehenden Verträge ihrer Mitarbeiter_innen gerne entfristen und Neueinstellungen lediglich mit der Regionalleitung abstimmen müssen, damit der Verwaltungsaufwand reduziert und Zeit gewonnen wird.

Mit den Rekrutierungszeiten und den Einstellungsbedingungen werden auch die Rahmenbedingungen auf der unmittelbaren Leistungsebene Sozialer Arbeit tangiert. Primär betrifft dies Neueinstellungen, wenn diese sich durch Befristungen und Verschiebungen im Entgeltniveau von etablierten Arbeitskräften unterscheiden. Frau Ehmke wurde durch die zentralen Vorgaben zehn Prozent unter dem bestehenden Entgeltniveau Festangestellter sowie in einer für Sozialpädagog_innen relativ niedrigen Gehaltsgruppe eingestellt; sie befindet sich aufgrund der Tarifumstellung immer noch nicht auf dem ihr nach den Bewährungsjahren zugesagten Entgeltniveau. Diese Aspekte können bei ihr, zusätzlich befördert durch ihr fachliches Fortbildungsinteresse, zu einem Betriebswechsel führen. Im Kolleg_innen-Kreis ist es bei Frau Ehmke und anderen interviewten Personen zum Personalverlust gekommen, weil zugesagte Entfristungen zu spät erfolgten oder Arbeitsverträge auf sich warten ließen. Dadurch geht der Organisation Fachpersonal verloren, welches neu rekrutiert und verwaltet werden muss und somit Kosten verursacht. In den Einrichtungen erfordert diese Entwicklung Um- und Einstellungsflexibilität bei den vorhandenen Kolleg_innen, denn wenn eine Unterbesetzung nicht zeitnah aufgefangen wird oder eine Neueinstellung Einarbeitungsaufwendungen erfordert, erzeugt dies zusätzlichen Aufwand.

Bis hinunter auf die Teamebene bedeutet eine zentralisierte Personalpolitik aber auch veränderte Mitbestimmungs- und Entscheidungsstrukturen. So schildert Herr Postel, wie eine zunächst intern erfolglos ausgeschriebene Stelle extern angeboten wurde, wie es zu Bewerbungen, Vorstellungsgesprächen und einer Auswahl in gemeinsamer Abstimmung des Teams mit der Einrichtungsleitung kam, jedoch die Stelle dann doch intern besetzt wurde, weil das zentrale Management personelle Versetzungsinteressen verfolgte und sich nicht für die Fachlichkeitsaspekte im Team interessierte. Diese Managementdominanz kritisiert Herr Postel. Nach seinen Aussagen schwinden Mitbestimmungsmöglichkeiten und die Teamakzeptanz gegenüber den Neubesetzungen.

Strukturen und Machtverhältnisse

Die Kritik am Personalwesen steht in einem ursächlichen Zusammenhang mit der gesamten Organisationsstruktur, deren Transparenz und den Regelungen entlang der Hierarchie. Das analysierte Neben- und Gegeneinander von Zentral- und Regionalstrukturen erklärt, warum die Gruppe der Sozialpädagog_innen einer stärkeren Strukturierung der Zuständigkeiten und Befugnisse hohe Bedeutung einräumt (siehe Tabelle 19). Reorganisation und Fusion führen zu Doppelungen, Zwischenlösungen und einer Zentralisierung der Macht. Die veränderten Machtverhältnisse wiederum führen zu Kämpfen um Verantwortlichkeiten, Ermächtigungen und Ressourcen (nicht nur im Personalbereich). Ohne dass es zu einer Zentralisierung der vielen (verschiedenen) Einrichtungen kommt bzw. aufgrund der örtlichen Angebotsnotwendigkeit kommen kann, gehen bestimmte Aufgaben, Einflussgebiete und Konzessionen von den Regionen auf das zentrale Management über und Privilegien gehen verloren. Die Einrichtungsleitungen sind weiter für den reibungslosen Ablauf des Arbeitsalltags und für die Leistungserbringung zuständig, aber die gestiegene wirtschaftliche Selbstverantwortung findet keine adäquate Entsprechung im Bereich autonomer Personal- und Finanzentscheidungen. Wirtschaftlichkeitsanrufungen bei der Einrichtungs- und Dienstleistungsgestaltung in gleichzeitiger Abhängigkeit von einem zentralen Management und der Verwaltung erzeugen Arbeitsanforderungskonflikte.

Im Gegensatz zur ‚Einsicht‘ gegenüber den Abhängigkeiten der AWO SH im Außenverhältnisses (Refinanzierungssystem) lassen die Interviewten keine ‚Einsicht‘ bei Binnenverhältnissen erkennen, die interne Finanz- und Personalzuständigkeiten und bestimmte (Re)Organisationsformen berühren. Während sie die finanzielle Außensituation der AWO SH kritisch nachvollziehen oder sich diese partiell sogar zu eigen machen, ist aus Sicht der Interviewten eine deutliche innere Diskrepanz zwischen der wahrgenommenen zentralen Managementauffassung einerseits und den örtlichen Einrichtungsleitungen und Mitarbeiter_innen andererseits entstanden. Damit zielt die Kritik der Arbeitenden auf die Übersetzungsleistung von Außenverhältnissen auf Innenstrukturen der Organisation. Davon sind beide wichtigen Verwaltungsbereiche der AWO SH betroffen. Wie das Personalwesen wird die Finanzverwaltung in erster Linie in ihrem Verhältnis zur Regional- und Einrichtungsleitung kritisiert. Über die Formeln von Wirtschaftlichkeits- und Auslastungsberechnungen erhält das zentrale Controlling eine bedeutende Macht über die Einrichtungen und Regionen. Vor Ort würde man diese Machtbefugnisse gerne wieder zurückerobern, denn das zentrale Controlling wird als träge, intransparent und als Autonomieentzug bewertet.

„(...) die /äh/ Endabrechnungen sozusagen, die /äh/ /äh/ die, die werden in [der Zentrale, *d. Verf.*] gemacht. Und das haben wir leider sehr spät zur Verfügung. (...) Da gibt es dann Reibungsverluste. Das ist das, was ich vorhin meinte mit der großen Organisation. Wenn wir das hier selber verwalten würden, dann hätten wir relativ schnell Einblick darüber, /ähm/ wie die Ergebnisse sind. Und so haben wir immer eine Verzögerung von zwei, drei Monaten zum Teil" (Frau Krämer).
„Und warum machen Sie diese Ergebnisse nicht selbst?" (Interviewer)
„Weil das [die Zentrale, *d. Verf.*] nicht möchte. Das wird da gebündelt sozusagen. Ne? Wir haben immer nur einen Ausschnitt. Also wir haben einen Überblick über die Personalkosten, /äh/ /äh/ zum Beispiel, aber das ist ja nur ein Teil, was dann da wirklich wie wo gebucht wird /ähm/ bei den einzelnen Einrichtungen, das /ähm/ wird in [der Zentrale, *d. Verf.*] gemacht" (Frau Krämer).

Allerdings stellt sich die Zentralisierung der Macht nicht einheitlich dar und es ergeben sich aus den Interviews Hinweise darauf, an welcher Schnittstelle zentrale und regionale bzw. örtliche Zuständigkeiten konfliktärmer trennbar sind. So betont Frau Hansen, dass die selbstständige Organisation der Personalplanungen in der Einrichtung gut funktioniert und den Teamzusammenhalt fördert. Sie erwartet von der Vorgesetzten- und Personalleitungsebene dann Unterstützung, wenn die Personalressourcen zu knapp sind und die Fälle zu schwer werden. Ersteres ist von den ausgehandelten Finanzierungssätzen abhängig, Letzteres ist eine Frage des fachlichen Profils der Einrichtung und dessen Geltendmachung gegenüber den Kostenträgern. Sobald also das Außenverhältnis der Einrichtung berührt wird, benötigt die Einrichtung von Frau Hansen die Unterstützung der Organisation. Ist die diskontinuierlich erforderliche Profilierung und Kostenverhandlung abgeschlossen, können die Binnenverhältnisse einrichtungsautonom organisiert werden. Eine ähnliche Parallelität findet sich in Bezug auf das Sachmittelbudget. Bei Frau Görgner, Herrn Wolenski und Herrn Postel sind der Grad der Selbstverwaltung und die Zufriedenheit mit der Sachmittellage hoch. Entsprechend ist dort, wo die Ausstattungslage der Einrichtung nicht von den dort Tätigen beeinflusst und gestaltet werden kann, Unzufriedenheit aufgrund knapper Ressourcen vorhanden.

„/Ähm/ also ich kann ja jetzt mal bei der Büroarbeit anfangen, also bei so .. unwichtigen Dingen wie Notizzetteln. Also wir zerreißen wirklich unsere Kalenderblätter, damit wir die als ((lachend)) Notizzettel benutzen können" (Frau Lage).
„Das ist also, es fängt an bei unserem Gebäude hier. ((lacht)) Also da gibt es andere, ne? Und /äh/ das ist schon, also wo ich schon wirklich manchmal denke, kann man hier noch Auftraggeber einladen? Also [das Haus, *d. Verf.*] ist da nicht unbedingt /äh/ ein ansprechendes Gebäude (...) Ich habe, wie Sie merken, auch hier noch einen Heizstrahler an, weil ich bin heute Morgen reingekommen und habe hier Rauchwolken produziert durch meine A- /äh/ durch meinen Atem, weil es so eisekalt war. (...) Und /äh/ ja, dementsprechend sind natürlich auch unsere Heizkosten extrem hoch. Und ja, ne, also die Räumlichkeiten /äh/ sind schon eher dürftig" (Frau Bollert).

Die wohl weitestgehende Autonomie in der Personal- und Finanzorganisation hat ein männlicher Einrichtungsleiter inne. Herr Stegt gestaltet das Außenverhältnis (Refinanzierungsverhandlungen, Auftragsakquisition) weitestgehend allein, er organisiert das Personalwesen seiner Einrichtung von der Einstellung bis zur Einsatzplanung eigenständig, zudem ist er der fachliche Leiter. Ein Zustand, der sich nicht allein durch die wirtschaftliche Leistung erklären lässt, denn auch Frau Bollert führte ihre Einrichtung aus dem Defizitbereich heraus, besitzt aber nicht diesen Autonomiegrad. Vielmehr verfügt Herr Stegt aufgrund seiner spezifischen Organisationsgeschichte zudem über viel soziales Kapital:

> „Weil ich eben aus diesem alten .. Kreis komme und ich genau weiß, was ich darf und was ich nicht darf. Und ich sage mal so, ich überschreite jeden Tag meine Kompetenzen" (Herr Stegt).

Für Frau Krämer ist diese hohe Einrichtungsautonomie das Organisationsideal, dem die Regionalleitung steuernd zur Seite steht.

> „Also ich glaube, der Weg, (...) nämlich für die einzelnen Einrichtungen Leitung zu haben und auch da möglichst viel Autonomie in die Teams hinein zu verlagern und zu gucken, dass auf Fachbereichs- und Regionalebene sozusagen die Steuerungsfunktionen wieder übernommen werden, während die fachliche Arbeit /äh/ in den Einrichtungen selbst geleistet wird, und dass die Schnittstellen /äh/ besser funktionieren, (...) das ist auch glaube ich der richtige Weg" (Frau Krämer).

Insbesondere bei Frau Bollert und Frau Krämer zeigt sich auf der Leitungsebene, dass eine verstärkte Kompetenzdezentralisierung zugunsten der Einrichtungen favorisiert wird. Frau Krämer hält hierbei eine weitere unternehmerische Akteursentwicklung in den Punkten Unternehmenskommunikation (intern und extern) und einen Abbau veralteter Verbandskulturen für notwendig.

> „Also diese, dieses AWO /ähm/ ist --- hat ja auch immer so ein bisschen was Plüschiges, so, so ein bisschen was von Verbandsstrukturen (...) Das ist so da noch das Alte. Und manchmal, wenn man in solche Versammlungen reinkommt, dann spürt man das auch noch. Und das [hat, *d. Verf.*] nicht so richtig was mit Professionalisierung zu tun. (...) ich würde ihr empfehlen, nicht zu sehr zu zentralisieren (...) und die Autonomie der Region auch zu erhalten, weil ich glaube, es ist ein Irrglaube, /äh/ zu meinen, man könnte so zentralisieren, dann ist man nicht mehr flexibel genug für das, was vor Ort ansteht. So. Und /ähm/ ja, weiter auch in Richtung Öffentlichkeitsarbeit zu gehen. (...) Also auch auf Geschäftsstellen- oder /äh/ also Landesebene jemanden für Öffentlichkeitsarbeit /äh/ zu haben, der Aktionen macht, der sich da auskennt" (Frau Krämer).

Die reorganisierten Strukturen und zentralisierten Machtverhältnisse sind also aus Sicht der Arbeitenden (noch) nicht optimal. Analytisch betrachtet erscheint dieser Befund wenig verwunderlich, denn wenn sich eine Organisation neue Strukturen in einer ungewohnten (Refinanzierungs)Umwelt schafft, entstehen fast zwangsläufig Fehler – zumal wenn sie seit Beginn der Reorganisation kaum auf aktuelle und spezifische Managementkonzepte Sozialer Arbeit zurückgreifen kann und sie die Reorganisation diskontinuierlich aus eigener Kraft entwickeln muss. Für die AWO SH ist von Bedeutung, dass Diskontinuitäten, Irrtümer und Unklarheiten in der Organisation bei den arbeitenden Personen mehr als organisatorische Unsicherheiten hinsichtlich Struktur und Zuständigkeit erzeugen: Sie stören oder gefährden sogar den Erbringungsprozess sozialer Dienstleistungen. Weil die Arbeitenden eine hohe Verbundenheit zur Sozialen Arbeit besitzen (emotionales Kapital), erzeugen diese ‚Störungen' jedoch alternative Überlegungen, wie sich das Zusammenspiel der Organisationseinheiten entlang der Hierarchie optimieren lässt. Die Einrichtung als kleinste und zugleich für den Erbringungsprozess entscheidende Organisationseinheit muss aus Sicht der Arbeitenden im Reorganisationsprozess vom zentralen Management strukturell aufgewertet werden, indem sie mit mehr Macht ausgestattet wird. In ihrem Außenverhältnis muss sie stärker unterstützt werden, damit sie über adressat_innen-gerechte Innovationen und eine hohe fachliche Qualität adäquate Refinanzierungssätze erzielt und entsprechende Personalstellen und deren zügige Besetzung realisiert. Bei aller Kritik an den vorherrschenden Strukturen und Machtverhältnissen nehmen die Interviewten folglich eine konstruktive Haltung gegenüber der AWO SH und ihrer Entwicklung ein. Dies verweist auf eine bestimmte Identifikation mit der Organisation und ihren Zielen.

Identifikation mit der Organisation und deren Zielen

Trotz zum Teil deutlicher Distanzierung von der Reorganisationsentwicklung und einer umfassenden Kritik an den Strukturen und Zuständigkeiten fällt die Prüfung der Identifikation der Arbeitenden mit der AWO SH als Organisation überwiegend positiv aus. Bei zwei Interviewten ist eine geringe Trägerverbundenheit zu vermerken, eine Beschäftigte identifiziert sich nur mäßig mit der AWO SH, doch sieben Interviewte zeigen eine ausgesprochen hohe Identifikation. Frau Lage zeichnet zwar eine ausgeprägte Adressat_innen-Verbundenheit aus, aber die Bindung an die AWO SH ist recht gering und wird vor allem über ihre Einrichtung begründet.

> „Ich identifiziere mich mit den Zielen der Einrichtung. Aber nicht unbedingt mit den ..
> Zielen der AWO. Also zumindest nicht mit denen, die ich sehe" (Frau Lage).

Auf besonders deutliche Distanz geht Herr Postel, der den Wohlfahrtscharakter des Verbandes vermisst, seine Arbeit nicht ausreichend honoriert sieht und die AWO SH eventuell verlassen wird.

> „Dadurch, dass das immer weniger wird mit diesem Wohlfahrtsgedanken, kann ich mich da nicht mehr mit identifizieren und würde deshalb auch nie zum Beispiel in die AWO eintreten (...) ich werde in, in --- irgendwie in ein paar Jahren so eine [Fortbildung, *d. Verf.*] machen oder zumindest anfangen (...), dann möchte ich auch irgendwann, dass sich das honoriert. Und dann sehe ich allerdings auch eventuell nicht mehr den Weg bei der AWO. (...) der Wasserkopf muss schlanker und /äh/ unser- unsere Arbeit muss entsprechend honoriert werden" (Herr Postel).

Zwischen diesen Merkmalen befindet sich Frau Ehmke, die sich allerdings etwas mehr mit der AWO SH als Träger identifiziert, zumal sie für ihre Arbeitsstelle einen weiten räumlichen Wechsel in Kauf genommen hat. Auch sie hat Fortbildungsabsichten, sie erwartet die zugesagte höhere Entgelteinstufung und ist aus fachlichen Gründen an einem Arbeitsfeldwechsel interessiert. Sollten sich diese Merkmalkombinationen bei der AWO SH längerfristig nicht erfüllen lassen, wäre die AWO-Bindung wohl nicht ausreichend und der Organisation ginge diese Fachkraft verloren.

Bei den sieben von zehn interviewten Personen, die eine ausgeprägte Identifikation mit der AWO SH aufweisen, geht deren kritische Grundhaltung mit einer grundsätzlich positiven Sicht auf die Organisation einher. Dem liegen die im Vergleich zu anderen Arbeitgeber_innen als besser eingeschätzten Arbeitsbedingungen und Entgelte zugrunde; es besteht eine AWO-Mitgliedschaft oder es existiert zumindest eine hohe Übereinstimmung mit den sozialpolitischen Grundsätzen.

> „Also da stehe ich schon dazu. Zu den meisten .. Positionen, die die AWO entwickelt. Und ich finde, auch nach wie vor /ähm/ .. haben wir einen guten Arbeitgeber /ähm/, wo man gut arbeiten kann" (Herr Wolenski) .
> „Ich finde die eigentlich so als Trägerschaft ganz gut. Bezahlen auch relativ gut im Vergleich zu anderen /äh/ Einrichtungen, anderen Trägern dann da. Und /äh/ .. waren auch immer bemüht, keine Leute zu entlassen. Das muss man denen wirklich lassen. Also hätten sie ja durchaus machen können, als da die Krise war. Sie konnten auch sagen okay, ich schmeiße euch --- mache das Ding dicht und schmeiße euch gleichzeitig raus hier. Das haben sie nicht gemacht. Also da haben sie schon zugesehen, also für die Arbeitnehmer auch da zu sein" (Frau Hansen).

Die sozialpolitische Positionierung der Arbeiterwohlfahrt ist fundamentale Grundlage der Identifikation und der Kritik zugleich. Dabei nehmen die Interviewten auffallend häufig Rekurs auf die Historie und das Leitbild der AWO SH.

„Eigentlich ist es ja auch ein, so ein alter Arbeiterverein, vom Grundsatz her stehe ich ja auch voll dahinter" (Frau Hansen).

„Und /ähm/ die AWO hat mich dann [bei der Stellensuche, *d. Verf.* ...] mit dem Leitbild also aus der Arbeiterbewegung kommend, ne, also früher Arbeiter<u>wohlfahrt</u>, nicht ohne Grund auch diese Bezeichnung, /äh/ dann auch eher angesprochen (.)" (Frau Bollert).

„(.) ich /äh/ meine, dass das [eine Identifikation mit der AWO, *d. Verf.*] bei den meisten Mitarbeitern auch wirklich der Fall ist, und dass sich viele auch die AWO deswegen ausgesucht haben, auch aus einem politischen Verständnis heraus" (Herr Stegt).

„Das sind auch alles ganz schöne und, und --- schöne Leitsätze und so. Und wenn, wenn die AWO immer so .. aussehen würde wie die oder um-, vielleicht umgehen mit den Mitarbeitern ((lacht)) oder so, dann wäre die Welt in Ordnung" (Herr Möller).

„Also für mich ist immer noch das, was im also Leitbild gegeben wird, wir sind für die, wir sind für die Menschen da. (...) Das ist eigentlich so das Leitbild der AWO immer gewesen, was sie in meinen Augen auch attraktiv gemacht hat. Was mit so einem gGmbH dahinter so ein bisschen untergeht" (Frau Görgner).

Das Leitbild ist Bezugspunkt der Identifikation und dient als Folie, auf der die sozialpolitischen Grundsätze überprüft werden. Zugleich ist es Kristallisationspunkt konstruktiver Kritik, denn in den Interviews ist an verschiedenen Stellen der kritische Rekurs zum Leitbild mit Veränderungsvorstellungen und Vorschlägen verknüpft. Diese Haltung findet sich auch in den Auseinandersetzungen mit den Zielen der AWO SH. Alle Interviewten geben an, dass Wirtschaftlichkeit zum obersten Organisationsziel der AWO SH geworden ist, dem sich andere Ziele unterordnen (müssen). Die Aussagen von Frau Ehmke und Frau Lage stehen exemplarisch für die anerkannte Notwendigkeit und die erlebten Grenzen des Wirtschaftlichkeitsziels:

„Ja, also das Ziel im Plus zu sein. ((lacht)) /Äh/ Geld --- nicht Geld zu verdienen, aber im Plus zu sein. Also einfach wirtschaftlich zu sein. Und /ähm/ das ((räuspert sich)) /ähm/ einfach auf dem Markt auch, auch /äh/ bleiben zu können. Also sehr wirtschaftlich. Sehr" (Frau Ehmke).

„Natürlich so, was immer auf die Fahnen geschrieben wird, klar, damit identifiziere ich mich schon (...), dass der Mensch im Vordergrund steht und so. Aber .. ich habe nicht den Eindruck, dass das wirklich so ist. (...) Klar muss man möglichst gucken, dass man kostendeckend arbeitet. Aber /ähm/ wenn es dann eben nicht geht?" (Frau Lage).

Wirtschaftlichkeit steht damit als Ziel nicht nur für sich, sondern es dominiert das Zielsystem, unterwirft andere sozialen Ziele und macht sie von seiner Erfüllung abhängig. Zielkonflikte sind die Folge. Auch ohne Profitabsicht beherrschen wirtschaftliche Prinzipien und Mechanismen das kulturelle Wertemuster der Organisation, sie konstituieren und (re)konstruieren die Arbeitsanforderungen in dominanter Weise und prägen das Organisationshandeln bis hin zur unmittelbaren Alltagsarbeit.

„Und dieses finanziell Gut-Dastehen, dieses Ziel ... /ähm/ ist ja auch klar, man darf ja auch nicht pleite gehen. Aber das bestimmt immer mehr das, das Handeln der AWO" (Herr Postel).
„Also momentan habe ich eher den Eindruck, dass die AWO halt das Ziel verfolgt, dass es wirtschaftlich ist. Weniger, dass es sozial ist und das finde ich ein bisschen traurig. (...) Also früher, als ich angefangen habe bei der AWO zu arbeiten, (...) da haben .. die stärkeren .. Betriebe eben die schwächeren mit getragen. Das ist jetzt nicht mehr so. (...) Also es ist nicht so leicht, wenn man .. in einem Bereich wie unserem arbeitet, dass man wirklich immer kostendeckend arbeitet. Also Menschen .. müssen dann vielleicht doch ins Heim kommen, in die Klinik oder versterben. Und dann hat man plötzlich eben nicht mehr genug Besucher und man kann die ja auch nicht irgendwie .. herzaubern" (Frau Lage).

Genau genommen handelt es sich um eine betriebswirtschaftliche Zieldominanz, denn Zielsetzungen einer nachhaltigen und umfassenden Wirtschaftlichkeit Sozialer Arbeit im Sinne eines lebensweltökonomischen Gesamtzusammenhangs (Biesecker 2006: 115ff.; Jochimsen u.a. 2004: 11ff.; Jochimsen/Knobloch 2006: 10f.) werden verdrängt. Das ver- und umsorgende Handeln, das der Menschen im gesamten Lebenskontext benötigt, auch wenn keine marktökonomische Nachfrageposition zustande kommt, gerät in Abhängigkeit gegenüber monetären Zielen. Eine betriebswirtschaftliche Einrichtungsrechnung bestimmt den Arbeitsalltag und den Kurs der organisatorischen Entwicklung. Dies korrespondiert mit dem Befund der Reorganisationsanalyse, nämlich der vorgefundenen Trennung der AWO SH in eine unternehmerische und in eine sozialpolitische Akteurin. Die innerorganisatorische Gestaltung der Sozialpolitik durch eine interne Quersubventionierung geht durch das Betriebswirtschaftlichkeitsziel, das jede Einrichtung für sich erfüllen muss, notwendigerweise verloren. Wie die Reorganisationsanalyse zeigt, werden gesellschaftliche Werte und Grundsätze an die sozialpolitische Akteurin verwiesen. Dahinter steckt eine akteursteilige Überlegung: Erst wenn durch die sozialpolitische Akteurin ein Ziel erkämpft wurde und die Kostenträger die abgeleiteten Aufgaben mit einer entsprechenden Finanzierung hinterlegen, kann sich die unternehmerische Akteurin darauf bewerben, so dass eine Einrichtung die Aufgaben wirtschaftlich erfüllt. Zurückzuführen ist diese Entwicklung auf die quasi-marktförmigen Refinanzierungsmodelle. Im Ergebnis verlässt die sozialpolitische Gestaltung die professionellen Arbeitsfelder; damit sind die Arbeitenden nicht einverstanden.

„Die sozialpolitischen Ziele, die eigentlich aus meiner Sicht relativ weit oben angesiedelt werden müssten, sind .. ich nehme sie eher oftmals auch als Lippenbekenntnisse wahr, weil man einfach in Abhängigkeit steht zu seinem Geldgeber, nämlich zu den Kommunen, zu den Städten, zu den Ländern, zum Bund. Ich glaube nicht, dass die AWO immer das sagen kann, was .. wir uns vielleicht wünschen würden, was sie sagen müsste" (Herr Wolenski).

Die von der AWO SH beabsichtigte Neuzusammenführung von unternehmerischer und sozialpolitischer Akteurin wird in den Schilderungen der Interviewten (noch) nicht deutlich, denn sie bemängeln ein zu geringes sozialpolitisches Engagement der AWO SH und würden in ihren professionellen Arbeitsfeldern gerne selbst (wieder) mehr sozialpolitische Einflussnahme ausüben.

> „Wir müssen politisch mehr --- also aktiver werden" (Frau Hansen).
> „Also es ist schon so, dass ich mir hier /ähm/ mehr Einfluss oder /ähm/ der AWO auch im politischen Bereich hier vor Ort, in diesem Kreis wünschen würde, /ähm/ wo ich jetzt zum Beispiel nicht noch Kapazitäten hätte" (Frau Bollert).
> „Also in die Richtung auch /äh/ mehr zu arbeiten, auch /ähm/ .. strukturierter in politischen Gremien /äh/ noch zu arbeiten. Das ist eher im Moment noch von so Zufällen abhängig, wo wer gerade vertreten ist" (Frau Krämer).
> „Also wir haben /äh/ verschiedene Arbeitsgemeinschaften, Gremien und so. Aber da haben wir auch keine Zeit im Moment hinzugehen" (Frau Ehmke).
> „Also das Einzige, was wirklich hilft, indem die AWO sich /äh/ wieder, wieder verstärkt um die Politik kümmert (...) mit anderen /äh/ Wohlfahrtsorganisationen --- gemeinsam sind wir nämlich stark" (Frau Görgner).

In der Zielbetrachtung tritt ein Konflikt sozialpolitischer und unternehmerischer Leitsätze zutage. Das Betriebswirtschaftlichkeitsziel folgt aus der finanziellen Abhängigkeit der unternehmerischen Akteurin der AWO SH von den öffentlichen Trägern. Auf der Einrichtungsebene hat es zur Folge, dass die ‚Einrichtungsfilialen' rentabel sein müssen oder geschlossen werden. Zugleich erzeugt diese Logik eine Schwächung der sozialpolitischen Akteurin, weil die AWO SH nicht gleichzeitig gegen dieselben öffentlichen Träger politisch opponieren kann und weil für die betriebswirtschaftliche Vereinzelung der Einrichtung als Filiale kein kollektives Gegengewicht organisierbar ist. In diesem Zielsystemkonflikt erringt der betriebswirtschaftliche Maßstab die Oberhand, weil die Refinanzierung der jeweiligen Einrichtung zur anerkannten Grundlage der Arbeit wird. Es entsteht ein widersprüchlicher Anspruch an die Organisation: Einerseits beklagen die Arbeitenden die fehlende sozialpolitische Einflussnahme, andererseits wird die Wirtschaftlichkeit der Einrichtung (betriebswirtschaftliche Effizienz) als Voraussetzung für die Erbringung Sozialer Arbeit gesehen. Die Arbeitenden befinden sich inmitten widerstreitender Ziele: Die Betriebswirtschaftlichkeit steht in deutlichem Gegensatz zu den formulierten Eigenzielen der Arbeitenden (Abschnitt 5.2.2.1), so dass sie zwischen die Anforderungen ‚wirtschaftliche Verwertung ihrer Arbeitskraft' und ‚Gebrauchsnutzen der Arbeitskraft für die Entwicklung der Adressat_innen' geraten. Die Aussagen der Arbeitenden zeigen, dass ein aktives Eintreten innerhalb und außerhalb des Trägers für Belange der Adressat_innen (Mandatsökonomie) in den Hintergrund gerät und durch die Delegation an die sozialpolitische Akteurin nicht aufgefangen werden kann. Die persönliche Zielsetzung, eigene Fähigkeiten zum Alltagsnutzen der Adres-sat_innen zu entwickeln und effektiv einzusetzen (Lebensweltökonomie), wird von der betriebswirtschaftlich effektiven und selbstverantwortlichen Verwertung der Arbeitskraft für Ziele der Einrichtung des Trägers (Selbst-Ökonomisierung) verdrängt. Damit nimmt der lebensweltökonomische Gehalt Sozialer Arbeit ab.

Nach Ansicht der Interviewten wird sich der Wirtschaftlichkeitsdruck auf-grund zunehmender Konkurrenz und durch Verwerfungen des Sozialstaates für die AWO SH weiter verschärfen. Auch mit Blick auf die Zukunft wird diese wirtschaftliche Zuspitzung bedauert und zugleich als derart normativ-dominant eingeschätzt, dass sich die AWO SH anpassen muss. Für diese Anpassungsleis-tung scheint die AWO SH aber gut aufgestellt zu sein, denn von den Arbeitenden wird die Position der AWO SH auf den Quasi-Märkten für stabil gehalten. In der Auseinandersetzung mit den externen Wettbewerbsanforderungen erweist sie sich zumeist als flexibel und innovativ.

> „Aber die AWO, ich habe die eigentlich als recht wandlungsfähig /ähm/ so empfinde ich
> sie eigentlich, dass sie merkt, oh, da, da ist eine Lücke, da muss ich ein Konzept entwi-
> ckeln und /ähm/ dann, dann begebe ich mich dahin. Und andere Rei- Bereiche werden
> einfach <u>verkleinert</u>" (Frau Ehmke).

Lediglich hinsichtlich der Frage, ob sich die AWO SH dabei auf Kernbereiche konzentrieren und die Beschäftigtenanzahl reduzieren wird oder ob sie insgesamt weiter wachsen wird, gibt es unterschiedliche Einschätzungen.

> „Die AWO wird sich vergrößert haben. ((lacht)) Die AWO wird /äh/ neue Märkte er-
> schlossen haben, andere Bereiche sich /äh/ .. einge- ((lacht)) eingenistet zu haben oder da
> auch /äh/ Hilfe und Unterstützung anzubieten" (Frau Ehmke).
> „Ja, um ein modernes Wort zu nehmen, glaube ich, wird sie noch schlanker (...) um auch
> Personal einzusparen. Das glaube ich. Es werden bestimmte Arbeitsfelder möglicherwei-
> se .. abgebaut bzw. reduziert werden. Man wird sich nur noch die Arbeitsfelder leisten,
> die auch finanziert werden" (Herr Wolenski).

Dabei werden eine Reihe von Geschäftsfeldern genannt, für die Wachstums-oder Schrumpfungsprognosen abgegeben werden. Von Frau Hansen, Herrn Postel und Herrn Wolenski wird die Jugendhilfe übereinstimmend als ein ge-fährdeter Bereich genannt, Herr Postel zählt ferner die sozialpädagogische Fami-lienhilfe dazu, weil deren kostendeckende Refinanzierung schwierig geworden ist. Frau Hansen plädiert bei der Jugendhilfe für eine stärkere sozialpolitische Einflussnahme und Herr Wolenski fordert die AWO SH zu innovativen Pilotpro-jekten auf, die verstärkt von den Mitarbeiter_innen an der Basis entwickelt und stärker den Bedarf der Adressat_innen statt den der Kostenträger im Blick haben sollten. Dagegen hält Herr Postel eine Reduzierung des Angebotsspektrums auf die einträglichen Bereiche für unumgänglich. Eine Stabilisierung auf dem jetzigen Niveau oder ein Ausbau wird von mehreren Interviewten übereinstimmend für die Bereiche Kindertagesstätten, Altenpflege, Mehrgenerationenprojekte und sozialpsychiatrische Einrichtungen erwartet. Daneben gehen die Einschätzungen zur künftigen Organisationsentwicklung mit Besorgnissen einher. So fürchtet Frau Görgner generell eine ‚Industrialisierung‘ der AWO SH, während Frau Krämer eine spezielle Verunsicherung für die Organisation erwartet, weil die Nachfolge des aus Altergründen demnächst ausscheidenden Geschäftsführers unklar ist.

Die Identifikation mit der Organisation, die Positionierungen mit den Entwicklungen und Zielen der AWO SH und die Überlegungen zur Änderung und Verbesserung des Status quo enthalten bereits eine Fülle von Verweisen auf die persönlichen Auseinandersetzungen der Arbeitenden mit den Wettbewerbsbedingungen. Wie die Arbeitenden diese Auseinandersetzung führen und welche Typisierung dabei möglich ist, wird im Folgenden gezeigt.

Auseinandersetzungen mit den Wettbewerbsbedingungen

Bei der Prüfung der Auseinandersetzungen mit den Wettbewerbsbedingungen ergibt sich ein heterogenes Bild. Bei zwei Personen finden sich positiv besetzte Rekurse zu den Verhältnissen vor der Reorganisation:

> „Also ich fand es besser, wie es vorher war, dass eben die stärkeren Einrichtungen auch die schwächeren mit getragen haben. Also das finde ich schon <u>wichtiger</u>" (Frau Lage).

Frau Lage repräsentiert hier den Typus ‚Tradition‘, weil sie zur alten, aus ihrer Sicht bewährten Form zurückkehren möchte, ohne dass sich im Interview Hinweise auf die Einbeziehung der gewandelten Umweltbedingungen ergeben. Auch Herr Möller ist noch zu diesem Typus zu zählen, wobei er an der Machbarkeit zweifelt:

> „(...) so dieser ursprüngliche Gedanke ist, finde ich eigentlich, <u>schön</u> so, aber ob das .. so .. auf Dauer immer haltbar ist so, weiß ich nicht" (Herr Möller).

Ein zweiter Typ sieht die gewandelten Rahmenbedingungen deutlich und hält Konsequenzen für notwendig, lehnt aber daraus resultierende Handlungsfolgen für sich persönlich ab. Frau Ehmke akzeptiert und delegiert effizientes Handeln an das Management, weshalb sie den Typus ‚Delegation‘ repräsentiert.

„Also ich verstehe die AWO auch. Das tut mir auch so leid, ((lacht)) dass die da --- die müssen ja aufs Geld gucken. Und die müssen da so knallhart und eiskalt sein. Das könnte ich gar nicht sein und sagen" (Frau Ehmke).

Der Teil der Interviewten, der mit Rekurs auf die Historie und das Leitbild bestimmte sozialpolitische Grundsätze der AWO SH mit den gewandelten gesellschaftlichen und wirtschaftlichen Bedingungen in Beziehung setzt, repräsentiert den dritten Typus ‚sozialpolitische Modernisierung', weil eine fachliche und organisatorische Entwicklung unter Maßgabe der wieder stärker zu erkämpfenden sozialpolitischen Positionen der AWO SH befürwortet wird. Frau Görgner, Frau Hansen und Herr Wolenski repräsentieren diesen Typus:

„Dass sich das jetzt im Laufe der Zeit alles verändert, ist ja auch normal. Also ich denke mal, also ist okay. Solange sie nicht anfangen, also wirklich so radikale Methoden zu entwickeln, dann .. dass sie wirklich knallhart werden. Aber das hängt natürlich dann immer von den jeweiligen gehobenen Positionen ab da. (.) Von der Führungsebene, ja" (Frau Hansen).
„Für die nächsten fünf Jahre würde ich der AWO empfehlen, ((räuspert sich)) eigene Positionen stärker herauszustellen und zu entwickeln (...) Weil die in aller Regel /ähm/ .. in erster Linie den wirtschaftlichen Aspekt mit berücksichtigen im Moment hier. (...) Es denkt kein Mensch daran, mehr Geld .. in eine .. in ein Projekt oder in eine Einrichtung zu stecken" (Herr Wolenski).

Dieser Typ korrespondiert mit dem von Eichinger (2009: 192f.) in ihrer Beschäftigtenuntersuchung vorgefundenen Begründungsmuster einer kritischen Haltung gegenüber Neuerungen, um negative Folgen zu erkennen und sich für strukturelle Verbesserungen einzusetzen.

Ein anderes von Eichinger ausgemachtes Begründungsmuster zeigt zumindest eine teilweise Übereinstimmung mit einem weiteren Typus der vorliegenden Untersuchung. Die Elemente, die bei Eichinger (2009: 186ff.) mit einer offenen und positiven Grundhaltung gegenüber Neuerungen beschrieben werden, zeigen sich bei dem vierten Typus ‚unternehmerische Modernisierung', der durch Frau Krämer, Herrn Stegt und Herrn Postel vertreten wird. Nach ihrem Verständnis wird das Handeln der AWO SH primär vom vorherrschenden Wettbewerb strukturiert. Herr Stegt führt dies auf sozialpolitische Veränderungen zurück, von denen die AWO SH abhängig ist, und schlussfolgert, dass die AWO SH im Zuge wettbewerblicher Professionalisierungen ihren sozialen Charakter zurücknehmen muss.

„Ja, erst mal muss man sich fragen, wie sieht der Sozialstaat aus? (...) Wie wird die AWO aussehen? Also sie wird noch professioneller werden. Ganz bestimmt. /Ähm/ sie wird mehr von ihrem Emblem, dem Herz, abgeben. Bin ich ganz fest davon überzeugt, dass

> das nicht auch --- dass das auch nicht anders geht. /Äh/ weil .. wir stellen uns dem Markt. ((lacht)) Und da sind andere Träger, die auch .. in dem Bereich tätig sind" (Herr Stegt).

Der Quasi-Markt setzt den beherrschenden Rahmen, den die Arbeitenden verinnerlicht haben. Unter den Wettbewerbsbedingungen sind eine Expansion und Verdrängung anderer Träger, eine unternehmerische Reorganisation der Strukturen zulasten der Verbandsebene und eine Konzentration auf rentable Geschäftsfelder erforderlich.

> „Aber ich hoffe, dass sie noch stärker sein wird /äh/ auch im Vergleich zu den anderen Sozialverbänden. Und /äh/ dass sie auch noch professionali- /äh/ professioneller sein wird, die AWO. Also diese, dieses AWO /ähm/ ist --- hat ja auch immer so ein bisschen was Plüschiges, so, so ein bisschen was von Verbandsstrukturen. (...) das will ich auch nicht geringschätzen, ne? Aber ich glaube, für den anderen Teil, nämlich Ausbau der Sozialen Arbeit, wirklich ein starker Verband zu werden, müssen wir uns von diesen plüschigen Strukturen verabschieden" (Frau Krämer).
> „.Also ich denke schon, ich würde empfehlen, wirklich auf die Bereiche zu gucken. /Ähm/ wo, ja, wo kann man noch was machen überhaupt? Also ich --- das hört sich jetzt zwar doof an, weil das ist ja schon betriebs- /äh/ ne, unternehmerisch so, aber ich denke, sonst wird die AWO irgendwann mal gar nicht mehr existieren" (Herr Postel).

Wie Herr Postel betont, ‚hört es sich doof an‘ im Sozialsektor unternehmerisch zu reden und er ergänzt unmittelbar anschließend, dass dabei das Menschliche nicht verlorengehen darf:

> „Und ich würde der AWO natürlich empfehlen, /ähm/ sage ich mal so, dass die Leitung häu- häufiger ein bisschen ihre Position überdenkt und dass man wieder ein bisschen mehr Menschlichkeit in die Arbeit so reinbringt von, von Leitungsebene" (Herr Postel).

Menschlichkeit und Wirtschaftlichkeit erscheinen nicht nur bei Herrn Postel als etwas im Denken Getrenntes. Entsprechendes kann bei anderen Personen (auch anderen Typs) geschlussfolgert werden, wenn sie auf das leitende Management und das Handeln der AWO SH als unternehmerische Akteurin zu sprechen kommen. So bezieht sich Frau Lage im Kontext der Wirtschaftlichkeit auf die Losung der AWO SH, dass der Mensch im Vordergrund steht und sagt: „Aber .. ich habe nicht den Eindruck, dass das wirklich so ist." Herr Stegt erklärt, dass die AWO SH im zunehmenden Wettbewerb „(...) mehr von ihrem Emblem, dem Herz" abgeben müsse und auch für Frau Ehmke muss das zentrale Management „(...) so knallhart und eiskalt sein." Besonders scharf formuliert es Frau Hansen, indem sie Wirtschaftlichkeit personifiziert:

> „Und der [Herr XY, Person des obersten Managements, *d. Verf.*], der, der ist, der ist eiskalt, der, der geht über Leichen, der würde alles dichtmachen" (Frau Hansen).

Das Wirtschaftlichkeitsverständnis ist von lebenweltökonomischen Zusammenhängen bereinigt und zeugt von verschiedenen persönlichen Distanzierungen. Hier, dicht bei den Arbeitenden, ist das Soziale, befindet sich das wichtige Menschliche. Dort, beim obersten Management, ist das Wirtschaftliche und das leider Notwendige oder eiskalt Unternehmerische. Die mehrfach genannte fehlende Herzenswärme und die eingetretene Eiseskälte verweisen auf ein angespanntes Verhältnis zum Management. Personen des Managements repräsentieren diese Entwicklung und werden mit negativen Gefühlen verbunden. Der Effizienzdruck steigt, dabei werden Vorgesetzte zu Feindbildern. Übersteigt das Innovationstempo die Anpassungsfähigkeit der Organisation und der Arbeitenden, kommt es zu Verschärfungen in den Beziehungen zwischen Vorgesetzten und Beschäftigten. Auch nach der Untersuchung von Haubl und Voß (2009) zu den psychosozialen Kosten turbulenter Organisationsveränderungen eskalieren diese Konflikte, weil nicht genügend Zeit für ihre frühzeitige Bereinigung zur Verfügung steht:

> „ (...) der Weg vom Partner zum Gegner und dann zum Feind wird kürzer. Statt bereits die ersten Eskalationsstufen zu thematisieren, werden sie (aktiv) de-thematisiert, um Zeit zu sparen, was aber nur dazu führt, dass sie erst dann thematisiert werden, wenn Vertrauen aufgebraucht ist" (Haubl/Voß 2009: 4).

Aber bei aller Kritik wird von der AWO SH zugleich unternehmerisches Handeln verlangt, wenn auch in unterschiedlichem Umfang. Der Widerspruch von Kritik und Einforderung des Kritisierten lässt sich darüber auflösen, dass alle Typen der Auseinandersetzung mit den Wettbewerbsbedingungen eine gewisse Internalisierung des Wettbewerbs aufweisen. Bei allen ist die Normativität des Marktes zu finden und zwar unabhängig davon, wie stark die vorab geprüfte Identifikation mit der Organisation ausfällt. So nehmen innerhalb des besonders quasi-marktgängigen Typus ‚unternehmerische Modernisierung' sowohl Arbeitende mit hoher (Frau Krämer, Herr Stegt) als auch mit geringer Organisationsidentifikation (Herr Postel) eine unternehmerische Haltung ein. Wettbewerbsorientierung ist eine von der Identifikation mit der AWO SH unabhängige Größe, die in unterschiedlichem Ausmaß Teil des ‚Alltagsverstandes' (Gramsci 1994: 1375ff.) geworden ist. Quer zu den vier Typen wird Wirtschaftlichkeit als notwendige, wenn auch nicht hinreichende Bedingung für die Organisation gesehen.

> „(..) die AWO ist ein .. sozialer Dienstleister, der wirtschaftlich arbeiten muss" (Herr Wolenski).
> „ (...) ja, ich denke, das wird so der Weg sein. Dass man sich verschlanken wird und insgesamt einige Bereiche abstoßen und immer mehr präventiv arbeiten wird" (Herr Postel).

Wenn unter den gegebenen Bedingungen unternehmerisches Handeln kritisiert und zugleich gefordert wird, dann befinden sich die Arbeitenden nicht nur in grundsätzlicher Übereinstimmung mit der Organisation, die als sozialpolitische Akteurin die Wettbewerbsbedingungen auf dem Quasi-Markt kritisiert und parallel dazu als unternehmerische Akteurin unter den Bedingungen des Quasi-Marktes handelt. Zudem spalten auch die Arbeitenden die Produktion sozialer Dienstleistungen für innere Akteurstrennungen auf und zwar ganz ähnlich wie die AWO SH. Sprachlich kommt diese Verinnerlichung bei Frau Krämer dadurch zum Ausdruck, dass sie „(...) vom anderen Teil, nämlich Ausbau der sozialen Arbeit, wirklich ein starker Verband zu werden" spricht und auf den ‚einen Teil' mit seinen „(...) plüschigen Strukturen" schließt. Soziale Arbeit an, für und mit Menschen ist der eine Teil, die Betriebswirtschaftlichkeit der Einrichtung der andere. Die akteurstrennende Organisationsform ist bei den Arbeitenden angekommen und wird angenommen. Dabei befinden sich die Arbeitenden mit ihrer wirtschaftlichen Akteursabsicht wiederum in grundlegender Deckung mit den unternehmerischen Zielen der AWO SH. Für Letztere ist Wirtschaftlichkeit kein Selbstzweck (AWO SH 2005: 15), sondern es geht darum „(...) nicht Geld zu verdienen, aber im Plus zu sein" (Frau Ehmke), um stabil zu arbeiten und Erträge in den Ausbau zu investieren. Einige Beschäftigte erkennen die damit verbundene Wachstumsabsicht der Organisation deutlich und auch die dafür benötigte Produktivitätssteigerung, die durch Reorganisation erreicht werden soll:

> „Ziel ist natürlich auch der größte Träger zu sein" (Frau Hansen).
> „Also /ähm/ ich glaube, es /äh/ die AWO verfolgt sozusagen in allen Bereichen, von der Altenhilfe bis hin zum Kinderschutz, /äh/ ihre Dienste zu erweitern. Ihre Angebote zu erweitern, konkurrenzfähig zu bleiben im Vergleich zu den anderen Sozialverbänden, als Sozialverband weiter an Stärke zu gewinnen" (Frau Krämer).
> „Ja, dass wir natürlich so effektiv wie möglich /äh/ laufen, deswegen hat man natürlich bestimmte Abteilungen dann auch zusammengelegt" (Frau Bollert).

In individuellen Formen und in entsprechend unterschiedlichen Ausprägungen wurden also die quasi-marktförmigen Wettbewerbsbedingungen und die akteurstrennende Organisationskultur internalisiert. Damit erreicht die Subjektivierungsanalyse wieder die Schnittstelle zur Organisation, wobei Letztere im Kapitel der Reorganisationsanalyse beschrieben ist. Doch wird hier kein Kreis geschlossen, denn die Befunde der Subjektivierungsanalyse müssen nunmehr für die dabei durchscheinenden normativen Zusammenhänge des Marktes, in dem sich Arbeitende und Organisation befinden, abschließend ausgewertet werden.

5.2.3 Die Normativität des Wettbewerbs

Durch die empirischen Befunde zu den Dimensionen der Anforderungen an die Arbeitskraft von Frauen und Männern in den vorherigen Abschnitten ziehen sich die Antagonismen wettbewerblicher und gefangener Subjektivierungen von Sozialer Arbeit wie ein roter Faden. Bei den Zugängen zur Sozialen Arbeit und zur AWO SH und bei den persönlichen Zielen und Motivationen zeigen sich ausgeprägte gefangene Subjektivierungsleistungen, die u.a. in der Zuspitzung hoher Fremd- statt Eigenbezüge und einer ausgeprägten Adressat_innen-Orientierung zum Ausdruck kommen. Teil des Erbringungsverhältnisses gefangener Subjektivierung ist, dass die Arbeitenden eine Fülle von Anforderungen an ihre Arbeit und an die Organisation stellen, die von sozialen Hilfen, Unterstützungen und Gerechtigkeit geprägt sind, und dass sie in diesem Verständnis Aspekte ihrer gesamten Persönlichkeit einfließen lassen. Diese aktive Einbringung und Gestaltung der Arbeit entspricht den von der Organisation und den Adressat_innen eingeforderten gefangenen Subjektivierungsleistungen. Die Absicht und Interessen befinden sich in organisationaler Verschränkung mit der AWO SH, weil sie mit dem tief in die Organisation eingelagerten Stiftungsgedanken verbunden sind. Darauf treffen zunehmend wettbewerbliche Anforderungen an die Arbeitskraft von Frauen und Männern, die eine starke Normativität entfaltet haben. Alltägliche Konflikte zwischen den Subjektivierungen treten besonders deutlich bei den Arbeitsbelastungen zutage, die durch die zunehmende Schwere der Fälle und durch Arbeitsverdichtungen geprägt sind. Eine strukturelle Normativität des Wettbewerbs offenbart sich insbesondere in den Einrichtungen. Die Einzeleinrichtung ist der maßgebliche Ort, an dem sowohl organisationsexterne als auch interne Wirtschaftlichkeitsanrufungen zusammentreffen, die von den Arbeitenden übersetzt und umgesetzt (zum Teil aber auch ausgesetzt) werden. Diese Erkenntnis ist verallgemeinerbar, da auch die Untersuchung von Eichinger (2009: 186, 209) zu dem Ergebnis kommt, dass der Einrichtungserhalt zur zentralen Bewältigungsfrage der Arbeitenden geworden ist. Betriebswirtschaftliche Zwänge werden in der Einrichtung über Unsicherheiten und Diskontinuitäten konkret vermittelt und treffen die Arbeitenden inmitten ihrer Beziehungen zu den Adressat_innen. Im Spannungsfeld wettbewerblicher und gefangener Anrufungen treten gewisse Internalisierung der Wettbewerbsbedingungen und zugleich fundierte Kritiken an den bestehenden Strukturen und Machtverhältnissen auf. Auch dieser Befund ist für Organisationen Sozialer Arbeit verallgemeinerbar, denn Eichinger (2009: 186ff.) findet in ihrer trägerübergreifenden Studie vergleichbare Bewältigungsweisen der Arbeitenden, die einerseits dem Einrichtungserhalt Rechnung tragen müssen, aber andererseits im Konflikt zur ethisch-beruflichen Verantwortung und zur persönlichen Existenzsicherung stehen.

Zudem besteht überwiegend eine ausgeprägte Identifikation mit der Organisation, die maßgeblich aus den sozialpolitischen Zielen und dem Non-Profit-Charakter gespeist wird und daraus, dass ein Träger der notwendige organisatorische Rahmen für professionelle Soziale Arbeit ist. Aber ebenso zeigen sich, wenn auch seltener, geringe oder fehlende Organisationsidentifikationen, die mit einem entsprechend geringen oder fehlenden sozialpolitischen Organisationscharakter begründet werden. Die auf diese Weise insgesamt aufgedeckten (Un)Gleichzeitigkeiten und die Heterogenität der Phänomene sollen im Folgenden geordnet werden. Trotz aller Pluralität und Parallelität ergibt die Gesamtschau eine hegemoniale betriebswirtschaftliche Effizienzordnung, auf die auch Widerstände gerichtet sind – allerdings ohne dass konzeptionelle Überlegungen und Strategien erkennbar sind – und in deren Zentrum die Einzeleinrichtung eine besondere Schnittstellenrelevanz erhält.

5.2.3.1 Hegemonie der betriebswirtschaftlichen Effizienzordnung

Der externe Anspruch an die Träger der Freien Wohlfahrtspflege, sich quasi-marktförmig zu verhalten, findet seine innerorganisatorische Entsprechung in den wettbewerblichen Arbeitsanforderungen an die Arbeitenden. Der gestiegene Bedarf der reorganisierten AWO SH an mehr wettbewerblich-subjektivierenden Leistungen der Arbeitenden resultiert letztendlich aus den neuen Refinanzierungsmodellen. Zusammen mit den gewachsenen Aufgabenfeldern haben sie bei der AWO SH einen Reorganisationsprozess ausgelöst, der Anzeichen einer Krise aufweist. Die jüngere Organisationsgeschichte der AWO SH ist von Umbrüchen, Unterbrechungen und Unsicherheiten geprägt. Frühere Vereinsgliederungen standen vor dem wirtschaftlichen Ruin, einzelne Reorganisationsschritte mussten erstmalig erprobt und teilweise wieder rückgängig gemacht werden und auch künftig wird sich die AWO SH in ihrer Struktur und in den Zuständigkeiten immer wieder verändern, irren und optimieren müssen. Die chronische Destabilisierungsgefahr für die Organisation wird von wachsenden Aufgaben und Anforderungen, maßgeblich allerdings von den Finanzierungsbedingungen verursacht. Mit Auflösung des Selbstkostendeckungsprinzips stehen kaum noch verlässliche und längerfristige Globalhaushalte zur Verfügung. Interne Ausgleichsmechanismen wie etwa Angebotssubventionierungen durch Mitgliedsbeiträge oder die gegenseitigen Querfinanzierungen von Einrichtungen und Angeboten haben ihre Tragfähigkeit verloren. Durch ihre monopolähnliche Stellung haben die Kostenträger leistungsbezogene Modalitäten durchgesetzt, die den Trägern der Freien Wohlfahrtspflege ein deutlich höheres Kostenrisiko zuweisen. Bei der AWO SH wird dies beispielsweise für den Geschäftsbereich Pflege moniert: Beim prospektiven Pflegesatz geht die tatsächliche Kostenentwicklung nach Abschluss der Leistungsvereinbarung in die Alleinverantwortung des Trägers über (Wendt-Köhler 2008). Im Geschäftsbereich Soziale Dienste bedeutet die Abkehr von der Objektförderung zugunsten der Subjektförderung, dass die Wahrnehmung bereitgestellter und vorfinanzierter Dienstleistungsangebote innerhalb der Einrichtung unsicher wird. So soll das persönliche Budget in der Behindertenhilfe die Entscheidungs- und Handlungsautonomie der Adressat_innen erhöhen und damit insgesamt qualitätssteigernd wirken. Ob in einer Einrichtung für Menschen mit Behinderung dann nur noch Übernachtung und Verpflegung genutzt werden und die bereitgestellten therapeutischen Leistungen lieber extern über eine ambulante Praxis wahrgenommen werden, wird zum Kostenrisiko der einzelnen Einrichtung (Wendt-Köhler 2008). Insgesamt werden vermehrt Bedarfe der Kostenträger so öffentlich ausgeschrieben bzw. vergeben,[92] dass Konkurrenz unter den bietenden Trägern entsteht und der Kostendruck vornehmlich über die Arbeitskosten ausgetragen wird. In der Folge blenden solche Vergabeverfahren die für die Organisation insgesamt benötigten Aufwendungen (so genannter ‚Overhead' wie Verwaltung, Betriebsrat, Entwicklung, Innovation usw.) aus.

Unter den neuen Refinanzierungsbedingungen muss sich die AWO SH auch in ihrem Aufbau und in ihren inneren Bewertungsmaßstäben an quasi-marktförmigen Wettbewerbsbedingungen ausrichten. Die mit dem Reorganisationsschritt im Jahr 2005 erreichte Organisationsform sah eine haftungsrechtliche Risikoverteilung vor, indem die Regionen zu gGmbHs wurden. Als diese Rechtsform aus steuerrechtlichen Gründen wieder verworfen werden musste, erhöhte sich der Druck auf die AWO SH, eine für die Gesamtorganisation wirtschaftlich sichere Struktur zu finden, da das Haftungsrisiko nun bei der landesweiten gGmbH liegt. Folglich muss ein einzelnes lokales Finanzierungsproblem schnell aufgedeckt werden, damit es nicht zum Existenzrisiko für die AWO SH insgesamt wird. Hierfür bietet das zentrale Controlling der AWO SH das ideale Instrument, weil es zur detaillierten wirtschaftlichen Überwachung der Einzeleinrichtung geeignet ist und die damit verbundenen Kennzahlen als ‚objektive' Maßstäbe für die Zuweisung wirtschaftlicher Verantwortlichkeiten genutzt werden können. In heutiger Betrachtung erweist sich die betriebswirtschaftliche Effizienzordnung mit ihrer Risikozuweisung an die Einzeleinrichtung als wesentlich wirksamer als die juristische Lösung des Jahres 2005. Statt der Region muss sich nun fast jede Organisationseinheit selbst behaupten und unmittelbar an ihrem Quasi-Markt messen. Weil im Auftragsfall nur vorab definierte und dann tatsächlich auch erbrachte Leistungen gegenfinanziert werden, erreicht der Kostendruck der leistungsorientierten, operationalisierten Refinanzierungsformen die

---

92 Auf Basis der Verdingungsverordnung für Leistungen (VOL).

Arbeitenden unmittelbar am Ort der Leistungserbringung, in der Einzeleinrichtung. Anstelle der langfristig bereitgestellten Kapazitäten ist nun die kurzfristig realisierte Auslastung für die Einrichtungsfinanzierung zentral und diese Auslastung ist wiederum maßgeblich vom Kostenträger abhängig. Damit befinden sich zwar die Leistungsträger im Quasi-Wettbewerb, nicht aber die Kostenträger. So hat z. B. eine örtliche Einrichtung der Jugendhilfe keine Möglichkeit, die Kommune zu wechseln. Schafft es eine Einrichtung aber nicht, sich über ihren unmittelbaren Quasi-Markt zu refinanzieren, ist sie in ihrer Existenz bedroht. Die Einzeleinrichtung, die in der früheren Verbandsstruktur vom Vereinsvorstand dirigiert und kontrolliert wurde, ist in eine ambivalente Freiheit entlassen worden. Sie ist die für die AWO SH bedeutendste organisatorische Ausformung einer Vervielfachung unternehmerischer Formen in der Gesellschaft (Foucault 2004b: 210).

Absicht neoliberaler Politik ist es, auch die kleinsten Basiseinheiten der Gesellschaft als Unternehmen zu denken. „Es geht darum, aus dem Markt, dem Wettbewerb und folglich dem Unternehmen etwas zu machen, das man die informierende Kraft der Gesellschaft nennen könnte" (Foucault 2004b: 210f.). Dieses im Sinne von Gramsci (1991-2002) hegemoniale Projekt zeichnet sich nicht einfach durch erzwungene Unterwerfung aus, sondern schließt die aktive Zustimmung und Mitwirkung der Subalternen mit ein. Mit der quasi-marktförmigen Formatierung Sozialer Arbeit ist es neoliberaler Politik gelungen, wettbewerbliches Denken zum Allgemeingut der Arbeitenden zu machen und die Felder Sozialer Arbeit über betriebswirtschaftliche Interessen zu definieren und zu beherrschen. Betriebswirtschaftliche Prinzipien haben den Raum privatwirtschaftlicher Unternehmen längst überschritten. Sie sind nicht nur in Soziale Arbeit und in die dort handelnden individuellen und institutionellen Akteur_nnen eingedrungen sondern in die Gesellschaft insgesamt. Eine beherrschende Gruppe hat ihr Eigeninteresse als verallgemeinertes Interesse gesellschaftlich anschlussfähig gemacht.

> „Hegemoniefähig wird eine gesellschaftliche Gruppe oder Klasse nur, wenn es ihr gelingt, den engen Bereich der Eigeninteressen zu überschreiten, also von einer korporativ-partikularistischen Phase in eine ethisch-politische Phase einzutreten, in der sie eine progressive Funktion für die gesamte Gesellschaft übernimmt – daher das Moment der Führung oder des Vorangehens" (Candeias 2007: 19).

Unter den hegemonial-betriebswirtschaftlichen Produktionsverhältnissen genügt es nicht länger, dass die Arbeitenden in den einzelnen Einrichtungen ihre Arbeit an, für und mit Menschen erbringen, sie müssen ihre Arbeitsleistung auch wirtschaftlich unter Beweis stellen. Dies bedeutet zum einen, dass die Arbeitenden selbst viel stärker unter unmittelbaren Produktivitätsdruck geraten, indem sie zum Beispiel mehr Leistung in kürzerer Zeit erbringen müssen oder indem ihre Arbeitskosten reduziert werden müssen. Zum anderen bedeutet es aber auch, dass die Arbeitenden einen erheblichen Teil der Wirtschaftlichkeitsverantwortung der Einrichtung für sich als Person übernehmen. Sie wissen um die wirtschaftliche Abhängigkeit ‚ihrer Einrichtung‘, mit der sie zum einen über die Arbeitsplatzsicherheit verbunden sind und zu der sie – auch unabhängig von der Identifikation mit der AWO SH insgesamt – eine hohe Verbundenheit zeigen. Im Unterschied zur gefangenen Subjektivierung, die vornehmlich eine Angelegenheit zwischen Professionellen und Adressat_innen ist, kann wettbewerbliche Subjektivierung nur im Zusammenspiel von Organisation und Person gelingen. Hier bietet die Effizienzanforderung an die Einzeleinrichtung den richtigen ‚Klebstoff‘, um das ‚Schicksal‘ von Person und Organisation zu verbinden und an den Quasi-Markt zu binden. Einerseits kann die AWO SH als Organisation die an sie von außen gestellten Wirtschaftlichkeitsanforderungen gar nicht allein auflösen oder qua Direktionsrecht durchreichen, sie muss diese auf die Subjektebene transportieren und sich dort mit den Arbeitenden auseinandersetzen. Andererseits erleben die Arbeitenden in den Einrichtungen die Wirtschaftlichkeitsanforderungen unmittelbar, so dass sie die Forderung nach mehr wettbewerblicher Subjektivität auch einsehen, an- und übernehmen. Organisation und Person befinden sich in gegenseitiger Abhängigkeit und stehen in einem Aushandlungszwang. In dieser Auseinandersetzung entwickeln die Arbeitenden ein echtes Interesse; dementsprechend erwarten sie eigene Vorteile, wenn sich die Einrichtung am Quasi-Markt stabilisiert oder sogar wächst und sich in der Konkurrenz gegenüber anderen Trägern durchsetzt; und sie befürchten eigene Nachteile, wenn die Einrichtung scheitert.

Im Unterschied zum privatwirtschaftlichen Unternehmen wird die Einsicht in scheinbar objektive Marktzwänge durch den Non-Profit-Charakter der Organisation in besonderer Weise erleichtert. Es gibt keine ‚Shareholder‘, die unter dem vordergründigen Konkurrenzverweis erzielte Produktivitätssteigerungen als Eigenkapitalrendite abzweigen. Die AWO SH erzielt keinen Profit im Sinne einer kapitalistischen Ausbeutung. Vielmehr wird die Betriebswirtschaftlichkeit der Einrichtung als die ökonomische Organisationsvoraussetzung für soziale Hilfe und Unterstützung der Adressat_innen gesehen. Paradoxerweise bleiben die Mechanismen einer Kapitalakkumulation auch ohne Profitstreben gültig, geht es der AWO SH doch um Wachstum bei gesteigerter Produktivität. Ein ökonomischer Überschuss des Unternehmens soll soziale Gewinne für die Gesellschaft erzeugen, indem ein möglicher Mehrwert in die Expansion des sozialen Dienstleistungsangebotes reinvestiert wird (AWO 2005: 15). Somit verfolgt die AWO SH das Ziel der Akkumulation, nämlich die Nutzung des realisierten Mehrwerts zur Erweiterung des Kapitalgesamtbestandes, ohne dass sie privates Einkommen

abzweigt (der für Kapitalist_innen entscheidende Vorgang). Die von ihrer privaten Profitabsicht bereinigte ‚soziale Akkumulation' wirkt als von gemeinsamen
Interessen angetriebenes Schwungrad der unternehmerischen Expansion.
Von der AWO SH werden also nicht nur betriebswirtschaftliche Semantiken in den sozialwirtschaftlichen Kontext gesetzt, sondern, weil der Non-Profit-
Charakter der Organisation bestehen bleibt, erscheint die AWO SH als expandie-
rendes soziales Unternehmen, wodurch das betriebswirtschaftliche Erbringungs-
verhältnis übersetzungsfähig und für die Arbeitenden in besonderer Weise an-
nehmbar ist. Die damit einhergehende, partielle Internalisierung der ‚objektiven'
Wettbewerbsbedingungen geschieht nicht über direkten Zwang, sondern mittels
individueller Denkmodelle. Die vier Typen der Auseinandersetzungen mit den
Wettbewerbsbedingungen (Abschnitt 5.2.2.6) zeugen von einer generellen inneren Repräsentanz betriebswirtschaftlicher Prinzipien. Die hegemoniale Effi-
zienzorientierung (Brand/Scherrer 2003: 97ff.) enthält eine höchst subtil arbeitende Mechanik, weil sich die Arbeitenden mit ‚ihren' Einrichtungen in einer Art
neoliberaler Freiheit befinden. Ebenso wie der Quasi-Markt mit seinen wandelnden Refinanzierungsmodellen bei der Gesamtorganisation immer wieder eine
adäquate Unternehmensform in freier Reorganisation erzwingt, erzeugen die
Anrufungen des Wettbewerbs bei den Arbeitenden in ihren jeweiligen Einrichtungen eine Beziehungssetzung zum Quasi-Marktkontext. Die notwendigen
Kompromisse, um sich selbst und der Einrichtung im Rahmen von ‚objektiven'
Marktnotwendigkeiten einen Platz zu schaffen, sowie die subjektivierenden
Anforderungen, Verantwortung für die Wirtschaftlichkeit der Einrichtung zu
übernehmen, internalisieren das betriebswirtschaftliche Prinzip. Betriebswirtschaftliche Effizienz erringt so eine beherrschende Stellung, mit der zwar nicht
jedes Detail vorgegeben ist, die aber in ihrer Dominanz die generelle Denk- und
Entwicklungsrichtung vorgibt. Unter der neoliberalen Hegemonie hat sich eine
neue (Re)Produktions- und Lebensweise etabliert. Trotz dieser Dominanz darf
aber nicht vergessen werden, was dieser entgegengesetzt wird, denn das Unter-
suchungsfeld zeigt auch anders- und gegenläufige Tendenzen, denen sich der
nächste Abschnitt widmet.

5.2.3.2 Widerstand

Widerständige Praktiken setzen Distanzierungen voraus. Die im Reorganisationsprozess zwangsläufig auftretende Diskontinuität in der Organisation erzeugt
bei den arbeitenden Personen Unsicherheiten und Unklarheiten hinsichtlich Organisationsstruktur, Zuständigkeiten und Hierarchien, die zu Distanzierungen
von der Organisation führen. Dies ist besonders bei den Beschäftigten der Fall,

die eine geringe oder fehlende Identifikation mit der AWO SH angeben, weil sie mittlerweile die sozialpolitischen und menschlichen Grundsätze vermissen. Zwar zeigt die Mehrheit der Interviewten eine ausgeprägte Organisationsidentifikation, aber auch bei ihnen finden sich unterschiedlich deutliche Distanzierungen zu den Strukturen und Machtverhältnissen, oft festgemacht am obersten Management. Die Distanzierung setzen die Arbeitenden aber nicht gegen die Organisation ein (beispielsweise in Form von Sabotage), sondern sie üben konstruktive Kritik. Bei der Auseinandersetzung mit den Verhältnissen innerhalb und außerhalb der AWO SH unterbreiten sie Vorschläge und Alternativen oder formulieren Ansprüche an die Organisation. Ihre kritischen Subjektivierungsleistungen sind keine eindimensionalen Phänomene als Reaktion auf organisatorische Vorgaben; sie bieten mehr als eine erwartete Verwertung von Kreativitätspotentialen im Sinne organisatorischer Vorgaben. Kritik verweist auf den Eigensinn der Person. Im Subjektivierungsprozess versuchen sich die Arbeitenden als handelnde und (mit)gestaltende Akteur_innen.

Eigensinnigkeit ist weder für die Felder Sozialer Arbeit noch für den Kapitalismus etwas komplett Neues. Selbstständigkeit und Selbstorganisation der Arbeitenden war und ist innerhalb der gefangenen Subjektivierung Sozialer Arbeit zwingend notwendig, damit ein koproduzierender Arbeitsprozess überhaupt funktioniert. Auch in der Geschichte der kapitalistischen Verwertung haben gewisse Eigensinnigkeiten der Arbeitenden Tradition. Zum einen hat eine kreative Eigensinnigkeit die Kapitalverwertung in bestimmten Produktionsbereichen stets befördert, zum anderen haben sich die Arbeitenden mit den Kapitalinteressen fortwährend aktiv auseinandergesetzt und einen Anerkennungskampf für ihre Arbeit und ihre Selbstständigkeit geführt. Neu ist allerdings, dass Eigensinnigkeit als wettbewerbliche Subjektivierung systemimmanent nutzbar gemacht wird und somit die Subjektivität der Arbeitenden Grundlage des unternehmerischen Handelns der AWO SH wird.

In den prinzipiell offenen und wenig regulierten Feldern Sozialer Arbeit bestehen verschiedene Handlungsalternativen nebeneinander, folglich muss das Management mit Selbstregulationen von Individuen operieren, die wiederum gewisse Freiheiten benötigen. Macht- und Selbsttechnologien greifen chronisch ineinander. Verschiebungen von einer solidaritätsbasierten Organisationsidee hin zu einer Regierung über Wirtschaftlichkeitsappelle transformieren wettbewerbsförmige Refinanzierungsmodelle über den Reorganisationsprozess am Ort der Einrichtungen in Selbstsorgefragen an die Arbeitenden. In der Duplizität von Freiheits- und Unterwerfungspraktiken sind Widerstände nicht nur mögliche Elemente der notwendigen Autonomie von Übersetzung und Umsetzung wettbewerblicher Anrufungen, sondern Prozessbestandteil. Ebenso ist Widerstand Teil der Organisationskultur, einerseits innerhalb der sozialpolitischen Akteurin der AWO SH, weil der solidarische Stiftungsgedanke auch in modifizierter Form weiter besteht; andererseits innerhalb der unternehmerischen Akteurin, weil sie als Non-Profit-Organisation zwar betriebswirtschaftliche Instrumente nutzt, sich aber nicht dem privatwirtschaftlichen Profitstreben unterwirft.

Die vom Bewusstsein der Person konstituierte Produktion von Subjektivitäten beinhaltet Subversion und Widerstand zur Wettbewerbsförmigkeit und ein ausgeprägtes Maß an Identifikationen mit dem sozialpolitischen Skelett Sozialer Arbeit. Neoliberale Gouvernementalität verfügt nicht über derart totalitäre Macht, dass ihre Technologien und Programme alle Schichten und Ebenen Sozialer Arbeit durchdringen könnten. Der Versuch, subjektive Produktivitätspotenziale zu aktivieren, hebt die Beschäftigten Sozialer Arbeit zugleich aus einer reduzierten betriebswirtschaftlichen Rationalisierungsbetrachtung heraus. Es eröffnen sich Potentiale subjektiver Orientierungen und Gestaltungen in Form von Projektarbeiten, Konzeptbeteiligungen oder Profilentwicklungen der Einrichtung. Durch die sozialpolitischen Verstrickungen der Träger der Freien Wohlfahrtspflege verstärkt, können persönliche Interessenlagen in den Zusammenhängen von Arbeit und Leben und von Ökonomie und Sozialem eingefordert werden. Wie die Subjektivierungsanalyse zeigt, kommt den Aspekten personelle Autonomie, inhaltlicher Gestaltungsfreiraum, konzeptionelle Mitbestimmung, soziale Sicherheit und persönliche Wertschätzung zentrale Bedeutung zu.

Die doppelte Subjektivierung der Koproduktion Sozialer Arbeit gerät durch wettbewerbliche Subjektivierung derart unter Druck, dass dabei aktive Aneignungsprozesse der wettbewerblichen Subjektivierung und zugleich auch widerständige Praktiken zu beobachten sind, wobei nicht vergessen werden darf, dass Soziale Arbeit sich zwar seit jeher mit ökonomischen Begrenzungen auseinandersetzen musste, sich jedoch nun (hilfsweise und erstmals in ihrer Geschichte) auf Quasi-Märkten verkaufen muss.

6   Abschluss und Ausblick

6.1   Einsichten

Im Zusammenhang von Reorganisations- und Subjektivierungsanalyse zeigt sich erstens, dass der Prozess der Ökonomisierung Sozialer Arbeit konstitutiv auf politisch-institutionelle und sozio-kulturelle Einbettungen angewiesen ist. Es ist unverzichtbar, die strukturellen Rahmenbedingungen (Sozialpolitik und Refinanzierung), die in der bestimmten Organisation Sozialer Arbeit eingelassenen Interessen, Strukturen und Machtverhältnisse sowie die geschlechtsspezifischen Situationen der Frauen und Männer in ihren Erwerbs- und Lebenszusammenhängen wechselseitig und unter Beachtung historischer Kontexte in Beziehung zu setzen. Anfang der 1990er Jahre begann für die Träger der Freien Wohlfahrtspflege ein bedrohlicher Veränderungsprozess. Unzureichende Kontroll- und Steuerungsinstrumente sorgten für Gefahren im Wachstumsprozess. Aber besonders die neuen Refinanzierungsmodelle, die ausgelöst vom Projekt der ‚Neuen Steuerung' als Teil neoliberaler Politik die Umweltbedingungen massiv veränderten, sorgten für einen enormen ökonomischen, politischen, funktionalen und sozialen Veränderungsdruck. Bei tendenzieller Aufgabe der sozialpolitischen Ansprüche des Verbandes befassten sich die ehrenamtlichen Vorstände innerhalb der AWO SH zunehmend mit Fragen der Leitung eines Dienstleistungsunternehmens, ohne die dafür notwendige Zeit und hinreichenden Sachverstand haben zu können. Der Niedergang der klassischen korporatistischen Beziehungen der Verbände zum Staat und die Ökonomisierung des Sozialbereichs lösten einen umfassenden diskontinuierlichen Reorganisationsprozess aus, der bis heute andauert und eine Trennung der AWO SH in eine sozialpolitische und in eine unternehmerische Akteurin zur Folge hat. Damit wird deutlich, warum und wie die Einbettung der Ökonomisierung in die Organisation erfolgt.

Zweitens vollzieht sich der Transformationsprozess an greifbaren Stellen innerhalb der Organisation. Zwar steht für die Arbeitenden das leitende Management in zum Teil personifizierter Weise für die quasi-marktförmige Transformation, aber am konkreten Ort der Einrichtung befindet sich die entscheidende Schnittstelle zwischen Organisation und Person. Paradoxerweise erhöhen sich Autonomie und Abhängigkeit der Einzeleinrichtung sowie der dort arbeitenden Personen parallel. Bei Zentralisierung der Macht (Management) wird die wirtschaftliche Verantwortung dezentralisiert (Einrichtung). Die Einrichtung hat die Freiheit, Akquisition unmittelbar am Kostenträger zu betreiben, für die eigene Auslastung zu sorgen und spezifische Fachschwerpunkte in einem eigenständigen Profil herauszubilden. Zugleich muss sie diese Freiheit (aus)nutzen, denn sie wird primär und unmittelbar an ihrer Wirtschaftlichkeit gemessen – ohne dass es noch die früheren Quersubventionierungen innerhalb der Organisation gibt. Dadurch erhöht sich die externe Abhängigkeit jeder einzelnen Einrichtung vom Quasi-Markt. Aber da den Einrichtungen bestimmte Finanz- und Personalkompetenzen fehlen, diese vielmehr im Zusammenspiel von Fusion und Reorganisation zentralisiert wurden, entsteht auch eine innerorganisatorische Abhängigkeit. Es ist also eine ambivalente Freiheit, in der sich die Einrichtungen befinden.

In diesem Spannungsfeld wird drittens klar, dass am Ort der Einrichtung ein Kräftespiel von Macht- und Selbstpraktiken abläuft. Im Organisationszusammenhang betrachtet zeigen Subjektivierungen dort deutlich, wie die Organisation die an sie gestellten Anforderungen an die Arbeitenden durchzureichen versucht, wie diese ihre subjektiven Interessen ebenso einzubringen versuchen und wie der Aushandlungsprozess abläuft. Dabei sind gleichzeitig Implementierungen und widerständige Praktiken gegenüber einer hegemonialen Effizienzordnung erkennbar – und zwar von der Organisation und den arbeitenden Personen.

Vor allem aber wird viertens die theoretisch abgeleitete Antagonismusthese wettbewerblicher und gefangener Subjektivierungen Sozialer Arbeit durch die Klärung der Arbeitsanforderungen an Frauen und Männer empirisch bestätigt und in der Form erweitert, dass der Gegensatz der Subjektivierungen zwar zwischen Organisation und Person ausgetragen wird, aber nicht zwischen ihnen verläuft. Mit den Werkzeugen der neuen Refinanzierungsmodelle (Leistungsentgelte, Subjektförderung wie persönliches Budget und Gutscheine, Outsourcing und Ausschreibung, Projektierung usw.) sind für die Leistungsträger (aber nicht für die Kostenträger!) quasi-marktförmige, einseitige Wettbewerbsbedingungen einer hegemonialen Effizienzordnung gültig, die in erster Linie einen enormen ökonomischen Druck erzeugen (und die darüber hinaus auch funktional, politisch und sozial wirken). Es wird versucht, betriebswirtschaftliches Denken und Handeln tief in die individuellen und kollektiven Akteur_innen zu transportieren. Professionellen fällt es immer schwerer, die nötigen Ressourcen für ‚gute Arbeit' an, mit und für Menschen zu (er)halten. Eine Bedrohung der Professionellen ist auch für die Organisation eine Gefahr, denn nicht-standardisierbare soziale Probleme verlangen eine professionelle Bearbeitung – zumal dann, wenn sie mit hohem Handlungs- und Zeitdruck einhergehen (beispielsweise bei Wohlgefährdungen). Im polaren Gegensatz zum Kern Sozialer Arbeit müssen sowohl Organisation als auch Person die quasi-marktförmigen Anforderungen (er)tragen, doch weil der Antagonismus über die Machtverhältnisse der Organisation vermittelt wird, präsentiert er sich als Widerspruch zwischen arbeitender Person und unternehmerischer Organisation. Neoliberalen Interessen ist es auf weiten Strecken gelungen, ihr betriebswirtschaftliches Rationalitätsprinzip (Input-Output) zu verallgemeinern und Konflikte, die aufgrund des konkurrierenden Prinzips einer Rationalität der Fürsorge (Input-Outcome) und den Interessen Sozialer Arbeit entstehen, von sich zu weisen, zu verdecken und auf die Akteur_innen Sozialer Arbeit zu übertragen. Durch die widerständigen Praktiken kollektiver und individueller Akteur_innen zeigt sich aber auch, dass die Reichweite neoliberaler Ideologie begrenzt ist und quasi-marktförmige Zugriffsweisen kreativ zurückgewiesen werden.

Fünftens ergeben sich aus den Antagonismen der beiden Subjektivierungsarten und ihren jeweiligen Logiken deutlich vergeschlechtlichte Konfliktlinien und statusrelevante Dimensionen innerhalb der Genusgruppen. Durch das Aufeinandertreffen der doppelten, gefangenen Subjektivierung von Sozialer Arbeit (Koproduktion von Professionellen und Adressat_innen) mit den Formen der wettbewerblichen Subjektivierung stehen die Arbeitenden inmitten vielfältiger Konflikte und Widersprüche, die vornehmlich von Frauen ausgehalten und ausgetragen werden (müssen). Aufgrund ihres hohen Anteils sind Frauen von der wettbewerblichen Ausrichtung und dem dauerhaft-diskontinuierlichen Charakter der Reorganisation besonders betroffen. Dabei werden gering bewertete Tätigkeiten (weiterhin) mehrheitlich Frauen zugeschrieben, aber zugleich gelingt es anderen Frauen, sich in der expandierenden AWO SH auf höheren Ebenen zu etablieren.

Ebenfalls sind es vor allem Frauen, die im Lebenszusammenhang unter Rationalisierungsdruck geraten, während Männer weiterhin versuchen, eine Sphärentrennung zu betreiben. Die Übernahme von privaten Sorgearbeiten wirkt hier als eine immer noch stark vergeschlechtlichte Trennlinie. Frauen in Partnerschaften müssen ihre Berufstätigkeit mit der Partnerkarriere vereinbaren und Mütter müssen zudem den Familienzusammenhalt organisieren. Innerhalb einer dem männlichen Lebensmodell gesellschaftlicher Arbeitsteilung Rechnung tragenden Rahmung sind vor allem Frauen darauf angewiesen, individuelle Alltagsarrangements zwischen den reproduktiven und produktiven Sphären zu finden. Insbesondere qualifizierte Frauen, die nach Frey (2004) am ehesten dem Typus Arbeitskraftunternehmerin entsprechen müssten, können aufgrund gesellschaftlicher Zuweisungen und Vereinbarkeitszumutungen zwar spezifische Fähigkeiten und Qualifikationen ausbilden, die viel Nähe zu weiblich konnotierten Berufstätigkeiten in den Feldern Sozialer Arbeit aufweisen, aber aus denselben Zuweisungen und Zwängen können daraus nur schwer wettbewerbliche Subjektivierungsleistungen für die eigene berufliche Karriere werden. Ihre Teilhabebeschränkungen lassen sich durch wettbewerbliche Subjektivierungen nicht auflösen, sondern tendenziell eher verschärfen. Gerade Frauen werden hier durch die Geschlechterordnung eher beschränkt. Besonders Mütter stehen vor einem Vermittlungs- und Gestaltungsproblem, denn mit den verschärften Anforderungen an die wettbewerbliche Subjektivität können Mütter immer weniger mithalten. Zunehmende Arbeitsbelastungen lösen Mütter durch Flexibilisierungen der privaten Lebensführung, die jedoch nicht immer gelingen. Die vormals in die Profession und ihre Organisationen eingelassene besondere Synthesemöglichkeit von Arbeit und Leben ist den Frauen kaum (noch) möglich und bei den Männern gar nicht vorhanden. Frauen arbeiten daher überproportional häufig in Teilzeit und erwirtschaften somit kein existenzsicherndes Einkommen – worüber sie in kommodifizierenden sozialen Sicherungssystemen benachteiligt sind – oder sie überführen die eigene unbezahlte Hausarbeit (Versorgungswirtschaft) in bezahlte Haushaltshilfearbeit (Erwerbswirtschaft), die vornehmlich von schlecht bezahlten Frauen geleistet wird.

Auf der obersten Managementebene der AWO SH sind Frauen weiterhin unterrepräsentiert, doch die Statuspositionierung der Männer gerät ins Wanken. Im Hinblick auf den geringen Männeranteil bei wachsender Organisation ist mit der Reorganisationsanalyse deutlich geworden, dass auf der Ebene des stellvertretenden Managements sowie auf der Ebene der Einrichtungsleitung keine Männerdominanz besteht und dass nun auch einige Männer (mindestens temporär) von prekären Positionierungen betroffen sind. Außerdem müssen sich Männer, vor allem diejenigen, die auf unmittelbarer Adressat_innen-Ebene tätig sind, in besonderer Weise und fortwährend mit vorherrschenden Männlichkeitsvorstellungen in den weiblich konnotierten Feldern Sozialer Arbeit auseinandersetzen. Zum Teil überwinden sie tradierte Konstruktionen, zum Teil schreiben sie diese reformiert fort, während Frauen weibliche Zuschreibungen verberuflichen oder sich durch neue berufliche Konstruktionen zumindest zum Teil davon befreien. Letzteres ist Frauen besonders in der Einrichtungsleitung möglich und dort zugleich notwendig, denn gerade in den Auseinandersetzungen mit den Kostenträgern erfüllen sie Tätigkeiten, die lange Zeit fest in männlicher Hand waren. Frauen sind nicht mehr nur Zuschauerinnen bei den ,ernsten Spielen des Wettbewerbs' (Bourdieu 1997: 204) unter Männern, sondern als Einrichtungsleiterinnen befindet sich ,im Spiel' der betrieblichen Profilierung und ökonomischen Auseinandersetzung unter Konkurrenzbedingungen auf Quasi-Märkten. Mit der Transformation des Sozialen wird offensichtlich, dass Geschlecht eine doppeltrelationale Kategorie ist. Der geschlechtliche Status einer Person ist von den Beziehungen zur anderen und zur eigenen Genusgruppe abhängig.

Entscheidend für das Geschlechterverhältnis aber ist, dass die Wertzusammensetzung Sozialer Arbeit nur verhältnismäßig geringe symbolische und ökonomische Bestandteile enthält und sich vornehmlich durch emotionales Kapital auszeichnet. Hierüber entfalten entsprechend tradiert-geschlechtlich aufgeladene Konnotationen und Rollenvorstellungen ihre Wirkung und prägen das Geschlechterverhältnis im Sozialsektor deutlich. Erst wenn es zu einer entsprechenden Kapitalverschiebung, einer Aufwertung und einer tendenziellen Loslösung von geschlechtlichen Zuschreibungen Sozialer Arbeit kommt, wird dieses Arbeitsfeld für mehr Männer attraktiver.

In der Perspektive können die Frauen und Männer in den Einrichtungen losgelöst von früheren Verbandstraditionen Projekte inhaltlich (mit)entwickeln und in flexibleren Arbeitsstrukturen das eigene Leben stärker gestalten. Soweit eine funktionale Verschränkung der persönlichen Präferenzen mit den Organisationszielen gegeben ist, kann eine positiv besetzte gegenseitige Verstärkung daraus hervorgehen. Dies ist am ehesten in den Positionen der Einrichtungs- und Fachbereichsleitung möglich, weil dort sozialpädagogische Fachlichkeit und gestiegene Einrichtungsautonomie zusammentreffen können. Dieser Aspekt ist besonders für Frauen relevant, weil sie die Mehrzahl der Einrichtungen leiten. Allerdings stellt sich diese Freiheit auch als Zwang dar: Die Individuen sind genötigt, sich in diese gestaltende Position zu begeben und sie mit der Sphäre des Lebens zu verbinden. Wie aufgezeigt, müssen gerade Frauen hier Entlastungen erfahren. Soll geschlechtergerechtes Arbeiten und Leben realisiert werden, ist die geschlechtlich aufgeladene Normativität des Wettbewerbs zurückzuweisen, sind die geschlechtlichen Lebenswelten und Lebenslagen im Erwerbszusammenhang stärker zu berücksichtigen und ist eine Dekommodifizierung der Beschäftigten Sozialer Arbeit zu erreichen.

Schließlich wird sechstens klar, dass das Verständnis von Subjektivierung geschärft und erweitert werden muss und dass zu Subjektivierung*en* weitere Forschungen notwendig sind. Die hier vorgestellte Trennung von gefangener und wettbewerblicher Subjektivierung versteht sich lediglich als ersten Beitrag zur Differenzierung innerhalb der generellen Subjektivierungsdebatte. Die für Soziale Arbeit typischen Merkmale der Beziehungs-, Kommunikations-, Interaktions- und Reflexionstätigkeiten haben ein spezifisches Wechselverhältnis von Persönlichkeit und Arbeit zur Folge. Geht es in einer Vielzahl industriesoziologischer Beiträge zur Subjektivierung von Arbeit primär um eine neue Form der Produktivkraftentwicklung zur Verwertung und Ausbeutung, ergibt die Untersuchung des Care-Work-Prozesses, dass eine andere Erschließung und Nutzung subjektiver Fähigkeiten der Persönlichkeits- und Lebensentwicklung dient und notwendiger Grundbestandteil des gesamten (Re)Produktionsprozesses ist. An dieser Stelle erscheinen anknüpfende Forschungen lohnend. Auch in anderen Branchen und Arbeitsfeldern sind Arbeiten enthalten, in die Arbeitende ihre Persönlichkeit einbringen, ohne dass unmittelbar oder effizient Mehrwert erzeugt wird. Allerdings werden deren gefangener Charakter und ihr Fehlen bei Wettbewerbsdruck schwieriger zu bestimmen sein, wenn sie nicht auf Menschen bezogen sind.

6.2 Aussichten

In der vorliegenden Abhandlung stehen die realen Bedingungen, Anforderungen und Möglichkeiten der arbeitenden Frauen und Männer im analytischen Vordergrund. An diesem Punkt der erarbeiteten Erkenntnisse stellt sich die Frage, welche Konsequenzen sich daraus ergeben oder welche neuen (Forschungs)Ansätze erkennbar sind. Einige der gewonnenen Einsichten sollen daher nun noch kurz fortgeführt und weiterentwickelt werden. Dafür wird eine subjektorientierte Managementblickrichtung entwickelt, um aus einer partizipatorischen Perspektive das Schließen von nunmehr bekannten Umständen auf noch unbekannte zu ermöglichen, um ggf. auch kontroverse Aussichten zu diskutieren und somit Erkenntnisse zu ermöglichen, die vorab gar nicht im Betrachtungsfokus liegen (konnten).

Der folgende Abschnitt beginnt mit einer kurzen Erörterung der Interessen, denn es erscheint in einer hegemonial verfassten Auseinandersetzungsarena notwendig, widerstreitende und gemeinsame Interessen der Akteur_innen Sozialer Arbeit zu benennen, wenn diese mehr gesellschaftliche Teilhabe erringen wollen. Für die Gestaltung und Durchsetzbarkeit der Interessen Sozialer Arbeit sind Organisationen nötig, die sich aktiv mit dem politisch-kulturellen Kontext auseinandersetzen. Zu den Organisationen Sozialer Arbeit gehört notwendigerweise eine bestimmte Führungs- und Leitungsebene. Der zweite Schwerpunkt liegt daher beim Sozialmanagement, auch wenn damit ein umstrittenes Feld Sozialer Arbeit berührt wird – wie nicht zuletzt auch diese Arbeit zeigt. Um im Sozialmanagement „(...) Professionelle zu ermächtigen, die Entwicklung des sozialen Dienstleistungssektors mitzugestalten" (Beckmann u.a. 2009: 36) fehlt es an Konzepten. Hier werden erste Konturen eines partizipatorischen Sozialmanagements in professionellen Organisationen gezeichnet, um Effizienzsteigerungen im Sinne einer Fürsorgerationalität zu begreifen und zur fachlichen Weiterentwicklung der Profession zu nutzen, um ein dafür mit der Spezifik Sozialer Arbeit verknüpftes inneres Führungs- und Leitungsmodell zu beginnen und um die Organisationen Sozialer Arbeit in ihrer Vermittlerinnenrolle zwischen versorgungs- und erwerbswirtschaftlichen Sphären sozialpolitisch weiter zu entwickeln.

6.2.1 Interessen

Die Ambivalenz der AWO SH und der dort arbeitenden Menschen besteht gerade darin, dass hier nicht einfach nur betriebswirtschaftlich-hegemoniale Orientierungen umgesetzt werden, sondern auch alternative Vorstellungen und gegenhegemoniale Ausrichtungen entstehen. Am Beispiel der AWO SH wird offensichtlich, dass rund 20 Jahre nach Einführung der ‚Neuen Steuerung' diese nicht nur an der generellen Brüchigkeit des Wettbewerbs gescheitert ist, sondern dass die Arbeitenden und Organisationen sich ihre Programmatik nicht uneingeschränkt zu eigen machen, dass sie sich wettbewerblichen Regierungsrationalitäten und Technologien zu entziehen versuchen und dass aus dem Neuen Steuerungsmodell keine optimierten Organisationen resultieren – weder im Sinne eines idealen Wettbewerbs, noch im Sinne sozialer Dienstleistungen an, für und mit Menschen. Was bleibt, ist das ‚Neue' an dieser Steuerungsform: Soziale Arbeit sieht sich nicht (mehr) primär in der Auseinandersetzung mit dem Primat der Politik, sondern dem der Betriebswirtschaft. Jedoch haben die dazu aufgedeckten widerständigen Praktiken und Alternativen eine entscheidende Schwäche: Sie erscheinen ungebündelt, ohne Struktur und Strategie.

Das Definieren, Gestalten und Strukturieren der Felder Sozialer Arbeit durch neoliberale Interessen des Wettbewerbs wirft die Frage auf, wie die individuellen und institutionellen Akteur_innen Sozialer Arbeit mit ihren gemeinsamen sozialpolitischen Interessen dem wirksam entgegentreten können. Darauf gibt es keine abschließende Antwort, schon gar nicht allein im Rahmen einer wissenschaftlichen Arbeit. Im Sinne eines dauerhaften Problems ist eine solche Antwort nur in der Gemeinschaft kollektiver Akteur_innen Sozialer Arbeit diskutierbar und bearbeitbar. Aber aus den Ergebnissen der vorliegenden Arbeit sind drei Schritte ableitbar, um an diese voraussetzungsvolle Frage partizipatorisch heranzutreten:

Erstens müssen die originär ‚eigenen' Interessen Sozialer Arbeit zunächst bestimmt und von Überlagerungen durch hegemonial durchgesetzte Interessen befreit werden. Dieser Vorgang erscheint nach den Ergebnissen zur Internalisierung des Wettbewerbs schwierig, beruht Hegemonie doch darauf, dass sich die Subalternen die Interessen der beherrschenden Gruppe in einem wechselseitigen Prozess zu eigen machen, indem sie die neoliberalen Absichten übersetzen, verändern und aushandeln. Bislang ist es Sozialer Arbeit aber gelungen, den Gegenstand und den Bezugspunkt ihrer Profession in vielfältiger Weise weitestgehend ‚selbst' zu bestimmen. Weil an dieser Stelle die breite Palette der Debatten nicht in angemessener Weise wiedergeben werden kann, ohne den Rahmen dieser Arbeit zu sprengen, muss der Verweis darauf genügen, dass sich Soziale Arbeit im Kern auf soziale Ungleichheiten bezieht, dem Gemeinwohl verpflichtet ist und soziale Gerechtigkeit erreichen will. Dafür bezieht sich Soziale Arbeit handelnd auf die Gesellschaft. In den Ungleichheitsverhältnissen der Gesellschaft sind die Kategorien gender, class and race durch und durch Subtext, den es aufzudecken und zu bearbeiten gilt. Egal ob es sich dabei etwa um ein Verständnis von Sozialer Arbeit als Menschenrechtsprofession (Staub-Bernasconi 2005: 253ff.; 2007: 20ff.) oder um die Sicht einer Weltinnenpolitik (Thiersch 2002: 13ff.) geht, befindet sich Soziale Arbeit in einem global-politischen Kontext. Im Sinne einer ‚konkreten Utopie‘, die fern von barem Wunschdenken Latenzen und Tendenzen aufnimmt und weiterentwickelt (Bloch 1985: 723ff.), ist weltweite soziale Gerechtigkeit das Fernziel, das vielleicht unerreichbar ist und sich doch durch ein stetiges daraufhin Arbeiten auszeichnet. Das Gegebene wird hinterfragt, weil es gegeben ist und Besseres für die Menschen denkbar ist. Mit welchen Konzepten und Methoden, in welchem Maß und unter welchen zeitlichen und räumlichen Bezügen soziale Gerechtigkeit erreicht werden soll, ist zwar umstritten und Teil der notwendigerweise immer wieder zu führenden Debatte, aber dennoch sind die damit verknüpften Interessen von den anderen Interessen einer Programmatik des Wettbewerbs, der Konkurrenz, des Profits und des Privateigentums abgrenzbar.

Zweitens sind die Ziele, Positionen und Interessen der Akteur_innen in der Sozialen Arbeit zu klären. Ungeachtet der hegemonialen Gesamtrahmung bestehen diverse Unterschiede: zwischen den Arbeitgebenden und Arbeitenden, zwischen den Arbeitenden auf den ausführenden und den leitenden Ebenen, zwischen Arbeitenden in unterschiedlichen Tätigkeitsfeldern und zwischen arbeitenden Frauen und Männern. So zeigt die Forderung „Soziale Arbeit ist mehr wert" (ver.di 2007) gerade im Spiegel anderer Berufe und Branchen ihre Berechtigung, doch reichen scheinbar geschlechtsneutrale Entgeltforderungen der Gewerkschaften nicht aus. Die in die Produktionsverhältnisse Sozialer Arbeit eingelassenen Geschlechterverhältnisse sind Teil der organisationalen Verfasstheit von Arbeit und Teil der gesellschaftlichen Ordnung. Gewerkschaften muss es besonders in den Feldern Sozialer Arbeit zukünftig viel stärker um Geschlechtergerechtigkeit gehen, beispielsweise beim Entgeltniveau von Frauen und Männern. Hinzu treten verschiedene Interessenlagen unter den Adressat_innen und ihren Angehörigen, in der Mitgliedschaft der Verbände und innerhalb der Genusgruppen. Hierbei geht es um das Verhältnis zueinander sowie innerhalb dieser Gruppen. Ergo sind die in den Gruppen vorhandenen Interessen auf Gemeinsamkeiten und Gegensätze im Interessengesamtkontext Sozialer Arbeit zu prüfen, wobei es zu Differenzierungen und Solidarisierungen kommen muss.

Drittens stellt sich die Frage nach den ‚richtigen‘ Instrumenten für eine durchgreifende Auseinandersetzung. In diesem Zusammenhang ist die Verfasstheit von Sozialer Arbeit zu berücksichtigen. Gefangene Subjektivierung bedeutet, in Interaktion mit den Adressat_innen die eigene Persönlichkeit in die Arbeit einfließen zu lassen, wobei die Arbeit zugleich die Persönlichkeit prägt. Dieses interaktive Wechselverhältnis weist vergeschlechtlichte Dimensionen auf und ist von einer bestimmten beruflichen Haltung durchdrungen. Bei der Suche nach wirkmächtigen Instrumenten ist zu berücksichtigen, dass Soziale Arbeit hochgradig adressat_innenorientiert ist. Aus Sicht der Arbeitenden und der Verbände haben negative Wirkungen für die Adressat_innen eine schwerwiegende Bedeutung. Die Wohlfahrtsverbände gründen auf Prinzipien, die den Adressat_innen gewidmet sind – sei es die Nächstenliebe bei Caritas und Diakonie, die Wohltätigkeit (Zedaka) der Zentralwohlfahrtsstelle der Jüdinnen und Juden, die Chancengleichheit des Paritätischen Gesamtverbandes, das humanitäre Völkerrechtsverständnis im Deutschen Roten Kreuz oder die Solidarität, Gleichheit und Gerechtigkeit bei der Arbeiterwohlfahrt. Die Beschäftigten begeben sich tagtäglich in persönliche Beziehungen, die sie mit den Adressat_innen emotional verbinden. Wie aufgezeigt, prägt das emotionale Kapital aus Sozialer Arbeit den Habitus der Arbeitenden. Zugleich sind sie den Adressat_innen gegenüber mächtig, denn oftmals sind diese nur eingeschränkt entscheidungs- und handlungsfähig. Hieraus erwächst eine besondere Verantwortung. Folglich bedeutet jede potentielle Beschädigung der Adressat_innen eine Belastung, auch wenn sie im Kontext notwendiger Interessenkämpfe geschieht. Dieser gewichtige Aspekt ist bei der Findung von Instrumenten zur Interessendurchsetzung zu bedenken.

Klassische Arbeitskampfinstrumente (Streik, Aussperrung) können nicht die insgesamt benötigte Wirksamkeit erzeugen. Ein Arbeitskampf zwischen den Trägern der Freien Wohlfahrtspflege und den Vereinigungen der Arbeitenden (Gewerkschaften) wirkt sich zwar auch auf diese beiden Parteien aus, aber er entfaltet seine Wirkungen ebenso in Richtung der Adressat_innen und deren Angehörige. Machtpolitisch entscheidend ist, dass ein Arbeitskampf nicht das ursächliche Refinanzierungssystem oder gar die gesellschaftlich herrschende Gruppe unter Druck setzt. Während bei profiterzeugenden Arbeitsprozessen die Arbeitenden mit dem Entzug ihrer Ware Arbeitskraft die Kapitalakkumulation aussetzen, dadurch die Kapitalrendite bedrohen und so wirtschaftliche Macht besitzen, steht den Beschäftigten freigemeinnütziger Träger diese innerbetriebliche Wirkmächtigkeit nicht in gleicher Weise zur Verfügung. Zwar können sie mit dem Entzug der Ware Arbeitskraft die arbeitgebende Seite unter Druck setzen, aber solange ein Träger freigemeinnützig ist, darf er keine private Kapitalrendite erzielen und muss im staatlich vorgegebenen Refinanzierungsrahmen wirtschaften. Da der Quasi-Markt auf Seiten der Kostenträger monopolistisch ist, kann auch ein Leistungsträger der Freien Wohlfahrtspflege keine mächtige Position erringen. Er befindet sich in einer asymmetrischen Position und ist wirtschaftlich abhängig. Nur wenn die Leistungsträger kollektiv und in der Gemein-

schaft mit den Arbeitenden die Angebotsseite sozialer Dienstleistungen (unbefristet) schließen, entsteht ein Druck auf den Kostenträger. Indes ist zu bedenken,
dass negative Wirkungen bei den Adressat_innen und ihren Angehörigen verbleiben, dass soziale Dienstleistungen längerfristig organisiert sind und dass
privatwirtschaftliche Anbieter dieses Zeitfenster als Vorteil nutzen können.

Darüber hinaus ist ein übergeordneter Gesichtspunkt bei der Findung von
Interesseninstrumenten von Bedeutung: Die Produktionsverhältnisse Sozialer
Arbeit werden maßgeblich durch einen hohen Frauenanteil geprägt. Die Kampf-
instrumente und -rituale der Institutionen (Gewerkschaften und Verbände der
Arbeitgebenden) beziehen sich jedoch auf eine männlich geprägte Rahmung: den
Industrialismus. Zwar geht die Geschichte der Arbeitskämpfe deutlich weiter
zurück, aber im Industrialismus und seinen komplexen Sozialsystemen hat sich
eine für Deutschland typische Ausprägung der Sozialpartnerschaft etabliert, die
von Männern geformt wurde und die sich am männlichen Facharbeiter orientiert,
der in Vollzeit beschäftigt ist und als Familienernährer fungiert. Abgesehen davon, dass diese gesellschaftliche Ordnung von Arbeit seit Langem an Bedeutung
verliert, wird sie den Verhältnissen Sozialer Arbeit nicht gerecht. Gegenüber
dem Industriearbeitsmodell hat die Dienstleistungsökonomie deutlich an Stärke
gewonnen, doch setzt sie sich anders zusammen. Im Sozialsektor prägen vornehmlich Frauen und zunehmend Teilzeitarbeitsplätze die Beschäftigungsverhältnisse. Folglich benötigt Soziale Arbeit eine eigene Streitkultur mit entsprechend angepassten Instrumenten. Die Wohlfahrtsverbände müssen nach dem
Abschied vom Korporatismus diese Streitkultur erst einmal wieder neu entde-
cken und ausbauen. Dabei hilft ein Blick in die eigene Verbandsgeschichte und
in die der Sozialen Arbeit. Die Profession gründet auf sozialen Bewegungen –
insbesondere der Frauenbewegung – und deren Interesseninstrumente sind notwendigerweise politisch verfasst.

Für diese drei ausgeführten Aspekte – Interessen, Ziele und Durchsetzungs-
instrumente – ist ein analytischer Maßstab gefragt, der die Positionierung Sozialer Arbeit im gesellschaftlichen Gesamtgefüge klärt und mit dessen Hilfe mehr
Anerkennung eingefordert werden kann. In Anlehnung an das Statusmodell der
Anerkennung nach Fraser (2001: 23ff.; 2003: 44ff.), in dem mangelnde Anerkennung als eine Situation beschrieben wird, die die individuellen und kollektiven Akteur_innen durch institutionalisierte kulturelle Wertmuster an einem
gleichberechtigten Leben in der Gesellschaft hindert, ist die Hegemonie der
betriebswirtschaftlichen Effizienzordnung und die zugleich geringe Ausstattung
der Arbeitenden mit symbolischem und ökonomischem Kapital als Verhinderung
partizipatorischer Parität zu lesen. Individuellen und institutionellen Ak-
teur_innen Sozialer Arbeit ist es durch die Verfasstheit der Abhängigkeitsbezie-
hungen nur sehr schwer möglich, ihre Interessen durchzusetzen. Zudem bestehen

etablierte kulturelle Normen und Werte, die die Akteur_innen daran hindern, ihre Stimme ebenso wirkmächtig zu erheben wie andere. Der relativ untergeordnete Status und die fehlende Wertschätzung Sozialer Arbeit resultieren aus der weiblichen Codierung derselben und aus Gleichsetzungen mit der (fehlenden) Anerkennung der Adressat_innen, die von sozialen Ungleichheiten wie Deprivation, Diskriminierung oder Marginalisierung betroffen sind. Kultur (Sexualität) und Ökonomie (Klasse) sind nach Fraser (2001: 27f.; 2003: 55) zwei gleich bedeutende Faktoren sozialer Ungleichheiten.[93] Für die politische Ökonomie ist festzuhalten, dass die materielle Voraussetzung für ein gutes Leben die stärkere Angleichung von Wohlstand, Einkommen und Freizeit ist und die kulturelle Voraussetzung eine Dekonstruktion zugeschriebener Merkmale, die auf Geschlecht oder Sexualität beruhen, in gleicher und wechselseitiger Form. Den Rahmen dessen, was ein gutes Leben auszeichnet, haben Akteur_innen für sich selbst zu bestimmen, ohne andere in dieser Freiheitsform zu beschränken (Fraser 2003: 47). Hierfür reicht Wahlfreiheit nicht aus, denn Alternativen müssen entwickelt und benannt werden. Befähigungen sind notwendig. Unter Bezugnahme auf Fraser ist für Heite (2008: 202) mit einer personalen Autonomie notwendigerweise die Fähigkeit verbunden, eine reflexive Haltung zu den eigenen Wünschen und Zielen einnehmen zu können. Heite plädiert mit ihrer professionstheoretischen Perspektive auf den Kampf Sozialer Arbeit um Anerkennung für die Anerkennungsrationalität ‚Recht'.

„Professionalisierung in der Anerkennungsrationalität Recht bezieht sich auf die Norm partizipatorischer Parität und den Bürger_innenstatus der Adressat_innen und ist damit u.a. mit den Attributen antidiskriminatorisch und advokatorisch benennbar. In der Anerkennungsrationalität Recht können jenseits subjektzentrierter und eindeutig vergeschlechtlichter Deutungsweisen ökonomische, politische, soziale, kulturelle, sexuelle etc. Rechte (re)formuliert, eingelöst, verteidigt, hinterfragt, ausgehandelt und gegen Entrechtung in Stellung gebracht werden" (Heite 2008: 201f.).

Auch wenn der Bezugspunkt dort die Adressat_innen und hier vornehmlich die Arbeitenden sind, ist die von Heite entwickelte Richtschnur für Ungleichheitsrelationen übertragbar:

„Ausschlaggebend für die Beurteilung einer Situation als ‚ungerecht' – und damit die Begründung von Interventionen in diese Ungleichheitsverhältnisse – ist die Frage nach

---

93 Butler (2006:162ff.) setzt sich explizit mit Frasers Ansatz einer Trennung von Anerkennung und materieller Unterdrückung auseinander. Sie begreift die Regulation von Sexualität und Geschlecht als ein systematisch mit den Produktionsweisen verknüpftes Verhältnis. Sexualität ist unmittelbar an materielle Ungleichheiten (unbezahlte und ausgebeutete Arbeit) geknüpft. Sie ist über die Reproduktion materieller Güter und die Reproduktion von Individuen ökonomisch zu denken (Butler 2006: 164).

den ‚objektiven' Möglichkeiten und Freiheiten subjektiver und kollektiver Akteure, das eigene Leben unbeeinträchtigt so oder auch anders zu gestalten zu können, also die Frage, ob partizipatorische Parität gegeben ist oder nicht" (Heite 2008: 202).

Dieser Maßstab, der an die genannten Punkte der Interessenklärung anschlussfähig ist, und die skizzierten poltisch-ökonomischen Zusammenhänge von Anerkennung und Ungleichheiten bieten der Interessenformulierung eine Grundlage.

6.2.2 Plädoyer für ein partizipatorisches Sozialmanagement professioneller Organisationen Sozialer Arbeit

Um die Bündnis- und Durchsetzungsfähigkeit der Organisationen Sozialer Arbeit (wieder) zu erhöhen, ist ein Bezug zur politischen Ökonomie notwendig, wie die aufgezeigten Antagonismen gefangener und wettbewerblicher Subjektivierungen veranschaulichen. Zur Interessendurchsetzung müssen Rechte erkämpft, verteidigt und eingefordert werden. Dies erreichen politische Bündnisse, die die kollektiven Interessen relevanter Akteur_innen professionell vereinen. Dafür wird auch das Management benötigt. Bei den Vorständen, Geschäftsführungen und Leitungen liegt die Herausforderung, nicht nur unternehmerisch auf Refinanzierungssysteme zu reagieren, sondern sich als sozialpolitische Akteur_innen zu verstehen und entsprechen zu agieren. Auch unternehmerisch verfasste Träger der Freien Wohlfahrtspflege können die sozialpolitischen Ziele und originären Interessen Sozialer Arbeit nicht an den (ehrenamtlichen) Verbandsteil delegieren, sondern müssen diese aktiv in ihre Sozialmanagementpraxis einbeziehen, wollen sie als gemeinnützige Verbände bestehen, ihre gesellschaftspolitische Funktion prägen und professionelle Soziale Arbeit in ihrem eigenen Verständnis weiterentwickeln. Sie befinden sich inmitten einer Auseinandersetzungsarena, die nicht betrieblich begrenzt ist, in der sie sich positionieren müssen und in der sie als politisch Handelnde gefordert sind.

Da auf der Leitungsebene latent die Gefahr einer managerialistischen Sichtverengung gegeben ist, bei der die Beschäftigten schnell ausgeblendet, funktionalisiert oder sogar instrumentalisiert werden, während die Wohlfahrtsverbände aber in ihrer Komplexität und organisationalen Heterogenität auf ein professionelles Management Sozialer Arbeit angewiesen sind, muss eine konzeptionelle Brücke zwischen Personen auf der ausführenden und der leitenden Ebene gebaut werden. Daher wird ein partizipatorisches Sozialmanagement für professionelle Organisationen Sozialer Arbeit vorgeschlagen.

Regierungsverständnis

Leitungskräfte in den Organisationen Sozialer Arbeit sind in Zeiten diskontinuierlicher Reorganisation Projektionsfläche für die Einstellungen und Gefühle der Arbeitenden gegenüber der Veränderung. Wie sich zeigt, wird vom Management weniger die Regelsetzung und Machtkonzentration verlangt; vielmehr sollen punktuelle Unterstützungen, gute Rahmenbedingungen und erreichbare Zielsetzungen sicher und verlässlich geboten werden. Dafür benötigt das Management faktische Gestaltungsmacht, doch ist diese unter den gesetzten Refinanzierungsbedingungen nicht ausreichend gegeben. Es gilt, den sozioökonomischen Rahmen zu erweitern. Während vormals meist männliche Sozialfachkräfte entlang bündischer Strukturen in die Verbandsführungen gelangten, die mit dem quasimarktförmigen Strukturwandel an ihre Fachlichkeitsgrenzen stießen, birgt die gegenwärtige, an der subjektivierenden Produktionsweise des Kapitalismus ausgerichtete Ordnung die Gefahr, dass ein Sozialmanagementsystem nach den Prinzipien hegemonialer Effizienz regiert und entsprechend betriebswirtschaftlich einseitig ausgebildete Leitungskräfte die Herrschaft in den Organisationen übernehmen. Ihnen ist es wohl möglich, die vermeintlich lohnenden Geschäftsfelder und Geschäftsprozesse zu identifizieren. Um beurteilen zu können, welche Leistung, Qualität und Ressourcen für gute Arbeit an, für und mit Menschen erforderlich sind, ist aber die Fachlichkeit der sozialarbeiterischen Profession unerlässlich. Aus Perspektive der Beschäftigten und der Träger der Freien Wohlfahrtspflege sind also eindeutig eigene Sozialmanagementkonzepte in Bezug auf Soziale Arbeit dringend erforderlich.

Wie Soziale Arbeit selbst (Kessl 2005: 67ff.) ist auch das Sozialmanagement mit einem bestimmten Regierungsverständnis, mit einer gewissen Haltung zum Regieren und mit einer Funktion in der gesellschaftlichen Ordnung verknüpft (Beckmann u.a. 2009: 19ff.). Generell ist mit der Führung einer Organisation das durchgesetzte wechselseitige Regieren und Regiertwerden verbunden, so dass dieses Wechselverhältnis auch für partizipatorische Organisationsformen Sozialer Arbeit gilt. Aber alle die vorgenannten Punkte stellen im Kontext der Ziele Sozialer Arbeit eine spezifische Herausforderung für das Regieren dar. Sie sind vom Sozialmanagement reflexiv zu berücksichtigen. Hierfür ist es notwendig, die Managementfunktion, -position und das -entgelt unabhängig von betriebswirtschaftlichen Managementversionen zu bestimmen. Letzteres, der Managementlohn, ist auch im Verständnis der kapitalistischen Akkumulation nicht als starrer Bestandteil des Profits zu betrachten.[94] Der Managementlohn ist Teil

---

94 Hierin besteht seltene Einigkeit zwischen Marx und Smith: „Dieser Teil, wie schon A. Smith richtig herausfand, stellt sich rein dar, selbstständig und gänzlich getrennt einerseits vom Profit (als Summe von Zins und Unternehmergewinn), andererseits von dem Teil des Profits, der nach

der Arbeitskosten, ganz unabhängig davon, ob es sich um eine Profit- oder eine Non-Profit-Organisation handelt.

Die kontrollierenden Aspekte des Managements verweisen auf gegenläufige Interessen verschiedener Gruppen und sie verweisen auf die Herrschaftsfunktion des Managements.[95] Wenn sich nun aber in einer Organisation Sozialer Arbeit ein gemeinsames Interesse der managenden, leitenden und ausführenden Arbeitenden bestimmen lässt und dieses übergeordnete Kollektivinteresse gegenüber einer hegemonialen Effizienzordnung das Bild prägt, bleibt zwar ein bestimmter Anteil der Herrschaftsarbeit des Managements bestehen, die als produktive Arbeit unabhängig vom Wirtschaftssystem notwendig ist, die sich jedoch deutlich von profitorientierten Unternehmen unterscheidet.[96] Wenn Ansprüche auf Anerkennung vom Standpunkt sozialer Gerechtigkeit und Gleichheit betrachtet werden, kann eine Organisation Sozialer Arbeit diese Ansprüche nicht durchzusetzen versuchen, ohne intern eine ähnliche Variante der Anerkennungspolitik zu betreiben. Also muss ein partizipatorisches Management Sozialer Arbeit subjektorientiert sein. Dafür müssen Organisationsstrukturen zur Verfügung stehen, die eine qualifizierte Einmischung der Managenden und der Arbeitenden in die internen und externen Prozesse Sozialer Arbeit ermöglichen. Selbst wenn sie insgesamt soziale Gleichheit befördert, so ist eine Organisation Sozialer Arbeit nur akzeptabel, wenn sie sich bei der Erbringung ihrer Arbeit an dieselben Grundsätze und Maßstäbe hält.

Dabei ist professionelle Soziale Arbeit auf Organisationen angewiesen, in denen ein professioneller Rahmen geboten wird. Sie ist also von einer professionsspezifischen institutionellen Anbindung abhängig, die in ihrem Aufbau- und Ablaufstrukturen wiederum professionell organisiert sein muss. Das Managementregime solch professioneller Organisationen steht in der grundsätzlichen Verantwortung, auf die Ziele Sozialer Arbeit bezogen zu handeln. Zur Einnahme

---

Abzug des Zinses als sogenannter [sic!] Unternehmergewinn übrig bleibt, in dem Gehalt des Dirigenten in solchen Geschäftszweigen, deren Ausdehnung usw. hinreichende Teilung der Arbeit erlaubt, um besonderen Arbeitslohn für einen Dirigenten zu gestatten" (Marx 1988b: 396f.).

95 Auch die Verallgemeinerung neoliberaler Interessen durch die Aneignung einer betriebswirtschaftlichen Effizienzordnung von kollektiven und individuellen Akteur_innen benötigt ein kontrollierendes Management und kann der wettbewerblichen Subjektivierung nicht gänzlich vertrauen. Nur ändert sich die Kontrolltechnik eben massiv, indem Selbsttechnologien erzeugt werden und indem aus der Ferne eine Zielsteuerung (anstelle einer Detailkontrolle) erfolgt. Dahinter bleiben die gegenläufigen Interessen der Verwertung der Ware Arbeitskraft bestehen. Sie sind nun allerdings undeutlicher und verdeckter - zumal auch in neoliberalen Diskursen vielfach von Gemeinsamkeiten die Rede ist.

96 Nach Marx (1988b: 397) muss in jeder Produktionsweise Herrschaftsarbeit verrichtet werden, aber: „Bei der Kooperativfabrik fällt der gegensätzliche Charakter der Aufsichtsarbeit weg, indem der Dirigent von den Arbeitern bezahlt wird, statt ihnen gegenüber das Kapital zu vertreten" (Marx 1988b: 401).

einer reflexiven Haltung auf eben diese Ziele ist es auf Kritik angewiesen. Sozialmanagement benötigt die Kritik der Arbeitenden als „(...) die Kunst, nicht dermaßen regiert zu werden" (Foucault 1992:12). Diese Kritik versteht sich als konstruktive Widersacherin, um das Management herrschaftlich zu begrenzen und um es auf das Maß an Macht zurückzuführen, das die Partizipation aller Akteur_innen in der Organisation und die Zielbezogenheit Sozialer Arbeit gewährleistet. Partizipation wird generell dadurch reguliert, dass die Teilhabe einer Person nicht die Teilhabe einer anderen Person beschränken darf. Dieser Grundsatz gilt intern sowohl für die Arbeitenden auf der ausführenden als auch auf der leitenden Ebene. Weil Soziale Arbeit in Koproduktion auf Adressat_innen zielt, muss bei den Partizipationsformen der Arbeitenden die extern handelnde Adressat_innen-Ebene mitbedacht werden, denn Adressat_innen werden innerorganisatorisch nicht beteiligt. Die Teilhabe der ausführenden und leitenden Arbeitenden dient also der selbstbestimmten Gestaltung ihrer Arbeits- und Lebensweisen und muss zugleich eine besser gelingende Lebensweise anderer anstreben. Die Organisation und der Einsatz ihrer Mittel geschehen in Verständigung und Abstimmung mit den Bedürfnissen und Sichtweisen der Adressat_innen (Fürsorgerationalität). In diesem Sinne berücksichtigt ein partizipatorisches Management Sozialer Arbeit alle Akteur_innen, auch wenn eine Funktionsdifferenzierung notwendig ist.

In Organisationen Sozialer Arbeit zeichnet sich das Management nicht nur durch Regentschaft aus, sondern auch durch Gehorsamkeit gegenüber den Zielen Sozialer Arbeit und den daraus resultierenden Interessen und universellen Rechten. Das Management ist keine unhinterfragbare Autorität. Die Akteur_innen müssen die Regierungsweisen für gut befinden und annehmen (können). Partizipatorisches Sozialmanagement professioneller Organisationen zeichnet sich durch fünf Merkmale aus:

1. Es ist den Zielen und daraus resultierenden Interessen und Rechten Sozialer Arbeit verpflichtet.
2. Es nutzt die Ressourcen der Akteur_innen Sozialer Arbeit und bezieht diese durch Möglichkeiten und Mittel aktiver Mitbestimmung ein. Dies betrifft insbesondere die Arbeitenden und die Mitgliedschaft der Verbandsebene.
3. Es hat die (Re)Produktionsverhältnisse, die darin eingelassenen Geschlechterverhältnisse und die Arbeits- und Lebensweisen der Arbeitenden im Blick und gestaltet die Rahmenbedingungen für gute Arbeit.
4. Es fördert die Teamarbeit und die Gestaltungsmöglichkeiten auf Einrichtungsebene.
5. Es orientiert sich an der sozialen Umwelt und den Lebenswelten der Adressat_innen Sozialer Arbeit.

Damit ist das Zielsystem Sozialer Arbeit (und die darin elementar eingelassene Adressat_innen-Ebene) erreicht, die eine Zweckbestimmung der Organisation erforderlich macht. Bei der Zweckbetrachtung einer konkreten Organisation reichen rationale Maßstäbe allein nicht aus, denn in Organisationen werden Rationalitäten oftmals erst nachträglich bemüht, um Entscheidungen unter Risikobedingungen zu erklären (Grunwald 2007: 468ff.; 2008: 195; 2009: 92ff.). Zudem bestehen in ein und derselben Organisation oftmals mehrere Ziele nebeneinander, wie die Analyse der AWO SH als unternehmerische und sozialpolitische Akteurin sowie die Interessenlagen individueller und kollektiver Akteur_innen zeigen, so dass sie nicht durch einen bestimmten Zweck konsistent aufgebaut sein kann. Die Organisation AWO SH ist ein soziales Gefüge, in dem geplante und ungeplante Ordnungen bestehen und in dem beabsichtigte und unbeabsichtigte Prozesse ablaufen. Die damit verbundenen offenen und verdeckten Regeln und Normen geben durch ihre soziale Verbindlichkeit dem System innere Stabilität. Nach außen hat die AWO SH als gesellschaftlich eingebettete Institution vielfältige Berührungen mit der Umwelt, zu der sie eine Offenheit als Austauschbeziehung und eine Grenzziehung zur Bestandsstabilität entwickeln muss. Wenn also Management als zielorientiertes Gestalten und Steuern der Organisation verstanden werden soll, muss es die prozessualen, wechselseitig-dynamischen Aspekte des Organisationslebens zusammen mit den politischen, sozialen, ökonomischen und historisch-kulturell verschiedenen Umwelten im Blick haben.

Ein derart komplexes System wie die AWO SH lässt sich nicht linear und nicht starr von oben nach unten (top-down) steuern, wie schon der Blick auf die Vielzahl und Vielfalt der Einzeleinrichtungen bestätigt. Die Selbst- und Teamtechnologien der Arbeitenden sind für das zentrale Management substanziell nötige Steuerungselemente. Dafür ist die Einrichtung die neue innerorganisatorisch bedeutendste Schnittstelle zwischen Organisation und Person geworden. Während früher der Vereinsvorstand oder die Vereinsgeschäftsführung vor Ort deutlich autoritärer bis in das Tagesgeschäft hinein regieren konnte, ist das zentrale Management zu dieser Detailleistung aus der Ferne gar nicht mehr in der Lage. Größe und Komplexität der AWO SH beinhalten also eigentlich die Potentiale stärkerer gegenseitiger Anerkennung und Partizipation. Doch aufgrund der negativen Erfahrungen mit dem Steuerungsverlust unter quasi-marktförmigen Bedingungen und wegen einer mangelnden ökonomischen Professionalität in der Vereinsgeschichte wurde mit der Fusion und den Reorganisationsschritten die Macht zentralisiert und die wirtschaftliche Verantwortung dezentralisiert. Auch hierüber sind die Management- und Einrichtungsebenen in gegenseitiger Abhängigkeit verbunden, denn das Wohl und Wehe der Gesamtorganisation, der Einrichtung und der Arbeitsplätze ist mit der Wirtschaftlichkeit der bedeutendsten

Erbringungseinheit verknüpft. Aber die Dezentralisierung der wirtschaftlichen Verantwortung minimiert das ökonomische Risiko für die Gesamtorganisation, während die Zentralisierung der Macht die Abhängigkeit der Einrichtung vom Management erhöht. An diesen Strukturen und Machtverhältnissen entzündet sich die Kritik der Arbeitenden, unabhängig davon, ob sie auf Leitungsebene tätig sind oder ob sie unmittelbar mit den Adressat_innen arbeiten.

Gleichwohl zeigt sich am Beispiel der AWO SH, dass es unter der vorherrschenden betriebswirtschaftlichen Effizienzordnung nicht möglich ist, wettbewerbliche Zwänge auszublenden. Unter den unsicheren Erbringungsverhältnissen der politisch gewollten Ökonomisierung des Sozialbereichs kann sich die AWO SH als ganze Organisation nur dann relativ stabilisieren, wenn sie sich als unternehmerische Akteurin in den Quasi-Wettbewerb einbringt. Dies erfordert den umfassenden Reorganisationsprozess, löst ihn immer wieder neu aus und schafft paradoxe Arbeitsanforderungen. Sowohl die Träger der Freien Wohlfahrt als auch die Arbeitenden müssen in Konkurrenz zu anderen und in Kooperation mit anderen agieren (wobei diese ‚anderen' Verbände und die dort Arbeitenden, Kolleg_innen, Adressat_innen bis hin zum Ehrenamt umfassen). Ebenso wie sich die Arbeitenden im Spannungsfeld zwischen wettbewerblichen und gefangenen Subjektivierungsleistungen stabilisieren müssen, ergeht es der AWO SH als Organisation. Weil die AWO SH nicht nur Unternehmerin, sondern auch sozialpolitische Akteurin ist, muss sie sich ‚mit ihrer ganzen Organisation' einbringen und auseinandersetzen. Gegenwärtig beinhaltet dies eine relativ integrierte Geschäftspolitik der unternehmerischen und der sozialpolitischen Akteurin (Abschnitt 5.1.1.4). Eine zu starke unternehmerische Umsteuerung gefährdet den innerverbandlichen und damit den gesamtorganisatorischen Zusammenhalt der AWO SH. Aber ein zu starker Rekurs auf die traditionelle Verbandsstruktur und -kultur gefährdet auch die von außen geforderte wettbewerbliche Positionierung, damit die Wirtschaftlichkeit und schlussendlich die Existenz der AWO SH. In diesem Dilemma gelangt die AWO SH immer wieder an problematische Wendepunkte und in kritische Entscheidungssituationen. Auch andere Organisationen Sozialer Arbeit erleben mehr oder weniger ähnliche Situationen. Dieser Konflikt lässt sich aber nur schwer zufriedenstellend bearbeiten. Arbeitende und Organisationen geraten in klassische ‚Double-bind-Situationen', d.h. sie werden mit einander widersprechenden Anforderungen konfrontiert, die sie gleichzeitig erfüllen müssen. Um der Internalisierung dieser Problematik zu entgehen, also um sie sich nicht zu eigen zu machen, ist eine Kommunikation auf der Metaebene notwendig, bei der die Widersprüchlichkeiten und Paradoxien offengelegt werden. Auch wenn sich dadurch der paradoxe Charakter der Situation nicht unmittelbar verändern lässt, ist die Offenlegung ein erster Schritt in diese Richtung. Für eine Organisation, die den grundlegenden Zielen und Interessen Sozialer Arbeit verpflichtet ist, sind an dieser Stelle zwei Sphären der Metakommunikation entscheidend: Bildung und Politik.

Bildung

Die Kritik der Arbeitenden ist angereichert mit Alternativen und ist Ausdruck der Auseinandersetzung mit einem Leben und Arbeiten in Unsicherheiten. Weil sich das partizipatorische Sozialmanagement professioneller Organisationen die konstruktiven Kritikelemente zunutze machen sollte und den Arbeitenden bei der Bewältigung der Arbeitsanforderungen Unterstützung geboten werden sollte, ist Bildung vonnöten. Statt gewohnter Kontinuität in ein und derselben Organisationsstruktur bilden Diskontinuität und Verunsicherung, aber auch Innovation und Projektarbeit die Realität. Damit sind Bildungsbedarfe verbunden. Menschen müssen das Leben und Arbeiten in und mit Unbeständigkeiten erkennen, sich erklären und erlernen (können). Der diskontinuierliche Reorganisationsprozess bringt einen vielfältigen Bildungsbedarf zur Arbeits- und Lebensbefähigung hervor, zumal bei Veränderungen neben den Unsicherheiten und Risiken auch Chancen für die Neugestaltung Sozialer Arbeit entstehen. Zu klären ist, inwieweit bisherige Bildungsbausteine in der Organisation und im Bildungssystem tatsächlich Arbeitende befähigen können, ihre, in ihren Arbeits- und Lebensverhältnissen spezifisch gefassten Probleme, Fragestellungen und Herausforderungen selbstständig zu lösen.

Im Verständnis einer lebensweltorientierten Bildung spricht Bildung die Arbeitenden als eigenverantwortliche Persönlichkeiten an und ist konzeptionell als Selbstbildungsprozess zur Befähigung zur eigenen Lebensführung und als subjektive Potentialentfaltung durch Auseinandersetzung mit inneren und äußeren Anregungen verfasst. Ein Bildungsverständnis, nach dem die Arbeitenden an neue Arbeitsanforderungen angepasst werden sollen, entspricht nicht der Lebensweltorientierung. Als negatives Beispiel dafür steht das Bildungsverständnis von Rosenkranz/Schill (2009: 7f.).[97] Nach ihrer Sicht ist Bildung entlang der betrieblichen Wertschöpfungskette zu betreiben. Arbeitende seien gezielt zu trainieren, weil sie ansonsten ihre persönlichen, teilweise widersprüchlichen Rollenvorstellungen in den Arbeitsprozess einbringen und so den Optimierungserfolg für die Arbeitsprozesse gefährden. Aus den Blickwinkeln lebensweltorientierter Bildung und gefangener Subjektivierung sind jedoch gerade die persönlichen Vorstellungen elementar – auch wenn sie widersprüchlich sind. Die Persönlichkeit der Arbeitenden ist in der Koproduktion keine Begrenzung sondern Er-

---

97 In ihrem bildungsbezogenen Beitrag geht es um die gezielte Nutzbarmachung unentgeltlicher ehrenamtlicher Arbeitskraft durch Hauptamtliche.

weiterung, Bereicherung, kreatives Potential und berechtigter Teil des Arbeitsprozesses.

Statt Aktivierungstechnologien zu trainieren und Arbeitende zu konditionieren, benötigt partizipatorisches Sozialmanagement reflexive Bildungskonzepte zu den Arbeits- und Lebensbedingungen der Arbeitenden und zu den Produktionsverhältnissen Sozialer Arbeit. Mit Sozialer Arbeit ist stets eine gewisse Persönlichkeitsdynamik verknüpft, die von den meisten Arbeitenden angenommen und gestaltet wird. Die persönlich-fachliche Entfaltungsmöglichkeit bei der AWO SH war für viele Interviewten der Grund für den beruflichen Einstieg. In der berufsbiographischen Verlaufsbetrachtung fällt auf, dass zum Arbeitsfeld zumeist eine Vielzahl von Fort- und Weiterbildungen gehören, deren Kosten die Arbeitenden häufig selbst tragen. Auch im Hinblick auf ihre künftigen Berufsziele formulieren sie konkrete Bildungsbedarfe, die fachliche und überfachliche Bezüge aufweisen. Neben und hinter den sozialpädagogisch-fachlichen Erweiterungen sind die Arbeitenden in einschneidender Weise durch einen diskontinuierlichen Wandel gefordert, weil er ihnen subjektive Strukturierungsleistungen abverlangt. Angesichts zunehmender Schwere der Fälle und knapper werdender Personalressourcen, d.h. angesichts höherer qualitativer und quantitativer Arbeitsanforderungen, sind aus Sicht der Arbeitenden optimierte Organisationsstrukturen von elementarer Bedeutung, die sich an einer höheren Fürsorgeeffizienz ausrichten. Jedoch sind die Organisationsstrukturen vornehmlich nach betriebswirtschaftlichen Effizienzkriterien verfasst. Arbeits- und Lebensbedürfnisse müssen der Ausgangs- und Bezugspunkt ökonomischer Vorgänge sein, nicht umgekehrt. Zu diesen Aspekten und den spezifischen Fachlichkeiten in den Geschäftsfeldern muss ein partizipatives Sozialmanagement verbindende Bildungsbausteine anbieten, bei denen es um mehr als die Erbringung und Gewährleistung sozialer Dienstleistungen unter veränderten Produktionsverhältnissen geht. Sie müssen die von den Arbeitenden gewonnenen Erkenntnisse in die Organisation zurück spiegeln. Die von Möller (2007: 390) in den sozialpädagogischen Ausbildungsgängen konstatierte neue ‚Kulturtechnik' der Akquisition und Abrechnung von Projektmitteln reicht nicht aus, so sie denn, wie von Möller kritisiert, politisch unreflektiert vermittelt wird. Sicherlich wird in den Einrichtungen Wissen darüber benötigt, wie Projektmittel eingeworben und abgerechnet werden. Um Soziale Arbeit innerhalb und außerhalb der Organisation unter den sich verändernden Strukturbedingungen nicht nur verwalten sondern gestalten zu können, müssen aber politische Größenordnungen mitbedacht, entsprechend mitvermittelt und verändert werden. Zum Wissen darüber muss politische Handlungsfähigkeit (Können) im Einklang mit der beruflichen Haltung treten. In den vermittelten Theorien, Konzepten und Methoden Sozialer Arbeit müssen die

Arbeitsbedingungen stärker mitbedacht werden. Bislang ist dieser Aspekt zu wenig präsent.

Auch das Verständnis einer lernenden Organisation bekommt unter partizipatorischer Betrachtung neuen Gehalt, wenn die fachlichen und strukturellen Arbeitsanforderungen und Erfahrungen der Arbeitenden durch das Management systematisch in der Organisation gewertschätzt und genutzt werden. (Selbst)Bildung der Organisation wird in Zeiten von Diskontinuitäten zur Voraussetzung für das organisatorische (Über)Leben. Damit verbunden sind Risiken, bei denen die Organisation in ungewohnten Strukturen fast zwangsläufig Fehler machen muss, zumal sie kaum auf politische Sozialmanagementtheorien und Modelle zurückgreifen kann. Umso wichtiger ist es für die Organisation, dass sie ihre Situation, Prozesse und Erfahrungen reflektiert und daraus lernt. In der Bildung der Organisation gilt es die Argumente einer ‚objektiven‘ Marktlogik zu hinterfragen, zu verifizieren oder falsifizieren. Selbst wenn neoliberale Gedankengebäude durch ihre Hegemonie Partizipationsmöglichkeiten erschweren, muss deren Substanz hinterfragt und kollektiver Einspruch erhoben werden. Im Zentrum der (Selbst)Bildung der Organisation muss ihr Ziel und Zweck stehen, ansonsten wird Bildung orientierungslos.

Politik

Die Dissonanzen, die von den Arbeitenden im Hinblick auf das Leitbild der AWO SH einerseits und die alltägliche Arbeitspraxis andererseits wahrgenommen werden, verleihen der Frage nach dem Organisationsziel in Zeiten einer hegemonialen betriebswirtschaftlichen Effizienzordnung eine für das Sozialmanagement grundsätzliche Brisanz: Erstens sind unzureichende Verschränkungen von Organisationszielen und Zielen der arbeitenden Person konflikthaft. Eine ursprüngliche Partnerschaft kann so in Gegnerschaft oder sogar Feindschaft umschlagen. Erfreulicherweise hat die vorliegende Arbeit für die AWO SH keine empirischen Anzeichen für dieses Extrem ergeben. Aber das Innovationstempo und die Anpassungsfähigkeit der Organisation belasten die Beziehungen zwischen Management und Arbeitenden auf allen Ebenen. Selbst bei Leitungskräften und Leistungsträgern, die Organisationsveränderungen begrüßen, geht der Effizienz- und Innovationsdruck mittlerweile derart auf Kosten von Planungssicherheit, Kreativität und den zur Verfügung stehenden Ressourcen, dass selbst ambitionierte Arbeitskräfte überfordert sind. In der fehlenden Passung zwischen Organisation und Person eskalieren Sichtweisen und Konflikte. Vertrauen geht verloren, weil kaum Zeit und Strukturen zur Klärung, Kommunikation und Aushandlung zur Verfügung stehen.

Zweitens verläuft die hegemonial verursachte Konfliktlinie ursächlich außerhalb der Organisation, erzeugt ihre Spannungen aber in der Organisation. Dieses Phänomen herrscht trägerübergreifend vor. Zu den heutigen Machtverhältnissen und Strukturen Sozialer Arbeit mit den darin eingelagerten Dilemmata und Konflikten kam es aufgrund veränderter sozialpolitischer Vorgaben. In der Praxis einer professionellen Organisation muss sich ein partizipatorisches Sozialmanagement folglich mit hegemonialen Politiken auseinandersetzen. In der gegenwärtigen politischen Phase ist es die Dominanz einer betriebswirtschaftlich verfassten Effizienzordnung. Verbetriebswirtschaftlichte Managementverfahren sind in Organisationen Sozialer Arbeit weniger über theoretisch-konzeptionell verfasste Wege eingedrungen, vielmehr haben die Verbände unter den Vorgaben der ‚Neuen Steuerung‘ und der sie begleitenden Refinanzierungsmodelle betriebswirtschaftliche Instrumente adaptiert. Was die Träger zuerst in kritischer Absicht zum ineffizienten öffentlichen Verwaltungssystem einführten, wurde von einem neoliberalen Dienstleistungsparadigma sekundiert. Weil die Organisationen in den neuen Strukturen keine originären Steuerungs- und Leistungskonzepte herausbildeten und die alten Instrumente des Verbandssystems ihre Gültigkeit verloren, drang ein ganzes Ensemble betriebswirtschaftlicher Managementwerkzeuge in deren Organisationspraxis. Zur Durchsetzbarkeit spezifischer Interessen Sozialer Arbeit gehört die Emanzipation von der über ‚objektive Sachzwänge‘ vermittelten Normativität des Quasi-Marktes. Von daher darf das Sozialmanagement sich nicht auf die technische Übersetzungsleistung der quasimarktförmigen Refinanzierungsbedingungen in betriebswirtschaftliche Strukturen und Abläufe reduzieren (lassen).

Für die vielfältigen Veränderungen und Organisationsgestaltungen bei den Trägern der Freien Wohlfahrtspflege ist ein übergreifendes Korrektiv vonnöten, damit Organisationen Sozialer Arbeit und ihr Management daran zu messen sind, inwieweit sie den Zielen und Interessen Sozialer Arbeit dienen oder nicht. Für ein solches Korrektiv sind die Maßstäbe der sozialen Gerechtigkeit und der Gemeinwohlverpflichtung durch eine Verbindung des Konzeptes der Lebensweltorientierung nach Thiersch (2002; 2009) mit dem Konzept partizipatorischer Parität nach Fraser (2003) derart zu konkretisieren, dass die Organisation insgesamt auf eine Politik der Umverteilung (Korrektur der Deprivation, Diskriminierung oder Marginalisierung) und der Anerkennung (Beseitigung kultureller Dominanz und Missachtung in den kulturellen und symbolischen Gesellschaftsstrukturen) zielt und hierbei respektierende Hilfen, Unterstützungen und Provokationen für ein besser gelingendes Leben der Adressat_innen im Einklang mit deren Lebenslagen und Lebenswelten hervorbringt. Dazu bedarf es eines politischen Sozialmanagementverständnisses in den Organisationen Sozialer Arbeit.

Die Abtrennung eines Sozialmanagements, das sich auf das Führen und Organisieren der Produktion sozialer Dienstleistung in Organisationen konzentriert, und eines Managements der Sozialwirtschaft, das sich „(...) auf sozialpolitische und volkswirtschaftliche Zusammenhänge, rechtliche Rahmenbedingungen und einen Markt für soziale Dienstleistungen" (Wöhrle 2007: 115) bezieht, birgt die Gefahr, politisch-kulturelle Kontexte auf der Organisationsebene auszublenden. Sozialmanagement ist weder statisch auf sich bezogen, noch eine neutrale, universell anwendbare Bewältigungstechnik organisationaler Probleme, sondern ein auf die Profession Sozialer Arbeit bezogener und in die politisch-ökonomischen Rahmenbedingungen eingebetteter Handlungsmodus. Ob Modernisierungsstrategien zu quasi-marktförmigen Organisationen führen und in diesen die ‚Dritte-Sektor-Identität' verloren geht, oder ob sie einen professionellen Organisationsrahmen zur Professionalisierung Sozialer Arbeit entwickeln und dafür ein gutes Managementsystem aufbauen, kann aus dem Gegenstand des Sozialmanagements nicht herausgelöst werden, weshalb es politisch sein muss.

In der Betrachtung der vorgelegten Ergebnisse zeigt sich, dass die Organisationen Sozialer Arbeit mit all ihren Regierungsstrukturen auf Verteilungsgerechtigkeit und eine gleichberechtigte Anerkennungskultur zielen müssen, wenn sie mehr Macht und Einfluss geltend machen wollen. Die wissenschaftstheoretische Trennung in ein Management der Organisation und in ein eher abstrakt anmutendes Management der Sozialwirtschaft[98] beherbergt eine Legitimation zur Bereinigung der dienstleistenden Organisationen Sozialer Arbeit von ihrem sozialpolitischen Mandat. Ebenso wie nicht ausgeblendet werden darf, dass Regierungsweisen der Sozialen Arbeit ein Teil des wohlfahrtsstaatlichen Arrangements sind, kann das Organisieren dieser Regierungsweisen nur im politischen Kontext reflektiert und dekonstruiert werden. In Zeiten, in denen sich das Leben der Menschen zwar weiterhin auch in privaten sozialen Beziehungen abspielt (in Familien, anderen Lebensgemeinschaften, Freund- oder Partnerschaften), es aber bis ins Detail vom Markt und den Organisationen der Arbeit abhängt, können Lebenswelt und System, Individuum, Organisation und Gesellschaft nicht losgelöst voneinander betrachtet werden. Entsprechend besteht kein Grund zur funktionalen Differenzierung der Institutionen Sozialer Arbeit und zur Auf- oder Abgabe des politischen Mandates.

Feministische Ökonomieansätze[99] belegen die geschlechtsspezifische Ungleichheitswirkung herkömmlicher Ökonomieverständnisse. Bei der Theoriebildung ist es ihnen gelungen, nicht nur die Sozialwirtschaft in eine allgemeine

---

98 Wobei zu klären wäre, was bei den sozialpolitischen, volkswirtschaftlichen und rechtlichen Rahmenbedingungen zu managen wäre und von wem.

99 Da an dieser Stelle die Fülle der Beiträge nicht annähernd wiedergegeben werden kann, sei hier auf die Überblicke bei Hoppe (2002) und die Beiträge in Niechoj/Tullney (2008) verwiesen.

Wirtschaftstheorie zu integrieren, sondern Sorgetätigkeiten insgesamt. Diese Leistung kommt ohne ein politisches Verständnis gar nicht zustande. Nur unter Einbindung politischer Dimensionen ließen sich originär feministische Analysen zu Teilen der allgemeinen Ökonomiebetrachtungen machen. So erreichen nach rund 30 Jahren die langen Wellen[100] der Frauenbewegung beispielsweise das Statistische Bundesamt, das nunmehr unbezahlte Arbeiten berechnet und dabei feststellt, dass allein die unbezahlte Versorgungswirtschaft die Größenordnung der Erwerbswirtschaft einnimmt (Schäfer 2004). Provokant gefragt: Wo wäre die Freie Wohlfahrtspflege heute, wenn sie sich in dieser Zeit ebenso fundiert, energisch und politisch für eine umfassende Sorgeökonomie stark gemacht hätte?

Organisationen Sozialer Arbeit schweben zwischen bezahlter Erwerbswirtschaft und unbezahlter Fürsorge- und Versorgungswirtschaft. In dem Umfang, wie die Träger der Freien Wohlfahrtspflege bezahlte Erwerbsarbeitsplätze zur Verfügung stellen, sind sie ein erheblicher Bestandteil der Erwerbswirtschaft. Mit ihren Zielen, Grundsätzen und Inhalten sind sie gleichzeitig mit der Versorgungswirtschaft verbunden. Weil in den vorherrschenden ökonomischen Betrachtungen symmetrische Tauschverhältnisse von Angebot und Nachfrage im Vordergrund stehen, wird die Rolle der im Asymmetrischen tätigen Träger der Sozialwirtschaft für gering erachtet. Wie bereits im theoretischen Teil dieser Arbeit ausführlich dargestellt, zeigt eine lebensweltökonomische Betrachtung jedoch, dass Symmetrie ein Sonderfall asymmetrischer Beziehungen ist. Autonomie und vollständige Handlungsfähigkeit sind ein Spezialfall, während Abhängigkeiten der Normalfall sind. Folglich ist der Sozialwirtschaft als verbindender Größe von Erwerbs- und Versorgungswirtschaft aus ökonomischer Sicht eine deutlich größere Bedeutung zuzuweisen, als dies bislang der Fall ist. Dafür muss Politik fester Bestandteil der Sozialmanagementdiskurse und Sozialmanagementtheorien sein, statt sie auszuschließen.

Im Fürsorgerationalitätsverständnis hat der effiziente und effektive Mitteleinsatz bei der Produktion sozialer Dienstleistungen eine chronisch hohe Bedeutung. Eine intransparente und ineffiziente öffentliche Mittelvergabe, wie sie der Staat in Zeiten des Korporatismus in vielen Fällen praktiziert hat, ist damit nicht vereinbar. Allerdings ist stattdessen eine hegemoniale Effizienzordnung entstanden und betriebswirtschaftliche Mittel haben einen festen Platz in den Organisationen der Sozialen Arbeit eingenommen. Demgegenüber funktionieren Instrumente der Fürsorgerationalität anders. Sie finden dort ihre Berechtigung, wo Effizienzsteigerungen ohne Qualitätsverlust zielführend sind. Sie erfahren aber dort ihre Begrenzung, wo die nur bedingt möglichen Produktivitätssteigerungen ausgereizt sind und weitere Effizienzsteigerungen das Fürsorge- und

---

100 Dieser Begriff, der die nachhaltige Wirkung der Frauenbewegung treffend bildlich beschreibt, geht auf Gerhard (1995) zurück.

Versorgungsziel konterkarieren. Bei der Qualität von Sorgetätigkeiten kommen zwei Elemente zum Tragen (Jochimsen 2003a: 45): Zum einen sind es die instrumentellen Elemente, d.h. die konkret sorgenden Tätigkeiten der Hilfe, Unterstützung, Beratung oder Provokation; zum anderen die kommunikativen Elemente, die als ebenso wichtige Tätigkeiten die instrumentellen Elemente begleiten. Das Zusammenspiel dieser beiden Elemente sichert die Qualität Sozialer Arbeit. Nimmt eine professionelle Organisation dieses Qualitätsverständnis in ihr partizipatorisches Sozialmanagement auf, gelangen Verlagerungsprozesse der Quasi-Vermarktlichung und der Auf- und Abwertung schärfer in den Blick.

Einerseits gelangen bestimmte unbezahlte Arbeiten der privaten Fürsorge- und Versorgungswirtschaft zunehmend in den erwerbswirtschaftlichen Bereich. Beispielhaft wird dies am staatlichen Aus- und Umbau der Erziehung und Bildung im Kindesalter deutlich. Andere, individuelle Arrangements und Übergänge zeigen sich in den Ergebnissen dieser Untersuchung: indem erwerbstätige Frauen ihre unbezahlten Hausarbeiten in bezahlte Haushaltshilfearbeiten überführen und indem bei der AWO SH Service 24 GmbH Fürsorge- und Versorgungsarbeiten ein wachsendes Geschäftsfeld darstellen.[101] Da viele ehemals unbezahlte Hausarbeiten immer häufiger von haushaltsexternen Frauen erbracht werden (Männer sind hier selten), die häufig aus anderen Kulturkreisen kommen, wird dann deren fehlende versorgungs-wirtschaftliche Leistung im Heimatland von anderen weiblichen Personen aus dem Verwandtschafts-, Freundes- und Nachbarschaftskreis erbracht oder Frauen aus wiederum anderen Kulturkreisen füllen diese Lücke (Rerrich 2006). Mit der genannten Geschäftsfelderweiterung kann das Sozialmanagement plötzlich eine unerwartete globale Dimension bekommen; dabei wird zugleich der private Haushalt zum Arbeitsplatz. Durch die immense wirtschaftliche Globalisierung und die zunehmende Erwerbsbeteiligung von Frauen gelangen immer mehr Bereiche der Versorgungswirtschaft in die Erwerbswirtschaft.

Andererseits werden bezahlte Erwerbsarbeiten wieder ausgelagert und in die unbezahlte Versorgungswirtschaft überführt. Besonders wirkmächtig sind hierbei die Informationstechnologien, die eine Vielzahl von Tätigkeiten in die unbezahlte Privatsphäre verschieben. Hier sei beispielweise nur an die massive Zunahme von internetbasierten Einkäufen erinnert, die mit viel geringeren Arbeitsplatzzahlen im Verkauf und in der Lagerbewirtschaftung einhergehen. Mit

---

101 Die AWO SH Service 24 GmbH hat ihre Angebote erweitert und bietet sie auch Privathaushalten an. Reinigung, Catering für Geburtstage und Jubiläen, ein Hausmeisterservice und weitere haushaltsnahe Dienstleistungen decken die Bedarfe, die aus der Flexibilisierung privater Lebenszusammenhänge entstehen. Auch das Referenzszenario, die AWO Stormarn, hat ein ähnliches Portfolio geschaffen. Bundesweit betreibt die AWO eine erfolgreiche Elternservice GmbH, die Dienstleistungen zur Vereinbarkeit von Familie und Erwerbstätigkeit bereitstellt.

der These vom arbeitenden Kunden [sic!] haben Voß und Rieder (2005) die unbezahlte Mitarbeit der Konsument_innen treffend zusammengefasst. Die Aktivierungstechnologien Sozialer Arbeit zielen mit ähnlicher Absicht auf die Adressat_innen. Für die Jugendhilfe hat Kessl (2005) verdeutlicht, wie die Soziale Arbeit ein Teil des herrschenden Machtdispositivs ,Aktivierende Jugendhilfe' ist. Das Dispositiv Aktivierung enthält eine Risikozuweisung an Adressat_innen; die Risikobewältigung wird damit Teil der eigenen unbezahlten Versorgungsleistung. Auch die Aktivierung des Ehrenamtes überträgt Erwerbsarbeiten in unbezahlte Versorgungsarbeiten. Hier dokumentiert die vorliegende Arbeit den erst beginnenden Prozess der Ein- und Rückbindung ehrenamtlicher Arbeitskraft an die Organisation. Der daraus resultierende Kostenvorteil für den Sozialstaat liegt auf der Hand, doch nicht nur das Volumen ehrenamtlicher Aktivierungen ist beschränkt, denn die Tätigkeitsverlagerung in Richtung unbezahlte Arbeitskraftnutzung hat insgesamt gesehen Grenzen. Um sich für ehrenamtliches Care Work oder andere Formen unbezahlter Versorgungsarbeit überhaupt entscheiden zu können, wird Zeit benötigt.[102] Weil die Berufstätigkeit von Frauen in den letzten Jahren deutlich zugenommen hat (Bothfeld 2005: 115ff.) und Männer nicht im gleichen Umfang unbezahlte Versorgungsleistungen übernommen haben (Döge/Volz 2004: 13ff.; Schäfer 2004: 251ff.), stehen gesellschaftlich gesehen weniger Zeitressourcen für unbezahlte Arbeiten zur Verfügung. Somit dürften auch künftig stetig mehr versorgungswirtschaftliche Tätigkeiten in die Erwerbswirtschaft gelangen. Während die klassischen Industriebranchen ständig schrumpfen, wird der Bedarf am Sozialen also tendenziell weiter wachsen. Zusätzlich geht daraus hervor, dass Soziale Arbeit nicht auf Industriearbeit basiert, sondern etwas Eigenständiges ist.

Gleichzeitig hat sich der Männeranteil in den Studiengängen Sozialer Arbeit stetig verringert (Klein/Wulf-Schnabel 2007a), so dass nicht entsprechend mehr männliche Arbeitskräfte auf den wachsenden sozialen Arbeitsmarkt kommen. Bei allgemeiner Persistenz der Segregation des Arbeitsmarktes müssten also die steigenden versorgungswirtschaftlichen Tätigkeiten in der Erwerbswirtschaft wiederum von Frauen erbracht werden. Die Fragen von geschlechtergerechter Tätigkeitsverteilung und Entlohnung werden damit relevanter. Organisationen in der Sozialwirtschaft sind folglich aufgerufen, die gesellschaftlichen Verschiebungen der Erwerbs- und Versorgungsbereiche scharf zu beobachten, in ihrer Angebotsstruktur professionell aufzufangen und die Geschlechtsspezifik der

---

102 Wenn ehrenamtliches Engagement nicht den älteren Menschen außerhalb der Erwerbssphäre vorbehalten sein soll, zumal diese auch immer später in diese Lebensphase treten, benötigen mehr Menschen mehr Zeit. Winker (2008: 60) schlägt dafür eine Reduzierung der regulären Wochenarbeitszeit auf 25 bis 30 Stunden bei vollem Lohnausgleich als notwendige soziale Sicherung vor.

Entwicklung angemessen zu berücksichtigen. Zur organisationalen Verarbeitung der gesellschaftlichen Wirkungen gehört unter anderem ein geschlechtergerechtes Personalmanagement.

Vor dem Hintergrund nationalstaatlicher und europäischer Liberalisierungspolitiken geraten immer mehr Teile des sozialen Dienstleistungssektors auf Quasi-Märkte. Die scheinbar ‚objektiven' Zwänge nehmen zu. Zur Überwindung des vorherrschenden verengten Diskurses muss sich ein partizipatorisches Sozialmanagement politisch für eine (Wieder)Herstellung von Öffentlichkeit einsetzen. Soziale Arbeit benötigt nicht nur eine Darstellung und Anerkennung der eigenen Leistungen, sondern Räume und Praktiken, in denen Menschen sozialpolitische Belange diskutieren und mitbestimmen können. Zugleich müssen besonders die Träger der Freien Wohlfahrtspflege an der Schnittstelle von Versorgungs- und Erwerbswirtschaft eine politisch zentrale Vermittlungsrolle einnehmen. Gelingt das Wachstum der professionell-versorgungswirtschaftlichen Bereiche nicht, entsteht eine Versorgungslücke, denn wie die Arbeitsbelastungen und Flexibilisierungen der privaten Lebenszusammenhänge bei den Arbeitenden verdeutlichen, bestehen bei den Menschen erhebliche Mehrfachbelastungen und Zeitnot. Läuft das Wachstum unter quasi-marktförmigen Bedingungen ab, werden Anerkennungsschieflagen und Ungleichheiten zunehmen. Es wird wohlfahrtsstaatlich von entscheidender Bedeutung sein, ob und wie eine ausreichende Finanzierung der versorgungsbezogenen Tätigkeiten gelingt. Eine Zunahme versorgungswirtschaftlicher Tätigkeiten in professionellen Organisationen wird bei angemessener Wertschätzung, Entlohnung und sozialer Sicherung die kapitalistischen Verwertungsbedingungen zwangsläufig tangieren, da sie mit einer erhöhten Lohnquote sowie höheren Steuern und Abgaben für Vermögen und Profite einhergeht. Folglich kann die Durchsetzbarkeit einer neuen Refinanzierung bei sich verändernden und steigenden Anforderungen an die Organisationen Sozialer Arbeit nicht einfach ausgeblendet werden. Das Sozialmanagement ist zwingend auf eine politische Dimension angewiesen, solange Soziale Arbeit die Gesellschaft bewegen und gestalten soll.

Literatur

Achatz, Juliane/Fuchs, Stefan/Stebut, Nina von/Wimbauer, Christine 2002: Geschlechterungleichheit in Organisationen. Zur Beschäftigungslage hochqualifizierter Frauen. In: Allmendinger, Jutta/Hinz, Thomas (Hrsg.): Organisationssoziologie. = Kölner Zeitschrift für Soziologie und Sozialpsychologie, Sonderheft 42. S. 284-318.

Acker, Joan 1992: Gendering Organizational Theory. In: Mills, Albert J./Tancred, Peta (Hrsg.): Gendering Organizational Analysis. Newbury Park, London und New Delhi: Sage. S. 248-260.

Albert, Martin 2006: Die Ökonomisierung der Sozialen Arbeit. In: Sozial Extra 7/8. S. 26-31.

Altvater, Elmar 2005: Das Ende des Kapitalismus, wie wir ihn kennen. Eine radikale Kapitalismuskritik. Münster: Westfälisches Dampfboot.

Altvater, Elmar 2008: Globalisierter Neoliberalismus. In: Butterwegge, Christoph/Lösch, Bettina/Ptak, Ralf (Hrsg.): Neoliberalismus. Analysen und Alternativen. Wiesbaden: VS Verlag für Sozialwissenschaften. S. 50-68.

Andresen, Sünne/Völker, Susanne 2005: Hat das Arbeitssubjekt der Zukunft (k)ein Geschlecht? Überlegungen zur Analyse der aktuellen Umbrüche in der Arbeit aus genderkritischer Perspektive. In: Lohr, Karin/ Nickel, Hildegard (Hrsg.): Subjektivierung von Arbeit – Riskante Chancen. Münster: Westfälisches Dampfboot. S. 92-114.

Andresen, Volker 2002: Die Entwicklung von Bedarf und Profil der Führungskräfte in der Sozialwirtschaft. In: Maelicke, Bernd (Hrsg.): Strategische Unternehmensentwicklung in der Sozialwirtschaft. Baden-Baden: Nomos. S. 259-266.

Andresen, Volker 2006: Entwicklung von Bedarf und Profil der Fachkräfte in der Sozialwirtschaft im Spiegel der Organisationsreform der AWO Schleswig-Holstein. Vortrag im Rahmen der Fachtagung „Soziale Arbeitswelt im Wandel? Tendenzen, Chancen und Risiken" am 11. Mai 2006 an der Fachhochschule Kiel.

Andresen, Volker/Geest, Werner 2005a: Strukturreformen der AWO Schleswig-Holstein: Sicherheit und Legitimation durch Veränderung. Teil I. In: Bank für Sozialwirtschaft. Info 4/05. Köln: Bank für Sozialwirtschaft. S. 13-16.

Andresen, Volker/Geest, Werner 2005b: Strukturreformen der AWO Schleswig-Holstein: Sicherheit und Legitimation durch Veränderung. Teil II. In: Bank für Sozialwirtschaft. Info 5/05. Köln: Bank für Sozialwirtschaft. S. 13-16.

Arnold, Ulli 2002: Sozialwirtschaft in der Zukunft. Verbindung von Sozialverpflichtung und Markt? In: Maelicke, Bernd (Hrsg.): Strategische Unternehmensentwicklung in der Sozialwirtschaft. Baden-Baden: Nomos. S. 39-45.

Aulenbacher, Brigitte 2005: Subjektivierung von Arbeit. Ein hegemonial industriesoziologischer Topos und was die feministische Arbeitsforschung und Gesellschaftsanalyse dazu zu sagen haben. In: Lohr, Karin/Nickel, Hildegard (Hrsg.): Subjektivierung von Arbeit – Riskante Chancen. Münster: Westfälisches Dampfboot. S. 34-64.

AWO (Arbeiterwohlfahrt) Bundesverband 2007: Verbandsbericht 2006. Bonn und Berlin: Arbeiterwohlfahrt Bundesverband e.V.

AWO SH (Arbeiterwohlfahrt Schleswig-Holstein) 2003: Geschäftsbericht des Landesvorstandes für die Zeit von November 1999 bis September 2003. Kiel: Arbeiterwohlfahrt Schleswig-Holstein.

AWO SH (Arbeiterwohlfahrt Schleswig-Holstein) 2005: Leitbild der AWO Unternehmensgruppe in Schleswig-Holstein. Kiel: Arbeiterwohlfahrt Schleswig-Holstein

AWO SH (Arbeiterwohlfahrt Schleswig-Holstein) 2007: Geschäftsbericht 2003-2007. Kiel: Arbeiterwohlfahrt Schleswig-Holstein.

AWO SH (Arbeiterwohlfahrt Schleswig-Holstein) 2008a: Geschäftsbereich Verbandswesen. http://cms.awo-sh.de/cms/index.php?id=768. Stand 25.10.2008.

AWO SH (Arbeiterwohlfahrt Schleswig-Holstein) 2008b: Fortbildungsangebote der AWO Schleswig-Holstein 2008. http://cms.awo-sh.de/cms/index.php?id=555. Stand 22.09.2008.

AWOcado 2007a. Zeitung für MitarbeiterInnen der AWO Schleswig-Holstein (2). Kiel: AWO Schleswig-Holstein gGmbH.

AWOcado 2007b. Zeitung für MitarbeiterInnen der AWO Schleswig-Holstein (4). Kiel: AWO Schleswig-Holstein gGmbH.

AWOcado 2008a. Zeitung für MitarbeiterInnen der AWO Schleswig-Holstein. (2). Kiel: AWO Schleswig-Holstein gGmbH.

AWOcado 2008b. Zeitung für MitarbeiterInnen der AWO Schleswig-Holstein. (1). Kiel: AWO Schleswig-Holstein gGmbH.

AWOcado 2009. Zeitung für MitarbeiterInnen der AWO Schleswig-Holstein (1). Kiel: AWO Schleswig-Holstein gGmbH.

Bäcker, Gerhard 2006: Was heißt hier „geringfügig"? – Minijobs als wachsendes Segment prekärer Beschäftigung. In: WSI-Mitteilungen (5). S. 255-262.

Backhaus-Maul, Holger 2004: Coporate Citizenship im deutschen Sozialstaat. In: Aus Politik und Zeitgeschichte 14. S. 23-30.

Baethge, Martin 2000: Abschied vom Industrialismus: Konturen einer neuen gesellschaftlichen Ordnung der Arbeit. In: SOFI-Mitteilungen 28. S. 87-102.

BAG FW (Bundesarbeitsgemeinschaft der Freien Wohlfahrtspflege) 2006: Einrichtungen und Dienste der Freien Wohlfahrtspflege. Gesamtstatistik 2004. Berlin: Bundesarbeitsgemeinschaft der Freien Wohlfahrtspflege.

Bartjes, Heinz/Hammer, Eckart 2005a: Mehr Männer in den Altenpflegeberuf. Eine Expertise im Rahmen des Gender Mainstreaming. Stuttgart: Caritasverband der Diözese Rottenburg-Stuttgart e.V.

Bartjes, Heinz/Hammer, Eckart 2005b: „Du bist schwul bis zum Beweis des Gegenteils". Männer in der Altenpflege. In: Dr. med. Mabuse 30 (155). S. 32-35.

Bartjes, Heinz/Hammer, Eckart 2006: Männer und Altenpflege. Analysen und Ansätze für mehr Männer in der Pflege. In: Krabel, Jens/ Stuve, Olaf (Hrsg.): Männer in „Frauen-Berufen" der Pflege und Erziehung. Opladen: Barbara Budrich. S. 135-160.

Bathke, Sigrid 2004: Beschäftigte im Arbeitsfeld ambulante Pflege auf dem Weg zum personenbezogenen Arbeitskraftunternehmer? Arbeitsbedingungen, Berufsbilder und Motivationen eines Berufsfeldes im Wandel. Freiburg im Breisgau: Lambertus.

Beck, Ulrich 1986: Risikogesellschaft. Auf dem Weg in eine andere Moderne. Frankfurt a.m.: Suhrkamp.

Beck, Ulrich 1999: Schöne neue Arbeitswelt – Vision „Weltbürgergesellschaft". Frankfurt a.M. und New York: Campus.

Beck-Gernsheim, Elisabeth/Ostner, Ilona 1978: Frauen verändern – Berufe nicht? Ein theoretischer Ansatz zur Problematik von ,Frau und Beruf'. In: Soziale Welt 29 (3). S. 257-287.

Becker-Schmidt, Regina 1992: Verdrängung Rationalisierung Ideologie. Geschlechterdifferenz und Unbewußtes, Geschlechterverhältnis und Gesellschaft. In: Knapp, Gudrun-Axeli/Wetterer, Angelika (Hrsg.): TraditionenBrüche. Entwicklungen feministischer Theorie. Freiburg: Kore. S. 65-113.

Becker-Schmidt, Regina/Knapp, Gudrun-Axeli 1995: Das Geschlechterverhältnis als Gegenstand der Sozialwissenschaften. Frankfurt und New York: Campus.

Beckmann, Christof/Otto, Hans-Uwe/Schrödter, Mark 2009: Management der Profession. Zwischen Herrschaft und Koordination. In: Grunwald, Klaus (Hrsg.): Vom Sozialmanagement zum Management des Sozialen? Eine Bestandsaufnahme. Baltmannsweiler: Schneider Verlag Hohengehren. S. 15-41.

Behnke, Cornelia/Liebold, Renate 2001: Beruflich erfolgreiche Männer: Belastet von der Arbeit – belästigt von der Familie. In: Döge, Peter/Meuser, Michael (Hrsg.): Männlichkeiten und soziale Ordnung. Neue Beiträge zur Geschlechterforschung. Opladen: Leske + Budrich. S. 141-157.

Behnke, Cornelia/Meuser, Michael 2005: Modernisierte Geschlechterverhältnisse? Entgrenzung von Beruf und Familie bei Doppelkarrierepaaren. In: Gottschall, Karin/Voß, G. Günter (Hrsg.): Entgrenzung von Arbeit und Leben. Zum Wandel der Beziehungen von Erwerbstätigkeit und Privatsphäre im Alltag. 2. Auflage. München und Mering: Hampp. S. 285-306.

Bertram, Hans 2004: Kinder, Karriere und Beruf. Zum Wandel des Verhältnisses von familiärer und öffentlicher Betreuung. In: Gewerkschaftliche Monatshefte: Vereinbarkeit von Beruf und Familie 55 (7-8). S. 434-444.

Bertram, Hans/Ehlert, Nancy/Rösler, Wiebke 2005: Nachhaltige Familienpolitik. Zukunftssicherung durch einen Dreiklang von Zeitpolitik, finanzieller Transferpolitik und Infrastrukturpolitik. Berlin: Bundesministerium für Familie, Senioren, Frauen und Jugend.

Biesecker, Adelheid 2006: Bürgerschaftliches Engagement – produktive Kraft im gesellschaftlichen Lebensalltag. In: Jochimsen, Maren A./Knobloch, Ulrike: Lebensweltökonomie in Zeiten wirtschaftlicher Globalisierung. Bielefeld: Kleine. S. 113-135.

Bitzan, Maria 2005: Geschlechterverhältnis und Soziale Arbeit. In: Engelfried, Constance 2005 (Hrsg.): Soziale Organisationen im Wandel. Fachlicher Anspruch, Genderperspektive und ökonomische Realität. Frankfurt a.M.: Campus. S. 81-100.

BJK (Bundesjugendkuratorium) 2009: Schlaue Mädchen – Dumme Jungen? Gegen Verkürzungen im aktuellen Geschlechterdiskurs. Stellungnahme des Bundesjugendkuratoriums im September 2009. München: BJK.

Bloch, Ernst 1985: Das Prinzip Hoffnung. Frankfurt a.m.: Suhrkamp

BMFSFJ (Bundesministerium für Familie, Senioren, Frauen und Jugend) 2002: Zivildienst und Arbeitsmarkt. Stuttgart: Kohlhammer.

BMFSFJ (Bundesministerium für Familie Senioren, Frauen und Jugend) 2009: Geschlechtsspezifische Lohndifferenzen nach dem Berufsstart und in der ersten Berufsphase. Berlin: BMFSFJ.

Boeßenecker, Karl-Heinz 2000: Privatisierung und Ausgliederung im Sozialsektor: Ein Balanceakt zwischen Neuer Steuerung und Subsidiarität. In: Boeßenecker, Karl-Heinz/Trube, Achim/Wohlfahrt, Norbert: Privatisierung im Sozialsektor. Rahmenbedingungen, Verlaufsformen und Probleme der Ausgliederung sozialer Dienste. Münster: Votum. S. 80-94.

Boeßenecker, Karl-Heinz 2003: Wohlfahrtsverbände, Non-Profit-Organisationen und bürgerschaftliches Engagement. In: Dahme, Heinz-Jürgen/Otto, Hans-Uwe/Tube, Achim/Wohlfahrt, Norbert: Soziale Arbeit für den aktivierenden Staat. Opladen: Leske + Budrich. S. 149-173.

Bogner, Alexander/Menz, Wolfgang 2005: Das theoriegenerierende Experteninterview. Erkenntnisinteresse, Wissensform, Interaktion. In: Bogner, Alexander/Littig, Beate/Menz, Wolfgang (Hrsg.): Das Experteninterview. Wiesbaden: VS Verlag für Sozialwissenschaften. S. 33-70.

Böhnisch, Lothar 2003: Die Entgrenzung der Männlichkeit. Verstörungen und Formierungen des Mannseins im gesellschaftlichen Übergang. Opladen: Leske + Budrich.

Böhnisch, Lothar 2005: Die Kapitalismusdebatte, der Sozialstaat und die Soziale Arbeit. In: Sozial Extra (7-8). S. 6-9.

Böhnisch, Lothar/Schröer, Wolfgang 2004: Bürgergesellschaft und Sozialpolitik. In: Aus Politik und Zeitgeschichte 14. S. 16-22.

Böhnisch, Lothar/Schröer, Wolfgang/Thiersch, Hans 2005: Sozialpädagogisches Denken. Wege zu einer Neubestimmung. Weinheim und München: Juventa.

Bolte, Karl Martin 1983: Subjektorientierte Soziologie – Plädoyer für eine Forschungsperspektive. In: Bolte, Karl Martin/Treutner, Erhard (Hrsg.): Subjektorientierte Arbeits- und Berufssoziologie. Frankfurt a.M. und New York: Campus. S. 12-36.

Bothfeld, Silke 2005: Arbeitsmarkt. In: Bothfeld, Silke/Klammer, Ute/Klenner, Christina/Leiber, Simone/Thiel, Anke/Ziegler, Astrid (Hrsg.): WSI-FrauenDatenReport 2005 – Handbuch zur wirtschaftlichen und sozialen Situation von Frauen. Berlin: edition sigma. S. 108-186.

Bourdieu, Pierre 1983: Ökonomisches Kapital – Kulturelles Kapital – Soziales Kapital. In: Kreckel, Reinhard (Hrsg.): Soziale Ungleichheiten. Göttingen: Schwartz. S. 183-198.

Bourdieu, Pierre 1985: Sozialer Raum und „Klassen". Frankfurt a.M.: Suhrkamp.

Bourdieu, Pierre 1987: Die feinen Unterschiede. Kritik der gesellschaftlichen Urteilskraft. Frankfurt a.M.: Suhrkamp.

Bourdieu, Pierre 1992: Die verborgenen Mechanismen der Macht. Schriften zu Politik und Kultur. Band 1. Hamburg: VSA-Verlag.

Bourdieu, Pierre 1993: Sozialer Sinn. Kritik der theoretischen Vernunft. Frankfurt a.M.: Suhrkamp.

Bourdieu, Pierre 1997: Die männliche Herrschaft. In: Dölling, Irene/Krais, Beate (Hrsg.): Ein alltägliches Spiel. Geschlechterkonstruktion in der sozialen Praxis. Frankfurt a.m.: Suhrkamp. S. 153-217.

Brader, Doris/Lewerenz, Julia 2006: An der Spitze ist die Luft dünn. = Kurzbericht des Instituts für Arbeitsmarkt- und Berufsforschung (IAB) Nr. 2.

Brand, Ulrich/Scherrer, Christoph 2003: Contested Global Governance: Konkurrierende Formen und Inhalte globaler Regulierung. In: Kurswechsel. Zeitschrift für gesellschaftliche-, wirtschafts- und umweltpolitische Alternativen (1). S. 90-103.

Brückner, Margit 2001a: Gender als Strukturkategorie und ihre Bedeutung für die Sozialarbeit. In: Gruber, Christine/Fröschl, Elfriede (Hrsg.): Gender-Aspekte in der Sozialen Arbeit. Wien: Czernin. S. 15-23.

Brückner, Margit 2001b: Fürsorge und Pflege (Care) im Geschlechterverhältnis. In: Gruber, Christine/Fröschl, Elfriede (Hrsg.): Gender-Aspekte in der Sozialen Arbeit. Wien: Czernin. S. 269-284.

Brückner, Margit 2004: Chancen und Probleme der Gender-Perspektive. Zur Bedeutung der Kategorie Geschlecht für Soziale Arbeit. In: Standpunkt: Sozial. Hamburger Forum für Soziale Arbeit (2). S. 5-10.

Brünner, Frank 2007: Die Rolle der Freien Träger angesichts der Ökonomisierung sozialer Dienste. In: Blanke, Hermann-Josef: Die Reform des Sozialstaates zwischen Freiheit und Solidarität. Tübingen: Mohr Siebeck. S. 209-223.

Buestrich, Michael/Burmester, Monika/Dahme, Heinz-Jürgen/Wohlfahrt, Norbert 2008: Die Ökonomisierung Sozialer Dienste und Sozialer Arbeit. Entwicklung. Theoretische Grundlagen. Wirkungen. Baltmannsweiler: Schneider Verlag Hohengehren.

Bührmann, Andrea/Diezinger, Angelika/Metz-Göckel, Sigrid 2000: Arbeit, Sozialisation, Sexualität. Zentrale Felder der Frauen- und Geschlechterforschung. Opladen: Leske + Budrich.

Bundesagentur für Arbeit 2004: Mini- und Midijobs in Deutschland. Sonderbericht. 2. korrigierte Auflage im Dezember 2004. Nürnberg: Bundesagentur für Arbeit.

Butler, Judith 2001: Psyche der Macht. Das Subjekt der Unterwerfung. Frankfurt a.M.: Suhrkamp.

Butler, Judith 2006: Der Marxismus und das „bloß Kulturelle". In: Flatz, Christian/Felgitsch, Sascha: Dimensionen einer neuen Kultur des Politischen. Wiesbaden: VS Verlag für Sozialwissenschaften. S. 155-170.

Candeias, Mario 2007: Gramscianische Konstellationen. Hegemonie und die Durchsetzung neuer Produktions- und Lebensweisen. In: Merkens, Andreas/Diaz, Victor Rego (Hrsg.): Mit Gramsci arbeiten. Texte zur politisch-praktischen Aneignung Antonio Gramscis. Hamburg: Argument. S. 15-32.

Caritas 2008a: „Mehr als eine Million Menschen engagieren sich in der Caritas." Internetseite zur Statistik der deutschen Caritas. http://www.caritas.de/2246.html. Stand 11.11.2008.

Caritas 2008b: Die katholischen sozialen Dienste der Caritas. Einrichtungsstatistik. Stand 31. Dezember 2006. Freiburg: Caritas.

Cloos, Peter/Züchner, Ivo 2005: Das Personal der Sozialen Arbeit. Größe und Zusammensetzung eines schwer zu vermessenden Feldes. In: Thole, Werner (Hrsg.): Grundriss

Soziale Arbeit. Ein einführendes Handbuch. Opladen: VS Verlag für Sozialwissenschaften. S. 711-730.

Connell, Robert W. 2000: Der gemachte Mann. Konstruktion und Krise von Männlichkeiten. Opladen: Leske + Budrich.

Dahlmeyer, Klaus 2004: Strategisches Personalmanagement durch Zielvereinbarungen. Das Führungssystem des AWO Bezirksverbandes Baden e.V. In: Maelicke, Bernd (Hrsg.): Personal als Erfolgsfaktor in der Sozialwirtschaft. Baden-Baden: Nomos. S. 62-69.

Dahme, Heinz-Jürgen 2000: Kooperation und Vernetzung im sozialen Dienstleistungssektor. In: Dahme, Heinz-Jürgen/Wohlfahrt, Norbert (Hrsg.): Netzwerkökonomie im Wohlfahrtsstaat. Wettbewerb und Kooperation im Sozial- und Gesundheitssektor. Berlin: edition sigma. S. 69-87.

Dahme, Heinz-Jürgen/Kühnlein, Getrud/Wohlfahrt, Norbert 2005: Zwischen Wettbewerb und Subsidiarität. Wohlfahrtsverbände unterwegs in die Sozialwirtschaft. Berlin: edition sigma.

Dahme, Heinz-Jürgen/Wohlfahrt, Norbert 2002: Aktivierender Staat. Ein neues sozialpolitisches Leitbild und seine Konsequenzen für die Soziale Arbeit. In: Neue Praxis 32 (1). S. 10-32.

Dewe, Bernd/Otto, Hans-Uwe 2002: Reflexive Sozialpädagogik. Grundstrukturen eines neuen Typs dienstleistungsorientierten Professionshandelns. In: Thole, Werner (Hrsg.): Grundriss Soziale Arbeit. Opladen: Leske + Budrich. S. 179-198.

Diakonie 1999: Einrichtungsstatistik. Stand 1. Januar 1998. Stuttgart: Diakonisches Werk der Evangelischen Kirche in Deutschland e.V.

Diakonie 2003: Einrichtungsstatistik. Stand 1. Januar 2002. Stuttgart: Diakonisches Werk der Evangelischen Kirche in Deutschland e.V.

Diakonie 2007: Einrichtungsstatistik. Stand 1. Januar 2006. Stuttgart: Diakonisches Werk der Evangelischen Kirche in Deutschland e.V.

Diekmann, Andreas 1996: Empirische Sozialforschung. Grundlagen Methoden, Anwendungen. Reinbek bei Hamburg: Rowohlt.

Dierks, Marianne 2005: Karriere! Kinder, Küche? Zur Reproduktionsarbeit in Familien mit qualifizierten berufsorientierten Müttern. Wiesbaden: VS Verlag für Sozialwissenschaften.

Dimmel, Nikolaus 2005: Perspektiven der Sozialwirtschaft 2005-2015. Vergaberecht – Leistungsverträge – Sozialplanung. Wien: LIT.

Döge, Peter/Volz, Reiner 2004: Männer – weder Paschas noch Nestflüchter. In: Aus Politik und Zeitgeschichte 46. S. 13-23.

Döhl, Volker/Kratzer, Nick/Moldaschl, Manfred/Sauer, Dieter 2001: Auflösung des Unternehmens. Die Entgrenzung von Kapital und Arbeit. In: Beck, Ulrich/Bonß, Wolfgang (Hrsg.): Die Modernisierung der Moderne. Frankfurt a.M.: Suhrkamp. S. 219-237.

Dörre, Klaus 2005: Prekäre Beschäftigung – ein unterschätztes Phänomen in der Debatte um die Marktsteuerung und Subjektivierung von Arbeit. In: Lohr, Karin/Nickel, Hildegard (Hrsg.): Subjektivierung von Arbeit – Riskante Chancen. Münster: Westfälisches Dampfboot. S. 180-206.

Doppler, Doris 2005: Männerbund Management. Geschlechtsspezifische Ungleichheiten im Spiegel soziobiologischer, psychologischer, soziologischer und ethnologischer Konzepte. München und Mering: Hampp.

Dostojewski, Fjodor 1998: Der Idiot. Berlin: Aufbau Taschenbuch Verlag.

Drake, Hans 1980: Frauen in der Sozialarbeit. Sexismus – die geschlechtsspezifische Diskriminierung. Neuwied und Darmstadt: Luchterhand.

Dunkel, Wolfgang 1988: Wenn Gefühle zum Arbeitsgegenstand werden – Gefühlsarbeit im Rahmen personenbezogener Dienstleistungstätigkeiten. In: Soziale Welt 39 (1). S. 66-85.

Dunkel, Wolfgang/Rieder, Kerstin 2004: Interaktionsarbeit zwischen Konflikt und Kooperation. In: Dunkel, Wolfgang/Voß, G. Günter (Hrsg.): Dienstleistung als Interaktion – Beiträge aus einem Forschungsprojekt: Altenpflege – Deutsche Bahn – Call Center. München und Mering: Hampp. S. 211-226.

Egbringhoff, Julia 2005: Wenn die Grenzen fließen. Zur individuellen Rekonstruktion von „Arbeit" und „Leben" von Ein-Person-Selbstständigen. In: Gottschall, Karin/Voß, G. Günter (Hrsg.): Entgrenzung von Arbeit und Leben. Zum Wandel der Beziehung von Erwerbstätigkeit und Privatsphäre im Alltag. München und Mering: Hampp. S. 149-183.

Ehrhardt, Angelika 1998: Frauen. Macht. Karriere. Eine Untersuchung zu Aufstiegserfahrungen und Leitungskonzepten von Frauen in der sozialen Arbeit.Aus Lehre, angewandter Forschung und Weiterbildung. Band 32. Wiesbaden: Fachhochschule Wiesbaden.

Eichinger, Ulrike 2009: Zwischen Anpassung und Ausstieg. Perspektiven von Beschäftigung im Kontext der Neuordnung Sozialer Arbeit. Wiesbaden: VS Verlag für Sozialwissenschaften.

Engelfried, Constance 2005: Überlegungen zur Reform Sozialer Arbeit und ihrer Organisationen in der Spannung zwischen sozialpädagogischer Fachlichkeit und technokratischer Perspektive am Beispiel der Qualitätsdebatte. In: Engelfried, Constance (Hrsg.): Soziale Organisationen im Wandel. Fachlicher Anspruch, Genderperspektive und ökonomische Realität. Frankfurt a.M.: Campus. S. 13-48.

Enste, Dominik H. 2005: Soziale Dienstleistungen – vom Kosten- zum Wachstumsfaktor. In: Sozialer Fortschritt. Unabhängige Zeitschrift für Sozialpolitik 54 (7). S. 155-160.

Feess-Dörr, Eberhard 1992: Mikroökonomie. Marburg: Metropolis.

Feldhoff, Kerstin 2006: Soziale Arbeit als Frauenberuf – Folgen für sozialen Status und Bezahlung?! In Zander, Margherita/Hartwig, Luise/Jansen, Irma (Hrsg.): Geschlecht Nebensache? Zur Aktualität einer Gender-Perspektive in der Sozialen Arbeit. Wiesbaden: VS Verlag für Sozialwissenschaften. S. 33-55.

Finis-Siegler, Beate 2001: NPOs ökonomisch betrachtet. Münsteraner Diskussionspapier zum Nonprofit-Sektor Nr. 15 der Arbeitsstelle Aktive Bürgerschaft. Münster: Westfälische Wilhelms-Universität Münster.

Flick, Uwe 2000: Triangulation in der qualitativen Forschung. In: Flick, Uwe/von Kardorff, Ernst/Steinke, Ines (Hrsg.): Qualitative Forschung. Ein Handbuch. Reinbek bei Hamburg: Rowohlt. S. 309-318.

Flick, Uwe 2008: Triangulation. Eine Einführung. 2. Auflage. Wiesbaden: VS Verlag für Sozialwissenschaften.

Foucault, Michel 1992: Was ist Kritik? Berlin: Merve.

Foucault, Michel 2004a: Die Geburt der Biopolitik. Geschichte der Gouvernementalität I. Frankfurt a.M.: Suhrkamp.

Foucault, Michel 2004b: Die Geburt der Biopolitik. Geschichte der Gouvernementalität II. Frankfurt a.M.: Suhrkamp.

Fraser, Nancy 2001: Die halbierte Gerechtigkeit. Schlüsselbegriffe des industriellen Sozialstaats. Frankfurt a.M.: Suhrkamp.

Fraser, Nancy 2003: Soziale Gerechtigkeit im Zeitalter der Identitätspolitik. Umverteilung, Anerkennung und Beteiligung. In: Fraser, Nancy/Honneth, Axel (Hrsg.): Umverteilung oder Anerkennung? Eine politisch-philosophische Kontroverse. Frankfurt a.M.: Suhrkamp. S. 13-128.

Frey, Michael 2004: Ist der „Arbeitskraftunternehmer" weiblich? Subjektivierte Erwerbsorientierungen von Frauen in Prozessen betrieblicher Diskontinuität. In: Arbeit. Zeitschrift für Arbeitsforschung, Arbeitsgestaltung und Arbeitspolitik(1). S. 62-77.

Fröschl, Elfriede 2001: Beruf Sozialarbeit. In: Gruber, Christine/Fröschl, Elfriede (Hrsg.): Gender-Aspekte in der Sozialen Arbeit. Wien: Czernin. S. 285-308.

Galuske, Michael 2005: Methoden in der Sozialen Arbeit. Weinheim und München: Juventa.

Gärtner, Marc/Scherma, Klaus 2004: Männer und Gleichstellung im Umbruch der Erwerbsverhältnisse. In: Heinrich-Böll-Stiftung (Hrsg.): Männer und Arbeit. Zukunft der Arbeit(slosigkeit). = Schriften zur Geschlechterdemokratie Nr. 11. Berlin: Heinrich-Böll-Stiftung. S. 51-54.

Geissler, Birgit 1998: Hierarchie und Differenz. Die (Un-)Vereinbarkeit von Familie und Beruf. In: Oechsle, Mechtild/Geissler, Birgit (Hrsg.): Die ungleiche Gleichheit. Junge Frauen und der Wandel der Geschlechterverhältnisse. Opladen: Leske + Budrich. S. 109-129.

Gerhard, Uta 1995: Die „langen Wellen" der Frauenbewegung – Traditionslinien und unerledigte Anliegen. In: Becker-Schmidt, Regina/Knapp, Gudrun-Axeli (Hrsg.): Das Geschlechterverhältnis als Gegenstand der Sozialwissenschaften. Frankfurt a.M. und New York: Campus. S. 247-278.

Gerhard, Ute/ Knijn, Trudie/Weckwert, Anja (Hrsg.) 2003: Erwerbstätige Mütter: Ein europäischer Vergleich. München: Beck.

Giarini, Orio/Liedtke, Patrick M.: 1998. Wie wir arbeiten werden. Der neue Bericht an den Club of Rome. Frankfurt a.M.: Hoffmann & Campe.

Gildemeister, Regine/Robert, Günther 2000: Teilung der Arbeit und Teilung der Geschlechter. In: Müller, Siegfried/Sünker, Heinz/Olk, Thomas/Böllert, Karin (Hrsg.): Soziale Arbeit. Gesellschaftliche Bedingungen und professionelle Perspektiven. Neuwied und Kriftel: Luchterhand. S. 315-336.

Glaser, Barney G./Strauss, Anselm L. 1998: Grounded Theory. Strategien qualitativer Forschung. Bern: Huber.

Glißmann, Wilfried/Peters, Klaus 2001: Mehr Druck durch mehr Freiheit. Die neue Autonomie in der Arbeit und ihre paradoxen Folgen. Hamburg: VSA.

Gorz, André: 2000. Arbeit zwischen Misere und Utopie. Frankfurt a.M.: Suhrkamp.

Gramsci, Antonio (1991-2002): Gefängnishefte. Kritische Gesamtausgabe. 10 Bände. Hrsg. von Klaus Bochmann und Wolfgang Fritz Haug. Hamburg: Argument.

Gross, Peter/Badura, Bernhard 1977: Sozialpolitik und Soziale Dienste: Entwurf einer Theorie personenbezogener Dienstleistungen. In: von Ferber, Christian/Kaufmann, Franz-Xaver (Hrsg.): Soziologie und Sozialpolitik. = Sonderheft 19 der Kölner Zeitschrift für Soziologie und Sozialpsychologie. Opladen: Westdeutscher Verlag. S. 361-385.

Grunwald, Klaus 2001: Neugestaltung der freien Wohlfahrtspflege. Management organisationalen Wandels und die Ziele der Sozialen Arbeit. Weinheim und München: Juventa.

Grunwald, Klaus 2007: Rationalitätskritik und Grundfragen des Organisierens. Zur Fruchtbarmachung organisationssoziologischer Perspektiven auf das Management sozialer Einrichtungen. In: Krauß, Jürgen/Möller, Michael/Münchmeier, Richard (Hrsg.): Soziale Arbeit zwischen Ökonomisierung und Selbstbestimmung. Kassel: kassel university press. S. 467-483.

Grunwald, Klaus 2008: Zur Nähe der heutigen Auffassungen der Organisationssoziologie zu zentralen Konzepten der Sozialen Arbeit am Beispiel der Lebensweltorientierten Sozialen Arbeit – Annäherungen zwischen Sozialmanagement und Sozialer Arbeit? In: Bassarak, Herbert/Wöhrle, Armin (Hrsg.): Sozialwirtschaft und Sozialmanagement im deutschsprachigen Raum. Bestandsaufnahmen und Perspektiven. Augsburg: Ziel-Verlag. S. 194-199.

Grunwald, Klaus 2009: Zum Management von Einrichtungen der Sozialen Arbeit aus organisationssoziologischer Perspektive. In: Grunwald, Klaus (Hrsg.): Vom Sozialmanagement zum Management des Sozialen? Eine Bestandsaufnahme. Baltmannsweiler: Schneider Verlag Hohengehren. S. 85-138.

Günther, Susanne 2004: Führungsfrauen im Management. Erfolgsmerkmale und Barrieren in ihrer Berufslaufbahn. Berlin: Logos.

Häcker, Walter/Knaier, Doris 2009: Hohe Wertschöpfung. In: Sozialwirtschaft (3). S. 22-25.

Haeberlin, Urs 2005: Grundlagen der Heilpädagogik. Einführung in eine wertgeleitete erziehungswissenschaftliche Disziplin. Stuttgart: Uni-Taschenbücher.

Hagemann-White, Carol 1984: Sozialisation: Weiblich – männlich? Opladen: Leske + Budrich.

Haubl, Rolf/Voß, G. Günter 2009: Psychosoziale Kosten turbulenter Veränderungen. Arbeit und Leben in Organisationen 2008. In: Positionen. Beiträge zur Beratung in der Arbeitswelt (1). Kassel: kassel university press. S. 1-8.

Haug, Frigga 2001: Zur Theorie der Geschlechterverhältnisse. In: Das Argument. Zeitschrift für Philosophie und Sozialwissenschaften 43 (6). S. 761-787.

Haug, Frigga 2005: Geschlechterverhältnisse als Produktionsverhältnisse. In: Kaindl, Christina (Hrsg.): Kritische Wissenschaften im Neoliberalismus. Eine Einführung in Wissenschafts-, Ideologie- und Gesellschaftskritik. Marburg: BdWi-Verlag. S. 124-142.

Haug, Frigga 2006: Marxistische Theorien und feministische Debatten. In: Niechoj, Thorsten/Tullney, Marco (Hrsg.): Geschlechterverhältnisse in der Ökonomie. Marburg: Metropolis. S. 73-120.

Heimerl, Peter 1996: Steuerung von Wohlfahrtsverbänden: Eine kritische Bestandsaufnahme. Konstanz: Hartung-Gorre.

Heite, Catrin 2008: Soziale Arbeit im Kampf um Anerkennung. Professionstheoretische Perspektiven. Weinheim und München: Juventa.

Henninger, Annette 2003a: Wer versorgt den Arbeitskraftunternehmer? Überlegungen zur Entgrenzung von Arbeit und Leben bei Alleinselbständigen. In: Schönberger, Klaus/Springer, Stefanie (Hrsg.): Subjektivierte Arbeit. Mensch – Technik – Organisation in einer entgrenzten Arbeitswelt. Frankfurt, a.M. und New York: Campus. S. 164-181.

Henninger, Annette 2003b: Der Arbeitskraftunternehmer und seine Frau(en). Eine geschlechterkritische Revision des Analysekonzepts. In: Kuhlmann, Ellen/Betzelt, Sigrid (Hrsg.): Geschlechterverhältnisse im Dienstleistungssektor – Dynamiken, Differenzierungen und neue Horizonte. Baden-Baden: Nomos. S. 119-132.

Hering, Sabine 2006: Differenz oder Vielfalt? – Frauen und Männer in der Geschichte der Sozialen Arbeit. In Zander, Margherita/Hartwig, Luise/Jansen, Irma (Hrsg.): Geschlecht Nebensache? Zur Aktualität einer Gender-Perspektive in der Sozialen Arbeit. Wiesbaden: VS Verlag für Sozialwissenschaften. S. 18-32.

Hering, Sabine/Münchmeier, Richard 2007: Geschichte der Sozialen Arbeit. Weinheim und München: Juventa.

Hermanns, Harry 1991: Narratives Interview. In: Flick, Uwe (Hrsg.): Handbuch qualitative Sozialforschung. Weinheim: Psychologie Verlags Union. S. 182-185.

Heusler, Klaus Felix 2004: Implementierung von Supply Chain Management. Kompetenzorientierte Analyse aus der Perspektive eines Netzwerkakteurs. Wiesbaden: Deutscher Universitäts-Verlag.

Hinz, Thomas/Gartner, Hermann 2005: Lohnunterschiede zwischen Frauen und Männern in Branchen, Berufen und Betrieben. = IAB Discussion Paper 4. Nürnberg: IAB

Hochschild, Arlie Russell 2006: Keine Zeit: Wenn die Firma zum Zuhause wird und zu Hause nur Arbeit wartet. Wiesbaden: VS Verlag für Sozialwissenschaften.

Hohendanner, Christian/Bellmann, Lutz 2006: Interne und externe Flexibilität. In: WSI-Mitteilungen 5. S. 241-246.

Hoppe, Hella 2002: Feministische Ökonomik. Gender in Wirtschaftstheorien und ihren Methoden. Berlin: edition sigma.

HSH Nordbank 2008: Die 100 größten Unternehmen in Schleswig-Holstein. Hamburg: HSH Nordbank.

Huchler, Norbert/Voß, G. Günter/Weihrich, Margit 2007: Soziale Mechanismen im Betrieb. Theoretische und empirische Analysen zur Entgrenzung und Subjektivierung von Arbeit. München und Mering: Hampp.

IAB (Institut für Arbeitsmarkt- und Berufsforschung) 2008: Berufe im Spiegel der Statistik. Beschäftigung und Arbeitslosigkeit 1999-2007. http://www.pallas.iab.de/bisds/berufe.htm. Stand 29.10.2008.

IAB (Institut für Arbeitsmarkt- und Berufsforschung) 2009: Berufe im Spiegel der Statistik. Beschäftigung und Arbeitslosigkeit 1999-2007. http://www.pallas.iab.de/bisds/berufe.htm. Stand 21.09.2009.

IAT (Institut Arbeit und Technik) 2005: Wie lange dauert es, bis Beschäftigte ihren Betrieb verlassen? Neue Ergebnisse zur Beschäftigungsstabilität in West- und Ostdeutschland. Gelsenkirchen: IAT.

Illouz, Eva 2006: Gefühle in Zeiten des Kapitalismus. Frankfurter Adorno-Vorlesung 2004. Frankfurt a.m.: Suhrkamp.

ISA (Informationssystem Studienwahl & Arbeitsmarkt) 2005: Sozialwesen. http://www.uni-essen.de/isa/fg_sozial_gesund/sozialwesen/sozialwesen_hs_frm.htm Stand 16.11.2005.

IW (Institut der Deutschen Wirtschaft) (Hrsg.) 2004: Wohlfahrtsverbände in Deutschland. Auf den Schultern der Schwachen. Köln: Deutscher Instituts-Verlag.

Jacob, Kerstin 2004: Frau Schneider macht die Beratung, Herr Müller schreibt das Konzept. Geschlechterstrukturen im Beruf der Sozialen Arbeit. In: Matthies, Aila-Leena/Mingerzahn, Frauke/Armbruster, Meinhard M. (Hrsg.): Weiblichkeit und Männlichkeit in der Sozialen Arbeit. Magdeburg: Erich-Weinert-Buchhandlung. S. 60-69.

Jochimsen, Maren A. 2003a: Die Gestaltung des Asymmetrischen. Kennzeichen klassischer Sorgesituationen und ihre theoretische Erfassung in der Ökonomik. In: Zeitschrift für Wirtschafts- und Unternehmensethik 4 (1). S. 38-51.

Jochimsen, Maren A. 2003b: Careful economics. Integrating Caring Activities and Economic Science. Boston, Dordrecht und London: Kluwer.

Jochimsen, Maren A. 2005: Vertrauen und Reputation in Sorgesituationen. In: Held, Martin/Kubon-Gilke, Gisela/Sturn, Richard (Hrsg.): Reputation und Vertrauen. = Jahrbuch Normative und institutionelle Grundfragen der Ökonomik 4. Marburg: Metropolis. S. 139-160.

Jochimsen, Maren A./Kesting, Stefan/Knobloch, Ulrike 2004: Lebensweltökonomie. Eine Einleitung. In: Jochimsen, Maren A./Kesting, Stefan/Knobloch, Ulrike (Hrsg.): Lebensweltökonomie. Bielefeld: Kleine. S. 11-25.

Jochimsen, Maren A./Knobloch, Ulrike 2006: Lebenswelt als Ort wirtschaftlicher Globalisierung. In: Jochimsen, Maren A./Knobloch, Ulrike: Lebensweltökonomie in Zeiten wirtschaftlicher Globalisierung. Bielefeld: Kleine. S. 9-19.

Jünemann, Rita 2000: Geschlechtstypische Identitätsbildungsprozesse in der professionellen Sozialen Arbeit. Eine geschlechtsvergleichende Untersuchung. Opladen: Leske + Budrich.

Jurczyk, Karin 2001: Individualisierung und Zusammenhalt. Neuformierung von Geschlechterverhältnissen in Erwerbsarbeit und Familie. In: Brückner, Margrit/Böhnisch, Lothar (Hrsg.): Geschlechterverhältnisse. Gesellschaftliche Konstruktion und Perspektiven ihrer Veränderung. Weinheim und München: Juventa. S. 11-37.

Jurczyk, Karin 2002: Entgrenzung von Zeit und Gender. Neue Anforderungen an die Funktionslogik von Lebensführung? In: Voß, G. Günter/Weihrich, Margit (Hrsg.): tag für tag. Alltag als Problem – Lebensführung als Lösung? Neue Beiträge zur Soziologie Alltäglicher Lebensführung.. München und Mering: Hampp. S.95-115.

Jurczyk, Karin 2005: Work-Life-Balance und geschlechtergerechte Arbeitsteilung. Alte Fragen neu gestellt. In: Seifert, Hartmut (Hrsg.): Flexible Zeiten in der Arbeitswelt. Frankfurt a.M. und New York: Campus. S. 102-123.

Karsten, Maria-Eleonora 2000: Personenbezogene Dienstleistungen für Frauen. Aktuelle Tendenzen und Professionalisierungserfordernisse. In: Friese, Marianne (Hrsg.):

Modernisierung personenorientierter Dienstleistungen. Opladen: Leske + Budrich. S. 74-87.

Karsten, Maria-Eleonora 2005: Sozialmanagement. In: Otto, Hans-Uwe/Thiersch, Hans (Hrsg.): Handbuch Sozialarbeit Sozialpädagogik. 3. Auflage. München und Basel: Reinhard. S. 1757-1762.

Karsten, Maria-Eleonora/Degenkolb, Alexandra/Hetzer, Silke/Meyer, Christine/Thiessen, Barbara/Walther, Kerstin 1999: Entwicklung des Qualifikations- und Arbeitskräftebedarfs in den personenbezogenen Dienstleistungsberufen. Expertise im Auftrag der Senatsverwaltung für Arbeit, Soziales und Frauen Berlin. Berlin: BBJ Verlag.

KAV (Kommunaler Arbeitgeberverband Schleswig-Holstein) 2009: Anwendung des TV Prakt. Unveröffentlichtes Schreiben an die Fachhochschule Kiel vom 02.07.2009.

Kelle, Udo/Erzberger, Christian 2000: Quantitative und qualitative Methoden: kein Gegensatz. In: Flick, Uwe/von Kardorff, Ernst/Steinke, Ines (Hrsg.): Qualitative Forschung. Ein Handbuch. Reinbek bei Hamburg: Rowohlt. S. 299-309.

Kessl, Fabian 2005: Der Gebrauch der eigenen Kräfte. Eine Gouvernementalität Sozialer Arbeit. Weinheim und München: Juventa.

Kessl, Fabian 2009: „Sozialmanagement oder Management des Sozialen" im Kontext post-wohlfahrtsstaatlicher Transformation. Eine Vergewisserung, zwei Problematisierungen und eine Perspektive. In: Grunwald, Klaus (Hrsg.): Vom Sozialmanagement zum Management des Sozialen? Eine Bestandsaufnahme. Baltmannsweiler: Schneider Verlag Hohengehren. S. 42-61.

KGSt (Kommunale Gemeinschaftsstelle für Verwaltungsvereinfachung) 1993: Das Neue Steuerungsmodell. Begründung. Konturen. Umsetzung. Bericht 5. Köln: KGSt.

King, Vera 2000: Entwürfe von Männlichkeit in der Adoleszenz. In: Bosse, Hans/King, Vera (Hrsg.): Männlichkeitsentwürfe. Wandlungen und Widerstände im Geschlechterverhältnis. Frankfurt a.M. und New York: Campus. S. 93-107.

Klammer, Ute 2005: Soziale Sicherung. In: Bothfeld, Silke/Klammer, Ute/Klenner, Christina/Leiber, Simone/Thiel, Anke/Ziegler, Astrid (Hrsg.): WSI-FrauenDatenReport 2005 – Handbuch zur wirtschaftlichen und sozialen Situation von Frauen. Berlin: edition sigma. S. 307-382.

Klammer, Ute/Leiber, Simone 2006: Atypische Beschäftigung und soziale Sicherung. In: WSI-Mitteilungen 5. S. 287-292.

Klaus, Hans 2005: Personalentwicklung im NPO-Sektor. Der Wandel hybrider Organisationen. In: Brinkmann, Volker (Hrsg.): Change Management in der Sozialwirtschaft. Wiesbaden: Deutscher Universitäts-Verlag. S. 19-41.

Kleemann, Frank/Matuschek, Ingo/Voß, G. Günter 1999: Zur Subjektivierung von Arbeit. Berlin: Wissenschaftszentrum Berlin für Sozialforschung. Projektverbund Arbeit & Ökologie.

Kleemann, Frank/Matuschek, Ingo/Voß, G. Günter 2003: Subjektivierung von Arbeit – Ein Überblick zum Stand der soziologischen Diskussion. In: Moldaschl, Manfred/Voß, G. Günter (Hrsg.): Subjektivierung von Arbeit. München und Mering: Hampp. S. 53-100.

Klein, Uta 1994. Das Geschlechterverhältnis und die Soziologie. In: Kneer, Georg/Kraemer, Klaus/Nassehi, Armin: Soziologie. Zugänge zur Gesellschaft. Band 1: Geschichte, Theorien und Methoden. Münster: Lit-Verlag. S. 191-224.

Klein, Uta 2006a: Geschlechterverhältnisse und Gleichstellungspolitik in der Europäischen Union. Wiesbaden: VS Verlag für Sozialwissenschaften.

Klein, Uta 2006b: Europäische Integration und Geschlechterverhältnisse. In: Böllert, Karin/Hansbauer, Peter/Hasenjürgen, Brigitte/Langenohl, Sabrina (Hrsg.): Zur Produktivität des Sozialen. Den sozialen Staat aktivieren. Wiesbaden: VS Verlag für Sozialwissenschaften. S. 113-128.

Klein, Uta/Wulf-Schnabel, Jan 2007a: Männer auf dem Weg aus der Sozialen Arbeit. In: WSI Mitteilungen 3. S. 138-144.

Klein, Uta/Wulf-Schnabel, Jan 2007b: Die Entwicklung der Geschlechterverhältnisse in der Sozialen Arbeit in ihrer Bedeutung für die Sozialwirtschaft. In: Sozialwirtschaft Aktuell – Infodienst für das Management in der Sozialwirtschaft 23. S. 1-3.

Klenner, Christina 2005: Soziale Sicherung. In: Bothfeld, Silke/Klammer, Ute/Klenner, Christina/Leiber, Simone/Thiel, Anke/ Ziegler, Astrid (Hrsg.): WSI-FrauenDatenReport 2005 – Handbuch zur wirtschaftlichen und sozialen Situation von Frauen. Berlin: edition sigma. S. 187-240.

Klenner, Christina/Klammer, Ute 2009: Weibliche Familienernährerinnen in West- und Ostdeutschland – Wunschmodell oder neue Prekarität? In: Böcklerimpuls (3). S. 3.

Klenner, Christina/Pfahl, Svenja 2008: Jenseits von Zeitnot und Karriereverzicht – Wege aus dem Arbeitszeitdilemma. Arbeitszeiten von Müttern, Vätern und Pflegenden. = WSI-Diskussionspapier Nr. 158. Düsseldorf: Wirtschafts- und Sozialwissenschaftliches Institut in der Hans-Böckler-Stiftung.

Klug, Wolfgang 1997: Wohlfahrtsverbände zwischen Markt, Staat und Selbsthilfe. Freiburg im Breisgau: Lambertus.

Knapp, Gudrun-Axeli 1989: Das Konzept „weibliches Arbeitsvermögen" – theoriegeleitete Zugänge, Irrwege, Perspektiven. In: ifg Frauenforschung 6 (4). S. 8-19.

Knapp, Gudrun-Axeli 1995: Unterschiede machen: Zur Sozialpsychologie der Hierarchisierung im Geschlechterverhältnis. In: Becker-Schmidt, Regina/Knapp, Gudrun-Axeli (Hrsg.): Das Geschlechterverhältnis als Gegenstand der Sozialwissenschaften. Frankfurt a.M. und New York: Campus. S. 163-194.

Knobloch, Ulrike 2009: Auf dem Weg zu einer Sorgeökonomie. In: Sozialwirtschaft (1). S. 14-18.

Knoke, Martin 2004: Kundenorientierung sozialer Dienstleistungen. Herausforderungen für die Freie Wohlfahrtspflege. Berlin: Berliner Wissenschafts-Verlag.

Knorr, Friedhelm 2004: Leistungsbezogene Entgeltsysteme als Instrument leistungsorientierten Personalmanagements: Entwicklung und Implementierung in heilpädagogischen Einrichtungen. In: Maelicke, Bernd (Hrsg.): Personal als Erfolgsfaktor in der Sozialwirtschaft. Baden-Baden: Nomos. S. 115-127.

Koppetsch, Cornelia/Maier, Maja S. 2001: Vom Patriarchalismus zur Partnerschaft? Männlichkeiten im Milieuvergleich. In: Döge, Peter/Meuser, Michael (Hrsg.): Männlichkeiten und soziale Ordnung. Neue Beiträge zur Geschlechterforschung. Opladen: Leske + Budrich. S. 27-48.

Kratzer, Nick/Boes, Andreas/Döhl, Volker/Marrs, Kira/Sauer, Dieter 2004: Entgrenzung von Unternehmen und Arbeit – Grenzen der Entgrenzung. In: Beck, Ulrich/Lau, Christoph (Hrsg.): Entgrenzung und Entscheidung: Was ist neu an der Theorie reflexiver Modernisierung? Frankfurt a.M.: Suhrkamp. S. 329-359.

Kratzer, Nick/Sauer, Dieter 2005: Entgrenzung von Arbeit. Konzept, Thesen, Befunde. In: Gottschall, Karin/Voß, G. Günter (Hrsg.): Entgrenzung von Arbeit und Leben. Zum Wandel der Beziehungen von Erwerbstätigkeit und Privatsphäre im Alltag. München und Mering: Hampp. S. 87-123.

Krause, Günter 2002: Die Geschichte der ökonomischen Theorien zwischen Mainstream und Alternative. In: UTOPIE kreativ 143. S. 783-803.

Krause, Holger 2008: Sozial-Charta des Betriebsräte-Bündnis Soziale Dienste SH. 16.07.2008. Neumünster und Lübeck: unveröffentlicht.

Kruse, Elke 2004: Stufen zur Akademisierung. Wege der Ausbildung für Soziale Arbeit von der Wohlfahrtsschule zum Bachelor-/Mastermodell. Wiesbaden: VS Verlag für Sozialwissenschaften.

Kuhlmann, Carola 2000: Alice Salomon. Ihr Lebenswerk als Beitrag zur Entwicklung der Theorie und Praxis Sozialer Arbeit. Weinheim: Beltz.

Kulbach, Roderich 2000: Privatisierung und Outsourcing sozialer Dienstleistungen – Optimierung der kommunalen Sozialpolitik? In: Boeßenecker, Karl-Heinz/Trube, Achim/Wohlfahrt, Norbert (Hrsg.): Privatisierung im Sozialsektor. Rahmenbedingungen, Verlaufsformen und Probleme der Ausgliederung sozialer Dienste. Münster: Votum. S. 147-156.

Kullberg, Christian 2001: Gender and Social Work. Research and Gender Differences in the Treatment of Clients in Welfare Institutions. In Gruber, Christine/Fröschl, Elfriede (Hrsg.): Gender-Aspekte in der Sozialen Arbeit. Wien: Czernin. S. 309-318.

LAGFW Bayern (Landesarbeitsgemeinschaft der Freien Wohlfahrtsverbände in Bayern) 2008: Zum Wert der sozialen Arbeit. http://www.diakonie-bayern.de/uploads/ media/Zum_Wert_der_sozialen_Arbeit__080605_.pdf. Stand 01.07.2009.

Lamnek, Siegfried 2005: Qualitative Sozialforschung. 4. Auflage. Weinheim und Basel: Beltz.

Lange, Andreas/Szymenderski, Peggy/Klinkhammer, Nicole 2005. Forcierte Ambivalenzen? Herausforderungen an erwerbstätige Frauen in Zeiten der Entgrenzung und Subjektivierung. In: Lohr, Karin/Nickel, Hildegard (Hrsg.): Subjektivierung von Arbeit – Riskante Chancen. Münster: Westfälisches Dampfboot. S. 115-148.

Lemke, Thomas/Krasmann, Susanne/Bröckling, Ulrich 2000: Gouvernementalität, Neoliberalismus und Selbsttechnologien. Eine Einleitung. In: Bröckling, Ulrich/Krasmann, Susanne/Lemke, Thomas (Hrsg.): Gouvernementalität der Gegenwart. Studien zur Ökonomisierung des Sozialen. Frankfurt a.M.: Suhrkamp. S. 7-40.

Liebig, Brigitte 1997: Geschlossene Gesellschaft. Aspekte der Geschlechterungleichheit in wirtschaftlichen und politischen Führungsgremien der Schweiz. Chur und Zürich: Rüegger.

Lindenberg, Michael 2004: Manage mich! Sieben Thesen zur Zukunft Sozialer Arbeit im aktivierenden Staat. In: FORUM für Kinder- und Jugendarbeit 3. Hamburg: Verband Kinder- und Jugendarbeit e.V. S. 4-13.

Littmann-Wernli, Sabina/Schubert, Renate 2002: Stereotype und die „gläserne Decke" in Unternehmen. In: Wirtschaftspsychologie 4 (1). S. 5-10.

Lohnspiegel 2009: Lohn- und Gehaltscheck. WSI-Tarifarchiv der Hans-Böckler-Stiftung. http://www.lohnspiegel.de. Stand 01.07.2009.

Lohr, Karin 2003: Subjektivierung von Arbeit. Ausgangspunkt einer Neuorientierung der Industrie- und Arbeitssoziologie? Berliner Journal für Soziologie 4. S. 511-529.

Lohr, Karin/Nickel, Hildegard 2005: Subjektivierung von Arbeit – Riskante Chancen. In: Lohr, Karin/Nickel, Hildegard (Hrsg.): Subjektivierung von Arbeit – Riskante Chancen. Münster: Westfälisches Dampfboot. S. 208-239.

Luhmann, Niklas 1980: Gesellschaftsstruktur und Semantik. Studien zur Wissenssoziologie moderner Gesellschaften. Band. 1. Frankfurt a.M.: Suhrkamp.

Luhmann, Niklas/Schorr, Karl Eberhard 1988: Reflexionsprobleme im Erziehungssystem. Frankfurt a.M.: Suhrkamp.

Maaser, Wolfgang 2005: Gemeinnützige Verbandswirklichkeit im Wandel sozialstaatlicher Steuerungsmodelle. In: Brink, Alexander/Eurich, Johannes/Hädrich, Jürgen/Langer, Andreas/Schröder, Peter (Hrsg.): Soziale Institutionen zwischen Markt und Moral. Wiesbaden: VS Verlag für Sozialwissenschaften. S. 65-87.

Madörin, Mascha 2006: Plädoyer für eine eigenständige Theorie der Care-Ökonomie. In: Niechoj, Thorsten/Tullney, Marco (Hrsg.): Geschlechterverhältnisse in der Ökonomie. Marburg: Metropolis . S. 277-297.

Maelicke, Bernd 2002: Neue Chancen für das Neue Management. In: Maelicke, Bernd (Hrsg.): Strategische Unternehmensentwicklung in der Sozialwirtschaft. Baden-Baden: Nomos. S. 212-247.

Maelicke, Bernd 2004: Advanced Leadership in der Sozialwirtschaft. In: Maelicke, Bernd (Hrsg.): Personal als Erfolgsfaktor in der Sozialwirtschaft. Baden-Baden: Nomos. S. 178-186.

Marx, Karl 1988a: Das Kapital. Kritik der politischen Ökonomie. Band 1. Berlin: Dietz.

Marx, Karl 1988b: Das Kapital. Kritik der politischen Ökonomie. Band 3. Berlin: Dietz.

Mayrhofer, Hemma/Raab-Steiner, Elisabeth 2007: Wissens- und Kompetenzprofile von SozialarbeiterInnen. Berufspraktische Anforderungen, strukturelle Spannungsfelder und künftige Herausforderungen. Wien: FH Campus Wien.

MDS (Medizinischer Dienst der Spitzenverbände) 2001: Richtlinien der Spitzenverbände der Pflegekassen zur Begutachtung von Pflegebedürftigkeit nach dem XI. Buch des Sozialgesetzbuches. Essen: MDS.

Meinefeld, Werner 2000: Hypothesen und Vorwissen in der qualitativen Sozialforschung. In: Flick, Uwe/von Kardorff, Ernst/Steinke, Ines (Hrsg.): Qualitative Forschung. Ein Handbuch. Reinbek bei Hamburg: Rowohlt. S. 265-275.

Meinhof, Ulrike 2002: Bambule. Fürsorge für wen? Berlin: Wagenbach.

Meinhold, Marianne 1993: Sozialarbeiterinnen – Frauenkarrieren: Karrierewünsche und Aufstiegshindernisse bei Sozialarbeiterinnen im öffentlichen Dienst. Münster: Votum.

Merchel, Joachim 2009: Zur Debatte um „Sozialmanagement". Anmerkungen zu Bilanz und Perspektiven nach annähernd 20 Jahren. In: Grunwald, Klaus (Hrsg.): Vom Sozialmanagement zum Management des Sozialen? Eine Bestandsaufnahme. Baltmannsweiler: Schneider Verlag Hohengehren. S. 162-84.

Meuser, Michael/Nagel, Ulrike 2005: ExpertInneninterviews – vielfach erprobt, wenig bedacht. In: Bogner, Alexander/Littig, Beate/Menz, Wolfgang (Hrsg.): Das Experteninterview. Wiesbaden: VS Verlag für Sozialwissenschaften. S. 71-93.

Meyer, Christine 2006: „Also, als Mann im Kindergarten, die Kinderherzen fliegen einem sofort zu." Männer in Frauenberufen und ihr Beitrag zur Professionalisierung personenbezogener Dienstleistungsberufe in Erziehung, Pflege und Sozialem. In: neue praxis 36 (3). S. 269-285.

Meyer, Dirk 1999: Wettbewerbliche Neuorientierung der Freien Wohlfahrtspflege. Berlin: Duncker & Humblot.

Meyer, Dirk 2005: Gemeinnutz und Eigennutz ergänzen sich. In: Neue Caritas 106 (9). S. 9-14.

Möhring-Hesse, Matthias 2008: Verbetriebswirtschaflichung und Verstaatlichung. Die Entwicklung der Sozialen Dienste und der Freien Wohlfahrtspflege. In: Zeitschrift für Sozialreform 54 (2). S.141-160.

Moldaschl, Manfred/Voß, G. Günther 2003: Zur Einführung. In: Moldaschl, Manfred/Voß, G. Günther (Hrsg.): Subjektivierung von Arbeit. München und Mering: Hampp. S. 13-21.

Möller, Michael 2007: Was ist und zu welchem Ende betreiben wir Sozialmanagement? Oder: Über den Zusammenhang zwischen sozialpolitischer Entwicklung, Sozialmanagement, Prekarisierung der Professionellen und deren Ausbildung in der sozialpädagogischen Arbeit. In: Krauß, Jürgen/Möller, Michael/Münchmeier, Richard (Hrsg.): Soziale Arbeit zwischen Ökonomisierung und Selbstbestimmung. Kassel: kassel university press. S. 377-396.

Müller, Burkhard 2005: Professionalisierung. In: Thole, Werner (Hrsg.): Grundriss Soziale Arbeit. Ein einführendes Handbuch. Opladen: VS Verlag für Sozialwissenschaften. S. 731-750.

Müller, Ursula 2002: Geschlecht im Management. Ein soziologischer Blick. In: Wirtschaftspsychologie 4 (1). S. 5-10.

Müller, Wolfgang 1999: Wie helfen zum Beruf wurde. Eine Methodengeschichte der Sozialarbeit. Band 1: 1883-1945. Weinheim und Basel: Beltz.

Neumann, Sven 2008: Die Bedeutung des Ökonomisierungsdrucks auf Nonprofit-Organisationen. Ergebnisse einer empirischen Studie. In: Helmig, Bernd/Purtschert, Robert/Schauer, Reinbert/Witt, Dieter (Hrsg.): Nonprofit-Organisationen und Märkte. Wiesbaden: Deutscher Universitäts-Verlag. S. 287-305.

Nickel, Hildegard Maria 1999: Industriegesellschaft am Ende – Arbeit abgeschafft? Frauen und der Geschlechterkampf um Erwerbsarbeit. In: Stolz-Willing, Brigitte/Veil, Mechtild (Hrsg.): Es rettet uns kein höh'res Wesen. Hamburg: VSA-Verlag. S. 9-28.

Nickel, Hildegard Maria/Hüning, Hasko/Frey, Michael 2008: Subjektivierung, Verunsicherung, Eigensinn. Auf der Suche nach Gestaltungspotenzialen für eine neue Arbeits- und Geschlechterpolitik. Berlin: Edition sigma.

Nickels, Alfons 2004: Das Modell flexibler Vertrauensarbeitszeit der Franziskusheim gGmbH – Stärken der Arbeitszeitökonomie und Erhöhung der Arbeitszeitsouveränität. In: Maelicke, Bernd (Hrsg.): Personal als Erfolgsfaktor in der Sozialwirtschaft. Baden-Baden: Nomos. S. 143-149.

Niechoj, Thorsten/Tullney, Marco (Hrsg) 2006: Geschlechterverhältnisse in der Ökonomie. Marburg: Metropolis

OECD (Organisation für wirtschaftliche Zusammenarbeit und Entwicklung) 2004: Die Politik der frühkindlichen Betreuung, Bildung und Erziehung in der Bundesrepublik

Deutschland. Ein Länderbericht. http://www.oecd.org/dataoecd/55/58/35125245.pdf Stand 21.11.2006.

Öhlschläger, Rainer 1995: Freie Wohlfahrtspflege im Aufbruch: ein Managementkonzept für soziale Dienstleistungsorganisationen. Baden-Baden: Nomos .

Onnen-Isemann, Corinna 2003: Familienpolitik und Fertilitätsunterschiede in Europa. Frankreich und Deutschland. In: Aus Politik und Zeitgeschichte 44. S. 31-37.

Ostner, Ilona 1990: Das Konzept des weiblichen Arbeitsvermögens. In: Autorinnengemeinschaft des Arbeitskreises Sozialwissenschaftliche Arbeitsmarktforschung (SAMF) (Hrsg.): Erklärungsansätze zur geschlechtsspezifischen Strukturierung des Arbeitsmarktes. = Arbeitspapiere aus dem Arbeitskreis SAMF 1990-1. Paderborn: SAMF. S. 22-39.

Pich, Wolfgang 2004: Sozialarbeiter/innen und Sozialpädagogen/innen im Mikrozensus 1996. Manuskript eines Vortrags auf der 3. Mikrozensusnutzerkonferenz am 09.10. 2003 in Mannheim. http://www.gesis.org/Dauerbeobachtung/gml/Service/Veranstaltungen/Nutzerkonferenz2003/paper/text_pich.pdf. Stand 26.08.2008.

Pletzer, Winfried 2005: Freie Träger zwischen sozialem Auftrag und ökonomischer Realität – Skizzen zu aktuellen Herausforderungen für freie Träger der Sozialen Arbeit. In: Engelfried, Constance 2005 (Hrsg.): Soziale Organisationen im Wandel. Fachlicher Anspruch, Genderperspektive und ökonomische Realität. Frankfurt a.M.: Campus. S. 312-323.

Pongratz, Hans J. 2003: Subjektivierung und Interessenvertretung. Projekt: Entgrenzung von Arbeit und Chancen zur Partizipation (EAP) der Forschungs- und Beratungsstelle Arbeitswelt. = EAP-Diskussionspapier 12. Wien: EAP.

Pongratz, Hans J. 2005: Die Heterogenität von Erwerbsorientierung in der Perspektive der Arbeitskraftunternehmer-These. In: Gottschall, Karin/Voß, G. Günter (Hrsg.): Entgrenzung von Arbeit und Leben. Zum Wandel der Beziehungen von Erwerbstätigkeit und Privatsphäre im Alltag. 2. Auflage. München und Mering: Hampp. S. 125-145.

Pongratz, Hans J/Voß, Günter G. 2003: Arbeitskraftunternehmer. Erwerbsorientierung in entgrenzten Arbeitsformen. Berlin: edition sigma.

Priller, Eckard 2004a: Beschäftigung und Dritter Sektor. In: Korfmacher, Susanne/Mutz, Gerd (Hrsg.): Beschäftigungseffekte durch informelle Arbeit? = Arbeitspapier 80 der Hans-Böckler-Stiftung. Dokumentation des Workshops „Mehr Beschäftigung durch bürgerschaftliches Engagement und Eigenarbeit?" am 26. März in Düsseldorf. Düsseldorf: Hans-Böckler-Stiftung. S. 23-30.

Priller, Eckard 2004b: Das Verhältnis von Staat und Nonprofit-Organisationen. Gegenwart und Perspektiven. In: Witt, Dieter/Purtschert, Robert/Schauer, Reinbert (Hrsg.): Funktionen und Leistungen von Nonprofit-Organisationen. Wiesbaden: Deutscher Universitäts-Verlag. S. 129-146.

Rabe-Kleberg, Ursula 1987: Frauenberufe. Zur Segmentierung der Berufswelt. Bielefeld: Kleine.

Rabe-Kleberg, Ursula 1990: Sozialer Beruf und Geschlechterverhältnisse. Oder: Soziale Arbeit zu einem Beruf für Frauen machen! In: Cremer, Christa/Bader, Christiane/Dudeck, Anne (Hrsg.): Frauen in sozialer Arbeit. Zur Theorie und Praxis feministischer Bildungs- und Sozialarbeit. Weinheim und München: Juventa. S. 60-71.

Rabe-Kleberg, Ursula 1991: Männer in Frauenberufen – oder: Strukturveränderungen in Frauenberufen und das sogenannte „weibliche Arbeitsvermögen". In: Frauenforschung 9 (1+2). S. 33-40.

Rabe-Kleberg, Ursula 1993: Verantwortlichkeit und Macht. Ein Beitrag zum Verhältnis von Geschlecht und Beruf angesichts der Krise traditioneller Frauenberufe. Bielefeld: Kleine.

Rabe-Kleberg, Ursula 1999: Wie aus Berufen für Frauen Frauenberufe werden. Ein Beitrag zur Transformation des Geschlechterverhältnisses. In: Nickel, Hildegard/Völker, Susanne/Hüning, Hasko (Hrsg.): Transformation. Unternehmensreorganisation. Geschlechterforschung. Opladen: Leske + Budrich. S. 93-107.

Rabe-Kleberg, Ursula 2005: Feminisierung der Erziehung von Kindern. Chancen oder Gefahr für die Bildungsprozesse von Mädchen und Jungen? Erkenntnisse, Argumente, Materialien. In: Sachverständigenkommission Zwölfter Kinder- und Jugendbericht (Hrsg.): Entwicklungspotentiale institutioneller Angebote im Elementarbereich. Band 2. München: Verlag Deutsches Jugendinstitut. S. 135-171.

Ransome, Paul: 1999. Sociology and the Future of Work. Contemporary Discourses and Debates. Aldeshot: Ashgate.

Rastetter, Daniela 1994: Sexualität und Herrschaft in Organisationen. Eine geschlechtervergleichende Analyse. Opladen: Westdeutscher Verlag.

Rastetter, Daniela 1999: Emotionsarbeit. Stand der Forschung und offene Fragen. In: Arbeit 8 (4). S. 374-388.

Rastetter, Daniela 2002: Zwischen Meritokratie und Mikropolitik. Ein organisationspsychologischer Blick auf das Management-Geschlecht. In: Wirtschaftspsychologie 4 (1). S. 11-15.

Rastetter, Daniela 2008: Zum Lächeln verpflichtet. Emotionsarbeit im Dienstleistungsbereich. Frankfurt a.M.: Campus.

Rauschenbach, Thomas 1999: Das sozialpädagogische Jahrhundert. Analysen zur Entwicklung sozialer Arbeit in der Moderne. Weinheim: Juventa.

Rauschenbach, Thomas/Züchner, Ivo 2001: Soziale Berufe. In: Otto, Hans-Uwe/Thiersch, Hans (Hrsg.): Handbuch Sozialarbeit. Sozialpädagogik. Neuwied und Kriftel: Luchterhand. S. 1648-1667.

Reichertz, Jo 2000: Abduktion, Deduktion und Induktion in der qualitativen Forschung. In: Flick, Uwe/von Kardorff, Ernst/Steinke, Ines (Hrsg.): Qualitative Forschung. Ein Handbuch. Reinbek bei Hamburg: Rowohlt. S. 276-286

Rerrich, Maria S. 2006: Die ganze Welt zu Hause. Cosmobile Putzfrauen in privaten Haushalten. Hamburg: Hamburger Edition.

Richter, Georg 2002: Privatisierung und Funktionswandel der Freien Wohlfahrtspflege. Strategien in nationalen und europäischen Sozialmärkten. Baden-Baden: Nomos.

Riediger, Susanne/Wohlfahrt, Norbert 2000: Privatisierung und Ausgliederung bei sozialen Diensten. In: Boeßenecker, Karl-Heinz/Trube, Achim/Wohlfahrt, Norbert (Hrsg.): Privatisierung im Sozialsektor. Rahmenbedingungen, Verlaufsformen und Probleme der Ausgliederung sozialer Dienste. Münster: Votum. S. 129-146.

Rifkin, Jeremy: 1995. Das Ende der Arbeit – und ihre Zukunft. Frankfurt a.M. und New York: Campus.

Rohrmann, Tim 2005: Männer in Kindertageseinrichtungen: Immer noch eine Minderheit. In: Switchboard. Zeitschrift für Männer und Jungenarbeit 17 (4-5) (Nr.169). S. 20-21.

Rohrmann, Tim 2006a: Männer in Kindertageseinrichtungen und Grundschulen: Bestandsaufnahme und Perspektiven. In: Krabel, Jens/Stuve, Olaf (Hrsg.): Männer in „Frauen-Berufen" der Pflege und Erziehung. Opladen: Budrich. S. 111-133.

Rohrmann, Tim 2006b: Männer in Kindertageseinrichtungen. Bestandsaufnahme und Perspektiven. In: BVZ – Beratungs- und Verwaltungszentrum e.V. (Hrsg.): Mehr Männer in die pädagogische Arbeit! Dokumentation der Fachtagung vom 24. Juni 2006. Frankfurt a.M.: BVZ. S.6-25.

Rosenkranz, Doris/Schill, Jürgen 2009: Aktivierung der Aktiven. In: Sozialwirtschaft (3). S. 6-8.

Rump, Jutta/Schmidt, Silke 2005: Employability im Fokus: Beschäftigungsfähigkeit im Spannungsfeld von Notwendigkeit und Zurückhaltung. http://www.selbst-gmbh.de/Anhaenge/10%20-%20Employability%20im%20Fokus.pdf. Stand 14.12.2006.

Sachße, Christoph 2003: Mütterlichkeit als Beruf. Weinheim, Basel und Berlin: Beltz.

Sandmann, Jürgen 2005: Personalentwicklung – Lernende Organisation in diffusen Zeiten. In: Engelfried, Constance 2005 (Hrsg.): Soziale Organisationen im Wandel. Fachlicher Anspruch, Genderperspektive und ökonomische Realität. Frankfurt a.M.: Campus. S. 160-180.

Schaarschuch, Andreas 1996: Dienst-Leistung und Soziale Arbeit. Theoretische Überlegungen zur Rekonstruktion Sozialer Arbeit als Dienstleistung. In: Widersprüche 59. http://www.widersprueche-zeitschrift.de/article723.html. Stand 15.08.2006.

Schaarschuch, Andreas 2000: Kunden, Kontakte, Karrieren. Die Kommerzialisierung der Sozialen Arbeit und die Konsequenzen für die Profession. In: Lindenberg, Michael (Hrsg.): Von der Sorge zur Härte. Kritische Beiträge zur Ökonomisierung Sozialer Arbeit. Bielefeld: Kleine. S. 153-163.

Schäfer, Dieter 2004: Unbezahlte Arbeit und Haushaltsproduktion im Zeitvergleich. In: Statistisches Bundesamt (Hrsg.): Alltag in Deutschland. Analysen zur Zeitverwendung. Beiträge zur Ergebniskonferenz der Zeitbudgeterhebung 2001/02 am 16./17. Februar 2004 in Wiesbaden. Wiesbaden: Statistisches Bundesamt. S. 247-273.

Schellberg, Klaus 2005: Vom Ideal zur Zahl – Betriebswirtschaftliche Aspekte der Organisation Sozialer Arbeit. In: Engelfried, Constance 2005 (Hrsg.): Soziale Organisationen im Wandel. Fachlicher Anspruch, Genderperspektive und ökonomische Realität. Frankfurt a.M.: Campus. S. 270-287.

Scherl, Hermann 2004: Workfare statt Zivildienst. Eine beschäftigungspolitische Chance. In: Sozialer Fortschritt 5. S. 109-114.

Scheytt, Stefan 2005: Helfer in Not. In: brand eins 10. S. 118-122.

Schmidt-Koddenberg, Angelika/da Silva Antunes Alves, Susanne/Ernst, Renate 2005: Weibliche Führungskräfte im Berufsfeld Soziale Arbeit. Ein Beitrag zur Machtfrage. In: Hasenjürgen, Brigitte/Rohleder, Christiane (Hrsg.): Geschlecht im sozialen Kontext. Perspektiven für die Soziale Arbeit. Wiesbaden: Budrich. S. 145-178.

Seibel, Wolfgang 1992: Der funktionale Dilettantismus. Erfolgreich scheiternde Organisationen im „Dritten Sektor" zwischen Markt und Staat. Baden-Baden: Nomos.

Sennett, Richard 2000: Der flexible Mensch. Die Kultur des neuen Kapitalismus. Berlin: Siedler.

Sennett, Richard 2008: Handwerk. Berlin: Berliner Taschenbuch Verlag.

Simmel-Joachim, Monika 1992: Frauen in der sozialen Arbeit – Eine Mehrheit als Minderheit. In: Fesel, Verena/Rose, Barbara/Rimmel, Monika (Hrsg.): Sozialarbeit ein deutscher Frauenberuf. Pfaffenweiler: Centaurus. S. 108-121.

Simmel-Joachim, Monika 2003: Karriere in der Sozialen Arbeit? – nein danke! Kurzfassung der Ergebnisse einer Umfrage zu Berufseinstieg und -verlauf ehemaliger Studierender des Fachbereichs Sozialwesen der FH Wiesbaden im Sommersemester 2002. Wiesbaden: Fachhochschule Wiesbaden.

Spiegel, Hiltrud von 2004: Methodisches Handeln in der Sozialen Arbeit. München und Basel: Reinhardt.

Statistische Ämter der Länder 2008: Bruttoinlandsprodukt, Bruttowertschöpfung in den Ländern und Ost-West-Großraumregionen Deutschlands 1991 bis 2007. Reihe 1, Band 1. Stuttgart: Arbeitskreis Volkswirtschaftliche Gesamtrechnungen der Länder. Download unter www.vgrdl.de. Stand 25.11.2008.

Statistisches Bundesamt 2005: Leben und Arbeiten in Deutschland. Ergebnisse des Mikrozensus 2004. Wiesbaden: Statistisches Bundesamt.

Statistisches Bundesamt 2006: Leben und Arbeiten in Deutschland. Sonderheft 2: Vereinbarkeit von Familie und Beruf. Ergebnisse des Mikrozensus 2005. Wiesbaden: Statistisches Bundesamt.

Statistisches Bundesamt 2007: Teilzeitbeschäftigte verdienen pro Stunde weniger als Vollzeitkräfte. Mitteilung Nr.287 vom 19.07.2007. http://www.destatis.de/jetspeed/po-ral/cms/Sites/destatis/Internet/DE/Presse/pm/2007/07/PD07__287__623,templateId=renderPrint.psml. Stand: 27.12.2009.

Statistisches Bundesamt 2008: Arbeitskostenindizes: Deutschland, Quartale, Wirtschaftsbereiche, Bereinigungsverfahren. GENESIS Online. www-genesis.destatis.de. Stand 07.11.2008.

Staub-Bernasconi, Silvia 2000: Seitenwechsel – Chancen und Risiken von Grenzüberschreitungen zwischen Wirtschaft und Sozialer Arbeit. In: Elsen, Susanne/Lange, Diedrich/Wallimann, Isidor (Hrsg.): Soziale Arbeit und Ökonomie. Neuwied und Kriftel: Luchterhand. S. 136-156.

Staub-Bernasconi, Silvia 2005: Soziale Arbeit und soziale Probleme. Eine disziplin- und professionsbezogene Bestimmung. In: Thole, Werner (Hrsg.): Grundriss Sozialer Arbeit. Wiesbaden: VS Verlag für Sozialwissenschaften. S. 245-258.

Staub-Bernasconi, Silvia 2007: Soziale Arbeit: Dienstleistung oder Menschenrechtsprofession? Zum Selbstverständnis Sozialer Arbeit in Deutschland mit einem Seitenblick auf die internationale Diskussionslandschaft. In: Lob-Hüdepohl, Andreas/Lesch, Walter (Hrsg.): Ethik Sozialer Arbeit: Ein Handbuch. Paderborn: Schöningh UTB. S. 20-54.

Struck, Olaf/Grotheer, Michael/Schröder, Tim/Köhler, Christoph 2006: Beschäftigungsstabilität: Entwicklung und Ursachen ihrer Veränderung. = Arbeitspapier Nr. 10 im Sonderforschungsbereich 580. Jena: Universität Jena.

Stuve, Olaf/Krabel, Jens/Kasiske, Jan/Schädler, Sebastian 2005: Zur Situation von Männern in „Frauen-Berufen" der Pflege und Erziehung in Deutschland. Eine Überblicksstudie. Berlin: Bildungsnetz Berlin.

taz 2009: Schulnoten verärgern Pflegeheime. Artikel in der Tagesszeitung vom 21.12.2009. http://www.taz.de/regional/nord/nord-aktuell/artikel/1/schulnoten-veraergern-pflegeheime. Stand: 23.12.2009.

Thiel, Anke 2005: Politik und Gesellschaft. In: Bothfeld, Silke/Klammer, Ute/Klenner, Christina/Leiber, Simone/Thiel, Anke/Ziegler, Astrid (Hrsg.): WSI-FrauenDatenReport 2005 – Handbuch zur wirtschaftlichen und sozialen Situation von Frauen. Berlin: edition sigma. S. 383-437.

Thiersch, Hans 2002: Positionsbestimmungen der Sozialen Arbeit. Gesellschaftspolitik, Theorie und Ausbildung. Weinheim und München: Juventa.

Thiersch, Hans 2009: Lebensweltorientierte Soziale Arbeit. Aufgaben der Praxis im sozialen Wandel. Weinheim und München: Juventa

Thole, Werner 2005: Soziale Arbeit als Profession und Disziplin. In: Thole, Werner (Hg.): Grundriss Soziale Arbeit. Ein einführendes Handbuch. Opladen: VS Verlag für Sozialwissenschaften, S. 15-60.

Tremel, Inken/Möller, Sebastian 2006a: „Wenn es den Zivildienst nicht gäbe, würde es hier noch mal ganz anders aussehen ..." Erste Forschungsergebnisse zu den Beweggründen junger Männer zur Aufnahme eines sonderpädagogischen/rehabilitationswissenschaftlichen Studiums. Journal Netzwerk Frauenforschung NRW 20. S. 50-58.

Tremel, Inken/Möller, Sebastian 2006b: Männer in (sonder-)pädagogischen Berufen – Beweggründe junger Männer für ein sonderpädagogisches / rehabilitationswissenschaftliches Studium. In: Albrecht, Friedrich/Jödecke, Manfred/Störmer, Norbert (Hrsg.): Bildung, Lernen und Entwicklung. Dimensionen professioneller (Selbst-)Vergewisserung. Bad Heilbrunn: Klinkhardt. S. 80-86.

Trube, Achim 2000: Freiheit oder Sicherheit – Sozialarbeit als abhängige Beschäftigung oder selbstständiges Unternehmertum. In: Boeßenecker, Karl-Heinz/Trube, Achim/Wohlfahrt, Norbert (Hrsg.): Privatisierung im Sozialsektor. Rahmenbedingungen, Verlaufsformen und Probleme der Ausgliederung sozialer Dienste. Münster: Votum. S. 157-167.

Ummel, Hannes 2001: Andere Männer im „anderen" Beruf? Umbrüche und Persistenzen im Geschlechts-Selbstverständnis von Pflegern. In: Döge, Peter/Meuser, Michael (Hrsg.): Männlichkeit und soziale Ordnung. Neue Beiträge zur Geschlechterforschung. Opladen: Leske + Budrich. S. 159-181.

ver.di (Vereinigte Dienstleistungsgesellschaft) 2007: Soziale Arbeit ist mehr wert. Initiative des Fachbereichs Gesundheit, Soziale Dienste, Wohlfahrt und Kirchen zur Aufwertung der Berufe im Gesundheits- und Sozialwesen, beendet am 30.10.2007. http://soziale-arbeit-ist-mehr-wert.verdi.de/. Stand 21.09.2009.

ver.di (Vereinigte Dienstleistungsgesellschaft) 2008a: Urabstimmung bei der AWO Schleswig Holstein – 94 % Zustimmung zum Streik. Mitteilung vom 28.04.2008. http://nord.verdi.de/fachbereiche/03/chronik/2008/20080428. Stand 02.07.2009.

ver.di (Vereinigte Dienstleistungsgesellschaft) 2008b: ver.di Nord ruft zu Streiks bei der AWO Schleswig-Holstein auf. Mitteilung vom 17.06.2008. http://nord.verdi.de/ fachbereiche/03/chronik/2008/20080617. Stand 02.07.2009.

ver.di (Vereinigte Dienstleistungsgesellschaft) 2008c: AWO Tarifkonflikt 2008 – Arbeitgeber verzögern Gehaltszahlungen! Mitteilung vom 03.07.2008. http://nord.verdi.de/ fachbereiche/03/chronik/2008/20080703a_1. Stand 02.07.2009.

ver.di (Vereinigte Dienstleistungsgesellschaft) 2008d: Tarifkonflikt AWO Schleswig-Holstein GmbH beendet. Mitteilung vom 15.07.2008. http://nord.verdi.de/ fachbereiche/03/chronik/2008/20080703a_1. Stand 02.07.2009.

ver.di (Vereinigte Dienstleistungsgesellschaft) 2009: Dem Sozialstaat verpflichtet. Für einen starken gemeinnützigen Sektor in der Sozialwirtschaft. Gemeinsame Position der Landesarbeitsgemeinschaft der Freien Wohlfahrtsverbände in Schleswig-Holstein, dem Bündnis Betriebsräte und Mitarbeitervertretungen und ver.di Nord zur Pressekonferenz am 20.10.2009 in Kiel. https://gesundheit-soziales.verdi.de/ branchenpolitik/bewegung_altenpflege/vor_ort/nord/data/091020-Dem-Sozialstaat-verpfichtet-2.pdf. Stand: 23.12.2009.

Voß, G. Günter 1998: Die Entgrenzung von Arbeit und Arbeitskraft. Eine subjektorientierte Interpretation des Wandels der Arbeit. In: Mitteilungen aus der Arbeitsmarkt- und Berufsforschung 31 (3). S. 473-487.

Voß, G. Günter 2007: Subjektivierung von Arbeit. Neue Anforderungen an Berufsorientierung und Berufsberatung. Oder: Welchen Beruf hat der Arbeitskraftunternehmer? In: Bader, Reinhard/Keiser, Gerd/Unger, Tim (Hrsg.): Entwicklung unternehmerischer Kompetenz in der Berufsbildung. Hintergründe, Ziele und Prozesse berufspädagogischen Handelns. Bielefeld: Bertelsmann. S.60-76.

Voß, G. Günter/Pongratz, Hans J. 1998: Der Arbeitskraftunternehmer. Eine neue Grundform der „Ware Arbeitskraft"? In: Kölner Zeitschrift für Soziologie und Sozialpsychologie 50 (1). S. 131-158.

Voß, G. Günter/Rieder, Kerstin 2005: Der arbeitende Kunde. Wenn Konsumenten zu unbezahlten Mitarbeitern werden. Frankfurt a.M. und New York: Campus.

Voß, G. Günter/Weiß, Cornelia 2005a: Subjektivierung von Arbeit – Subjektivierung von Arbeitskraft. In: Kurz-Scherf, Ingrid/Correll, Lena/Janczyk, Stefanie (Hrsg.): In Arbeit: Zukunft. Die Zukunft der Arbeit und der Arbeitsforschung liegt in ihrem Wandel. Münster: Westfälisches Dampfboot. S. 139-155.

Voß, G. Günter/Weiß, Cornelia 2005b: Ist der Arbeitskraftunternehmer weiblich? In: Lohr, Karin/Nickel, Hildegard (Hrsg.): Subjektivierung von Arbeit – Riskante Chancen. Münster: Westfälisches Dampfboot. S. 65-91.

Waerness, Kari 2000: Fürsorgerationalität. Zur Karriere eines Begriffes. In: Feministische Studien, Extra-Heft 18. S. 54-66.

Wahl, Angelika von 1999: Gleichstellungsregime. Berufliche Gleichstellung von Frauen in den USA und in der Bundesrepublik Deutschland. Opladen: Leske + Budrich.

Weber, Max 1972: Wirtschaft und Gesellschaft. 5. Auflage von Johannes Winckelmann. Tübingen: Mohr.

Wendt, Wolf Rainer 2007: Zum Stand der Theorieentwicklung in der Sozialwirtschaft. In: Wendt, Wolf Rainer/Wöhrle, Armin (Hrsg.): Sozialwirtschaft und Sozialmanagement in der Entwicklung ihrer Theorie. Augsburg: Ziel-Verlag. S. 19-100.

Wendt, Wolf Rainer 2009: Soziales bewirtschaften: Managen im sozialwirtschaftlichen Handlungsrahmen. In: Grunwald, Klaus (Hrsg.): Vom Sozialmanagement zum Management des Sozialen? Eine Bestandsaufnahme. Baltmannsweiler: Schneider Verlag Hohengehren. S. 179-200.

Wendt-Köhler, Joachim 2008: Modelle der Refinanzierung Sozialer Arbeit. Ein Praxisbericht. Vortrag für die Arbeiterwohlfahrt Schleswig-Holstein auf dem ver.di Forum Nord in Lübeckam 07.10.2008.

Wensierski, Peter 2006: Schläge im Namen des Herrn. Die verdrängte Geschichte der Heimkinder in der Bundesrepublik. München: Deutsche Verlags-Anstalt.

Wetterer, Angelika 1995a: Die soziale Konstruktion von Geschlecht in Professionalisierungsprozessen. Einleitung. In: Wetterer, Angelika (Hrsg.): Die soziale Konstruktion von Geschlecht in Professionalisierungsprozessen. Frankfurt, a.M. und New York: Campus. S. 11-28.

Wetterer, Angelika 1995b: Dekonstruktion und Alltagshandeln. Die (möglichen) Grenzen der Vergeschlechtlichung von Berufsarbeit. In: Wetterer, Angelika (Hrsg.): Die soziale Konstruktion von Geschlecht in Professionalisierungsprozessen. Frankfurt, a.M. und New York: Campus. S. 223-246.

Wiemeyer, Joachim 2005: Neoliberalismus und soziale Dienste. Ethik und Ökonomie im Konflikt? In: Brink, Alexander/Eurich, Johannes/Hädrich, Jürgen/Langer, Andreas/Schröder, Peter (Hrsg.): Soziale Institutionen zwischen Markt und Moral. Wiesbaden: VS Verlag für Sozialwissenschaften. S. 29-48.

Winker, Gabriele 2008: Neoliberale Regulierung von Care Work und deren demografische Mystifikationen. In: Buchen, Sylvia/Maier, Maja S. (Hrsg.): Älterwerden neu denken. Interdisziplinäre Perspektiven auf den demografischen Wandel. Wiesbaden: VS Verlag für Sozialwissenschaften. S. 47-62.

Wöhrle, Armin 2007: Zum Stand der Theorieentwicklung des Sozialmanagements. In: Wendt, Wolf Rainer/Wöhrle, Armin (Hrsg.): Sozialwirtschaft und Sozialmanagement in der Entwicklung ihrer Theorie. Augsburg: Ziel-Verlag. S. 101-159.

Wöhrle, Armin 2008: Was ist Sozialmanagement und wohin gehört es im Wissenschaftsbetrieb. In: Bassarak, Herbert/Wöhrle, Armin (Hrsg.): Sozialwirtschaft und Sozialmanagement im deutschsprachigen Raum. Bestandsaufnahmen und Perspektiven. Augsburg: Ziel-Verlag. S. 200-205.

Wöhrle, Armin 2009: Zur Untersuchung des Sozialmanagements. Eine kritische Bestandsaufnahme und eine Vision. In: Grunwald, Klaus (Hrsg.): Vom Sozialmanagement zum Management des Sozialen? Eine Bestandsaufnahme. Baltmannsweiler: Schneider Verlag Hohengehren. S. 139-178.

Wolf-Graaf, Anke 1981: Frauenarbeit im Abseits. Frauenbewegung und weibliches Arbeitsvermögen. München: Frauenoffensive.

Wulf-Schnabel, Jan 2005a: Methodisch fundierte Praxisrecherche: Zum Verlauf der Erwerbsbiographie von Männern in eine Führungsposition im Bereich der Sozialen Arbeit. Universität Hamburg. Unveröffentlichtes Manuskript.

Wulf-Schnabel, Jan 2005b: Die Reorganisation Sozialer Arbeit in ihrer Bedeutung für das Geschlechterverhältnis auf der Managementebene – am Beispiel eines Landeswohlfahrtverbandes. Universität Hamburg. Unveröffentlichtes Manuskript.

Wulf-Schnabel, Jan/Knauer, Raingard 2007: Zur Forschungsförderung an Fachbereichen der Sozialen Arbeit. In: Buttner, Peter (Hrsg.): Das Studium des Sozialen. Aktuelle Entwicklungen in Hochschule und sozialen Berufen. Berlin: Deutscher Verein für öffentliche und private Fürsorge e.V. S. 88-104.

ZAV (Zentralstelle für Arbeitsvermittlung der Bundesagentur für Arbeit) 2005: Sozialpflegerische Berufe. Kurzinformationen für Arbeitnehmer. = Arbeitsmarkt-Informationsservice Jahresbericht 2005. Bonn: ZAV.

ZAV (Zentralstelle für Arbeitsvermittlung der Bundesagentur für Arbeit) 2006: Sozialpflegerische Berufe. Kurzinformationen für Arbeitnehmer. = Arbeitsmarkt-Informationsservice Jahresbericht 2006. Bonn: ZAV.

ZAV (Zentralstelle für Arbeitsvermittlung der Bundesagentur für Arbeit) 2007: Arbeitsmarkt Kompakt 2007. Sozialarbeiter und -pädagogen. Bonn: ZAV.

Ziegler, Astrid 2005: Erwerbseinkommen. In: Bothfeld, Silke/Klammer, Ute/Klenner, Christina/Leiber, Simone/Thiel, Anke/Ziegler, Astrid (Hrsg.): WSI-FrauenDatenReport 2005 – Handbuch zur wirtschaftlichen und sozialen Situation von Frauen. Berlin: edition sigma. S. 241-305.

Ziehe, Thomas 1984: Zugriffsweisen mütterlicher Macht. In: Konkursbuch 12: Frauen-Macht. Tübingen: Konkursbuchverlag. S. 45-53.

Zimmer, Annette/Priller, Eckhard 2004: The Third Sector and Labor Market Policy in Germany. In: Zimmer, Annette/Stecker, Christina (Hrsg.): Strategy Mix for Nonprofit Organisations. Vehicles for Social and Labor Market Integration. New York: Kluwer. S. 181-202.

Anhang: Gesprächsleitfaden

1. Zunächst zu Ihrer Berufslaufbahn und Ihren Lebensumständen. Wenn Sie sich nun einmal bitte in die Zeit zurück versetzen, als Sie (ggf. XY gelernt haben und) sich für das Sozialpädagogikstudium entschieden haben. Führen Sie sich doch bitte einmal Ihre damaligen Lebensumstände vor Auge. Denken Sie an die damaligen Personen, Lebensumstände und Weichenstellungen, die Sie zum Sozialbereich gebracht haben. Was würden Sie sagen: Aus welcher *Situation* heraus und mit welcher *Motivation* haben Sie sich für den Sozialbereich entschieden?

2. Und wenn wir nun einen Blick auf Ihren Zugang zur AWO werfen. Die Zugänge können ja verschieden sein. Wie war das bei Ihnen? Warum arbeiten Sie bei der AWO? Wie kam das? Hat es einen bestimmten Grund, haben Sie sich die AWO bewusst ausgesucht oder hätte es auch ein beliebig anderer Arbeitgeber sein können?

3. Nun kommen wir wieder zurück in das Hier und Jetzt. Mich würde ihr ganz persönliches Arbeits- und Berufsziel interessieren. Also was sind ihre persönlichen beruflichen Ziele? Was möchten Sie mit Ihrer Arbeit und Ihrem Beruf für sich selbst erreichen?

4. Kommen wir nun zu Ihrer täglichen Arbeit bei der AWO. Bitte erklären Sie mir doch einmal was Sie für Aufgaben bei der AWO haben, also welche Position haben Sie und was sind die *wichtigsten* Tätigkeiten und Aufgabenfelder?

5. Worauf kommt es bei Ihrer Tätigkeit in der Hauptsache an? Was müssen Sie für Ihre Aufgabe vor allem *können*?

6. Was macht den Reiz oder den Spaß Ihrer Arbeit aus? Gibt es für Sie persönlich besonders interessante Momente oder Arbeiten, die Sie besonders reizvoll finden oder die Ihnen richtig Spaß machen?

7. Was sind die eigentlichen Belastungen und Strapazen? Was sind typische Probleme und Stresssituationen? Und wie versuchen Sie die Belastungen zu bewältigen?

8. Was würden Sie sagen: Welche Gefühle überwiegen bei Ihrer Arbeit und wann und wobei treten sie auf? Wie gehen Sie mit diesen Gefühlen um?

9. Nun habe ich ein paar Fragen zur Arbeitsgestaltung. Inwiefern können Sie Ihre Arbeitsinhalte und Ihre Arbeitszeiten selbst bestimmen, also WAS Sie machen und WANN Sie arbeiten?

10. Werden Sie in Ihrer Arbeit kontrolliert? Wie wird sichergestellt, dass Sie Ihre Arbeit machen?

11. Arbeiten Sie mit ehrenamtlichen Kräften zusammen oder haben Sie Kontakt zum Ehrenamt der AWO? → Beachte falls ja: In welcher Form? → Beachte: Anleitung, Ausbildung, Koordination des Ehrenamts? Kontakt zu Vereinsebenen?

12. Jetzt würde mich interessieren, was eigentlich das Ergebnis Ihrer Arbeit ist und wer einen Nutzen davon trägt?

13. Wovon hängt es ab, dass Sie Ihre Arbeit gut machen können und ein gutes Ergebnis erzielen können?

14. Würden Sie sagen, dass Ihre Arbeitsstelle oder Ihre Person am Ergebnis Ihrer Arbeit gemessen wird? Welche Konsequenzen hat es für Sie ganz persönlich, wenn Sie ein bestimmtes Ergebnis erreichen oder eben nicht?

15. Werden Kosten-Nutzen-Anforderungen an Ihre Arbeit gestellt oder wird die Wirtschaftlichkeit Ihrer Arbeit und Ihrer Einrichtung überwacht?

16. Wenn Sie sich jetzt einmal Ihre Ressourcen am Arbeitsplatz vor Augen führen, also welche finanziellen, personellen oder materiellen Möglichkeiten Sie für Ihre Arbeit haben. Für wie gut oder schlecht halten Sie diese Ressourcenlage und wofür und nach welchen Maßstäben setzen Sie die Ihnen zur Verfügung stehenden Ressourcen ein? Woran orientieren Sie sich da?

17. Jetzt komme ich noch auf einen ganz anderen Aspekt Ihrer Erfahrungen zu sprechen und dies betrifft die Arbeit als Frau oder Mann: Glauben Sie, dass Ihre Arbeit besser von einer Frau oder besser von einem Mann gemacht werden kann?

18. Gibt es bei Ihrer Arbeit Vorteile oder Nachteile eine Frau oder ein Mann zu sein oder werden an Frauen und Männer unterschiedliche Anforderungen gestellt?

19. Nun würde ich gerne mit Ihnen Ihre berufliche Welt in Verbindung mit Ihrem Privatleben betrachten: Gab oder gibt es in Ihrem privaten Umfeld eher Umstände, die Sie in Ihrem Beruf bestärken und fördern oder gab oder gibt es im Privaten eher Hindernisse, die Sie im Beruf einschränken oder die Sie mit Ihrem Beruf vereinbaren müssen

20. Wer erledigt überwiegend die bei Ihnen im privaten Haushalt anfallenden Arbeiten und Aufgaben (und ggf. bei der Familie)?

22. Wenn Sie jetzt einmal Ihre Arbeitsstelle und Ihre Zeit bei der AWO insgesamt betrachten: Wie hat sich Ihre Arbeit und wie haben sich Ihre Arbeitsbedingungen verändert? Was ist der Unterschied zu früher?

23. Jetzt würden mich Ihre Erfahrungen mit der AWO SH als Arbeitgeber, als Organisation und Verband interessieren. Ihre gesamte Berufszeit bei der AWO einmal so zusammen genommen: Wie hat sich die AWO, so als Organisation gesehen, entwickelt und gab es da organisatorische Veränderungen, die auch schon einmal persönliche Konsequenzen für Sie hatten?

24. Wenn Sie so an die Strukturen, Hierarchien und Zuständigkeiten bei der AWO SH denken. Wie gut oder wie schlecht ist das alles so geregelt? Wie empfinden und bewerten Sie die Strukturen, Hierarchien und Zuständigkeiten bei der AWO SH?

25. Bleiben wir noch etwas bei der AWO als Organisation. Welchen Eindruck haben Sie: Welche Ziele verfolgt die AWO SH?

26. Identifizieren Sie sich mit der AWO und ihren Zielen?

27. Ich möchte Ihnen jetzt drei Positionen, A, B und C nennen. Wenn Sie die AWO SH einmal zwischen den drei Positionen A) soziale Hilfe und Unterstützung für Menschen, B) sozialpolitische Gestaltung des Gemeinwesens und C) wirtschaftlichen Ertrag platzieren würden. Wo würde die AWO da stehen? Warum?

28. Und wenn Sie nun sich selbst zwischen diesen drei Positionen platzieren würden: Wo sehen Sie sich selbst im Arbeitsalltag da? Wofür arbeiten Sie?

29. Und wofür würden Sie sich gerne mehr oder anders einsetzen und sehen Sie dafür Gestaltungsmöglichkeiten?

30. Nun möchte ich gerne mit Ihnen einen Blick in die Zukunft wagen: Wenn Sie sich jetzt einmal die AWO SH in etwa fünf Jahren vorstellen. Was glauben Sie hat sich dann verändert? Wie sieht die AWO dann aus?

31. Was würden Sie der AWO SH empfehlen: Wie sollte sich die AWO verändern oder wie sollte die AWO SH künftig organisiert und geführt werden?

32. Und wenn Sie sich nun einmal Ihre berufliche Situation in etwa fünf Jahren vorstellen. Wie wird sich Ihre Arbeit verändern und wie stellen Sie sich darauf ein?

33. Was möchten Sie selbst für sich persönlich in den nächsten fünf Jahren beruflich erreichen?

34. Gibt es berufliche Ziele, für die Sie sich im Privaten eingeschränkt haben oder künftig einschränken würden? Also zum Beispiel auch umziehen, einen längeren Arbeitsweg oder weniger Freizeit in Kauf nehmen oder weniger Zeit für Familie und Freunde oder Geld in berufliche Weiterbildung investieren? Gab oder gibt es berufliche Ziele, die sich im Privaten ausgewirkt haben?

35. Nun habe ich eine Frage zum Wert Ihrer Arbeit: Was, würden Sie sagen, ist Ihre Arbeit Wert und fühlen Sie sich als Person und mit Ihrer Arbeit angemessen gewertschätzt?

36. Nun kommen wir zum letzten Gesprächsabschnitt und da würde mich Ihre Einstellung zu eher allgemeinen Punkten interessieren. Im letzten Jahr gab es ja einen Tarifkonflikt mit Streiks bei der AWO SH. Einige sind der Meinung, dass die Gehaltserhöhung für die Beschäftigten dringend notwendig war. Andere vertreten die Position, dass der Tarifabschluss Arbeitsplätze gefährdet, weil die AWO im Wettbewerb mit anderen Anbietern nun höhere Kosten hat. Wie sehen Sie das?

37. Ein anderer Punkt beim Entgelt ist ja die Frage wer leistet was, was ist es wert und wie soll es bezahlt werden. Was denken Sie? Woran sollte sich die

Bezahlung bei der AWO stärker orientieren? An der Leistung des Einzelnen? Oder eher an einer gerechten Verteilung unter allen Beschäftigten?

38. Nun habe ich nur noch eine letzte Frage: Wenn Sie Ihren Arbeits- und Lebensverlauf Revue passieren lassen und die Wahl hätten: Würden Sie selbst noch einmal im Sozialbereich und bei der AWO tätig werden? Und würden Sie heutigen Berufseinsteiger_innen dies empfehlen?

39ff. Statistische Fragen zum Abgleich der Fragebogenangaben.

Kurze gemeinsame Gesprächsreflexion. Dank für das Gespräch.

Programm Soziale Arbeit

Gertrud Oelerich /
Hans-Uwe Otto (Hrsg.)
**Empirische Forschung
und Soziale Arbeit**
Ein Studienbuch
2010. ca. 300 S. Br. ca. EUR 24,95
ISBN 978-3-531-17204-0

Bettina Paul /
Henning Schmidt-Semisch (Hrsg.)
Risiko Gesundheit
Über Risiken und Nebenwirkungen
der Gesundheitsgesellschaft
2010. 289 S. Br. EUR 24,95
ISBN 978-3-531-16544-8

Lotte Rose /
Benedikt Sturzenhecker (Hrsg.)
‚Erst kommt das Fressen …!'
Über Essen und Kochen
in der Sozialen Arbeit
2009. 316 S. Br. EUR 24,90
ISBN 978-3-531-16090-0

Friederike Heinzel / Werner Thole /
Peter Cloos / Stefan Köngeter (Hrsg.)
„Auf unsicherem Terrain"
Ethnographische Forschung im Kontext
des Bildungs- und Sozialwesens
2010. 274 S. Br. EUR 34,95
ISBN 978-3-531-15447-3

Bernd Dollinger
Reflexive Sozialpädagogik
Struktur und Wandel
sozialpädagogischen Wissens
2008. 265 S. Br. EUR 29,90
ISBN 978-3-531-15975-1

Roland Becker-Lenz / Stefan Busse /
Gudrun Ehlert / Silke Müller (Hrsg.)
**Professionalität
in der Sozialen Arbeit**
Standpunkte, Kontroversen, Perspektiven
2. Aufl. 2009. 352 S. Br. EUR 39,90
ISBN 978-3-531-16970-5

Erhältlich im Buchhandel oder beim Verlag.
Änderungen vorbehalten. Stand: Juli 2010.   **www.vs-verlag.de**

VS VERLAG

Abraham-Lincoln-Straße 46
65189 Wiesbaden
Tel. 0611.7878 - 722
Fax 0611.7878 - 400